现代军事物流丛书

供应链建模

姜大立　刘洪娟　编著

中国石化出版社

内 容 提 要

供应链模型为供应链优化管理提供定量依据，帮助管理者站在供应链整体的角度进行企业决策管理，以有效改进供应链结构、提高供应链运行效果。供应链建模是支持供应链管理决策以获得市场竞争优势的有效方法和手段。本书在简略分析供应链建模目的、原则、步骤及内容基础上，归纳总结了供应链建模基本方法，研究了供应链网络模型、供应链关系优化管理模型、供应链流程重组优化模型、供应链物流优化管理模型、快速反应供应链模型、供应链风险控制模型等主要供应链模型，并介绍了如何应用 GAMS 和 Supply Chain Guru 两种软件进行供应链建模。

本书应用供应链管理、博弈论、BPR、风险管理、复杂系统等相关理论对供应链建模系列问题进行了深入分析和论证，成果针对性较强，实用价值较高，既可作为研究生教材，也可作为现代供应链管理从业人员的参考用书。

图书在版编目(CIP)数据

供应链建模/姜大立，刘洪娟编著. —北京：中国石化出版社，2017.6
ISBN 978-7-5114-4514-8

Ⅰ.①供… Ⅱ.①姜… ②刘… Ⅲ.①供应链管理-建立模型 Ⅳ.①F252

中国版本图书馆 CIP 数据核字(2017)第 141021 号

中国石化出版社出版发行
地址:北京市朝阳区吉市口路 9 号
邮编:100020 电话:(010)59964500
发行部电话:(010)59964526
http://www.sinopec-press.com
E-mail:press@sinopec.com
北京柏力行彩印有限公司印刷
全国各地新华书店经销
*
787×1092 毫米 16 开本 17.5 印张 435 千字
2017 年 7 月第 1 版 2017 年 7 月第 1 次印刷
定价:56.00 元

前　言

随着经济和信息技术的迅猛发展，企业间的竞争已经转变为协同运作的供应链与供应链之间的群体竞争，要求供应链管理必须能够准确地体现这种合作竞争关系，并予以精细化、定量化管理，以实现快速、高效、经济的市场竞争目标。供应链建模可以帮助企业科学分析供应链结构、运作流程、客户与供应商关系等，评价供应链整体性能和企业经营水平，发现供应链存在的问题，从而为供应链的改进完善提供解决方案。供应链建模是提升企业管理者供应链集成管理水平，增强企业供应链竞争能力的有效手段与方法。

本书紧贴供应链管理发展需求，应用系统论、博弈论、流程再造、风险管理、复杂系统等相关理论，对供应链管理的主要问题如供应链网络优化、供应链关系管理、供应链流程优化、供应链中的物流管理进行了建模分析，并对快速反应供应链和供应链风险控制等供应链建模的前沿研究成果进行了介绍，建立起供应链建模较完整的理论体系。为促进供应链建模的全面开展和深入实施，本书还对 GAMS 和 Supply Chain Guru 两种供应链建模软件进行了较详尽介绍，为供应链建模从理论走向实践奠定基础。

本书是后勤工程学院现代物流研究所多年供应链建模研究成果的总结和提炼，具体撰写分工为：第 1、第 2 章(姜大立、刘洪娟)，第 3 章(刘洪娟、方海洋)，第 4、第 5 章(伍岳、刘洪娟)，第 6 章(姜大立、林智崧)，第 7 章(姜大立、漆磊)，第 8 章(刘洪娟、江雨)，第 9、第 10 章(陈元文、姜大立)。全书由姜大立、刘洪娟、陈元文统稿。

在本书编写过程中，得到了中国石化出版社和作者所在单位领导和同事的大力支持与帮助，在此表示衷心的感谢。此外，在编写本书的过程中参考了大量的文献资料，作者已尽可能在参考文献中列出，在此对这些研究者表示真诚的感谢。同时也有可能因为多方面的原因而有疏漏，若有这样的情况发生，作者表示万分歉意，并愿意在得知具体情况后予以纠正，在此先行表示感谢。

因为我们的水平和经验有限，书中错误和不妥之处在所难免，望读者批评指正。

编著者

目　录

第一专题　供应链建模基本理论与方法

第二专题 主要供应链优化模型

第三专题 供应链建模前沿成果分析

第一专题

供应链建模基本理论与方法

第1章　供应链管理及建模理论概述

1.1　供应链管理思想

在高科技迅速发展、全球经济一体化、市场竞争日益激烈、顾客需求不断变化的今天，对原材料、半成品或零部件供应企业采取投资自建、投资控股或兼并的"纵向一体化"企业管理模式已逐渐显示出其包袱过大、管理成本过高、核心优势发挥不足、业务转型缺乏敏捷性等问题。越来越多的企业开始将目光集中在核心能力开发上，把原来企业自己生产的零部件外包出去，与合作企业结成"横向一体化"关系。这势必将企业内部生产过程管理转向整个产品生命周期内外资源与合作伙伴管理，并围绕企业核心能力形成高效供应链（Supply Chain，SC），从而奠定供应链管理理论基础，形成新的企业经营模式[1]。

1.1.1　供应链管理思想产生的必然性

(1)环境变化产生的巨大压力

任何事物的产生都有其合理性，供应链管理思想也不例外。

①进入21世纪之后，企业所面临的市场空间和形态与以往任何时刻都不一样，这种变化必然会对传统管理所形成的思维方式带来挑战。同时，社会的信息化或网络化发展也带来工作和生活方式的改变。过去，企业管理模式以提高效率、最大限度地从数量上满足用户需求为主要特征。现在，随着人们生活水平提高，个性化需求越来越明显，导致产品品种急剧增加，从而增大管理难度和获取资源难度。同时，企业在兼顾社会利益方面压力也越来越大，如环保问题、可持续发展问题等。

②传统管理模式以规模化需求和区域性卖方市场为决策背景，通过规模效应降低成本，获得效益。虽然这种生产方式可以最大限度地提高效率，取得良好的规模效益，但它适应品种变化的能力很差。另外，传统管理模式下的组织结构是一种多级递阶控制，管理跨度小、层次多，且采用集权式管理，以追求稳定和控制为主，导致企业响应速度慢。

③传统管理模式以"纵向一体化"为主要特征，企业一切资金源于自筹，资金负担大，一旦发现一个新市场机会，扩建或改建周期长，延长了企业响应市场时间。同时，"纵向一体化"模式还迫使企业从事自己并不擅长的业务，显然不能适应市场需求瞬息万变的新环境。

在这样的外部压力下，企业间必然会寻求彼此之间的合作，以整合各自的核心竞争力，供应链管理思想应运而生。

(2)交易成本变动形成的无限动力

全球制造的出现导致全球竞争日益加剧，同时用户需求呈现多样化、变化频繁的趋势，企业面临前所未有的"超竞争"。原有的"纵向一体化"组织模式已完全不能适应市场发展需要。企业要想生存与发展，必须制定以尽可能快的速度、尽可能低的成本、尽可能

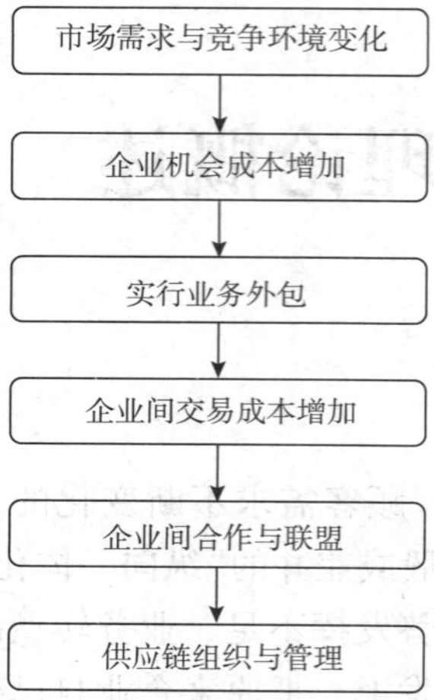

图 1-1　供应链组织的产生原理

多的产品品种为特征的战略，将主要精力用于发展和强化其核心竞争力，并尽可能地利用外部资源。供应链就是企业群在这一特定环境下的积极应变，如图 1-1 所示。

这里，交易成本包括“发现相对价格的工作”、谈判、签约、激励、监督履约等的费用。毫无疑问，利用外部资源将带来大量的交易成本。这就需要一种“围绕核心企业，通过信息流、物流、资金流的控制，从采购原材料开始，制成中间产品以及最终产品，最后由销售网络把产品送到消费者手中，将供应商、分销商、零售商直到最终用户连成一个整体的功能性网链结构模式”，而且“这种模式能够由供应商、分销商、零售商组成的整体达到最佳竞争绩效，还使所有参与的企业同时实现各自的利益”。这就是供应链管理。

1.1.2　供应链管理的基本思想

供应链管理的基本思想可以概括为：

①“横向一体化”管理思想。强调企业核心竞争力，即要清楚地辨别本企业的核心业务，然后再狠抓核心资源，以提高核心竞争力。

②非核心业务一般应外包给业务伙伴，并与业务伙伴结成战略联盟关系。

③供应链企业间形成的是一种合作性竞争。一是过去的竞争对手相互结盟，共同开发新技术，成果共享；二是将过去由本企业生产的非核心零部件外包给供应商，双方合作，共同参与竞争，这也体现出核心竞争力的互补效应。

④以顾客满意度为目标的服务化管理。对下游企业来讲，供应链上游企业的功能不是简单的提供物料，而是要用最低的成本提供最好的服务。

⑤追求物流、信息流、资金流、工作流和组织流的集成。实现跨企业流程的集成化，实现供应链企业协调运作目标。

⑥借助信息技术实现目标管理，这是信息流管理的先决条件。

⑦更加关注物流企业的参与。物流的作用特别重要，缩短物流周期比缩短制造周期更为关键，强调从整体上响应最终用户的协调性。

1.2　供应链管理基本理论

1.2.1　供应链的定义及其特征

(1)供应链的定义

早期的观点认为，供应链(Supply Chain，SC)是生产企业中的一个内部过程，它是指把企业从外部采购的原材料和零部件，通过生产转换和销售等活动，再传递到零售商和用户的一个过程。这种观念局限于企业内部操作层次上，注重企业自身资源的利用，并没有注意与之相关的企业。

随着时代的发展，供应链的概念与采购、供应链管理相关联，用来表示与供应商之间的关系，这种观点得到了研究合作关系、JIT 关系、精细供应、供应商行为评估和用户满意度等问题的学者的重视。但这样一种关系也仅仅局限在企业与供应商之间，而且供应链中的各企业独立运作，忽略了供应链其他成员企业的联系，往往造成企业间目标冲突。

后来供应链的概念注意了与其他企业的联系和供应链的外部环境，认为它是一个“通过链中的不同企业的制造、组装、分销、零售等过程将原材料转换成产成品，再到最终用户的转换过程”，这是更大范围、更为系统的概念。这种定义体现了供应链的完整性，考虑了供应链中所有成员操作的一致性(链中成员的关系)。

当今，供应链的概念更加注重围绕核心企业的网链关系，如核心企业与供应商、供应商的供应商乃至与一切上游企业的关系，与用户、用户的用户及一切下游企业的关系。此时对供应链的认识形成了一个网链的概念，认为供应链中战略伙伴关系是很重要的，通过建立战略伙伴关系，可以与重要的供应商和用户更有效地开展工作。

中华人民共和国国家标准《物流术语》(GB/T 18354—2006)关于供应链的定义为：“供应链是生产及流通过程中，涉及将产品或服务提供给最终用户所形成的网链结构”。也就是说，供应链是围绕核心企业，通过对信息流、物流、资金流的控制，从采购原材料开始，制成中间产品以及最终产品，最后由销售网络把产品送到消费者手中，将供应商、制造商、分销商、零售商，直到最终用户连成一个整体的功能网链结构模式。

(2)供应链的特征

尽管供应链有许多不同定义，但其独有的特征是识别供应链的重要途径。供应链主要具有以下特征[2]：

①开放性。供应链中每个企业都与外部环境之间存在着信息、物质或能量交换，形成一个复杂的开放型供应链系统。构成供应链系统的基础就是各个企业与外部环境之间的物流和信息流。

②协调性。供应链多个合作企业有机地联系在一起，各成员企业维持良好合作关系，为了一个共同的目的和目标，协调运转，紧密协作。每个供应链成员企业与整个链战略目标协调一致，个体服从于全局，实现供应链整体效益最佳。

③增值性。供应链不仅是一条连接供应商到用户的物料链、信息链、资金链，而且还是一条增值链，物料在供应链上因加工、包装、运输等过程而增加其价值，给企业带来收益。

④动态性。供应链中的成员企业都是在众多的企业中筛选出的合作伙伴，合作关系是非固定性的，也是动态性调整的，随时在择优选择，时时都有可能重组。因为供应链要随目标的转变而转变，随服务方式的变化而变化，成员企业也因此随之不断更换和调整。

⑤服务性。整个供应链就是服务链，其为最终用户供应产品、提供服务，供应链中的每个节点企业又向其下游的企业供应产品、提供服务。

⑥复杂性。供应链结构模式比一般单个企业的结构模式更为复杂。供应链往往由多个、多类型的企业构成，他们之间关系错综复杂，关联往来和交易较多。

⑦自适应性。供应链系统的行为依据来自于对外部环境的适应性以及合作伙伴的决策，以保证供应链整体功能，寻求自身利益最大化。当外部环境发生改变时，各个企业会根据自身状态调整与各个主体的契约条件，促进整个系统适应新的环境，以达到一种新的稳定状态。

1.2.2　供应链管理定义

供应链管理(Supply Chain Management，SCM)概念自 20 世纪 80 年代提出以来，受到

广泛关注。到20世纪90年代初，很多学者开始尝试定义供应链管理的研究范畴与架构，1996年成立于美国的供应链协会(Supply Chain Council)将SCM定义为“SCM是为了生产和提供最终产品，包括从供应商的供应商，到顾客的顾客的一切努力”。该定义描述了SCM的四个流程：计划、采购、制造和配送，该定义表明SCM是一种跨企业、跨企业多种职能、多个部门的管理活动[3]。

Monczka，Trent和Handfiel(1998)认为供应链管理要求将传统上分离的职能作为整个过程由一个负责的经理人员协调整个物流过程，并且还要求与横贯整个流程各个层次上的供应商形成伙伴关系。SCM是这样一个概念：“它的主要目标是以系统的观点，对多个职能和多层供应商进行整合和管理外购、业务流程和物料控制。”Mentzer et al.(2001)认为供应链管理是对传统的企业内部各业务部门间及企业之间的职能从整个供应链进行系统的、战略性的协调，目的是提高供应链及每个企业的长期绩效。马士华教授(2003)在《供应链管理》一书中提出：“供应链管理就是使供应链运作达到最优化，以最少的成本，让供应链从采购开始，到满足最终顾客的所有过程，包括工作流(Work Flow)、实物流(Physical Flow)、资金流(Funds Flow)和信息流(Information Flow)等均能高效率地操作，把合适的产品、以合理的价格，及时、准确地送到消费者手上。”

中华人民共和国国家标准《物流术语》(GB/T 18354—2006)中，供应链管理是这样定义的：“对供应链涉及的全部活动进行计划、组织、协调与控制。”

全球供应链论坛(Global Supply Chain Forum，GSCF)将供应链管理定义为：“为消费者带来有价值的产品、服务以及信息的，从源头供应商到最终消费者的集成业务流程。”

综合以上定义，对于供应链管理的概念，可以从以下几个方面来把握：

①供应链管理把对成本有影响和在产品满足顾客需求的过程中起作用的每一方都考虑在内，从供应商和制造工厂经过仓库和配送中心到批发商和零售商以及商店。

②供应链管理的目的在于追求效率和整个系统的费用有效性；使系统总成本达到最小，这个成本包括采购成本、运输成本、配送成本以及库存成本等。因此，供应链管理的重点不在于简单地使运输成本达到最小或减少库存，而在于使用系统方法来进行供应链管理。

③因为供应链管理是围绕着把供应商、制造商、分销商(包括批发商和零售商)有效率地结合成一体这一问题来展开的，因此它包括公司许多层次上的活动，从战略层次到战术层次一直到作业层次。

1.2.3 供应链管理原则

(1)以客户为中心

顾客化的需求是当今市场竞争的新特点，供应链管理的任务在于通过有效的链上企业之间的合作，快速响应顾客化的需求。供应链管理从战略上采取客户服务的思想，企业根据客户要求的不同服务水平，提供多样化的产品和服务，以满足客户多样化的需求。针对复杂、成熟的客户提供高层次的服务，对简单、不成熟的客户提供较低层次的服务。不管供应链是长是短，也不论链上企业有多少类型，供应链都是由客户需求驱动的。只有顾客满意了，供应链才能延续和发展。供应链管理必须以最终客户为需求中心，把客户服务作为管理的出发点，将改善客户服务质量、实现客户满意作为创造竞争优势的根本手段。

(2) 相关企业间共享利益、共担风险

供应链管理不同于传统的企业管理，它强调供应链整体的集成和协调，要求链上的企业围绕物流、商流、资金流、信息流进行信息共享与经营协调，实现稳定高效的供应链关系。成功的供应链能够创造更多的利润，这些利润在链上各成员之间进行分割，若因互相扯皮、互设障碍而导致整个供应链效率低下，造成的风险和损失也会分摊到每个成员。

(3) 信息共享

供应链管理的关键是信息共享。供应链管理需要来自链上各成员的及时、准确的信息，为了实现信息共享，供应链的各成员应做到建立统一的系统功能和结构标准；统一定义、设计信息系统，实施连续的试验、检测方法；运用恰当的技术提高运行速度以降低成本，力求业务信息需求与关键业务指标一致。高效率供应链管理的实现，既需要快速的物流、资金流，更需要快速、准确的信息流，而网络技术和电子商务的应用和发展，为信息快速、准确的传递提供了保证。快速、准确的信息流可以使整个供应链对市场需求做出快速反应，从而给供应链带来极大的效益。

1.2.4　供应链管理内容

(1) 按管理范围划分

供应链按管理范围的大小不同，可以分为企业内部供应链管理、企业上下游供应链管理、产业供应链或动态联盟供应链管理以及全球网络供应链管理四种类型。

①企业内部供应链管理。企业内部供应链管理实现企业内部各职能部门间的业务和信息集成，关注企业内部资源调配，提供企业内部供应链计划和决策，消除企业内部业务流程中无效环节影响，降低企业库存和成本，提高企业反应能力和效率。

②上下游企业间供应链管理。这时要求企业以合作的态度同上下游企业结成共赢的伙伴关系，以最低的成本在最短的时间内获得所需资源，并通过信息技术快速高效地响应自己的需求。

③产业供应链或动态联盟供应链管理。将供应链管理思想从企业上下游的供应链继续扩展，延伸到产品形态的开端和终端，得到产业供应链或动态联盟供应链。企业间的竞争变成了供应链与供应链之间的竞争，此时的供应链管理涉及整个产业供应链或者动态联盟供应链上的各种活动，包括采购、加工、制造、销售、运输、仓储等的优化与协调等。

④全球网络供应链管理。经济全球化和网络通信技术的发展为全球供应链提供了信息和业务集成的基础支持，这种供应链需要更准确的预测、精确的计划、高度的协同、有效的执行和科学的评价。虽然短期内难以形成良好和稳定的全球供应链网络，但是这种供应链一旦形成，将带来巨大的经济效益和社会效益。

(2) 按供应链层次划分

根据供应链管理活动的重要性和相互关系，可以将供应链管理内容分为三个层次：

①运作层。运作层是实施供应链管理的基础，主要包括各种供应链管理方法和技术，如信息技术、采购和物流技术、生产运作技术、库存管理方法等。运作层是整个供应链的基础，要想提高企业的供应链管理水平，首先必须建立完善各种供应链管理方法和技术，形成规范、高效的运作层管理。只有完善运作层的管理和操作，才能保障业务层和战略层

的顺利实施。

②业务层。业务层是实施供应链管理的关键，主要是指企业运用供应链管理的思想完善内部的价值链，并以供应链战略为指导，通过将非核心业务外包，集中发展自己的核心业务，提高企业的核心竞争力，业务层的活动注重从企业内部提高企业的竞争力，使企业在市场竞争中保持优势。业务层是对战略层的执行，并指导运作层的操作，起到承上启下的作用，因此是供应链管理中的关键部分。

③战略层。战略层是实施供应链管理的核心，主要从战略角度，通过业务流程重组和选择合作伙伴，设计和构建供应链，结成战略联盟，协调供应链中各成员间利益关系，最终达到共赢目的。战略层活动着重从企业外部提高企业竞争力，通过与供应链中企业合作，共同提高整个供应链竞争力，使供应链中各企业共同发展，分享利益。战略层管理真正体现了供应链管理思想的实质，是供应链管理的核心部分。

(3)按供应链流程划分

根据供应链流程和运作过程，供应链管理包括计划、采购、制造、配送、退货五大基本内容。

①计划是供应链管理的策略性部分。供应链管理需要有一个策略来管理所有资源，以满足客户对产品的需求。好的计划是建立一系列方法监控供应链，使它能够有效、低成本地为顾客递送高质量和高价值产品或服务。

②采购指选择能够提供货品和服务的供应商，和供应商制定一套定价、配送和付款流程并监控和改善管理，并与供应商提供的货品和服务的管理流程结合起来，包括提货、核实货单、转送货物到制造部门并批准对供应商的付款等。

③制造指安排生产、测试、打包和准备送货等活动，是供应链中测量内容最多的部分，包括质量水平、产品产量和工人生产效率等的测量。

④配送指调整用户的订单收据、建立仓库网络、派递送人员提货并送货到顾客手中、建立货品计价系统、接收付款。

⑤退货指供应链中的问题处理部分。建立网络接收客户退回的次品和多余产品，并在客户应用产品出问题时提供支持。

1.2.5 供应链管理实施的基本步骤

供应链管理实施的基本步骤如下：

(1)制定供应链战略及实施计划

实施供应链管理首先需要制定出供应链战略及其计划，包括以下四个步骤：

①将企业业务目标同现有能力及业绩进行比较，首先发现现有供应链显著弱点。

②同关键客户和供应商一起探讨、评估全球化、新技术和竞争局势，建立供应链发展战略即远景目标。

③制定出改进现有弱点、从现实过渡到理想供应链目标的行动计划，同时评估企业实现这种过渡的现实条件。

④根据优先级安排上述计划，并且承诺相应的资源。

根据供应链战略和实施计划，首先定义长期的供应链结构，使企业在与正确的客户和供应商建立的正确的供应链中处于正确位置；然后重组和优化企业内部和外部的产品、信息和资金流；最后，在供应链的重要领域如库存、运输等环节提高质量和生产率。

(2)改造供应链流程

可从范畴(广度)和深度两个角度来思考企业供应链流程改造，其本质上是从使命导向或问题导向来衡量。使命导向追求差异化，问题导向追求效率。因此，前者流程范围需根据使命重新理清，后者流程范围则相当清楚而且容易确认。使命导向改造的重点是关键流程与整合；问题导向改造的重点则是流程分析与原因确认。一般企业若遇到新产品导入时效慢、交货准确率差、存货周转率差、产品成本过高，就需进行企业流程改造，这就属于问题导向，策略应是以新的做法，维持竞争优势。基本上，企业流程改造需考虑策略、基础架构、流程、信息科技、变革等几项要素所形成的基本架构。

(3)建立专业化的物流、配送网络

企业的产品能否通过供应链快速地分销到目标市场上，这取决于供应链上物流、配送网络的健全程度及市场开发状况等，实施供应链管理，必须建立专业化的物流、配送网络。

(4)广泛采用信息技术

实施供应链管理必须实现整个供应链节点的信息共享和集成控制，因此应尽可能全面地收集消费信息。零售店铺的 POS 系统可以收集一部分信息，物流、配送环节的信息就比较难收集，应该通过应用条码及其他一些自动数据采集系统进行采集，还应建立整个供应链管理的信息系统。

(5)评估供应链管理绩效

供应链管理绩效的评价指标应该是基于业务流程的绩效评价指标，能够恰当地反映供应链整体运营状况以及上、下游节点企业之间的运营关系，而不是孤立地评价某一供应商的运营情况。对于供应商的指标应该有循环期、准时交货、产品质量等；制造商的指标应该有循环期、交货可靠性、产品质量等；而对于分销商的指标应该有循环期、订单完成情况等。

1.2.6　供应链管理中的“牛鞭效应”

(1)“牛鞭效应”含义

美国著名的供应链管理专家 Hau L. Lee 对需求信息扭曲在供应链中传递的现象进行了深入研究，提出了“需求变异加速放大原理”，即“牛鞭效应”。它的主要表现是当供应链的某个节点企业只根据来自其相邻的下级企业需求信息进行生产或制订策略时，需求信息不真实性会沿着供应链逆流而上，产生逐级放大现象，达到最源头的供应商时，其获得的需求信息和实际消费市场的客户需求信息之间发生了很大的偏差，需求变异系数比分销商和零售商的需求变异系数大得多。

(2)“牛鞭效应”产生原因

造成“牛鞭效应”现象的原因如下：

①需求预测变动。为了安排生产进度、计划产量、控制库存和计划物料需求，供应链中的企业通常都会预测产品需求。而预测通常是基于企业直接接触的顾客的购买历史进行

的。当下游企业订购时，上游企业的经理就会把这条信息作为将来产品需求的信号来处理。基于这个信号，上游经理会调整需求预测，同时上游企业也会向其供应商增加订购，使其做出相应的调整。

②批量订购。在供应链中，每个企业都会向上游企业订货，并且对库存进行一定程度的监控。由于入库的物料在耗尽以后，企业不能马上从其供应商那里获得补给，因此，企业经常都会进行批量订购，在再次发出订购之前保持一定的存货。运输费用高也是阻碍企业经常订货的障碍之一，卡车满负荷载重时，单位产品运输成本最低。因此当企业向供应商订购时，他们都会倾向大批量订货以降低单位运输成本。

③价格波动。制造商通常会进行周期性促销，如价格折扣、数量折扣、优惠券等，这些优惠实质上是一种间接的价格优惠。制造商的价格优惠会促使其分销商提前购买日后所需的产品。而提前购买的结果是顾客所购买的数量并不反映他们的即时需求，这些批量足以供他们将来一段时间使用。

④限量供给与短缺博弈。当需求大于供给时，制造商常常会对消费者实行定量供货，即制造商按订单定量分配产品。这种配给制往往使消费者在订货时就夸大了其真实需求，消费者预期短缺的订货行为，产生了博弈效应，使供应商不能得到准确、真实的需求信息。

1.3 供应链系统优化问题

1.3.1 供应链系统优化的目标

在新的市场环境中，所有的企业都将面临更为严峻的挑战，他们必须在提高客户服务水平的同时努力降低运营成本。供应链的不确定性使企业面对现代管理中日益增长的缩小库存量和改进服务的压力。企业为了减少成本需要缩减库存量，这种缩减当然会影响到对客户的最终服务。为了提高服务水平，必须对其供货者施加更大的压力以改进他们自己的性能指标，而各种不确定的因素均使管理者被迫增加库存。可以说，库存是对抗不确定性的一种保险措施。在单一生产过程中，这种不确定性可以通过建立一定容量的原料、工件和最终产品的库存来克服。尽管建立库存需要不菲的资金，但从方法上讲并不困难，进行简单的统计后，就可以决定需要多少的库存才能保证客户在绝大部分时间段内随时得到最终产品。然而，在生产系统形成网络时，问题远非如此简单。不确定性可以像瘟疫一样在生产网络中传播。供应链是客观存在的，但“链”的组成形式不一定合理，对于合理存在的供应链需要我们将其维持在一个最优的平衡状态上。随着涉及的资源和环节的增加，平衡状态就越来越容易被打破，所以要对供应链进行管理，优化现有的供应链，建立供应链管理优化模型[4]。

供应链系统优化的总体目标就是通过一系列技术、方法和措施的实施，使整个供应链达到最优状态，即使供应链上产出的产品以更低的成本、更高的服务水平到达客户手中，从而使链上各节点企业获得更高的效益和更好的发展前景。具体来说包括以下几个方面：

①应对市场需求的扩大，提供完整的产品组合；

②应对市场需求的多样化，缩短从生产到消费的周期；

③应对市场的不确定性，缩短供给市场到需求市场的距离；

④根据物流在整个供应链体系中的重要性，克服各种损益，降低物流成本和费用水平，使整个供应链中的库存下降，并通过供应链中的各项资源(人力、市场、仓储、生产设备等)运作效率的提升，赋予经营者更大的能力来适应市场变化并做出及时反应。

1.3.2　供应链系统优化的层次

供应链系统是一个庞大的系统，对其进行优化也必须考虑到其层次性。供应链系统优化的层次主要包括：

①决策层。决策层是供应链系统的最高层次，主要从战略角度对供应链系统进行优化。涉及的时间跨度大、复杂程度高、范围广，而且决策层对系统的优化往往是非结构化的。没有例行的程序可以执行。该层面上的优化主要涉及合作伙伴选择、运作机制、评价决策等事关全局的问题。

②中间层。中间层的优化主要是对策略的综合优化。其主要任务是依据决策层的指示，优化本层的供应链系统，细化决策层的任务，监督执行层的运作。

③执行层。执行层是供应链上任务的具体执行者和供应链系统目标的落实者。执行层的优化主要涉及各节点之间如何衔接、各级库存的存储决策、利益的分摊等方面的具体操作，并通过该层的优化最终影响到整个供应链系统的质量。

1.4　供应链优化建模

1.4.1　供应链优化数学模型

供应链优化建模是指用抽象的表达方式模拟真实的供应链运行状态，是对供应链进行流程再造和优化的前提，对研究供应链有着至关重要的作用。数学模型将供应链以定量描述，将现实供应链简化、抽象为一个数学问题或数学模型，然后采用恰当的数学方法求解，进而对供应链进行定量分析和研究，最终达到解决实际供应链问题、优化供应链系统的目的。

供应链优化数学模型由决策变量、目标函数和约束条件三部分组成，称为“优化三要素”。

①变量。在供应链系统优化中，为区别不同的设计或管理方案，通常以被称为变量的不同参数来表示，比如变量可以是表示供应链的收益、合作伙伴合作关系、供应商的数量、物流配送时间、配送点位置数据等。

②目标函数。每一个供应链系统优化问题，都有一个或多个方案中所追求的目标，它们可以用变量的函数来表示，称为目标函数。目标函数是评价系统方案优化性能的准则性函数，又称为评价函数。

③约束与可行域。供应链系统优化不仅要使所选择方案的指标达到最佳值，同时还必须满足一些附加条件，这些附加条件都构成对变量取值的限制，在系统优化中被称为约束。约束的表现形式有两种：一种是不等式约束；另一种是等式约束。

④数学模型的规范化。为便于表达和计算方便，一般将由目标函数、变量和约束优化问题三要素组成的数学模型写成规范化形式。

1.4.2 供应链优化建模的原则

为了对供应链进行研究和模拟，首先需要了解问题的实际背景，同时明确研究题目的要求，在此基础上去收集各方面的必要信息和相关数据，做好充分的准备工作。为此，供应链建模过程中应遵循以下四个方面的原则：

①系统化。随着对供应链研究的深入，人们逐渐认识到供应链是一个非常复杂的系统，而建模就是要最大程度地通过模型的方式重现真实系统，然后通过运行或求解模型得到原系统能够达到最优状态的最佳解(或较优解)。因此，建立供应链模型必须具备系统思维，从多方面、多维度入手构建供应链模型。

②协调化。供应链业绩好坏取决于供应链合作伙伴关系是否和谐，因此建立战略伙伴关系的合作企业关系模型是实现供应链最佳效能的保证。和谐是描述系统是否形成了充分发挥系统成员和子系统的能动性、创造性及系统与环境的总体协调性。只有和谐而协调的系统才能发挥最佳的效能。

③简单化。建立模型需要从原系统中抽象出最具代表性的要素，搭建出原系统的骨架。在抽象的过程中，可能存在很多干扰因素。因此，在建模过程中，需要剔除这些不必要或不相关的要素，找出主要的要素，使模型在保证真实模拟现实系统的同时尽可能的简单。但是需要注意的是，如果仅仅追求模型的简单化，使用不能达到要求的简单模型也就失去了应用模型的意义。

④多方位化。供应链系统的研究涉及到很多的物流节点、物流设施设备、工作流程等，因此，对于供应链的全面研究有必要尝试不同的研究突破点，在开阔视野的同时，注意构造好研究的层次性，只有这样，才可以超越复杂繁琐的工作，理清思路并找出解决问题的方法。更重要的是，在这种情况下，更好的层次划分驱使我们对供应链上关系及流程的深入了解，加强我们对供应链各节点及工作流程各环节的认识，同时可以降低操作难度、提高效率。

⑤规范化。目前供应链中涉及的许多企业的物流运作及其相互之间的工作流程都不规范，或有的有规范，但是规范不统一，导致规范的实施遇阻。同时供应链系统本身是一个跨越多个企业的系统，如果各自为政将很难实现整体的优化，需要在建模时对现实情况进行有意识的加工和处理，使得模型规范化，这也有利于模型的抽象化，有利于模型在实际问题中的应用。

一个成熟的供应链优化建模方法可以引导出许多长期而深远的问题。人们研究系统的不确定性以及不确定性在供应链中上下传播的方式后，可能会得到新的运作策略和目标。以战略观点研究供应链管理问题，并非要忽略战术工具的重要性。使用战术工具，诸如运输模型、计划、规划等，都使系统的性能更为优越。

尽管供应链的结构框架简单，但是一个大型的供应链系统仍然十分复杂，同时由于不确定性的存在，以及它在供应链中变化莫测的传播，诸多因素给建模和分析带来了一定困难。因此，在优化建模中必须借助于有效的决策支持系统以及建模与仿真技术。

1.4.3 供应链优化建模的步骤

不同条件下的优化建模方法虽然不同，但是建模的全过程始终离不开了解实际情况、掌握真实情况、抓住主要因素、弄清变量关系、构建模型、反馈使用效果、不断修改改进以逐步向实际逼近。因此，供应链优化建模的步骤可以归纳为以下几个步骤：

①搜集资料，弄清问题。搜集与供应链系统优化问题相关的真实可靠的资料，全面掌握资料，并对资料进行分类、概况分析，清晰准确地了解问题的规模、目的和范围以及判定准则，概括出其本质内涵，对已研究过或成熟的经验知识或实例进行挑选作为基本资料，供选择和借鉴。

②确定因素，设计变量。分析确定对问题目标产生影响的主要因素，即本质因素，用变量表达本质因素。变量数目要合理选择，变量过多，将使问题的求解难度加大；变量过少，自由度太低，难以体现优化效果；各变量应相互独立，相互间不能存在隐含或包含的函数关系；变量必须是对优化指标有直接影响的参数，能充分反映优化问题的要求。

③设计约束条件，建立目标函数。确定各变量取值范围及其相互关系，即对各种可用资源的限制的抽象，可列出必要表格、绘制图形和曲线等，最终形成用数学语言表达的约束条件。目标函数的建立首先应选择优化的指标，如在供应链网络优化时考虑供应链网络总成本最小目标，或总时间最小、月户服务水平最优等目标，用变量函数表达该指标，构成优化目标函数。若优化的目标不止一个，可采用多目标优化方法进行计算处理，也可以将一些不重要的目标转化为约束条件，使之成为单目标优化来处理。

④构造模型。根据系统的特征和服务对象，构造一个由变量、约束条件和目标函数组成的供应链系统数学模型，这个模型可能是初步的、简单的。

⑤求解模型。当数学模型建立后，应选择合适的优化方法进行计算求解。目前，优化技术和优化算法很多，应进行合适的算法选择和求解性能分析。对于较复杂的模型，有时需编出框图和计算机程序来求解。

⑥检验模型的正确性。目的在于肯定模型是否在一定精确度范围内正确地反映了所研究的问题。必要时要进行修正和反复订正，如除去一些变量、合并一些变量、改变变量性质或变量间的关系以及约束条件等，使模型进一步符合实际，满足在可信度范围内可解、易解的要求后投入使用。

1.4.4　供应链优化建模的内容

供应链优化建模内容很多，包括供应链网络优化建模、供应链关系优化建模、供应链流程重组优化建模、供应链物流优化建模、快速反应供应链建模、风险供应链建模等多个方面。

(1)供应链网络优化建模

供应链网络优化建模可分为设施网络、组织网络以及信息网络等方面的优化建模。供应链设施网络优化又包括：供应链设施网络规模优化、供应链设施网络布局优化等。供应链组织网络优化包括：在已有供应链网络中选出协同绩效最优的组织节点，即选择最佳合作伙伴，构成优化的供应链组织网络协同结构；在网络运行过程中，运用适当的机制进行控制优化等。供应链信息网络优化主要包括：供应链信息平台构建；利用信息平台进行供应链任务智能协调等。

(2)供应链关系优化建模

供应链关系优化建模是针对供应链上下游节点间的关系进行优化建模，促进“1 + 1 >

2”的合作效应，优化建模主要包括：供应商的选择、战略合作伙伴关系确立、战略合作伙伴关系协调、战略合作伙伴关系绩效评估等。

(3)供应链流程重组优化建模

包括内部整合以及外部整合。

①内部整合。为适应供应链协作需要，企业内部原有的相关业务流程需要重组，要剔除和整合无效率环节，以实现供应链上关联流程的一体化、全过程的管理。同时，对企业内部与其他成员企业功能相同或相似的部门进行改组、合并或者撤销，以实现集约化管理。

②外部整合。在企业内部流程重组的基础上，充分利用企业之间的信息，进一步对企业成员之间的业务流程进行重组或者优化，以缩短提前期，提高客户满意度。

优化建模主要包括：建立战略合作伙伴关系、确定共同商业目标和行动计划、确定和执行共同的供应链流程、确定需要共享和传递的数据范围、确定共同的绩效指标并进行考核等。

(4)供应链物流优化建模

供应链物流优化建模涉及到整个供应链的物流活动：从原材料采购、运输、制造支持到成品运输、仓储配送等。优化建模主要包括：优化采购、优化运输与配送、优化库存管理等。

(5)快速反应供应链建模

快速反应系统是20世纪80年代在美国纺织服装行业发展起来的一种供应链管理策略，目的是提高整个纺织服装行业的市场竞争力，减少供应链中从原材料到用户过程的时间和库存，提高顾客服务水平，降低经营风险，最大限度地提高供应链运作效率。因此，快速反应把时间作为提高制造企业竞争力的重要战略资源，通过追求企业运作方面提前期的减少，快速满足瞬息万变的市场需求。优化建模主要包括：快速反应供应链构建及快速反应供应链评价等方面。

(6)风险供应链建模

供应链系统是一个复杂的系统，存在很多风险。风险的来源是各种不确定性因素的存在，由于供应链网络上的企业之间是相互依赖的，任何一个企业出现问题都有可能波及和影响其他企业，影响整个供应链的正常运作，甚至导致供应链的破裂和失败。因此必须加强风险管理。风险供应链优化建模主要包括：风险识别、风险衡量、风险控制、实施与监控等。

参考文献

[1]马士华，林勇．供应链管理[M]．北京：高等教育出版社，2006.

[2]温磊，王立军．基于复杂网络的供应链建模与仿真研究[M]．河北：河北大学出版社，2012.

[3]彭扬，伍蓓．物流系统优化与仿真[M]．北京：中国物资出版社，2006.

[4]赵刚．物流运筹[M]．成都：四川人民出版社，2002.

第2章 供应链建模基本方法

随着各种建模思想和工具在供应链管理领域的广泛运用，出现了许多供应链建模方法，大体可归为六类：数学规划方法、仿真方法、图形化建模方法、基于语义的建模方法、人工智能优化方法、基于复杂网络的建模方法。

2.1 数学规划方法

是指将供应链系统中的决策问题用数学规划的知识、方法进行建模，抽象为数学规划的形式，包括线性规划、非线性规划、动态规划、整数规划等[1]，再利用计算机和最优化方法找出它的最优方案，使问题的解决在某种意义上达到量化的无可争议的程度。

2.1.1 线性规划

线性规划方法很早就被应用到企业生产或运输等决策活动之中，作为一种建模技术和算法成为数学优化的主要方法。主要原因是因为规模特别大的线性规划模型在进行最优化时非常容易，且可用通用最优化方法进行求解。线性规划可以定义为一种数学的表示方法，其目的是对于不足的资源进行规划，使其得到最好的可能分配方案。由于该模型的表述只用到线性函数，故称之为线性规划模型。

(1)线性规划模型形式

一般线性规划问题的数学模型可表示为下列形式：

$$\max(\text{或}\ \min) z = \sum_{j=1}^{n} c_j x_j \tag{2-1}$$

$$s.t. \begin{cases} \sum_{j=1}^{n} a_{ij} x_j \leqslant b_i (i = 1,2,\cdots,m) \\ x_j \geqslant 0 (j = 1,2,\cdots,n) \end{cases} \tag{2-2}$$

式(2-1)为目标函数，式(2-2)为约束条件，$x_j(j=1, 2, \cdots, n)$为变量。

(2)线性规划模型求解

求解线性规划模型的基本方法是单纯形法，已有单纯形法的标准软件，可在电子计算机上求解约束条件和决策变量数达10000个以上的线性规划问题。为了提高解题速度，又有改进单纯形法、对偶单纯形法、原始对偶方法、分解算法和各种多项式时间算法等。

求解结果可能出现三种情况：

①线性规划可能是非可行的。这就是说，同时满足所有约束条件的决策变量的值并不存在。

②可能只有无界的解。这就是说，如果是求最大值，目标函数的值可以无限地增加而不至于破坏约束条件(如果是求最小值，则目标函数可以无限减少)。

③在大多数情况下，线性规划至少有一个有限的最优解，有时它还会有多重的最

优解。

2.1.2 非线性规划

如果供应链优化建模中涉及到非线性函数，则为非线性规划问题，简记为(NLP)。一般说来，解非线性规划问题要比解线性规划问题困难得多。而且，也不像线性规划有单纯形法这一通用方法，非线性规划目前还没有适于各种问题的一般算法，各个方法都有自己特定的适用范围。

非线性规划模型的一般形式：

$$\min f(x) \tag{2-3}$$

$$s.t.\begin{cases} h_j(x)\leqslant 0(j=1,\ 2,\ \cdots,\ q) \\ g_i(x)=0(i=1,\ 2,\ \cdots,\ p) \end{cases} \tag{2-4}$$

其中，$x=[x_1,\ x_2,\ \cdots,\ x_n]^T$ 称为模型(NLP)的决策变量；f 称为目标函数；$g_i(x)$，$(i=1,\ 2,\ \cdots,\ p)$ 和 $h_j(x)$，$(j=1,\ 2,\ \cdots,\ q)$ 称为约束函数。另外，$g_i(x)=0(i=1,\ 2,\ \cdots,\ p)$ 称为等式约束，$h_j(x)\leqslant 0(j=1,\ 2,\ \cdots,\ q)$ 称为不等式约束。

线性规划与非线性规划的区别：如果线性规划的最优解存在，其最优解只能在其可行域的边界上达到(特别是可行域的顶点上达到)；而非线性规划的最优解(如果最优解存在)则可能在其可行域的任意一点达到。

2.1.3 整数规划

如果供应链优化建模中所有变量取整数时才有意义，则为整数线性规划，简称整数规划，记为 IP。目前还没有一种方法能有效地求解一切整数规划。整数线性规划模型大致可分为三类：

①变量全限制为整数时，称纯(完全)整数规划。

②变量部分限制为整数的，称混合整数规划(MIP)。

③变量只能取 0 或 1 时，称之为 0—1 整数规划。

整数规划的特点：

(1)原线性规划有最优解，当自变量限制为整数后，其整数规划解出现下述情况：

①原线性规划最优解全是整数，则整数规划最优解与线性规划最优解一致。

②整数规划无可行解。

③有可行解(当然就存在最优解)，但最优解值一定不会优于原线性规划的最优值。

(2)整数规划最优解不能按照实数最优解简单取整而获得。

整数规划的求解方法包括：分枝定界法——可求纯或混合整数线性规划；割平面法——可求纯或混合整数线性规划；隐枚举法——求解 0—1 型整数规划；匈牙利法——解决指派问题(“0—1”规划特殊情形)；蒙特卡洛法——求解各种类型规划。

2.1.4 动态规划

如果要解决多阶段决策问题，把多阶段过程转化为一系列单阶段问题，逐个求解，解决这类供应链过程优化问题则需通过动态规划(DP)建立数学模型。动态规划是求解某类问题的一种方法，是考察问题的一种途径，而不是一种特殊算法。它不像线性规划那样有一个标准的数学表达式和明确定义的一组规则，而必须对具体问题进行具体分析处理。一个多阶段决策过程供应链最优化问题的动态规划模型通常包含以下要素：

(1)阶段

阶段(Step)是对整个过程的自然划分。通常根据时间顺序或空间顺序特征来划分阶段，以便按阶段的次序解优化问题。阶段变量一般用 $k=1, 2, \cdots, n$ 表示。

(2)状态

状态(State)表示每个阶段开始时过程所处的自然状况。描述状态的变量称为状态变量(State Variable)。变量允许取值的范围称为允许状态集合(Set of Admissible states)。用 x_k 表示第 k 阶段的状态变量，它可以是一个数或一个向量。用 X_k 表示第 k 阶段的允许状态集合。n 个阶段的决策过程有 $n+1$ 个状态变量，x_{n+1} 表示 x_n 演变的结果。

(3)决策

当一个阶段的状态确定后，可以作出各种选择从而演变到下一阶段的某个状态，这种选择手段称为决策(Decision)，在最优控制问题中也称为控制(Control)。

描述决策的变量称为决策变量(Decision Variable)，变量允许取值的范围称为允许决策集合(Set of Admissible Decisions)。用 $u_k(x_k)$ 表示第 k 阶段处于状态 x_k 时的决策变量，它是 x_k 的函数，用 $U_k(x_k)$ 表示 x_k 的允许决策集合。

(4)策略

决策组成的序列称为策略(Policy)。由初始状态 x_1 开始的全过程的策略记作 $p_{1n}(x_1)$，即：

$$p_{1n}(x_1)=\{u_1(x_1), u_2(x_2), \cdots, u_n(x_n)\} \tag{2-5}$$

由第 k 阶段的状态 x_k 开始到终止状态的后部子过程的策略记作 $p_{kn}(x_k)$，即：

$$p_{kn}(x_k)=\{u_k(x_k), \cdots, u_n(x_n)\}, k=1, 2, \cdots, n-1 \tag{2-6}$$

类似地，由第 k 到第 j 阶段的子过程的策略记作：

$$p_{kj}(x_k)=\{u_k(x_k), \cdots, u_j(x_j)\} \tag{2-7}$$

可供选择的策略有一定的范围，称为允许策略集合(Set of Admissible Policies)，用 $P_{1n}(x_1)$，$P_{kn}(x_k)$，$P_{kj}(x_k)$ 表示。

(5)状态转移方程

在确定性过程中，一旦某阶段状态和决策为已知，下阶段状态便完全确定。用状态转移方程(Equation of State Transition)表示这种演变规律，写作：

$$x_{k+1}=T_k(x_k, u_k), k=1, 2, \cdots, n \tag{2-8}$$

(6)指标函数和最优值函数

指标函数(Objective Function)是衡量过程优劣的数量指标，它是定义在全过程和所有后部子过程上的数量函数，用 $V_{kn}(x_k, u_k, x_{k+1}, \cdots, x_{n+1})$ 表示，$k=1, 2, \cdots, n$。指标函数应具有可分离性，即 V_{kn} 可表为 x_k，u_k，V_{k+1n} 的函数，记为：

$V_{kn}(x_k, u_k, x_{k+1}, \cdots, x_{n+1})=\phi_k(x_k, u_k, V_{k+1n}(x_{k+1}, u_{k+1}, x_{k+2}\cdots, x_{n+1}))$，且函数 ϕ_k 对于变量 V_{k+1n} 是严格单调的。

过程在第 j 阶段的阶段指标取决于状态 x_j 和决策 u_j，用 $v_j(x_j, u_j)$ 表示。指标函数由 v_j $(j=1, 2, \cdots, n)$ 组成，常见的形式有：

①阶段指标之和，即：

$$V_{kn}(x_k,u_k,x_{k+1},\cdots,x_{n+1}) = \sum_{j=k}^{n} v_j(x_j,u_j) \tag{2-9}$$

②阶段指标之积，即：

$$V_{kn}(x_k,u_k,x_{k+1},\cdots,x_{n+1}) = \prod_{j=k}^{n} v_j(x_j,u_j) \tag{2-10}$$

③阶段指标之极大(或极小)，即：

$$V_{kn}(x_k,\ u_k,\ x_{k+1},\ \cdots,\ x_{n+1}) = \max_{k\leqslant j\leqslant n}(\min) v_j(x_j,\ u_j) \tag{2-11}$$

这些形式下第 k 到第 j 阶段子过程的指标函数为 $V_{kj}(x_k,\ u_k,\ x_{k+1}\cdots,\ x_{j+1})$。

根据状态转移方程，指标函数 V_{kn} 还可以表示为状态 x_k 和策略 p_{kn} 的函数，即 $V_{kn}(x_k,\ p_{kn})$。在 x_k 给定时，指标函数 V_{kn} 对 p_{kn} 的最优值称为最优值函数(optimal value function)，记为 $f_k(x_k)$，即：

$$f_k(x_k) = \underset{p_{kn}\in P_{kn}(x_k)}{\text{opt}} V_{kn}(x_k,\ p_{kn}) \tag{2-12}$$

其中，opt 可根据具体情况取最大或最小。

(7)最优策略和最优轨线

使指标函数 V_{kn} 达到最优值的策略是从 k 开始的后部子过程的最优策略，记作 $p_{kn}^* = \{u_k^*,\ \cdots,\ u_n^*\}$。$p_{1n}^*$ 是全过程的最优策略，简称最优策略(Optimal Policy)。从初始状态 $x_1(=x_1^*)$ 出发，过程按照 p_{1n}^* 和状态转移方程演变所经历的状态序列 $\{x_1^*,\ x_2^*,\ \cdots,\ x_{n+1}^*\}$ 称为最优轨线(Optimal Trajectory)。

(8)递归方程

如下方程称为递归方程：

$$\begin{cases} f_{n+1}(x_{n+1}) = 0 \text{ 或 } 1 \\ f_k(x_k) = \underset{u_k\in U_k(x_k)}{\text{opt}} \{v_k(x_k,\ u_k)\otimes f_{k+1}(x_{k+1})\},\ k=n,\ \cdots,\ 1 \end{cases} \tag{2-13}$$

在上述方程中，当 $\otimes$ 为加法时，取 $f_{n+1}(x_{k+1})=0$；当 $\otimes$ 为乘法时，取 $f_{n+1}(x_{k+1})=1$。动态规划递归方程是动态规划的最优性原理的基础，即：最优策略的子策略，构成最优子策略。用状态转移方程(2-8)和递归方程(2-13)求解动态规划的过程，是由 $k=n+1$ 逆推至 $k=1$，故这种解法称为逆序解法。当然，对某些动态规划问题，也可采用顺序解法。这时，状态转移方程和递归方程分别为：

$$x_k = T_{k+1}(x_{k+1},\ u_{k+1}),\ k=1,\ \cdots,\ n$$

$$\begin{cases} f_1(x_1) = 0 \text{ 或 } 1 \\ f_{k+1}(x_{k+1}) = \underset{u_{k+1}\in U_{k+1}(x_{k+1})}{\text{opt}} \{v_{k+1}(x_{k+1},\ u_{k+1})\otimes f_k(x_k)\},\ k=1,\ \cdots,\ n \end{cases} \tag{2-14}$$

综上所述，如果一个问题能用动态规划方法求解，那么，可以按下列步骤，首先建立起动态规划的数学模型：

①将过程划分成恰当的阶段。

②正确选择状态变量 x_k，使它既能描述过程的状态，又满足无后效性，同时确定允许状态集合 X_k。

③选择决策变量 u_k，确定允许决策集合 $U_k(x_k)$。

④写出状态转移方程。

⑤确定阶段指标 $v_k(x_k, u_k)$ 及指标函数 V_{kn} 的形式(阶段指标之和，阶段指标之积，阶段指标之极大或极小等)。

⑥写出基本方程即最优值函数满足的递归方程，以及端点条件。

动态规划与静态规划的关系：动态规划与静态规划(线性和非线性规划等)研究的对象本质上都是在若干约束条件下的函数极值问题。两种规划在很多情况下原则上可以相互转换。动态规划可以看作求决策 $u_1, u_2, \cdots, u_n$ 使指标函数 $V_{1n}(x_1, u_1, u_2, \cdots, u_n)$ 达到最优(最大或最小)的极值问题，状态转移方程、端点条件以及允许状态集、允许决策集等是约束条件，原则上可以用非线性规划方法求解。一些静态规划只要适当引入阶段变量、状态、决策等就可以用动态规划方法求解。

2.2　仿真方法

仿真(也称计算机仿真或计算机模拟)方法，是通过建立仿真模型，在计算机上再现真实系统，并模拟真实系统的运行过程而得到系统解的研究方法。它通过运行具体仿真模型和对计算机输出信息的分析，实现对实际系统运行状态和变化规律的综合评估与预测，进而实现对真实系统设计与结构的改善或优化[2]。

与用数学公式大致地接近被分析系统中的关系不同，仿真模型用抽象的物体代替实体，然后用以模拟每个实体对周围实体的反映和行为。仿真优化技术实际是将仿真模型的预测能力和数学技术的强大功能相结合。优化仿真方法的工作模式：供应链问题用普通的实用的仿真建模软件建模。模型采用确定的限制的变量来建立。仿真模型采用了优化或问题求解规则，并且确定更优的解决方案。

2.2.1　基于方程的建模仿真方法

基于方程的方法主要是采用系统动力学的方法。系统动力学是一门分析研究信息反馈系统的学科。是一门认识与解决系统问题和沟通自然科学与社会科学的边缘学科，是系统科学中的一个分支。系统动力学是一门基于系统论、吸取反馈理论与信息论的精神，并借助计算机模拟技术的交叉新学科，系统动力学可定性与定量地分析研究系统，它采用模拟技术，以结构、功能模拟为其突出特点。不同于功能模拟(也称黑箱模拟)法，它是从系统的微观结构入手建模，构造系统的基本结构，进而模拟与升级系统的动态行为。这样的模拟适于研究复杂系统随时间变化的问题。

系统动力学认为，系统是结构与功能的统一体。按照系统动力学观点，系统结构的含义包括两个方面：一是指组成部分的子结构及其相互间的关系；二是指系统内部的反馈回路结构及其相互作用。系统的结构与功能分别表示系统的构成与行为特征。结构与功能有对立统一的关系，在一定条件下两者可相互转化。因此，分析研究一个系统时，必须同时考虑系统的结构与功能，通过反复交叉地考察系统的结构与功能，才可能建立起在结构与功能两方面都较好地反映实际系统的模型。也就是说，建模人员必须与有关人员、专家紧密结合，深入洞察实际系统诸组成部分间、总体与局部之间与系统内外之间的种种联系，把系统的行为模式以及内部的反馈回路结构联系起来，通过分析、比较、鉴别，获得对系统的正确认识，并把它们反映到模型的结构中去。这样一种从系统的微观结构入手进行建模的过程，也就是剖析系统的结构与功能的对立统一关系的过程。

在系统动力学的建模过程中，人们将更充分地了解系统的结构与功能的相互关系。由于系统动力学从系统的微观结构入手建立系统的模型，因此为我们研究系统结构与功能的关系提供了科学的方法。系统动力学模型的基本结构为反馈回路，可分为正反馈回路与负反馈回路，一个系统可能有这两种类型的反馈回路单独或以某种方式组合而成。比如，当系统行为出现指数规律增长趋势时，是因为系统中有起主导作用的正反馈回路；当系统受到干扰偏离原来状态又能自动返回并趋向起始状态时，则表明系统中至少存在一个很强的负反馈回路。系统发生振荡行为则表明系统存在二阶以上的反馈回路或者一个一阶负反馈回路加上一个一阶以上的延时环节。S 型增长特性则是正反馈回路与负反馈回路由非线性环节相联结而产生的。

2.2.2 基于离散事件仿真的建模方法

利用离散事件仿真对供应链进行建模研究综合利用运筹学、软计算等优化及建模技术，重点解决供应链系统中供应链设计、位置决策、库存管理决策等战略决策问题。离散事件系统是指系统中的状态只在离散时间点上发生变化，且这些离散时间点一般是不确定的。系统状态是离散变化的，而引发状态变化的事件是随机发生的，因此这类系统的模型很难用数学方程来描述。

(1)离散事件系统建模与仿真的基本概念

①实体。是描述系统的要素之一，是系统中可单独辨识和刻画的构成要素。如：工厂中的机器，商店中的服务员，生产线上的工件，道路上的车辆等。从仿真角度看，实际系统就是由相互间存在一定关系的实体集合组成的，实体间的相互联系和作用产生系统特定的行为。属性和行为相同或相近的实体可以用类来描述，这样可以简化系统的组成和关系。如：理发店服务系统可以看成是由“服务员”和“顾客”两类实体组成的，两类实体之间存在服务与被服务的关系。

②属性。是实体特征的描述，一般是系统所拥有的全部特征的一个子集，用特征参数或变量表示。选用那些参数作为实体的属性与建模目的有关，一般按以下原则：便于实体分类：如按零售店顾客的性别；便于实体行为的描述：如汽车的速度；便于排队规则的确定：如生产线上待处理工件的优先级水平。

③活动。实体在一段时间内持续进行的操作或过程。活动所占用的时间段称为忙期，忙期可以是定时的或随机的。建模中，一般要给出忙期的计算公式或概率分布函数，保证一个实体一进入某一活动，其忙期就可以计算或从概率分布函数中抽取得到，如“服务员”对“顾客”的服务，其忙期就可以从指数分布函数抽样得到(服务时间)。很多情况下的活动是由几个实体协同完成的。

④状态。对实体活动的特征状况划分，其表征量称为状态变量。在零售店的付款活动中，顾客有等待服务、接受服务等状态，收银员有忙、闲等状态。活动总是与一个或几个实体的状态相对应。状态可作为动态属性进行描述。

⑤事件。导致系统状态产生变化的瞬间操作或行为。从某种意义上说，系统由事件驱

动。事件发生的时刻称为事件点。不关心事件所代表的操作和行为意义时，事件与事件点是同义语。若事件发生是有前提的，则称为条件事件。

活动、状态和事件三者间关系：时间的发生导致状态的变化，实体的活动可以与一定的状态相对应，因此可以用事件来标识活动的开始和结束。三者关系如图 2-1 所示。

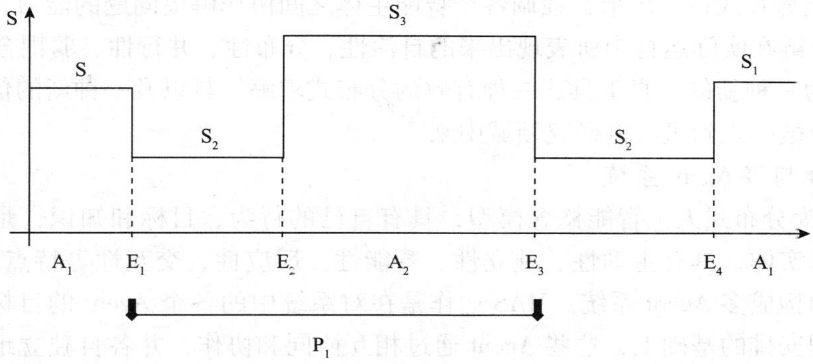

图 2-1　活动、状态、事件及进程之间的关系示意图

S—状态；A—活动；E—事件；P—进程

⑥进程。一组按发生时间排列的事件/活动序列称为一个进程（见图 2-1）。

⑦队列。处于等待状态的实体序列。一般按新到的实体排在队尾的次序组成。在建模中，队列可作为一种状态或特殊实体对待。

⑧仿真钟。用于表示仿真时间的变化。其推进方法与仿真策略有关。

⑨统计计数器。离散事件系统的有些变化是随机的，一次仿真运行得到的状态变化过程只不过是随机过程的一次取样。如果进行另一次独立的仿真运行，所得到的状态变化过程可能完全是另一种情况。一般只在统计意义下有参考价值。一般在仿真中需要一个统计计数部件，以便统计系统中的有关变量，如：服务系统中的平均队长、顾客的平均等待时间、服务员的利用率等。

(2) 离散事件系统仿真的一般步骤

基本步骤与连续系统仿真类似，但还有些特殊问题：

①系统建模。系统模型一般用流程图或网络图的方式来描述。反映了临时实体在系统内部历经的过程、永久实体对临时实体的作用以及它们之间的逻辑关系。

②确定仿真算法：包括两方面内容，一是如何产生所需求的随机变量；二是采用怎样的方法进行仿真，即仿真策略。

③建立仿真模型。根据已经确定的仿真算法，进行变量定义、流程图确定，完成仿真程序实现。

④仿真结果分析。离散事件系统固有的随机性，每次仿真计算结果仅仅是随机变量的一次取样，要运行多次，并采用适当的方法进行分析。

2.2.3　基于多智能自主体仿真的建模方法

随着人工智能以及智能自主体技术的发展，利用具有一定自主推理、自主决策能力的多智能自主体(Multi-Agent)以及由其组成的多智能主体系统(Multi-Agent System，MAS)，用来仿真、优化、实施、控制供应链运作，已经成为研究和实施供应链管理的重要方法之一。

智能主体(Agent)又称代理，属于计算机和人工智能领域的范畴。MAS源于人工智能中的分布式问题求解，它可以看成是一种由问题求解器松散组合而成的一个网络，该网络通过各个问题求解器协调工作，能够解决超越单个问题求解器的能力和知识范围的问题。

MAS强调分布式自主决策，强调各个智能主体之间协作解决问题的能力，这些特点正好契合于供应链在实际运行中所表现出来的自治性、分布性、并行性、弱耦合性的特征。

MAS作为一种新的仿真工具、一种有效的分布式求解工具以及一种新的信息系统的基础框架，已经被引入到供应链研究领域中来[3]。

(1)Agent与多Agent系统

Agent作为分布式人工智能概念模型，具有自己的行为、目标和知识，是在一定环境下自主运行的实体，具有主动性、独立性、智能性、反应性、交互性等特点，多个Agent通过协同机制构成多Agent系统。MAS运作是在对系统中的各个Agent的目标、资源和知识等进行合理安排的基础上，这些Agent通过相互协同和协作，并各自独立地运行，在实现各自的目标基础上来完成MAS的总体目标，因此与现实的供应链运作具有相似特征。因此，基于Agent的供应链系统模拟具有一定的优越性。

(2)基于Agent的建模思想

Agent技术的发展和应用有两个基本的推动力：

①无论在现在还是在将来的计算机科学及其应用领域中，由Agent组成的MAS有能力扮演重要的角色。因为现在的计算平台和信息环境都是分布的、开放和异构的，计算机不再是一个独立的系统，而是越来越与其他的计算机及他们的用户紧密地联系在一起。计算机和信息系统的日益增长的复杂性是与它们应用的日益复杂性相一致的。而这些通常超出了常规的、集中式计算的层次，因为它们要处理诸如海量数据，或来源于分布在不同地域上的数据。为了处理这样的应用，计算机将必须以一个“个体”或Agent的方式来工作，而不是作为系统的零件。

②在建立和分析人类社会中交互模型和理论方面，MAS也可以扮演重要的角色。人们以各种方式在各个层次上进行交互。例如，人们互相观察对方并建立对方的模型，他们需要或为对方提供信息，他们谈判或讨论，他们探测并解决冲突，同时他们组织或瓦解某一组织(如团队、委员会等)结构等。

基于Agent建模的思想也正是来源于以上的两个基本的推动力。人们将Agent作为系统的基本抽象单位，必要的时候可赋予Agent一定的智能，然后在多个Agent之间设置具体的交互方式，从而得到相应系统的模型。这样，Agent、智能和交互便是基于Agent建模思想中最基本也是最重要的内容。

在上述基本思想指导下，就形成了基于Agent的建模方法。简单来说，基于Agent的建模是一种由底向上的建模方法，它把Agent作为系统的基本抽象单位，采用相关的Agent技术，先建立组成系统的每个个体的Agent模型(大多数时候它是比较简单的)，然后采用合适的MAS体系结构来组装这些个体Agent，最终建立整个系统的系统模型。由于Agent是一种计算实体，所以最终模型就是该系统的程序模型，这极大的便利了研究人员对系统进行仿真研究和开发人员的应用开发(从分析到设计到实现可平滑过渡)。由于可以将

Agent 看成是主动对象，基于 Agent 的建模技术完全可以从面向对象技术中继承并发展。

(3)在供应链系统建模中的应用

Multi-Agent 技术在供应链系统中主要应用于解决供应链协同方面的诸多问题，一般是将供应链中的各种功能单元，如供应商、制造商、销售商和运输商等对物料或最终产品的管理和生产、计划、采购、销售以及运输等均看成独立自主的 Agent，把供应链网络中人、组织间的交互合作、共同完成任务的各种活动描述为 Agent 间的自主作业活动，那么供应链系统就成为一个多 Agent 系统，这个系统内部各 Agent 相互协同，共同完成供应链上的任务。目前，许多学者对 Multi-Agent 在供应链中的应用进行了研究，如文献[4]从供应链整体的角度出发，设计了一种基于偏好反馈的多属性协商机制，构建了基于 Multi-Agent 的建设供应链协同决策模型；文献[5]介绍了一种基于 Multi-Agent 技术的供应链体系结构，将 Multi-Agent 技术应用于电子供应链的管理，可以解决网络环境中信息二义性的问题；文献[6]针对三阶层多期交易的供应链库存策略选择问题，利用 Multi-Agent 方法建立了仿真模型，并进行了传统、VMI 和结合收益共享的 VMI 三种库存策略仿真实验；文献[7]结合 Multi-Agent 技术的优点，建立了一个基于协调中心的供应链系统结构，构造了协调中心 Agent、供应链 Agent、生产商 Agent 和分销商 Agent 的模块图，并设计了模块之间的数据传递机制，实现了不同企业之间的数据交换。

2.3　图形化建模方法

随着建模技术的不断发展，历史上出现了许多流程建模的方法和工具，它们目前仍然被大量运用在企业或供应链的流程分析与建模中。其中有一类型偏重于运用图形形式化表达方式去描述和分析，如数据流图法(Data Flow Diagrams)、甘特图法(Gantt Chart)、Petri 网法(Petri-Net)、工作流图法(Work Flow Technique)等，具有这种特征的建模方法和工具可归类为图形化建模方法。

2.3.1　数据流图法

在建模技术发展早期，建模方法多偏向于采用图形这种易于理解的形式化表达方法来对模型进行描述和分析，其中比较典型的就是流图(Flow Chart)和数据流图(Data Flow Diagrams，DFD)。流图一般被定义为对一组逻辑序列、业务流程或组织结构的一种形式化的描述。数据流图是应用最为广泛的一种描述过程或系统的结构化分析方法和工具。

数据流图表示求解某一问题的数据通路，同时规定了处理的主要阶段和所用的各种数据媒体。数据流图以图形的方式描绘数据在系统中流动和处理的过程，由于它只反映系统必须完成的逻辑功能，所以它是一种功能模型。数据流图是描绘信息流和数据从输入移动到输出的过程中所经受的变换，即从数据传递和加工的角度，以图形的方式刻画数据流从输入到输出的移动变换过程。数据流图的基本图形元素有：数据流、加工(处理)、文件(数据存储)和数据池(数据源或终点)。

2.3.2　甘特图法

甘特图(Gantt Chart)也叫横道图、条状图等，是科学管理大师甘特(Henry Laurence Gantt)在 1917 年提出来的，是在第一次世界大战时开始使用的两维图表。它的横轴表示时间，纵轴表示要执行的任务，线条表示在整个项目周期上各项任务的计划的开始时间和结束时间。甘特图以简洁直观的图形方式图形化和量化了生产调度算法的复杂数据。

绘制甘特图的步骤如下：

①明确项目牵涉到的各项活动、项目。内容包括项目名称(包括顺序)、开始时间、工期、任务类型(依赖/决定性)和依赖于哪一项任务。

②创建甘特图草图。将所有的项目按照开始时间、工期标注到甘特图上。

③确定项目活动依赖关系及时序进度。使用草图，按照项目的类型将项目联系起来，并且进行安排。

④计算单项活动任务的工时量。

⑤确定活动任务的执行人员及适时按需调整工时。

⑥计算整个项目时间。专业性软件可以自动完成该项工作。

2.3.3 Petri 网法

Petri 网是对离散并行系统的数学表示。Petri 网是 20 世纪 60 年代由卡尔·A·佩特里发明的，适合于描述异步的、并发的计算机系统模型。Petri 网既有严格的数学表达方式，也有直观的图形表达方式。Petri 网模型方法是从事件和条件的观点来分析和描述系统结构和系统行为，用条件的真假来控制事件的发生。因此，在将实际供应链系统抽象化的同时，保持模型与模型对象在逻辑上的一致性，是 Petri 网建模方法适用于供应链系统建模与分析的重要原因。

Petri 网模型就是一个基于图的数学形式化描述模型，用来分析离散的并发系统，或者说 Petri 网模型用来描述非同步的因果和非因果行为，包括并行和不确定选择。Petri 网理论研究的主要内容是系统模型的行为特征，包括：可逆性(Reversibility)、有界性(Boundedness)、活性(Liveness)、可达性(Reachability)、可覆盖性(Cover)、公平性(Fairness)等。Petri 网以研究模型的组织结构和动态行为为目标，着眼于系统中可能发生的各种状态变化及变化之间的关系。Petri 网模型的主要分析方法依赖于对诸如关联矩阵、可达树、状态方程、位置不变量、变迁不变量等的研究与分析。

用 Petri 网描述的系统有一个共同的特征：系统的动态行为表现为资源(物质资源和信息资源)的流动。一个 Petri 网的结构元素包括库所(Place)、变迁(Transition)和弧(Arc)。库所用于描述可能的系统局部状态；变迁用于描述修改系统状态的事件；弧通过其指向来规定局部状态和事件之间的关系。

基于 Petri 网的供应链建模方法对于描述系统动态特性、测试业务流程的变化情况非常方便，它能够很好地描述供应链中物流、信息流和资金流。应用 Petri 网进行供应链的业务过程仿真、建模及动态分析，已经引起国内外研究人员的青睐，并产生了大量的研究成果。如文献[8]，利用 Petri 网和马尔科夫理论，对供应链上订货、生产和分销过程进行了建模，通过对供应链上订货提前期问题进行广义网建模，得出了一种提前期的计算方法，并阐明了它与供应商服务水平存在的定量关系和提前期中各种活动的时间评价，缩短供应链提前期不但要减少供应的中间环节数目，缩短中间环节的耗时，而且要保证上游制造商具有较高的服务水平。

文献[9]采用了面向对象的 Petri 网的方法来分析网络化制造环境下的供应链运作，这种方法采用计算机集成制造开放系统(Computer Integrated Making Opening System，CIMOS)的规则来模拟制造供应链的业务流程。通过这种模式下的供应链运作描述，以网络化制造技术中心为支持，提出供应链运作模式；构建各参与对象 OPN(Object-oriented Petri net，OPN)模型，获得系统不变量，在此基础上分析系统的性能，如死锁、溢出以及冲突等。文献[10]面向按库存生产和按订单生产相结合的柔性供应链，将产品零部件分解为通用件和差异件，利用时间 Petri 网对供应链业务流程进行建模与仿真，分析订单完成量对供应链库存和订单响应时间的影响，确定最佳的产品差异率。文献[11]讨论了基于时间 Petri 网的供应链、企业之间工作流的运作效率问题，主要研究了供应链的时间 Petri 网建模及分析方法，提出了原有时间 Petri 网可达树算法应用于资源调度问题中的不足之处，并改进了原有算法。

2.3.4　活动网络图

活动网络图具有直观、简易的特点，典型的工作流产品是 IBM 公司 20 世纪 90 年代中期推出的 FlowMark。活动网络图中，一个完整的经营过程用一个无自环的有向图描述。该有向图中用节点和有向弧段表示：其中，节点表示活动或任务；节点间的连接弧表示工作流中的控制流和数据流。组成工作流模型的元素包括过程、活动、模块、控制连接弧、数据连接弧和条件。其中，模块类似于“过程”，但其不同于过程之处在于模块没有唯一的标识符，只能被一个工作流过程使用，模块也有输入、输出数据箱。控制连接弧定义了两个活动之间的执行顺序。当连接弧的起始节点执行完毕后，工作流引擎将会根据控制连接弧的定义进行过程导航。控制连接弧与它们所连接的活动节点构成了整个工作流过程的控制逻辑。而数据连接弧定义了活动间的信息流，由前一个活动输出数据箱指向后一个活动的输入数据箱，数据箱中包含了工作流相关数据和与活动执行相关的具体应用数据。条件用来定义工作流执行中的约束，主要包括属于活动外部的转移条件和属于活动内部的开始与结束条件。

2.3.5　供应链运作参考模型(SCOR)

图形化建模方法发展到现在，最为经典和最具有代表性的就是由美国供应链协会开发的适合于不同工业领域的供应链运作参考模型(Supply Chain Operations Reference model，SCOR)。SCOR 模型是新兴的概念建模方法，侧重于采用标准的图形、符号形式来分析供应链特征要素，是一种高效实用的供应链设计和再造的利器。供应链运作参考模型是将业务流程重组、标杆管理及最佳实践集成为多功能一体化的模型结构。SCOR 模型指出供应链管理过程必须开始于“业务流程再造”，这不同于“企业流程再造”，因为前者必须在跨企业间进行，后者则是企业内部运作优化问题，其结构是建立在五个不同的管理流程之上，即计划、采购、生产、配送与退货。SCOR 模型按流程定义可分为三个层次，每个层次都是通过图形、符号和标准术语来进行表达。在第三层以下还可以有第四、五、六等更详细的属于各企业所特有的流程描述层次，比如第四层实施层定义了具体的运作方式以获得竞争优势和适应不断变化的商业环境，但这些层次中的流程定义不包括在 SCOR 模型中[12]。

当今图形化的建模方法越来越多，已成为供应链流程建模方法的一个重要流派。除了上述提到的一些建模方法，还有一些主要的建模方法都可归为这一类，如 Rational Software 公司的 Grady Booch、Jim Rumbaugh 和 Ivar acobson 开发的 UML，它是面向对象分析方法的一个标准的建模语言，是一种可以应用于任何软件开发过程的标记法和语法语言。UML 主要采用图形化表示，定义了五类模型图，也可以算是图形化的建模方法。另外还有工作流图（Work Flow）法等等。

图形化的建模方法侧重于以图形的方式进行描述和分析，因此一般具有比较直观且十分形象的表达能力，易于理解。除此之外，图形化的建模方法能够非常清楚地表述所构建的模型，所构模型一般范围界限明确，层次比较清晰。但是，对于复杂过程，图形模型往往会由于过于庞大复杂而导致无法实用。而且供应链流程建模或再造是一项十分复杂的工作，有一些方面是图形这种表达方式无法进行表述的，如供应链模型中的逻辑、数学关系等等。因此，图形化建模一般无法直接用来对供应链进行定量的分析和设计。

2.4 语义建模方法

一般而言，供应链过程优化与创新需要经历三个关键步骤：构建现有供应链过程模型、模型评价、过程模型改进。在以上三个步骤中，供应链业务过程优化的基础是建立过程模型，包括构建现有模型和新的经过优化的模型。

静态供应链过程建模方法，如流程图、甘特图法等，主要从时间和成本的角度对供应链过程进行描述，是一些供应链过程管理思想发展早期常用的模型方法。其缺点是只能表现供应链过程的静态关系不能有效表述过程节点之间的优先、约束等动态关系，因此不易对这些模型进行多维度评价与改进。动态供应链过程建模方法，如 Petri 网、工作流建模（WFM）方法等，较静态建模方法来说，更能有效表述过程节点之间的优先、约束等动态关系，更适用于供应链过程建模，但也分别存在不能清晰表述供应链回路以及约束，维护困难、易导致模棱两可的解释，以及不能提供对流程细节进行抽象的特定机制，从而难以产生有效区别流程相关信息和非必要信息描述等缺陷。

近年来发展起来的供应链过程语义描述方法已经引起了人们的极大兴趣，这是因为，语义建模方法是一种可以补充和整合其他技术应用的方法。语义是指一组规范，它包括一个有限的元素词典和一组元素词典中元素间结合关系的规则或限制。之所以语义建模方法较其他方法相比更适用于供应链过程建模，是基于以下几点原因：

①从整体上看，供应链具有明显的层次性。供应链过程可以分解为更具体的流程或活动。且每一个流程或活动都可以被模块化，语义结构维护起来相对比较容易。

②供应链的各个组成部分具有较高的重复性，对于不同类型的供应链通常可以从中概括出一些具有高度重复性的流程，进而对这些共性进行一般化的研究与探索。

③供应链的流程与活动之间存在大量的约束与协调关系。在一个多层分布式应用服务中应用这种描述方法可以更加清晰地表达各种约束，并可防止在流程描述中信息回路的出现。

④语义建模方法能够结合数据仓库技术，毫无遗漏地给出元素词典中元素间的组合方案以及元素间的替代方案，作为其他建模工具的辅助建模方法，能够增强其他建模工具的功能。

但语义建模方法也有它的局限性。它适于建立静态的过程模型，而大部分的供应链过程是动态的，所以不能够单纯采用语义建模的方法进行供应链过程建模，而要结合其他动态建模方法如 Petri 网和工作流建模方法对供应链进行建模。如秦凡等[13]在“基于过程优化的供应链过程语义建模方法”一文中，将组织过程的语法模型同动态建模思想相结合，提出一种基于语义描述的供应链过程建模方法，该方法是一种能将供应链过程模型与供应链过程知识库相结合，并能评估供应链过程绩效，从而支持供应链过程优化与创新的决策支持工具。王晓耘等[14]在“基于 RDFS/OIL 的供应链管理商务信息语义模型研究”一文中，从语义的角度对供应链管理中的商务信息进行平台无关的统一描述和建模，能够较好地解决供应链管理通过 Internet 共享资源的问题，并探讨了采用 RDF Schema 和本体技术来解决供应链管理中的商务信息语义建模问题。

2.5　人工智能优化方法

在研究供应链相关问题时，由于许多问题的复杂性，导致相关模型的建立和求解都十分困难，有许多典型的 NP-C 问题，比如车辆路径问题(VRP)等，采用常规方法往往难以解决或者效率较低。将人工智能算法引入到供应链建模的研究中，可以为解决供应链相关的一些疑难问题提供有效的解决方案。

人工智能算法是 20 世纪 80 年代初兴起的优化算法，包括人工神经网络、禁忌搜索、遗传算法、模拟退火算法、群体智能方法等，它们主要用于解决大量的实际应用问题。智能优化算法一般具有一定的自组织性和自适应性，在计算方法上具有并行处理的特性，在处理大规模数据上有其独特的优势。同时，人工智能算法往往从给定的数据入手，对问题的机理分析并不需要像常规方法那样精确，所以在解决用常规方法难以精确建模的数学问题上，也体现了显著的优越性[15]。

2.5.1　人工神经网络

人工神经网络(Artificial Neural Network，ANN)是模仿生物神经网络功能的一种经验模型。生物神经元受到传入的刺激，其反应又从输出端传到相连的其他神经元，输入和输出之间的变换关系一般是非线性的。神经网络是由若干简单(通常是自适应的)元件及其层次组织，以大规模并行连接方式构造而成的网络，按照生物神经网络类似的方式处理输入的信息。一个神经元可以接受多个输入信号，按照一定的规则转换为输出信号。由于神经网络中神经元间复杂的连接关系和各神经元传递信号的非线性方式，输入和输出信号之间可以构建出各种各样的关系，因此可以用来作为黑箱模型，表达那些用机理模型还无法精确描述、但输入和输出之间确实有客观的、确定性的或模糊性的规律。因此，人工神经网络作为经验模型的一种，在生产实践、研究和开发中得到越来越多的应用。

(1)人工神经网络的结构

神经网络的结构是由基本处理单元及其互联方法决定的。

1)人工神经元模型

图 2-2 表示了作为 ANN 的基本单元的神经元模型，它有三个基本要素：

①一组连接，连接强度由各连接上的权值表示，权值为正表示激活，权值为负表示抑制。

②一个求和单元，用于求取各输入信号的加权和(线性组合)。

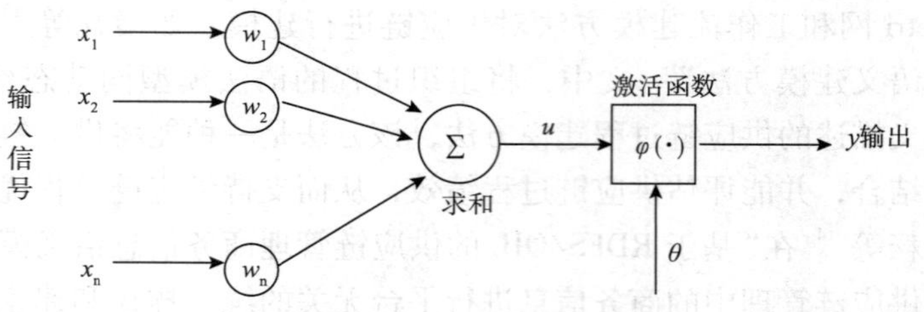

图 2-2　基本神经元模型

③一个非线性激活函数(或称为输出变化函数)，起非线性映射作用并将神经元输出幅度限制在一定的范围之内。常见的激活函数 $\varphi(\cdot)$ 有阈值函数、分段线性函数和 sigmoid 函数等。

④还有一个阈值 θ(或偏置 $-\theta$)。

2)人工神经网络的基本特性和结构

①人工神经网络是由许多神经元组成的信息处理网络，具有并行分布结构。每个神经元具有单一输出，并且能够与其他神经元连接；存在许多(多重)输出连接方法；每种连接方法对应一个连接权系数。人工神经网络是一种具有下列特性的有向图：

(a)对于每个节点 i 存在一个状态变量 x_i；

(b)从节点 j 到节点 i，存在一个连接权系数 ω_{ij}；

(c)对于每个结点 i，定义一个变化函数 $\varphi_i(x_i, \omega_{ij})$，$i \neq j$；对于最一般的情况，此函数取 $\varphi_i(\sum_j \omega_{ij} x_i - \theta_i)$ 形式。

②人工神经网络的结构基本上分为两类，即递归网络(反馈)和前馈网络，简介如下。

(a)递归网络：在递归网络中，多个神经元互连以组成一个互连神经网络，如图 2-3 所示。有些神经元的输出被反馈至同层或前层神经元，所以递归网络又称为反馈网络。Hopfield 网络、Elmman 网络和 Jordan 网络都是递归网络的代表。

(b)前馈网络。前馈网络具有递阶分层结构，由一些同层神经元间不存在互连的层级组成。从输入层至输出层的信号通过单向连接流通；神经元从一层连接至下一层，不存在同层神经元间的连接，如图 2-4 所示。前馈网络的例子有多层感知器(MLP)、学习矢量量化(LVG)网络、小脑模型联接控制(CMAC)网络和数据处理方法(GMDH)网络等。

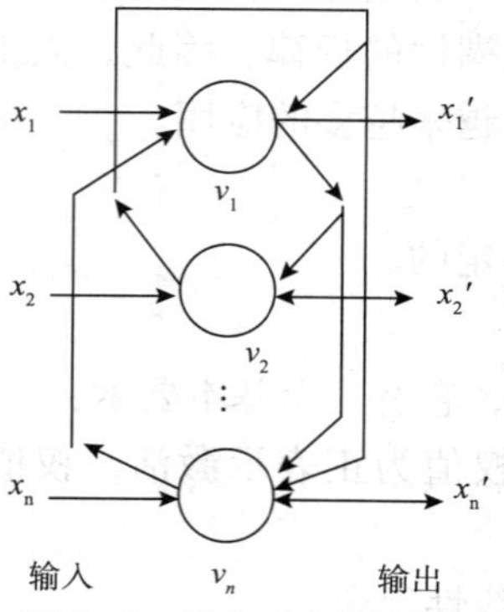

图 2-3　递归(反馈)网络

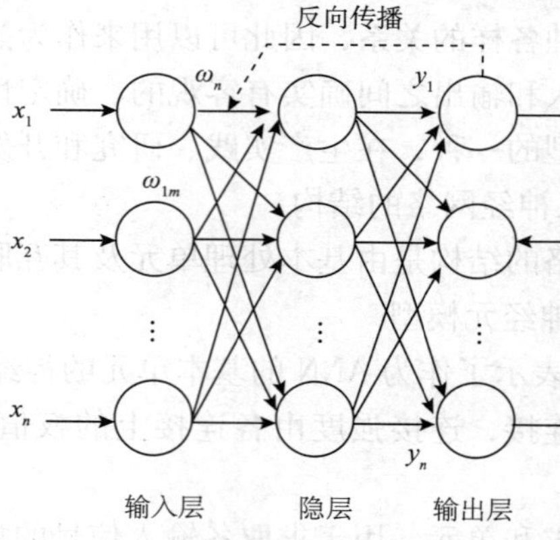

图 2-4　前馈(多层)网络

(2)人工神经网络的简单原理

人工神经网络是根据人的认识过程而开发出的一种算法。假如现在只有一些输入和相应的输出，而对如何由输入得到输出的机理并不清楚，那么可以把输入与输出之间的未知过程看成是一个“网络”，通过不断地给这个网络输入和相应的输出来“训练”这个网络，调节各节点之间的权值来满足输入和输出，这样，当训练结束后，给定一个输入，网络便会根据自己已调节好的权值计算出一个输出，这就是神经网络的简单原理。

(3)人工神经网络的数学模型及应用

以常用的 BP 网络为例。

1)BP 神经网络的数学模型

BP 网络模型处理信息的基本原理是：输入信号 P_i 通过中间节点(隐层点)作用于输出节点，经过非线形变换，产生输出信号 O_k，网络训练的每个样本包括输入向量 P 和期望输出量 T，网络输出值 O 与期望输出值 T 之间的偏差，通过调整输入节点与隐层节点的连接权值 w_{ij} 和隐层节点与输出节点之间的联接权值 T_{jk} 以及阈值，使误差沿梯度方向下降，经过反复学习训练，确定与最小误差相对应的网络参数(权值和阈值)，停止训练。此时经过训练的 BP 神经网络能对在输入范围内的输入信息自行处理，然后输出误差最小的经过非线形转换的输出信息。它的具体数学模型如下：

①传递函数。是反映下层输入对上层节点刺激脉冲强度的函数，又称刺激函数，一般取为(0，1)内连续取值 Sigmoid 函数：

$$\varphi(x)=\frac{1}{1+e^{-x}} \tag{2-15}$$

②误差计算模型。反映神经网络期望输出与计算输出之间误差大小的函数。第 j 个单元节点的输出的误差：

$$E_k=\frac{1}{2}\sum_{k=1}^{n}(y_{jk}-T_{jk})^2 \tag{2-16}$$

总误差：

$$E=\frac{1}{2N}\sum_{k=1}^{n}E_k \tag{2-17}$$

式中：T_{jk} 是第 j 个节点的期望输出值；y_{jk} 是第 j 个节点实际输出值。

③中间层节点的数学模型：

$$O_{jk}^{1}=\varphi\left(\sum w_{ij}^{1}x_j\right) \tag{2-18}$$

式中：O_{jk}^{1} 表示中间层上输入第 k 个样本时第 j 个节点的输出，x_j 为第 j 个节点输入，w_{ij}^{1} 为输入层到中间层的权值。

④输出节点的数学模型：

$$O_{jk}^{2}=\varphi\left(\sum w_{ij}^{2}x_{jk}^{1}\right) \tag{2-19}$$

式中：O_{jk}^{2} 表示输出层上输入第 k 个样本时，第 j 个节点的输出，w_{ij}^{2} 为中间层到输出层的权值。

⑤修正权值：

$$w_{ij} = w_{ij} + \mu \frac{\partial E}{\partial w_{ij}} \tag{2-20}$$

2) BP 算法的实现步聚

①初始化权值和阈值。

②对样本信息进行训练：

步骤 1. 给出输入信息向量 P 和目标向量 T。

步骤 2. 对输入 P 进行标准化。

步骤 3. 应用式(2-18)、式(2-19)计算隐含层和输出层的实际输出。

步骤 4. 求目标向量与实际输出的偏差。

步骤 5. 若误差在要求内，则直接到步骤 10。

步骤 6. 计算隐含层单元误差。

步骤 7. 求误差梯度。

步骤 8. 对权值和阈值进行修改，将误差信号沿原来的连接通路返回，即应用式(2-20)修改各层神经元的权值，逐次地向输入层传播去进行计算。再经过正向传播过程，这两个过程反复进行，使得误差信号最小。

步骤 9. 回到步骤 3。

步骤 10. 计算全部误差是否满足要求，若满足则学习结束，否则回到步骤 6。

③输入信息向量 X，经仿真计算预测输出向量 Y。

2.5.2 禁忌搜索

禁忌搜索(Tabu Search 或 Taboo Search，简称 TS)算法是一种全局性邻域搜索算法，模拟人类具有记忆功能的寻优特征。TS 算法通过局部邻域搜索机制和相应的禁忌准则来避免迂回搜索，并通过破禁水平来释放一些被禁忌的优良状态，进而保证多样化的有效探索，以最终实现全局优化。

禁忌搜索思想最早由 Golver 提出，它属于确定性的迭代优化算法，主要是针对一般下降算法的缺点而出现的。一般的下降算法在搜索到一个局部最优解时，就会自动停止；而禁忌搜索采用禁忌策略，尽量避免已搜索过的对象，从而保证了对不同的搜索路径的探索。因此，禁忌搜索算法克服了传统的搜索算法易于陷入局部最优的缺陷，是求解组合优化问题的少有的有效算法之一，在国际上已应用于资源规划、通信、生产调度、机器学习等领域。

(1)禁忌搜索算法的主要构成

禁忌搜索是人工智能的一种体现，禁忌搜索算法最重要的思想是记住以往已搜索过的局部取优解的一些对象，并在进一步迭代搜索中尽量避开这些对象(而不是绝对禁止循环)，进而使得搜索途径多样化。同时，禁忌搜索算法是一种由多策略组成的混合启发式算法。每种策略均是一个启发式过程，它们对整个禁忌搜索起着关键的作用。禁忌搜索算法一般由下述若干要素和策略构成。

1)初始解

禁忌搜索算法需要一个初始解以开始其局部搜索过程。一个较好的初始解会提高搜索速度。其中基于划分搜索空间的选择策略优于均匀随机的选择策略，它是将搜索空间均匀

划分为 N(1000)个相等的子空间。随机选择搜索子空间，并在搜索子空间内随机选择不同于禁忌表中的点作为继续进行迭代的初始点。由于在以后的寻优过程中，又选取与以往搜索空间不同的搜索子空间，避免了在初始点附近重复局部搜索。

2)邻域移动

邻域移动是一个解(新解)的途径，它是保证产生好的解和提高算法搜索速度的最重要因素之一。邻域移动定义的方法很多，对于不同的问题应采用不同的定义方法。通过移动，目标函数值将产生变化，通过选择策略(见下述)产生最好移动。为了可应用于当前解的移动的集合，较好邻域的确定能大大提高搜索速度，避免局部重复搜索。在对于函数寻优中，通常的做法是随机生成邻域移动，或者设定特定的步长以进行移动，前种方法具有较大的随机性，容易使搜索算法寻优过程增加；后种方法具有很强的主观因素，如果步长设置值较大，容易跳过优秀解，如果步长设置值较小，容易陷入局部寻优。

3)禁忌表和禁忌移动

所谓禁忌就是禁止重复前面的工作。TS 引入一个禁忌表记录下已经搜索过的局部最优点。在下一次搜索中，利用禁忌表中的信息不再或有选择地搜索这些点，依次跳出局部最优点，从而最终实现全局最优化。在每一次迭代中，如果进行了某一方向的移动；则该移动被记录在禁忌表的底端，称之为禁忌移动，若此时禁忌表已装满，则将禁忌表中最早的一个移动释放。

禁忌表是禁忌搜索算法的核心，禁忌表的大小在很大程度上影响着搜索速度和解的质量。如果选择得好，可有助于识别出曾经搜索过的区域。实验表明，如果禁忌表规模过小，那么搜索过程就可能进入死循环，整个搜索将会围绕着相同的几个解徘徊。相反，如果禁忌表规模过大，则将在相当大程度上限制了搜索区域，好的解就有可能被跳过，而且，不会改进解的效果反而增加算法运算时间。因此，一个好的禁忌表规模应该是尽可能小，同时又能避免算法进入循环。禁忌表的这种特性非常类似于“短期记忆”，因而人们把禁忌表称作短期记忆函数。禁忌表规模可以是固定常数，也可以按某种准则或公式在定义区间内动态变化。

禁忌表的另一作用是通过调整其大小使搜索发散后收敛。初始搜索时，为提高解的分散性，扩大搜索区域，使搜索路径多样化，经常希望禁忌表规模小；相反，当搜索过程接近最优解时，为提高解的集中性、减少分散、缩小搜索区域，这时通常希望禁忌表规模大。为达到此目的，最近越来越多的人们允许禁忌表的大小和结构随搜索过程发生变化，即使用动态禁忌表，实验结果表明，动态禁忌表往往会比固定禁忌表获得更好的解。

4)选择策略

选择策略即择优规则，是对当前的邻域移动选择一个移动而采用的准则。在选择策略中，问题解的适值是关键要素。与遗传算法类似，目标函数可以作为适值函数。当然，目标函数的任何变形都可作为适值函数，只要选取的适值增加与目标函数的最优性一致即可。择优规则可采用多种策略，不同的策略影响算法的性能，一个好的选择策略应该是既保证解的质量又保证计算速度。当前采用最广泛的两类策略是最好解优先策略和第一个改进解优先策略。最好解优先策略就是对当前邻域移动中选择移动值最好的移动产生的解，作为下一次迭代的开始。最好解优先策略相当于寻找最陡的下降. 这种择优规则效果比较好，但是它需要更多的计算时间；而最快的下降对应寻找第一个改进解的移动，由于它无须搜索整个邻域移动，所以所花计算时间较少，对于比较大的邻域往往比较适合。

5）破禁策略

破禁策略通常指破禁水平（Aspiration）函数选择，当一个禁忌移动在随后 $|T|$ 次的迭代内再度出现时，如果它能把搜索带到一个从未搜索过的区域，则应该接受该移动即破禁，不受禁忌表的限制。衡量标准就是定义一个破禁水平函数。破禁水平函数选取通常基于以下两个准则：

①基于适值的准则：若某个禁忌候选解的适值优于以往搜索最优解，则解禁此候选解为当前解；

②基于搜索方向的准则：按有效的搜索途径进行。

6）禁忌频数

禁忌频数是对禁忌表的另外一种补充，可改变选择决策对象的范围。例如，在实际求解时，可以根据问题和算法的需要，记忆某个状态出现的频率（该状态出现次数与总迭代步数的比）或各种信息，可以增加禁忌表规模来避免循环；反之则缩小禁忌表规模来维持移动。目前有很多文献在探讨实施方法。

短期记忆用来避免最近所作的一些移动被修改，但是在很多情况下，短期记忆并不足以把算法搜索带到能够改进解的区域。因此，在实际应用中，常常把短期记忆与长期记忆结合使用，以保持局部的强化和全局的多样化之间的平衡，即在加强与较优解有关性质的同时还能把搜索带到未搜索过的区域。

长期记忆在非禁忌移动中找不到可以改进的解时更有效。长期记忆函数主要有两种形式，即用一些评价函数来惩罚在过去的搜索中用得最多或最少的那些选择，并用一些启发方式来产生新的初始点。用这种方式获得的多样性可以通过保持一段惩罚时间来得到加强，然后取消惩罚，禁忌搜索继续按照正常的评价规则进行；另一种形式采用频率矩阵，使用两种长期记忆，一种是基于最小频率的长期记忆，另一种是基于最大频率的长期记忆。通过使用基于量小频率的长期记忆，可以在过去的搜索中认为是好的可行区域内产生不同的序列，在整个搜索过程中频率矩阵被不断修改。

7）停止规则

禁忌搜索大体上有3种终止规则：

①给定最大迭代步数。当总迭代步数达到一个给定的最大迭代步数，或在一个给定的连续迭代步数内当前最好解没有改善时，则算法终止；

②禁忌频率数控制原则。达到一定禁忌频数要求时，即当不能使当前最好解改善的循环次数超过了预先设定的阈值时，则算法终止；

③目标值变化控制原则。当目标值偏离估计的最优值的距离小于预先设定的阈值时，则算法终止。

（2）禁忌搜索算法流程

禁忌搜索算法的主要步骤如下：

①给定算法参数，随机产生初始解 X_{int}，置禁忌表为空，迭代步数 $k=0$，最大迭代步数为 $N_{\max}$；

②设当前解 $X_{current}=X_{int}$，当前最好解 $X_{best}=X_{int}$；

③$X_{current}$的邻域内产生 N_s 个测试解 X_i，$1\leqslant i\leqslant N_s$；

④若所有 N_s 个测试解 X_i 均在禁忌表中，则停止迭代，转步骤⑧；

⑤令 $k=k+1$，若 $k>N_{max}$，则停止迭代，转步骤⑧；

⑥求出 X^*，$f(X^*)=\text{opt}\{f(x_i)\mid x_i,\ i=1,\ 2,\ \cdots,\ N_s\}$；判断 X^* 是否在禁忌表中，若不在禁忌表或在禁忌表中但在其目标函数值比 X_{best} 还好，则把它作为新的当前解 $X_{current}$；

⑦$X_{best}=X_{current}$；把当前解 $X_{current}$ 插入禁忌表；若禁忌表已满，则按先进先出的原则更新禁忌表；转步骤③；

⑧记下最优解 X_{best}，结束算法。

上述描述只是禁忌搜索算法的基本流程，具有通用性，对于特定问题，可根据问题的特点进行适当修改。

2.5.3 遗传算法

（1）基本遗传算法

基本遗传算法（Simple Genetic Algorithm，SGA）只使用选择算子、交叉算子和变异算子这三种基本遗传算子，其遗传进化操作简单，容易理解，是其他遗传算法的雏形和基础。

构成基本遗传算法的要素主要有：染色体编码，个体适应度评价，遗传算子（选择算子、交叉算子、变异算子）以及遗传参数设置等。

1）染色体编码方法

在实现对一个问题用遗传算法进行求解之前，必须先对问题的解空间进行编码，以便使得它能够由遗传算法进行操作。最为常用的编码方法是二进制编码（Binary Coding）。使用固定长度的二进制符号串来表示群体中的个体，其等位基因是由二值符号集｛0，1｝所组成。对于解空间中的变量是离散变量的情况下，对于每个变量直接用相应位数的二进制中进行编码即可。而对于那些连续变量，需要先对连续变量离散化，再进行编码。用二进制表示方法的一个主要原因是它在理论上比较容易分析。初始群体中每个个体的基因值可用均匀分布的随机数来生成。

2）适应度函数

在遗传算法中，模拟自然选择的过程主要通过评估函数（Evaluation Function）和适应度函数（Fitness Function）来实现。前者是用来评估一个染色体的优劣的绝对值，而后者是用来评估一个染色体相对于整个群体的优劣的相对值的大小。

3）遗传算子

基本遗传算法使用下述三种遗传算子：

①选择算子。按照某种策略从父代中挑选个体进入中间群体，如使用比例选择。

②交叉算子。随机地从中间群体中抽取两个个体，并按照某种交叉策略（如使用单点交叉）使两个个体相交换部分染色体码串，从而形成两个新的个体。

③变异算子。通常按照一定的概率（一般比较小），改变染色体中某些基因的值。

4）基本遗传算法的运行参数

基本遗传算法有下述4个运行参数需要提前设定：

①N：群体大小，即群体中所含个体的数量，一般取20～100。

②T：遗传算法的终止进化代数，一般取100～500。

③P_c：交叉概率，一般取0.4～0.99。

④P_m：变异概率，一般取0.0001～0.1。

需要说明的是，这4个运行参数对遗传算法的求解结果和求解效率都有一定的影响，但目前尚无合理设置它们的理论依据。在遗传算法的实际应用中，往往需要经过多次运算后才能确定出这些参数合理的取值大小和取值范围。

（2）基本遗传算法的一般框架

习惯上把Holland在1975年提出的基本遗传算法称为经典遗传算法或传统遗传算法（Canonical Genetic Algorithm，CGA）。图2-5给出了基本遗传算法一次执行的示意图。时间t的当前群体通过选择生成中间群体，然后通过交叉与变异生成$t+1$时刻的新的群体。

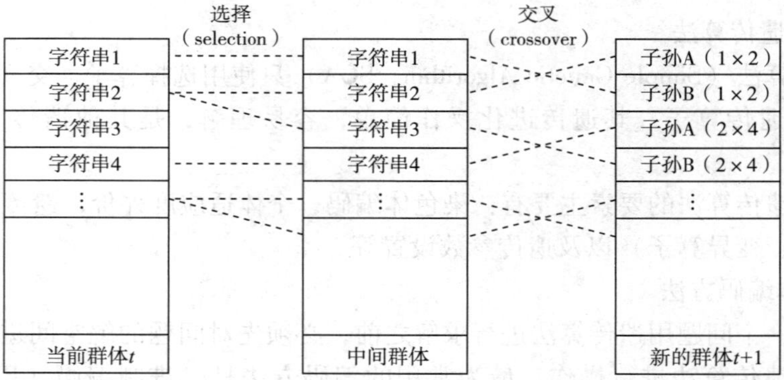

图2-5　基本遗传算法一次执行的示意图

1）基本遗传算法包含的主要环节

①编码。GA在进行搜索之前先将解空间的可行解数据表示成遗传空间的基因型串结构数据，这些串结构数据的不同组合便构成了不同的可行解。

②初始群体的生成。随机产生N个初始串结构数据，每个串结构数据称为一个个体，N个个体构成一个群体。GA以这个N串结构数据作为初始点开始迭代。

③适应性值评估检测。适应性函数表明个体或解的优劣性。不同的问题，适应性函数的定义方式也不同。

④选择。选择的目的是为了从当前群体中选出优良的个体，使它们有机会作为父代为下一代繁殖子孙。遗传算法通过选择过程体现这一思想，进行选择的原则是适应性强的个体为下一代贡献一个或多个后代的概率大。选择实现了达尔文的适者生存原则。

⑤交叉。交叉操作是遗传算法中最主要的遗传操作。通过交叉操作可以得到新一代个体，新个体组合（继承）了其父辈个体的特性。交叉体现了信息交换的思想。

⑥变异。首先在群体中随机选择一个个体，对于选中的个体以一定的概率随机地改变串结构数据中某个串位的值。同生物界一样，GA中变异发生的概率很低，通常取值在

0.001～0.01。变异为新个体的产生提供了机会。

一般情况下，可以将遗传算法的执行分为两个阶段。它从当前群体开始，然后通过选择生成中间群体，之后在中间群体上进行重组与变异，从而形成下一代新的群体。这一过程可以用以下算法描述。

2）基本遗传算法的一般步骤

①随机生成初始群体；

②是否满足停止条件？如果满足则转到步骤⑧；

③否则，计算当前群体每个个体的适应度函数；

④根据当前群体的每个个体的适应度函数进行选择生成中间群体；

⑤以交叉概率选择两个个体进行染色体交换，产生新的个体替换老的个体，插入到群体去；

⑥以变异概率选择某一个染色体的某一位进行改变，产生新的个体替换老的个体；

⑦转到步骤②；

⑧终止。

3）遗传算法的优缺点

①遗传算法的优点。与其他一些优化算法相比，GA 具有以下优点：

（a）遗传算法以决策变量的编码作为运算对象，而不是参数本身，这使得 GA 不受函数约束条件的限制，如连续性、可导性等；

（b）遗传算法可以直接根据目标函数值进行搜索，而无须其他信息，如导数信息；

（c）遗传算法同时使用多个搜索点的搜索信息，隐含并行搜索特性；

（d）遗传算法使用概率搜索特性，其选择、交叉和变异等运算都是以一种概率的方式来进行的，增加了其搜索过程的灵活性；

（e）遗传算法具有全局搜索能力，善于搜索复杂问题和非线性问题；

（f）遗传算法同求解问题的其他启发式算法相比有较好的兼容性，可与其他优化算法进行结合，改进算法性能，如模拟退火遗传算法。

②遗传算法的缺点. 在应用遗传算法时也存在一些缺点或者说不足之处，比如：

（a）编码不规范及编码存在表示的不准确性；

（b）单一的遗传算法编码不能全面地将优化问题的约束表示出来；

（c）易于陷入局部最优点，导致早熟。

2.5.4　模拟退火算法

模拟退火算法来源于固体退火原理，将固体加温至充分高，再让其徐徐冷却，加温时，固体内部粒子随温度升高变为无序状，内能增大，而徐徐冷却时粒子渐趋有序，在每个温度都达到平衡态，最后在常温时达到基态，内能减为最小。根据 Metropolis 准则，粒子在温度 T 时趋于平衡的概率为 $e^{-\Delta E/kT}$，其中 E 为温度 T 时的内能，ΔE 为其改变量，k 为 Boltzmann 常数。用固体退火模拟组合优化问题，将内能 E 模拟为目标函数值 f，温度 T 演化成控制参数 t，即得到解组合优化问题的模拟退火算法：由初始解 i 和控制参数初值 t 开始，对当前解重复“产生新解→计算目标函数差→接受或舍弃”的迭代，并逐步衰减 t

值，算法终止时的当前解即为所得近似最优解，这是基于蒙特卡罗迭代求解法的一种启发式随机搜索过程。退火过程由冷却进度表（Cooling Schedule）控制，包括控制参数的初值 t 及其衰减因子 Δt、每个 t 值时的迭代次数 L 和停止条件 S。

（1）模拟退火算法的模型

模拟退火算法可以分解为解空间、目标函数和初始解三部分。

1）模拟退火的基本思想

①初始化。初始温度 T（充分大），初始解状态 S（是算法迭代的起点），每个 T 值的迭代次数 L；

②对 $k=1$，…，L 做第③步至第⑥步；

③产生新解 S'；

④计算增量 $\Delta t'=C(S')-C(S)$，其中 $C(S)$ 为评价函数；

⑤若 $\Delta t'<0$，则接受 S' 作为新的当前解；否则以概率 $\exp(-\Delta t'/T)$ 接受 S' 作为新的当前解；

⑥如果满足终止条件则输出当前解作为最优解，结束程序。终止条件通常为连续若干个新解都没有被接受时终止算法；

⑦T 逐渐减少，且 $T\to 0$，然后转第②步。

2）模拟退火算法新解的产生和接受

模拟退火算法新解的产生和接受可分为如下 4 个步骤：

①由一个产生函数从当前解产生一个位于解空间的新解；为便于后续的计算和接受，减少算法耗时，通常选择由当前新解经过简单的变换即可产生新解的方法，如对构成新解的全部或部分元素进行置换、互换等。注意：产生新解的变换方法决定了当前新解的邻域结构，因而对冷却进度表的选取有一定的影响。

②计算与新解所对应的目标函数差。因为目标函数差仅由变换部分产生，所以目标函数差的计算最好按增量计算。对大多数应用而言，这是计算目标函数差的最快方法。

③判断新解是否被接受，判断的依据是一个接受准则，最常用的接受准则是 Metropolis 准则；若 $\Delta t'<0$，则接受 S' 作为新的当前解 S；否则以概率 $\exp(-\Delta t'/T)$ 接受 S' 作为新的当前解 S。

④当新解被确定接受时，用新解代替当前解，这只需将当前解中对应于产生新解时的变换部分予以实现，同时修正目标函数值即可。此时，当前解实现了一次迭代。可在此基础上开始下一轮试验。而当新解被判定为舍弃时，则在原当前解的基础上继续下一轮试验。

模拟退火算法与初始值无关，算法求得的解与初始解状态 S（是算法迭代的起点）无关；模拟退火算法具有渐近收敛性，已在理论上被证明是一种以概率 1 收敛于全局最优解的全局优化算法；模拟退火算法具有并行性。

（2）模拟退火算法的参数控制问题

模拟退火算法的应用很广泛，可以求解 NP 完全问题，但其参数难以控制，其主要问题有以下 3 点：

1）温度 T 的初始值设置问题

温度 T 的初始值设置是影响模拟退火算法全局搜索性能的重要因素之一，初始温度高，则搜索到全局最优解的可能性大，但因此要花费大量的计算时间；反之，则可节约计算时间，但全局搜索性能可能受到影响。实际应用过程中，初始温度一般需要依据实验结果进行若干次调整。

2）退火速度问题

模拟退火算法的全局搜索性能也与退火速度密切相关。一般来说，同一温度下的“充分”搜索（退火）是相当必要的，但这需要计算时间。实际应用中，要针对具体问题的性质和特征设置合理的退火平衡条件。

3）温度管理问题

温度管理问题也是模拟退火算法难以处理的问题之一。实际应用中，由于必须考虑计算复杂度的切实可行性等问题，常采用如下所示的降温方式：

$$T(t+1) = k \times T(t)$$

式中，k 为正的略小于 1.00 的常数；t 为降温的次数。

2.5.5　群体智能方法

群居昆虫以集体的力量进行觅食、御敌、筑巢的能力，这种群体所表现出来的“智能”，就称为群体智能（Swarm Intelligence），如蜜蜂采蜜、筑巢，蚂蚁觅食、筑巢等。根据群居昆虫合作原理为优化问题求解提出相应算法，下面主要介绍蚁群算法和粒子群优化算法。

（1）蚁群算法

1）引论

蚁群算法（Ant Colony Optimization，ACO）是受自然界中蚂蚁搜索食物行为启发而提出的一种智能优化算法。单个蚂蚁是脆弱的，但整个蚁群的群居生活却能完成许多单个个体无法承担的工作，蚂蚁间借助于信息素这种化学物质进行信息的交流和传递，并表现出正反馈现象：某段路径上经过的蚂蚁越多，该路径被重复选择的概率就越高。正反馈机制和通信机制是蚁群算法的两个重要基础。正反馈作用能加快算法的搜索，也会导致算法出现停滞现象；而通信机制能使个体相互协作，有利于算法搜索到更优解。

2）蚁群算法基本原理

结合 TSP 问题介绍蚁群算法，TSP 问题可以描述如下：

设有 n 个城市集 $C = (1, 2, \cdots, n)$，任意两个城市 i、j 之间的距离为 d_{ij}，求一条经过每个城市仅一次的路径 $\pi = (\pi(1), \pi(2), \cdots, \pi(n))$，使得总路径 $\sum_{i=1}^{n} d_{\pi(i)\pi(i+1)} + d_{\pi(n)\pi(1)}$ 最小。

$b_i(t)$ 表示 t 时刻位于城市 i 的蚂蚁的个数，$m = \sum_{i=1}^{n} b_i(t)$ 为蚂蚁的总数。$\tau_{ij}(t)$ 表示 t 时刻边 ij 上的信息素量，$\tau_{ij}(0) = \tau_0$（τ_0 为常数）。随着时间的推移，新的信息素加进来，旧的信息素要挥发，$1-\rho$ 表示信息素的挥发快慢程度。当所有蚂蚁完成一次周游后，各条边上的信息素按下式调整：

$$\tau_{ij}(t+n) = \rho\tau_{ij}(t) + \Delta\tau_{ij} \tag{2-21}$$

$$\Delta\tau_{ij} = \sum_{k=1}^{m} \Delta\tau_{ij}^{k} \tag{2-22}$$

$\Delta\tau_{ij}$表示本次周游中路径 ij 上的信息素增量，初始时刻，$\Delta\tau_{ij}=0$。$\Delta\tau_{ij}^{k}$表示第 k 只蚂蚁在周游过程中释放在边 ij 上的信息素。

$$\Delta\tau_{ij}=\begin{cases}\dfrac{Q}{L_k}\text{第 } k \text{ 只蚂蚁在本次周游中经过边 } ij \\ 0 \qquad\qquad\qquad\qquad\qquad\qquad else\end{cases} \tag{2-23}$$

式中，Q 为常数，L_k 表示本次周游第 k 只蚂蚁所形成的回路的长度。蚂蚁在周游时，向哪个城市转移由转移概率 p_{ij}^{k}决定。

$$p_{ij}^{k}=\begin{cases}\dfrac{\tau_{ij}^{\alpha}\eta_{ij}^{\beta}}{\sum\tau_{is}^{\alpha}\eta_{is}^{\beta}} \qquad j\in allowed_k \\ s\in allowed_k \\ 0 \qquad\qquad\qquad else\end{cases} \tag{2-24}$$

其中：$allowed_k=\{0,1,\cdots,n-1\}-tabu_k$，表示蚂蚁 k 当前能选择的城市集合；$tabu_k$ 为禁忌表，它记录蚂蚁 k 已路过的城市，用来说明人工蚂蚁的记忆性；η_{ij}是某种启发信息，在 TSP 问题中，$\eta_{ij}=d(c_i, c_j)^{-1}$。$\alpha$、$\beta$ 体现了信息素和启发信息对蚂蚁决策的影响。

蚁群算法基本的运行过程是这样的：初始化，将 m 只蚂蚁随机放置到 n 个城市中，为每只蚂蚁建立禁忌表 $tabu_k$，将初始点置入禁忌表中；对每只蚂蚁，根据式（2-24）选择下一次旅行的城市，并将此选中的城市放入 $tabu_k$ 中，直至所有蚂蚁找到一条路径；由式（2-21）~式（2-23）更新每条边上的信息素。反复重复上述过程，直到终止条件成立（迭代次数达到或改进程度降低到某个阈值）。

3）算法的改进

可以从以下 3 个方面对算法进行改进：

①将算法和其他搜索方法结合，提高算法的搜索效率。例如：在算法中引入逆转变异方式，通过随机变异，增大搜索所需的信息量，克服搜索慢的缺点。2-opt 和 ACO 的混合也可明显改进算法计算效率。

②自适应调整参数 α、β、Q 等。如由 GA 优化 AS 的参数 α、β、Q 将两种算法的优势结合在一起，也可以 Q 不再保持固定，而随搜索进行动态调整。

③设计 $\Delta\tau_{ij}^{k}$、$\Delta\tau_{ij}$和 p_{ij}^{k}等新的计算公式。如采用一种信息素全局更新规则，根据该规则，高级个体经过的边要增加信息素，而低级个体路过的边要减少信息素。所谓高级个体是指那些获得较优解的个体，两类个体各占一半。p_{ij}^{k}的改进公式也很多。

（2）粒子群优化算法

1）简介

20 世纪 90 年代中期，Eberhan 博士和 Kennedy 博士共同发明了一种新的群体智能计算技术——粒子群优化算法（Particle Swarm Optimization，PSO），其源于对鸟群和鱼群群体运动行为的研究，基本思想是通过群体中个体之间的协作和信息共享来寻找最优解，本质上是一种并行的全局性的随机搜索算法。

Eberhan 博士和 Kennedy 博士最初的目的是在二维空间建立一种模型以图形化鸟群运动，PSO 算法正是从这种模型中得到启示并用于解决优化问题。鸟被抽象为没有质量和体积的微粒（点），并将其延伸到 N 维空间，粒子 i 在 N 维空间里的位置表示为矢量 $X_i=(x_1, x_2, \cdots, x_N)$，飞行速度表示为矢量 $V_i=(v_1, v_2, \cdots, v_N)$。每个粒子都有一个由目标函数决定的适应值（Fitness Value），并且知道自己到目前为止发现的最好位置（Pbest）和现在的位置 X_i。这个可以看作是粒子自己的飞行经验。除此之外，每个粒子还知道到目前为止整个群体中所有粒子发现的最好位置（Gbest）（Gbest 是 Pbest 中的最好值）。这个可以看作是粒子同伴的经验。粒子就是通过自己的经验和同伴中最好的经验来决定下一步的运动。

对于第 k 次迭代，PSO 中的每一个粒子是按照下式进行变化的：

$$v_{\mathrm{id}}^{k+1}=w\times v_{\mathrm{id}}^{k}+c_1\times rand\ (\ )\ \times\ (p_{\mathrm{id}}-x_{\mathrm{id}}^{k})\ +c_2\times rand\ (\ )\ \times\ (p_{\mathrm{gd}}-x_{\mathrm{id}}^{k}) \tag{2-25}$$

$$x_{\mathrm{id}}^{k+1}=x_{\mathrm{id}}^{k}+v_{\mathrm{id}}^{k+1} \tag{2-26}$$

式中，$i=1, 2, \cdots, M$，M 是该群体中粒子的总数；v_{id}^{k}是第 k 次迭代粒子 i 飞行速度矢量的第 d 维分量；x_{id}^{k}为第 k 次迭代粒子 i 位置矢量的第 d 维分量；p_{id}是粒子 i 个体最好位置 pbest 的第 d 维分量；p_{gd}是群体最好位置 gbest 的第 d 维分量；c_1，c_2 是学习因子，为一个非负常数；$rand$（）为随机函数，产生［0，1］的随机数；w 是惯性权重函数。迭代中止条件一般选为最大迭代次数或粒子群迄今为止搜索到的最优化位置满足一个预设的阈值。如果得到 P_{gbest}^{*}是整个粒子群的最优值，则称该 PSO 算法为全局 PSO 算法，也可以把第 i 个粒子的邻居粒子搜索到的最优位置作为 P_{gbest}^{*}，则又称其为局部 PSO 算法。全局 PSO 算法收敛速度快，但有时会陷入局部最优，而局部 PSO 收敛速度稍微慢一点，但相对不易陷入局部最优。

式（2-25）主要通过三部分来计算粒子 i 新的速度：粒子 i 前一时刻的速度，粒子 i 当前位置与自己最好位置之间的距离，粒子 i 当前位置与群体最好位置之间的距离。粒子 i 通过式（2-26）计算新位置的坐标。粒子 i 通过式（2-25）、式（2-26）决定下一步的运动位置。在图 2-6 中，以两维空间为例描述了粒子根据式（2-25）、式（2-26）从位置 X^k 到 X^{k+1}移动的原理。

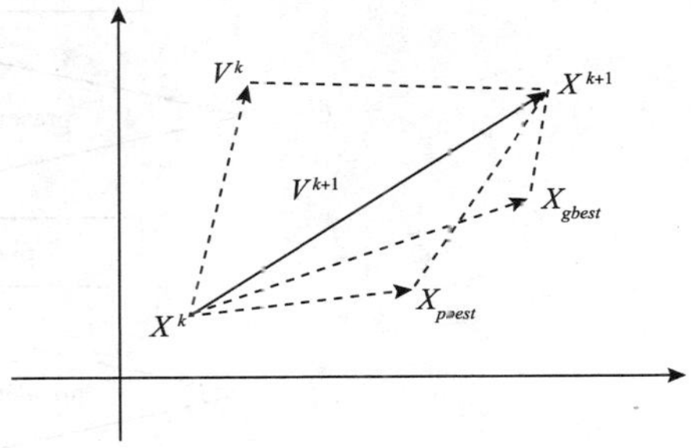

图2-6 粒子移动原理图

以平面例子说明，如图 2-7 所示，T 为目标，$A\sim E$ 为搜寻粒子，初始粒子群分散于各处。此时群体最佳的粒子是离目标 T 最近的粒子 D，称为 *gbest*。假设粒子经过三次移动之后，位置如图 2-8 所示，此时群体最佳的粒子则为 E_4。粒子群亦分别记录自身搜寻的最佳记录，称为 *pbest*，粒子 A 目前停驻位置为 A_4，其自身最佳搜寻记录为坐标 A_3。

2）算法的流程

粒子群最佳化算法的流程图如图 2-9 所示（其中：present 表示粒子当前的位置，pbest 表示粒子的个体极值，gbest 表示粒子的全局极值），算法开始时以随机方式散布粒子，计算各粒子所得的适合度（Fitness）来进行演化，而适合度通常是依照目标函数来定。在每一次迭代当中，粒子 X_i 会根据自己过去曾经经历过的最佳向量值 pbest_i，以及整个群体曾经经历过的最佳向量值 gbest，来计算粒子的位移向量 V_i，然后再将粒子向量加上此位移向量作为下一次迭代的粒子向量值，通常此计算是依照每一个参数维度 j 分别进行的，计算公式如式（2-25）、式（2-26）所示。

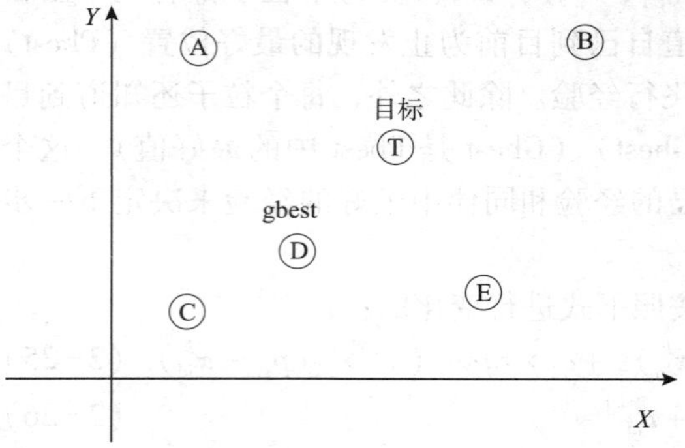

图 2-7　平面粒子散布图（粒子起始）

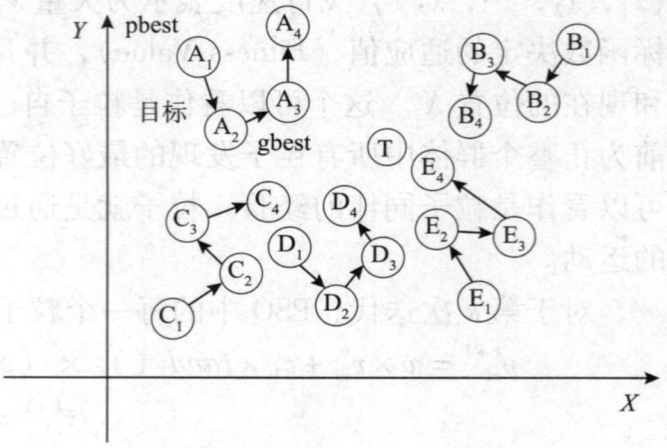

图 2-8　经三次位移后之路径图

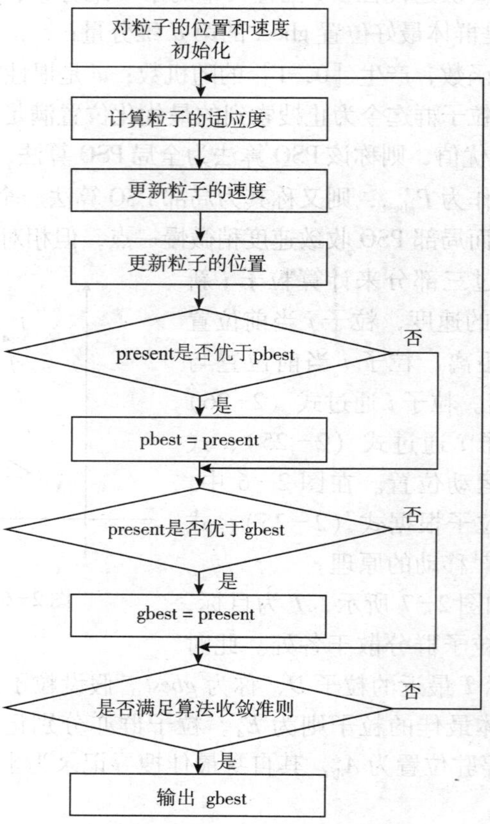

图 2-9　PSO 流程图

3）粒子群算法和遗传算法的比较

从以上叙述的粒子群算法和遗传算法的基本原理可以看出，两种算法有很多共同之处，两者都是随机全局优化算法，都需要随机初始化种群，都是使用适应值来评价，都是根据适应值来进行一定的随机搜索，两种算法都只能不断逼近最优解，不一定能找到最优解。

遗传算法需要复制、交叉、变异等遗传操作来产生新个体，在群体中产生新个体是寻优的必须途径。但粒子群优化（PSO）算法没有遗传算法中的复制、交叉、变异等复杂操作，而是根据自己的速度来决定搜索，通过动态跟踪两个极值来更新自己。粒子还有一个重要的特点，就是有记忆。它们的信息共享机制也不同，在遗传算法中，复制、交叉和变异操作都是围绕染色体进行的，染色体互相共享信息，所以整个种群的移动是比较均匀地向最优区域移动；在粒子群算法中，只有全局极值（gbest）才传递信息给其他粒子，这只是单向的信息流动，整个搜索更新过程总是跟随当前最优解，与遗传算法相比，在大多数情况下，粒子群算法可更快收敛于最优解。

2.6　复杂网络建模方法

上述供应链建模方法更多地侧重于供应链的微观层面，对大型复杂供应链网络的整体复杂动态特性及演化过程研究不足。而复杂网络的兴起对于解决这个不足起了非常好的作用。

在复杂网络的研究中，网络节点为系统元素，边为元素间的互相作用，在社会网络中，节点表示个人、组织机构或国家，边表示他们之间的社会联系。现实网络系统的复杂性主要体现在三个方面：首先，网络的结构非常复杂，对网络节点间的连接至今仍没有清晰的概念；其次，网络是不断演化的，网络节点不断增加，节点之间的连接也在不断增加，而且连接之间存在着多样性；第三，网络的动力学具有复杂性，每个节点本身可以是非线性系统，具有分岔和混沌等非线性动力学行为而且在不停地变化。通过研究供应链系统不难发现，供应链正是符合上述特性的复杂网络系统。

目前，国际上主要是以 Dirk Helbing 为首的一批物理学家在采用复杂网络理论研究供应链网络。Dirk Helbing[16] 认为，供应链网络是个复杂系统，具有一系列的非线性的演化特征，任何一个环节上的细微变化都可能在另外的环节上带来变化，而这些变化和供应链网络本身和拓扑结构、宏观性质息息相关。Christian[17] 对城市物资供应网络进行了研究分析，发现其服从复杂网络的无标度分布，即少数核心节点发挥重要的物资调度和配送作用。Macro Laumanns[18] 等把供应链网络看成一个复杂网络，并且将物流看成物资在其中流动的过程，过程中的每一个企业看成一个节点，物资通过这些节点的时候发生变化，并且通过一阶微分方程模拟了物料在节点间的转换过程。

在国内，郭进利[19] 通过对供应链网络的特征分析，考虑了有向复杂网络老节点之间相互连接的概率，提出 Poisson 有向供应链网络模型并且获得度分布的解析表达式，证明了 Poisson 有向网络的平均度分布表现为幂律分布。胡一竑、朱冰心[20] 通过运用复杂网络理论研究供应链管理，介绍该理论在交通运输网络和供应链网络中的运用，并指出了目前研究中的关键问题。陈晓、张纪会[21] 在一般局域世界演化模型基础上，建立了供应链复杂网络的局域演化生长模型，应用节点间相关度的概念来确定每一新加入节点的局域世界，并通过解析的方法，导出这一模型的度分布、聚类系数和平均路径长度，发现其具备复杂网络的无标度、小世界等特性。程新章[22] 从复杂网络的视角分析企业间的相互依存性及其协调机制，对供应链网络中的企业相互协调机制有一定的指导意义。刘美玲、王仲君[23] 通过分析传统 BA 算法发现其模拟现实世界（包括供应链网络）的局限性，在 BA 算法基础上作了适当扩展，并依新算法生成扩展BA模型，依据二者度分布等静态统计量性质进行性态比较，证实了扩展模型的拓扑结构和发展状况更接近于现实网络，并且扩展模型生成网络的鲁棒性更好。温磊、王立军从供应链的特点出发，通过对供应链中不同对象和它们之间业务联系的抽象进行供应链网络的建模与仿真，并结合复杂网络的理论与方法，对供应链网络的拓扑结构、形成机制、节点分布、鲁棒性等进行了详细研究，试图找出供应链网络的生成与演化规律[23]。

复杂性科学为供应链管理中复杂问题的解决提供了一种非线性方法论，为集成供应链管理系统研究提供了一种观察问题的新视角和分析问题的新思维。借助复杂性科学理论可以使用混沌、突变、分形复杂网络等非线性动力学分析工具来研究供应链系统中存在的复杂现象，通过建立一系列模型，描述供应链系统动态演化复杂性，这些对于研究适合经济全球化背景下的供应链管理模式具有重要的意义和学术价值。

参 考 文 献

[1] 严建援，李凯，师斌．供应链建模方法研究综述［J］．物流技术，2008，27（10）：184－189.

[2] 赵文丹，汪定伟，李凌．供应链建模方法研究［J］．物流技术，2011，30（10）：78－80，128.

[3] 杜玉强，王明哲．基于多 Agent 的供应链模型研究［J］．网络信息技术，2003，22（4）：29－32.

[4] 侯新培，王要武，王海．基于多 Agent 系统的建设供应链协同决策［J］．系统管理学报，2008，17（5）：548－542.

[5] 魏振宇，喻国平．基于多 Agent 的电子供应链管理［J］．计算机与现代化，2007，1：41－45.

[6] 张铁柱，毛玮．基于 Multi-Agent 的供应链库存策略仿真研究［J］．哈尔滨理工大学学报，2008，13（5）：87－90.

[7] 李彬彬．基于多 Agent 的供应链建模研究［J］．安徽建筑工业学院学报，2008，16（4）：30－32.

[8] 杨天剑，吕延杰．基于广义随机 Petri 网的供应链订货提前期建模［J］．北京邮电大学学报．2007，30（3）：40－44.

[9] 唐亮，于天彪，丁军妹，等．基于面向对象 Petri 网的供应链运作建模［J］．东北大学学报（自然科学版），2008，29（7）：1037－1040.

[10] 方志梅，叶飞帆，李院生．柔性供应链的 Petri 网建模与分析［J］．中国机械工程，2006，17（21）：2237－2242.

[11] 马小颖，蒋昌俊．基于时间 Petri 网的供应链管理建模与分析［J］．计算机工程，2003，29（1）：82－84.

[12] 胡文卿，霍佳震．基于 SCOR 模型的供应链流程管理架构研究［J］．上海管理科学，2006，（1）：144－146.

[13] 秦凡，严建援．基于过程优化的供应链过程语义建模方法［J］．计算机工程与应用，2007，43（23）：194－197.

[14] 王晓耘，李春颖．基于 RDFS/OIL 的供应链管理商务信息语义模型研究［J］．情报杂志，2004，（10）：30－32.

[15] 雷德明，严新平．多目标智能优化算法及其应用［M］．北京：科学出版社，2009.

[16] Dirk Helbing. Information and material flows in complex networks［J］. Physica A. 2006，363（1）：51－56.

[17] Christian Kuhnert，Dirk Helbing. Scaling laws in urban supply networks［J］. Physica A. 2006，363

(1): 89 - 95.
[18] Marco Laumanns, Erien Lefeber. Robust optimal control of material flows in demand-driven supply networks [J]. Physica A. 2006, 363 (1): 24 - 31.
[19] 陈迎欣. 基于复杂系统理论的自适应供应链系统研究物流技术 [J]. 物流技术, 2010, (1): 93 - 95.
[20] 胡一竑, 朱冰心. 复杂网络理论在供应链管理中的应用 [J]. 物流科技, 2007, 09: 100 - 104.
[21] 陈晓, 张纪会. 复杂供需网络的局域演化生长模型 [J]. 复杂系统与复杂性科学, 2008, 5 (1): 54 - 61.
[22] 程新章. 企业间的相互依存性及其协调机制 [J]. 科技管理研究, 2006, 12: 249 - 252.
[23] 刘美玲, 王仲君. 择优选择节点构成的复杂网络模型研究 [J]. 系统工程与电子技术, 2006, 28 (4): 611 - 614.

第二专题

主要供应链优化模型

第 3 章　供应链网络优化模型

3.1　供应链网络优化概述

3.1.1　网络的内涵

抽象地说，事物以及事物之间的关系作为一个整体就构成网络。对于网络内涵的理解，从实体角度考虑，网络是由多个节点和联系节点的连接共同构成的一个网状配置系统；从信息技术角度考虑，网络就是在一定的区域内两个或两个以上的计算机按照网络协议并按照一定的拓扑结构进行的连接，以供用户共享文件、程序、数据等资源的一种组织形式；从组织角度考虑，网络是指一些相关的组织之间由于长期的相互联系和相互作用而形成的一种相对比较稳定的合作结构形态。与供应链网络关系最为密切的网络有设施网络、组织网络和信息网络[1,2]。

（1）从设施的角度对网络内涵的研究和界定

网络是由多个节点和联系节点的连接共同构成的一个网状系统。在一个网络结构中，为了提供特定的物品或服务，必然需要网络的许多成分共同参与，因而，网络成分之间是相互补充的[3]。设施网络一般由某种基本节点和其之间的物理连接所构成，比如交通运输网络、通讯网络、电力网络等，都是由网络节点和节点之间的物理连接所构成的。

（2）从组织的角度对网络内涵的研究和界定

从 20 世纪 80 年代起，西方和日本的一些经济学家将网络分析方法移植到企业内及企业间关系的研究，从而形成了企业网络理论。90 年代以来，经济学家用网络分析方法来阐述互联网条件下的知识经济，形成了广泛渗透于市场理论和组织理论中的网络经济理论。发达国家迅速朝着网络社会发展，企业组织的网络化也在快速推进，网络组织被推崇为 21 世纪最有效率的组织模式。

（3）从信息的角度对网络内涵的研究和界定

网络就是在一定的区域内两个或两个以上的计算机按照网络协议并按照一定的拓扑结构进行的连接，以供用户共享文件、程序、数据等资源的一种组织形式。网络的最重要特征是参与者按照网络协议进行的资源共享。网络有局域网（LAN，Local Area Network）、广域网（WAN，Wide Area Network）和城域网（MAN，Metropolitan Area Network）之分，还有内部网（Intranet）、外部网（Extranet）和互联网（Internet）之分。

3.1.2　供应链网络的内涵

通过分析供应链的定义、结构以及网络的内涵可以看出，供应链是一个网状的链，呈现出网络的形态，称为供应链网络（Supply Chain Network，SCN）。从不同的角度可以对供应链网络进行不同的分类，比较普遍的是根据研究对象进行分类，可将供应链网络分为设施网络、组织网络和信息网络，如图 3-1 所示。

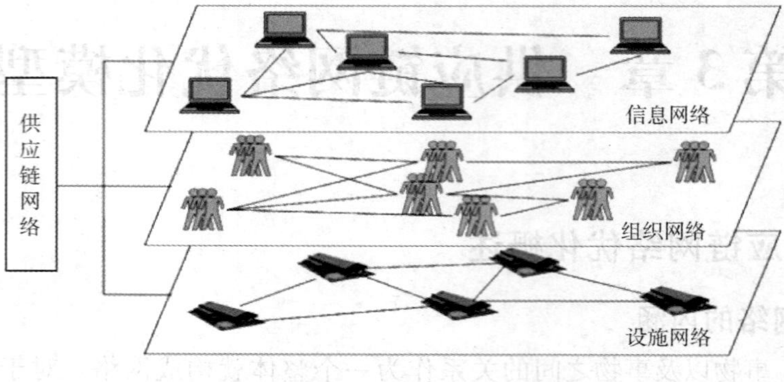

图 3-1 供应链网络分类

供应链设施网络、组织网络、信息网络的内涵分别如下：

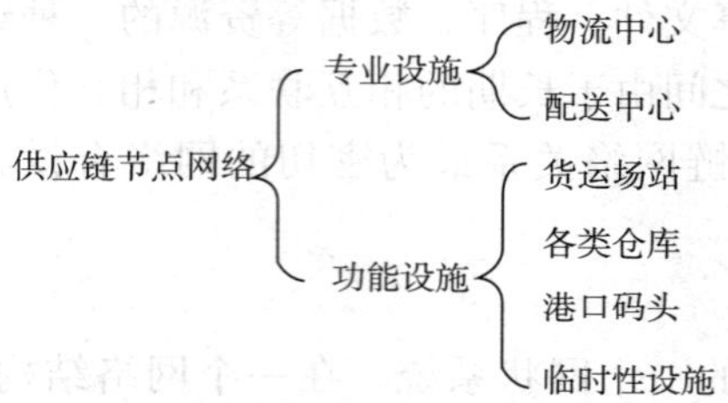

图 3-2 供应链设施网络节点的基本构成

①设施网络。供应链设施网络是指由节点和线路两个部分在供应链的整体服务功能上有机结合，形成具备物流服务相关功能和提供相关服务的场所或设施。其中，节点包括专业设施、功能设施等，其基本构成如图 3-2 所示，供应链设施网络中的节点在整个系统运行中起着功能衔接、信息处理等重要作用；线路包括交通线路（包括铁路、公路、水运、航空、管道）、信息和通信线路等。

对供应链设施网络进行优化的主要内容包括：供应链设施网络规模优化、供应链设施网络布局优化等问题。供应链网络的线路主要以国家的线路网络为依托，优化研究主要围绕节点规模以及节点布局优化展开。

②组织网络。供应链组织网络是指整个供应链网络的组织系统中，各个组织节点依据既定的组织权限和任务分工，所形成的可实现信息和资源充分共享的、相对稳定的、可动态重组的、有限开放的多边网络。

对供应链组织网络进行优化的主要内容包括：在已有的供应链网络中选出协同绩效最优的组织节点，即选择最佳的合作伙伴，构成优化的供应链组织网络协同结构；在网络运行过程中，运用适当的机制进行控制优化等问题。而供应链组织网络的协同运作必须建立在协同的组织结构之上，因此，在组织网络方面的研究内容主要围绕在已有的供应链网络中选出协同效应最优的合作伙伴构成优化的供应链协同组织网络展开。

③信息网络。供应链信息网络是指以网络形态出现的供应链信息内容、载体及其组织方式，包括供应链信息需求网络与供应链信息服务网络，起到促进实现以供应链信息引导的资源整合和服务协同的作用。供应链信息网络作为供应链网络的中枢神经在供应链运作中起着至关重要的作用。

对供应链信息网络进行优化的主要内容包括：构建完善的供应链信息服务平台；围绕信息平台构建完善的供应链信息网络；在完善的信息网络条件下优化供应链信息服务平台的运行。

3.1.3　供应链网络的基本特征

正确认识和把握供应链网络特征，探索供应链网络构建规律，对于推进供应链理论发展具有重要现实意义。供应链网络基本特征包括：

（1）功能的整体性

这一整体功能是组成供应链网络的任一成员企业都不具有的特定功能，是供应链合作伙伴间的功能集成，而不是简单叠加。如果要打造一个真正的以全程供应链网络为核心的市场能力，就必须从最末端的供应控制开始，到最前端的消费者，在整个供应链网络上，不断优化、不断建设，然后集成这些外部资源。供应链网络的整体功能集中表现在供应链的综合竞争能力上，这种综合竞争能力是任何一个单独的供应链成员企业都不具有的。

（2）系统的目的性

供应链网络有着明确的目的，这就是在复杂多变的竞争环境下，以最低的成本、最快的速度、最好的质量为用户提供最满意的产品和服务，通过不断提高用户的满意度来赢得市场。这一目的也是供应链网络中各成员企业的共同目的。

（3）关系的密切性

供应链管理改变了企业的竞争方式，强调核心企业通过与供应链网络中的上下游企业之间建立战略伙伴关系，使每个企业都发挥各自的优势，在价值增值链上达到多赢互惠的效果。因此，各成员企业均具有局部利益服从整体利益的战略合作关系。

（4）环境的适应性

在经济全球化迅速发展的今天，企业面对的是一个迅速变化的买方市场，用户在时间方面的要求也越来越高，用户不但要求企业要按时交货，而且要求的交货期越来越短，这就要求企业能对不断变化的市场做出快速反应，不断地开发出定制的“个体化产品”去占领市场以赢得竞争。供应链网络具有灵活快速响应市场的能力，通过网络中各节点企业业务流程的快速组合，加快了对用户需求变化的反应速度，各主体通过聚集而相互作用，以期不断地适应环境。

（5）网络的层次性

运作单元、业务流程、成员企业、供应链网络系统、整个运作环境构成了不同层次上的主体，每个主体具有自己的目标、经营策略、内部结构和生存动力。供应链网络中各成员企业分别都是一个系统，同时也是供应链网络中的组成部分；供应链网络是一个系统，同时也是它所从属的更大系统的组成部分。从系统层次性的角度来理解，相对于传统的基于单个企业的管理模式而言，供应链管理是一种针对更大系统（企业群）的管理模式。

3.2　供应链设施网络优化模型

3.2.1　供应链设施网络节点规模优化

全球经济一体化条件下，客户需求不确定性增强，要求供应链网络具有较高柔性，而提高供应链网络柔性需要规模适当的供应链设施网络节点作为基础支撑。为此，需要建立科学合理的需求分析与预测模型，对用户需求进行定量分析和预测，为制定供应链设施网络节点规模提供定量依据。

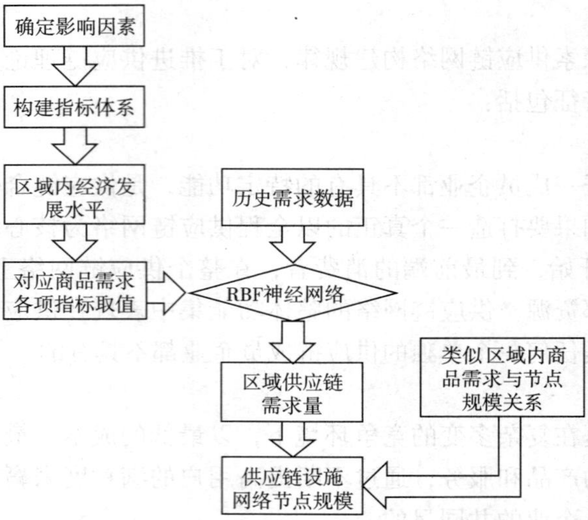

图 3-3　供应链设施网络节点规模确定的流程

可应用径向基（Radial Basis Function，RBF）神经网络对供应链需求量进行分析与预测，建立一种供应链需求量与相关因素之间的动态模型，合理确定出供应链网络需求量，进而确定供应链设施网络节点规模。应用 RBF 神经网络对供应链需求量进行预测时，首先需要找出影响需求的相关因素，并据此确定与需求量相关的指标体系。在确定了指标体系之后，采用 RBF 神经网络工具，对照每个指标收集的相关数据作为神经网络的输入，相应的最终商品需求量作为神经网络的输出，对神经网络进行训练，然后将需要确定节点规模的区域内可预知的状况下各指标的取值作为神经网络的输入，预测出该区域供应链需求量，再结合相似区域供应链总需求量与节点的数量、面积的比例关系确定供应链设施网络节点规模的大小，具体思路如图 3-3 所示。

（1）制定指标体系

1）影响供应链需求量的相关指标

这一步的工作量大且至关重要，需要组织一个专家团队深入细致地分析影响供应链需求量的各种因素，再结合这些因素建立影响供应链需求量的指标体系，这里假设指标 $\{C_1, C_2\cdots, C_n\}$ 为专家团队结合上述原则及相关影响因素，经论证后得出的影响供应链需求量的指标体系，可按表 3-1 的样式加以归结。

表 3-1　影响供应链需求量的相关指标汇总表

目标层	一级指标	二级指标
相关因素影响下的供应链需求量	C_1	C_{11}
		C_{12}
		……
	C_2	C_{21}
		C_{22}
		……
	……	……
		……
	C_n	C_{n1}
		C_{n2}
		……

如果确定的指标体系过于庞大，为了不影响后面的预测精度，可以采用主成分分析方法来降低指标的维度和数量[4,5]。主成分分析是一种能够在众多的指标中找出少数几个综合性指标，并体现原指标所反映的主要信息，从而使问题简化的方法。

2）反映供应链设施网络节点规模的指标

构建反映供应链设施网络节点规模的指标体系，科学、客观地反映供应链设施网络节点规模的大小，是进行供应链网络节点规划时需要考虑的一个重要问题。学者们对网络节点规模的衡量指标问题进行了广泛和深入的研究，提出了一系列反映设施网络节点规模的指标，如：Eiichi Taniguchi 与 Noritake、M. Yamada 提出，设施网络节点规模可以通过节点数量、节点面积、节点布局等指标来衡量[6,7]。牛慧恩、程世东、刘小明提出，设施网络节点规模可以通过节点数量、节点面积、节点内的线路状况以及办公和辅助设施的情况等指标体系来衡量[8,9]。耿勇提出设施网络节点规模可以通过节点数量、节点面积、节点固定资产投资（仓储、贸易和流通加工及包装部分）、节点内物流企业数量、节点创造就业数、节点税收等指标体系来衡量[10]。

①供应链设施网络节点的数量。设施节点是供应链设施网络的重要组成部分，包括物流中心、配送中心等，节点的数量是指区域内各类节点设施的个数，反映了一个区域内供应链节点的规模及分布情况。

供应链设施网络节点的个数关系到区域供应链设施网络的服务能力、水平、质量等。通常情况下，一个区域的设施节点个数越多，设施网络规模越大，服务能力和水平也就越高，但一个区域的设施节点个数太多容易造成布局分散，而且管理难度也会加大。因此，设施节点的个数保持在一个合理的范围之内，才能形成布局合理、保障能力和水平突出的供应链设施网络。

②供应链设施网络节点的面积。设施节点的面积是指区域内各种类型的设施节点的用地规模。设施节点面积的大小一定程度上反映了设施网络的规模，通常情况下，设施网络节点的面积越大，网络规模也就越大，服务能力和水平也就越高。但面积过大，势必影响节点的个数和服务范围，而且也容易造成资源的浪费。因此，设施节点的面积保持在一个合理的范围之内，才能形成布局更加合理的设施网络。

（2）收集相关数据训练神经网络

1）收集相关数据

确定指标体系之后，就可进行相关数据的收集工作。这一步主要是收集与指标体系 $\{C_1, C_2, \cdots, C_n\}$ 中对应的数据及相应的最终总商品需求量（这里把总商品需求量看作供应链需求量），将其归入表 3-2，表中 x_{ijk} 表示在区域 i 中指标 C_{ik} 的取值，这些数据可以从供应商企业中获取。

假设 SCD_i 表示在多个指标影响和决定下的某区域 i 中供应链需求量，则：

$$SCD_i = y_i = f\ (x_{i11},\ x_{i12},\ \cdots x_{in1},\ x_{in2},\ \cdots) \tag{3-1}$$

表 3-2　对应相关指标收集的数据汇总表

区域 \ 指标	C_1			C_2			……		C_n			总商品需求量
	C_{11}	C_{12}	……	C_{21}	C_{22}	……	……	……	C_{n1}	C_{n2}	……	
区域 1	x_{111}	x_{112}	……	x_{121}	x_{122}	……	……	……	x_{1n1}	x_{1n2}		y_1
区域 2	x_{211}	x_{212}	……	x_{221}	x_{222}	……	……	……	x_{2n1}	x_{2n2}		y_2
……	……	……	……	……	……	……	……	……	……	……		
区域 i	x_{i11}	x_{i12}	……	x_{i21}	x_{i22}	……	……	……	x_{in1}	x_{in2}		y_i
……												
区域 m	x_{m11}	x_{m12}	……	x_{m21}	x_{m22}	……	……	……	x_{mn1}	x_{mn2}		y_m

2）原始数据无量纲化

获得供应链需求相关的数据之后，在用于神经网络训练和测试之前，需要对数据进行无量纲化处理。本书采用直线型无量纲化方法进行无量纲化处理，则表 3-2 中对应于每个指标 C_{jk}，x_{ijk} 转化为 x_{ijk}^*：$x_{ijk}^* = \frac{x_{ijk}}{\max(x_{ijk})}$，相应的总商品消耗量 y_i 转化为 y_i^*：$y_i^* = \frac{y_i}{\max(y_i)}$，其中 max（＊）表示最大值。

则表 3-2 转化为表 3-3。

表 3-3　无量纲化处理后的数据汇总表

区域 \ 指标	C_1			C_2			……		C_n		总商品需求量
	C_{11}	C_{12}	……	C_{21}	C_{22}	……	……	……	C_{n1}	C_{n2}	
区域 1	x_{111}^*	x_{112}^*	……	x_{121}^*	x_{122}^*	……	……	……	x_{1n1}^*	x_{1n2}^*	y_1^*
区域 2	x_{211}^*	x_{212}^*	……	x_{221}^*	x_{222}^*	……	……	……	x_{2n1}^*	x_{2n2}^*	y_2^*
……	……	……	……	……	……	……	……	……	……	……	
区域 i	x_{i11}^*	x_{i12}^*	……	x_{i21}^*	x_{i22}^*	……	……	……	x_{in1}^*	x_{in2}^*	y_i^*
……											
区域 m	x_{m11}^*	x_{m12}^*	……	x_{m21}^*	x_{m22}^*	……	……	……	x_{mn1}^*	x_{mn2}^*	y_m^*

则 SCD_j 与指标取值之间的映射关系转化为：

$$SCD_i^* = y_j^* = f(x_{i11}^*, x_{i12}^*, \cdots, x_{in1}^*, x_{in2}^*, \cdots) \quad (3-2)$$

3）RBF 神经网络的训练与测试

$SCD_j^* = f(x_{i11}^*, x_{i12}^*, \cdots, x_{in1}^*, x_{in2}^*, \cdots)$ 式中描述的相关指标取值与需求量转换关系非常复杂，本质上是一种多元非线性关系，事先建立函数模型来实现相关指标与需求量的转化非常困难。神经网络工具具有结构简单、工作状态稳定等优点，并且具有较强的联想、记忆和推广的能力，可以任意精度逼近任何非线性函数，所以采用神经网络工具进行供应链需求量预测是一种有效的方法。

目前应用较多的神经网络是多层前馈神经网络，即反馈（Back Propagation，BP）神经网络，但 BP 神经网络存在收敛速度慢、易产生振荡、易陷入误差的局部极小值点、隐含层节点数很难确定等缺点[11]。考虑到 BP 神经网络的以上缺点，这里拟采用同样具有强大非线性映射能力的径向基函数（Radial basis functions，RBF）神经网络，这种神经网络是一种两层前向型神经网络，它在逼近能力、分类能力和学习速度等方面均优于 BP 网络，学习算法简洁且容易实现。

在构建径向基网络时，考虑到供应链需求量的相关指标可能较多，如果采用 MATLAB 里神经网络工具箱中的 newrbe 函数来设计网络，径向基神经元的数目与输入向量的个数相等，如果输入向量多，则需要很多的神经元，这会给网络设计带来一定难度，因此这里考虑采用 newrb 函数，newrb 函数可自动增加网络的隐层神经元数目，直到均方误差满足精度要求或神经元数目达到最大为止。

径向基网络的建立过程就是训练过程，所以建立该网络时可选取第 $1\sim i$ 组数据作为训练样本，而将第 $i+1$ 组到第 m 组数据作为测试样本。对神经网络进行训练和测试，为预测做好准备。

（3）预测需求量并确定节点规模

假设在区域 z 中各指标无量纲化后的取值为（x_{z11}^*，x_{z12}^*，…，x_{zn1}^*，x_{zn2}^*，…），将其作为神经网络的输入，预测出供应链需求量的无量纲化数据 SCD_z^*，再反推出供应链预估需求量 SCD'，如果在训练神经网络时收集的数据采用的是真实数据，则供应链实际需求量 $SCD = SCD'$。如果在训练神经网络时收集的数据采用的是折算数据（如根据区域内总货运量或其他类似指标的百分比折算出总商品需求量等方式），这样的数据有可能并不能真正反映供应链实际的需求量，这时供应链需求量可以考虑为：

$$SCD = \delta \cdot SCD' \tag{3-3}$$

其中，δ 为实际需求量与折算量的关系权重系数，该值必须经过专家严密论证后得出。在确定出 SCD 后，结合与该区域相似区域中供应链需求量与节点规模的关系，确定出供应链的设施节点规模。需要注意的是，比如，区域 A 与区域 B 均为规模相当的区域（如均为二线城市），在区域 B 供应链的需求总量为 scd，节点数量为 pq，节点面积为 pa，此节点规模与需求量的比例是恰当的，则区域 A 供应链设施节点规模可确定为：

节点数量 PQ：

$$PQ = \frac{pq \times SCD}{scd} \tag{3-4}$$

节点面积 PA：

$$PA = \frac{pa \times SCD}{scd} \tag{3-5}$$

3.2.2　供应链设施网络节点布局优化研究

供应链设施网络节点布局优化建立在节点规模优化的基础上，供应链设施网络的布局合理与否，将直接决定整个供应链设施网络的层次和结构是否合理、供应链网络的服务方案是否有利、供应链网络整体的作业流程是否优化等。在进行供应链网络规划时，必须进行供应链设施网络的节点布局优化，以合理确定设施的位置、设施的服务范围等，构建起物流通畅、反应迅速、经济合理的供应链设施网络。

（1）供应链设施网络节点布局优化的思路

供应链设施网络节点布局优化主要涉及到三个方面的问题，具体分析思路如下：

1）分析设施网络节点布局的层次问题

一般来说，设施网络节点布局包括两个层次的问题[12]：

①选位。在进行设施选位时应着重考虑六个方面的因素：需求情况、供应条件、自然环境、运输条件、已有设施情况和其他条件，还可考虑人力资源、环境保护、土地条件、资金条件等。

②定址。在进行设施定址时应着重考虑五个方面的因素：区域的大小、可达性、用地的政策限制与发展、与外部的衔接和设施周边的自然地理环境。

2）分析设施网络节点布局的类型问题

从设施功能的全面性角度考虑，设施网络节点布局优化包括两类问题：

①单一设施的布局优化。根据确定的物资、规模等目标为一个独立的设施选择最佳位置。单一设施选址无需考虑设施之间需求的分配、均衡等关系，主要考虑距离、运输成本等因素。

②多设施的布局优化。为某区域的物流中心、配送中心、仓库等选择各自的位置，并使设施的数目、规模和位置达到最佳化。

3）分析设施网络节点布局的方案选择问题

设施布局规划主要包括三种选择方案：

①扩张现有的供应链设施。如果有足够的空间可供扩展，特别是这个地点有着其他地点所不具备的优点时，这种选择是有吸引力的，因为扩张费用较低。

②保留当前的设施，同时在其他地方增建新设施。这种方式既可以保证现有的物流服务不受影响，还可以为其他情况下更好地做出反应打下基础。

③放弃现有的地点，将设施迁移至其他地方。这种方式只有在现有的设施已经完全不能适应物流服务变动的情况下才予以采用。

这部分主要是基于决策者已经选位的基础上进行选址，并且已经确定出要在某个区域设置 n 个设施，需要进行定址，即需确定出这 n 个设施点的具体位置。同时，考虑到大多数区域都需要决定两个或两个以上设施的布局，这样问题更实际、更普遍。因此，主要考虑的是供应链网络多设施布局优化问题。

（2）供应链设施网络节点布局优化的步骤

供应链设施网络的节点布局优化可以采用定性与定量相结合的方法进行实施[13]，如图 3-4 所示。

整个步骤分为 3 个阶段，即准备阶段、地区选择阶段和具体地点选择阶段。

①准备阶段。准备阶段首先提出布局优化的目的，然后对布局优化中的选址问题提出要求，并提出选址所要达到的技术、经济目标。这些要求包括物流物资、物流规模、运输条件、所需资源等，以及相应于各种要求的各类技术、经济指标，如需要的运输量等。

②地区选择阶段。主要为调查研究与资料收集，对候选地区作分析比较，提出对地区选择的初步意见。

③具体地点选择阶段。对地区内若干候选地址进行深入调查和勘测，根据物流设施的建设目标和要求，建立选择方案模型，进行定量计算和分析，确定各候选地址的优先顺序，最后结合服务质量、总费用、交通条件、环境、物流职能等对几个优化的可选地址进

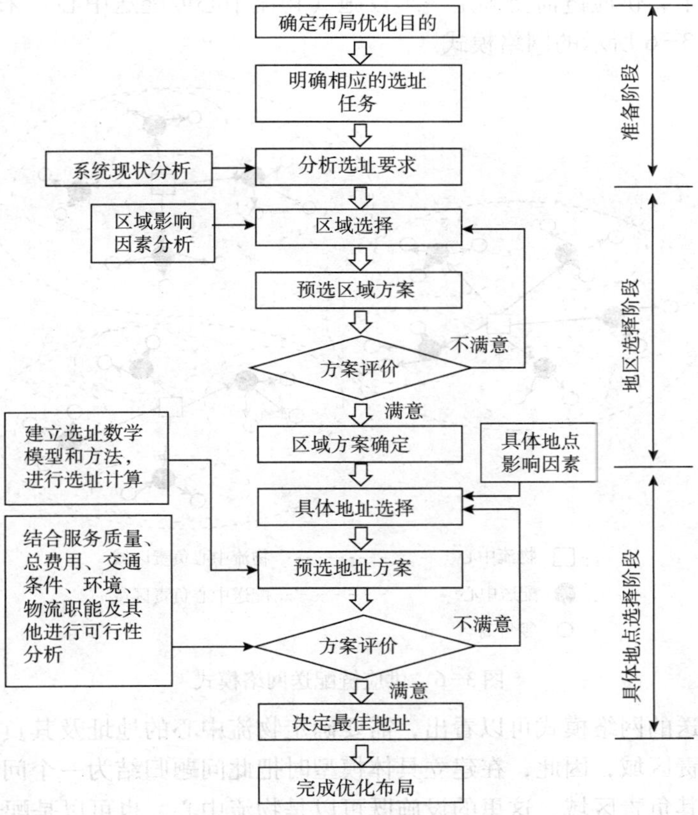

图 3-4　供应链设施网络节点布局优化的步骤

行可行性分析，提出现实可行的优选地址。

通过定性与定量相结合的方法，将恰当的设施放在恰当的位置，实现供应链设施网络节点的优化布局。

(3) 供应链设施网络节点布局优化中的选址模型构建

对供应链设施网络节点布局进行优化，需要确定每个设施点的位置，只有将每个设施点放在合适的位置，才能保证整个网络的节点布局达到最优的状态。因此，构建相应的选址模型，通过定量化的方法确定设施点的合理位置，是供应链设施网络节点布局优化的主要手段。在构建供应链网络设施选址模型时，应考虑时间因素和成本因素。

1) 供应链设施选址的概念模型

根据供应链设施选址问题的特点，可将其归属于网络覆盖模型，所谓网络覆盖模型就是对于需求已知的一些需求点，确定一组服务设施来满足这些需求点。

供应链设施网络主要是完成服务需求的任务，即经过一些设施节点对客户的需求进行适时、适量、适地的配送。这里考虑的配送模式如图 3-5 所示，这是一种基本的配送模式，即物流中心集散的物资通过配送中心的配送到达零售商（或门店）处。

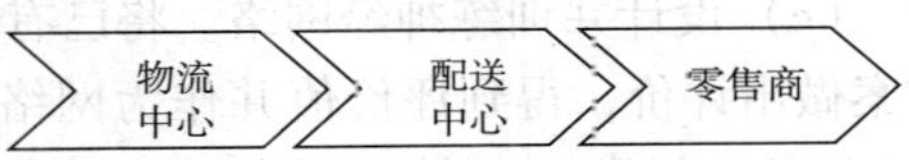

图 3-5　供应链基本配送模式

在配送模式下，供应链需要确定一组设施（物流中心或配送中心）来满足零售商等需求点，形成如图 3-6 所示的网络模式。

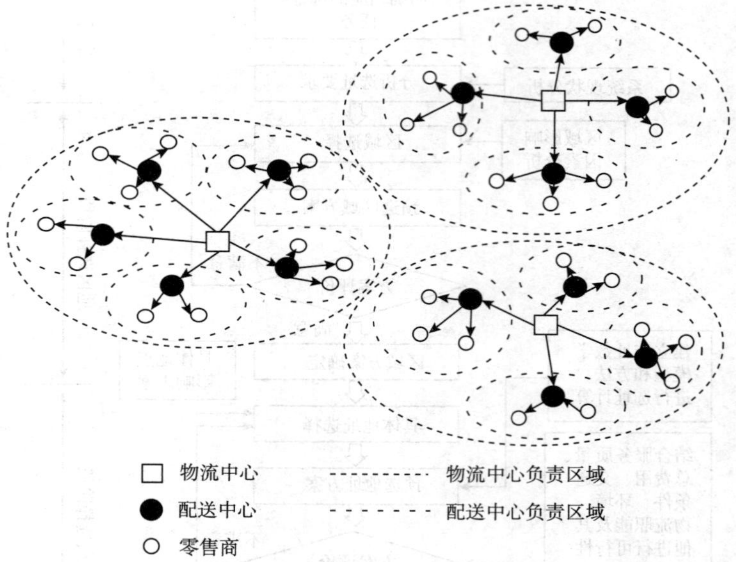

图 3-6　供应链配送网络模式

由供应链配送的网络模式可以看出，需要确定物流中心的地址及其负责区域、配送中心的地址及其负责区域，因此，在建立具体模型时把此问题归结为一个问题：确定设施地址并合理划分出其负责区域，这里的设施既可以是物流中心，也可以是配送中心。

2）供应链设施选址的数学模型

模型思路。建立基于供应链设施网络覆盖模型，实现供应链网络设施选址，可从两个方面来考虑：一是设施点自身的功能、自动化程度及地理位置等因素；二是设施点到需求点之间的距离、交通流量大小等因素。

首先考虑设施点自身及周围环境因素，如土地价格、设施点面积、通信条件、自动化程度、配送需求点的分布程度、功能可靠度、地理位置、距主干道距离等[14]。模型的这部分可采用模糊神经网络方法来确定。其具体步骤如下：

（a）确定决策的指标体系。选择指标包括：土地价格、设施点面积、通信条件、自动化程度、配送需求点的分布程度、功能可靠度、地理位置、距主干道距离等。

（b）建立模糊评价矩阵。搜集已有的正在运营的设施点和候选设施点的指标的历史数据资料，对确定性指标（如土地价格、设施点面积、距主干道距离）数据采用归一化方法进行数据预处理，不确定性指标（如通信条件、自动化程度、配送需求点的分布程度、功能可靠度、地理位置等）进行模糊量化处理，建立模糊评价矩阵。

（c）设计并训练神经网络。将已有方案的指标数据作为网络的输入，并请专家对已有方案做出评价，得到评价值并作为网络的期望输出。采用 MATLAB 神经网络工具箱中的 newrb 函数创建 RBF 神经网络，RBF 神经网络创建的过程就是网络训练的过程。

（d）将候选设施点的归一化指标数据作为输入，经过神经网络处理并输出，得出各设施点的综合排序。

其次考虑设施点到需求点之间的因素。为了便于描述，可将图 3-6 中的物流中心、配送中心等设施点归结到一个点集 P 中[15]。设该点集 P 中包含以下集合：

（a）需求点集 P，包含 y 个需求点：

$R=\{r_1, r_2, \cdots, r_y,\}$，其中 $R \subset P$

（b）现有设施点集 S'，包含 k 个已有设施点：

$S'=\{s'_1, s'_2, \cdots, s'_k\}$，其中 $S' \subset P$

（c）规划设施候选点集 S''，包含 n 个候选设施点：

$S''=\{s''_1, s''_2, \cdots, s''_n\}$，其中 $S'' \subset P$

则：$P=R \cup S' \cup S''$

其中，候选设施点为决策者通过①中各设施点的综合排序后决定的。

在选址模型中，一般都会考虑到距离、成本等因素，而在供应链设施网络的选址模型中，除了考虑距离、成本等因素以外，还需要考虑道路特征因素，道路特征包括道路的可靠性、流量大小等，这里考虑需求点 r_j 与任意设施点 s_c 之间的道路具备如下特征（S_{jc}，F_{jc}）。其中 $S_{jc} \in [0, 1]$ 表示道路的可靠性，若 $S_{jc}=1$，表示两区域之间的道路具有最高的可靠性，说明此道路的条件导致发生拥堵等事件的概率趋于 0；若 $S_{jc}=0$，则表示两区域之间的道路具有最低的可靠性，说明此道路的条件导致发生拥堵等事件的概率趋于 1；S_{jc} 越大，意味着道路可靠性越高。F_{jc} 表示道路在单位时间内可通过物资、人员的流量，道路越宽，则 F_{jc} 越大；若连接需求点 r_j 与设施点 S_c 有多条道路，则加总各条道路的流量能力之和作为 F_{jc}，假设 $S_{jc}=S_{cj}$，$F_{jc}=F_{cj}$。

记 $C_{jc}=\dfrac{C}{S_{jc}F_{jc}}$ 作为需求点 r_j 与设施点 s_c 之间的单位成本，C 为单位运输成本（可令 $C=1$）。显然，S_{jc} 越大，F_{jc} 越大，则单位成本 C_{jc} 越小，且意味着连接实体需求点 r_j 与设施点 s_c 之间的道路具有较为优势的运输条件；否则，道路可靠性 S_{jc} 较低，道路流量能力 F_{jc} 较小，则单位成本必然较大。

3）模型构建

根据上述思路，假设经过设施网络节点的合理规模确定方法确定需要从已有和候选的设施点集合中选择出 t 个最佳的设施点，使得设施网络具有较高的可靠性且布局合理。

假设 S_t 为选定的 t 个设施点的集合，则有：

$$\begin{cases} S_t \subset S' \cup S'' \\ |S_t| = t \end{cases} \tag{3-6}$$

将需求点集 R 划分为 y 个需求实体，即每个需求点代表一个需求实体，E 为实体集合：

$$E=\{e_1, e_2, \cdots, e_y\} \tag{3-7}$$

形成 R 上的一个划分，即满足：

$$\begin{cases} R = \bigcup\limits_{t=1}^{y} e_i \\ e_i \cap e_j = \phi, i \neq j, 0 \leqslant i,j \leqslant y \end{cases} \tag{3-8}$$

设 E_c 为 E 中所有到设施点 s_c 距离最近的实体，即：

$$E_c = \{e_i \mid d(e_i, s_c) \leqslant d(e_i, s_j), e_i \in E, s_j, s_c \in S_t\} \tag{3-9}$$

其中，$d(e_i, s_c)$ 为需求实体 e_i 到设施点 s_c 之间的距离，设实体 e_i 包含 k 个需求点，则实体 e_i 到设施点 s_c 的距离定义如下：

$$d(e_i, s_c) = \sum_{j=1}^{k} d_r(r_j, s_c), r_j \in e_i \tag{3-10}$$

将实体 e_i 到设施点 s_c 的距离与单位成本 $C_{jc} = \frac{C}{S_{jc}F_{jc}}$ 综合起来，得：

$$d'(e_i, s_c) = \sum_{j=1}^{k} C_{jc} d_r(r_j, s_c), r_j \in e_i \tag{3-11}$$

再与设施点的排序情况综合起来，记综合成本 $C'_{jc} = \frac{C_{jc}}{w_c} = \frac{C}{S_{jc}F_{jc}w_c}$，得：

$$d''(e_i, s_c) = \sum_{j=1}^{k} C'_{jc} d_r(r_j, s_c), r_j \in e_i \tag{3-12}$$

w_c 为 s_c 的综合排序值。

综上所述，供应链设施选址及其负责区域划分转化为决策问题：从 $S' \cup S''$ 中选择 S_t，并以此形成 R 上的一个划分 E_1，E_2，…，E_t，使得：

$$\min Z = \sum_{c=1}^{t} \sum_{i=1}^{(E_c)} d''(e_i, s_c), e_i \in E_c \tag{3-13}$$

$$\text{s. t. } p_n \geqslant \sum_{i=1}^{k} d_x \tag{3-14}$$

式中，E_c 为 s_c 的一个负责区域；d_x 为需求点的需求量；p_n 为设施点的供给量；k 为设施点负责服务的需求点的个数。

（4）模型求解的遗传算法设计

1）数据准备

需求实体边界的划分应按照合理的责任区分界予以划分，将所有需求点划分为若干个实体 e_i，确定实体包含的所有需求点的位置信息；确定已有设施点以及候选设施点，提取已有设施点以及候选设施点的位置信息（位置信息可根据 GPS 定位，或结合 GIS 等方式确定）；考察所有已有设施点、候选设施点到各需求点之间的单位成本 C_{jc}，以及相对于指标“土地价格、设施点面积、通信条件、自动化程度、配送需求点的分布程度、功能可靠度、地理位置、距主干道距离”的组合权重，依模糊神经网络的计算步骤计算出最终评价结果，从而得到综合成本 C'_{jc}。

2）遗传算法求解

①遗传算法解的构造。令 $I_m = \{1, 2, \cdots, m\}$。用集合 I_m 中 m 表示 S_t 集合中 s_c 元素，取集合 I_m 中元素作为基因，构造染色体，设染色体长为 t。则表 3-4 表示候选点为 s_6，s_2，…，s_1，s_8 构成的染色体。

表 3-4　解的表示

0	1	…	$t-2$	$t-1$
6	2	…	1	8

初始解采用随机生成的方法。

②适应度的计算。根据公式，计算所有实体到 S_t 中元素最短距离，决定实体的归属。利用上述公式，将所有实体到归属配送点的目标值相加，得到 S_t 的适应度。适应度是集合 S_t 的函数，其值越小越好。

③初始群体。本书是利用 MATLAB 中遗传算法工具箱中 crtbp 函数随机生成的初始种群。

④遗传操作。

第一步骤：选择。采用 MATLAB 中遗传算法工具箱中随机遍历抽样（Sus）。

第二步骤：交叉。采用 MATLAB 中遗传算法工具箱中单点交叉（Xovsp）。

第三步骤：变异。采用 MATLAB 中遗传算法工具箱中实值种群的变异（Mutbga）。物种变异的可能性较小，所以在遗传算法中变异操作只起辅助作用，变异概率一般较小。

由于在构造解时采用的实值编码，在执行完遗传操作之后，可能会有非整数的情况出现，这里采用 matlab 中遗传算法工具箱中 fix 函数对其进行修复。

⑤参数的选择。模型在运用遗传算法时选择的参数主要有染色体长度为 6、群体规模为 100、遗传代数为 50、交叉率为 0.7、变异率为 0.05 等，这些参数对遗传算法性能影响很大，但是目前尚无合理选择它们的理论依据，这里是在前人研究的基础上确定的参数值。

（5）算例

这里通过一个简单的算例来演示上述模型。假设存在如图 3-7 所示的区域。

其中，s'_1、s'_2、s'_3、s'_4、s'_5 为已有设施点，图中共有需求实体 15 个，假设每个实体的需求点为 1 个，且位于实体的中心地带，则需求点也为 15 个，现状是由 s'_1 负责服务实体 1、2、3、4，由 s'_1 负责服务实体 7、8，由 s'_3 负责服务实体 9、10、11，由 s'_4 负责服务实体 12、13，由 s'_5 负责服务实体 5、6、14、15，各设施点的供应量与各需求点的需求量及设施点需负责服务的实体划分情况如表 3-5 所示。可以看出，现有设施网络布局已不能满足所有的需求点的需求，并且负载不均衡，亟需对设施网络的节点进行重新布局。

经过决策者综合考察各方面因素，决定选取 s''_1、s''_2、s''_3、s''_4、s''_5 为拟定的候选设施点，各候选设施点的供应量如表 3-6 所示，其坐标如图 3-7 所示，图中未标出单位距离，因为在实际运用时，根据距离的大小，其提取的数据精度不同。15 个需求实体均存在需求点 1 个，提取的位置信息如表 3-7 所示。考察各设施点自身的综合排序情况及其与各需求点之间的可靠性、流量等因素，将其定量化后可计算得综合成本 C''_{jc}，数据如表 3-8 所示。现由于运行过程经济、环境等原因，决策者决定从现有和候选的设施点集合中选取 6 个设施点，以实现设施网络节点的优化布局，需要解决的主要问题包括：已有设施点应保留哪些？候选设施点应选择哪些？各设施点负责哪些需求实体，使得目标函数最小？

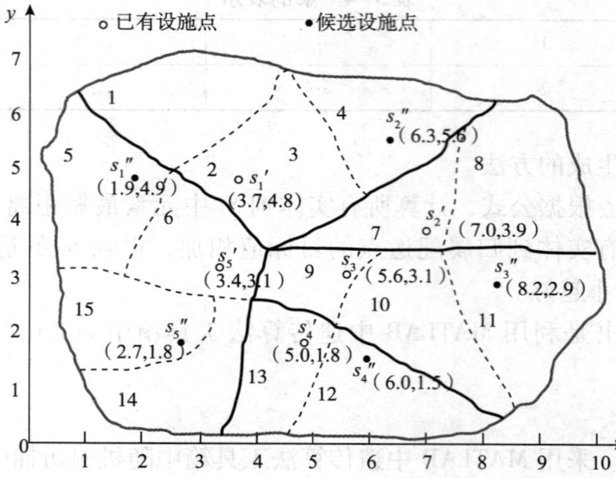

图 3-7　现有设施地址及负责区域划分

表 3-5　现有设施点及其需负责的需求实体

设施点	s'_1	s'_2	s'_3	s'_4	s'_5
供应量/t	7	9	6	8	10
需求点	1，2，3，4	7，8	9，10，11	12，13	5，6，14，15
需求量/t	2，4，3，4	3，4	4，5，4	3，5	4，4，4，5

表 3-6　候选设施点的供应量

设施点	s''_1	s''_2	s''_3	s''_4	s''_5
供应量/t	10	15	15	14	10

表 3-7　15 个需求实体中需求点的位置信息

实体中的需求点	x_i	y_i
1	2.4	6.3
2	3.7	5.1
3	5.0	4.9
4	6.8	6.1
5	1.0	4.7
6	2.7	3.7
7	6.2	4.4
8	8.9	4.8
9	5.0	2.9
10	7.1	2.2
11	9.1	2.6
12	6.2	0.8
13	4.3	1.4
14	1.7	0.7
15	1.8	2.3

表 3-8　综合成本 C''_{jc} 数据

设施点＼需求点	1	2	3	4	5	6	7	8	9	10	11	12	13	14	15
s_1'	0.12	0.28	0.36	0.27	0.47	0.69	0.49	0.45	0.28	0.35	0.46	0.53	0.47	0.34	0.50
s'_2	0.17	0.22	0.11	0.38	0.42	0.29	0.14	0.42	0.36	0.28	0.27	0.54	0.44	0.38	0.45
s'_3	0.28	0.12	0.11	0.47	0.52	0.36	0.14	0.22	0.28	0.36	0.32	0.21	0.24	0.29	0.34
s'_4	0.12	0.52	0.11	0.51	0.32	0.52	0.31	0.21	0.42	0.53	0.15	0.32	0.14	0.32	0.51
s'_5	0.42	0.32	0.15	0.52	0.31	0.42	0.38	0.19	0.36	0.28	0.34	0.18	0.24	0.25	0.45
s''_1	0.37	0.50	0.29	0.38	0.08	0.43	0.27	0.34	0.61	0.39	0.19	0.24	0.31	0.80	0.39
s''_2	0.31	0.27	0.09	0.08	0.34	0.29	0.13	0.29	0.13	0.49	0.16	0.49	0.12	0.61	0.35
s''_3	0.48	0.20	0.42	0.15	0.43	0.58	0.09	0.03	0.34	0.27	0.15	0.24	0.29	0.30	0.57
s''_4	0.61	0.72	0.69	0.08	0.34	0.42	0.13	0.29	0.13	0.49	0.16	0.67	0.22	0.61	0.52
s''_5	0.27	0.58	0.51	0.65	0.23	0.78	0.09	0.03	0.34	0.27	0.46	0.35	0.59	0.39	0.50

利用前面设计的算法和参数，在 MATLAB R2009a 中编程计算得到应选择的 6 个设施点与其对应的服务实体如表 3-9 所示，运行过程中解的变化和种群均值的变化如图 3-8 所示，程序的主体代码部分如下：

```
FitnV = ranking (ObjV);              %分配适应度值
  SelCh = select ('sus', Chrom, FitnV, GGAP);%选择
    SelCh = recombin ('xovsp', SelCh, 0.7);%交叉后重组
    f = rep ( [1; 10], [1, 6]);
    SelCh = mutbga (SelCh, f, [0.05 1.0]); SelCh = fix (SelCh);%变异
    ObjVSel = target (SelCh);%计算子代目标函数值
     [Chrom ObjV] = reins (Chrom, SelCh, 1, 1, ObjV, ObjVSel);%重插入
```

表 3-9　计算结果

选择的设施点	s'_1	s'_4	s''_1	s''_2	s''_3	s''_5
设施点负责的实体	1, 2	12, 13	5, 6	3, 4, 7, 9	8, 10, 11	14, 15

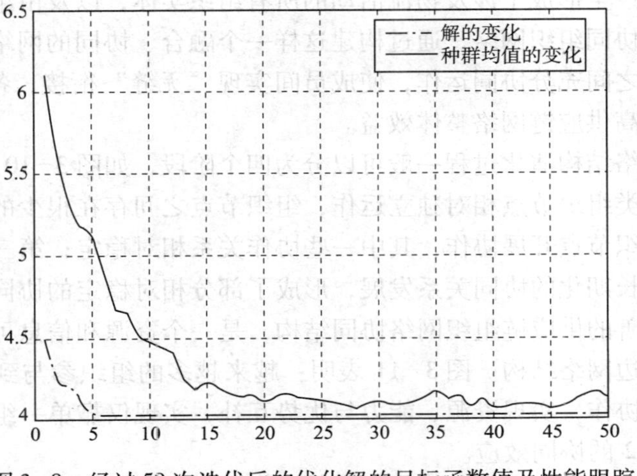

图 3-8　经过 50 次迭代后的优化解的目标函数值及性能跟踪

选址结果及其相应的负责区域规划方案效果图如图 3-9 所示：在规划布局 6 个设施点的前提下，从本章的目标函数最优的角度出发，应保留原来第 1、4 个设施点，新增第 1、2、3、5 个候选设施点。优化后的目标函数值为 4.0140，而优化前的选址及配送方案目标函数值为 7.0333，达到优化的目的。

另外从图 3-9 中也可直观看到，由于道路可靠性、流量以及各设施点的组合权重的影响，有的从地理位置看似较近的设施点可能在道路无法通行的情况下反而难以就近实施配送任务。

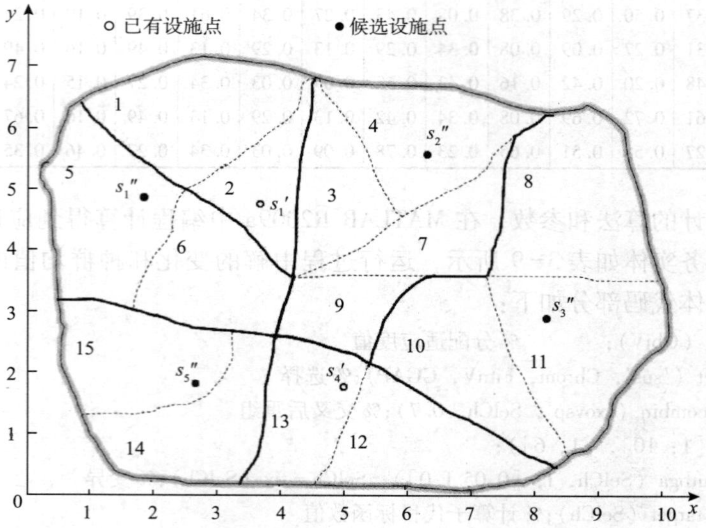

图 3-9 优化后的选址及负责区域划分方案

3.3 供应链组织网络优化模型

3.3.1 供应链组织网络结构演化

供应链网络的产生形成了涉及物流活动的所有组织实体，以及由组织实体的活动与相互关系形成的一个协同组织网络，通过构建这样一个融合、协同的网络结构，可以实现供应链上各组织节点之间充分协同运作，使成员间实现“无缝”衔接，各成员能充分发挥出最大作用，从而提高供应链网络整体效益。

供应链组织网络结构演化过程一般可以分为四个阶段，如图 3-10 所示。

第一个阶段各类组织节点相对独立运作，组织节点之间存在很少的协作关系；第二个阶段则有较多的组织节点开展协作，其中一些协作关系相对稳定；第三个阶段部分组织节点间的协作关系向长期化的协同关系发展，形成了部分相对稳定的协同子网结构；第四个阶段形成了一个完善的供应链组织网络协同结构，是一个资源和信息可以共享的、可动态重组的、开放的多边网络结构。图 3-11 表明：越来越多的组织参与到供应链协同运作过程中来，通过良好协作，实现资源、能力与优势互补，实现仅靠单一组织力量难以达到的目标，获得 1 +1 >2 的协同效应。

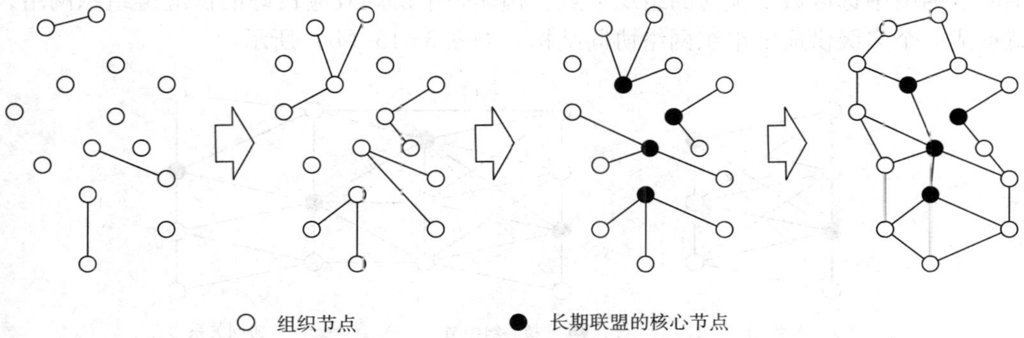

图 3-10　供应链组织网络结构演化过程

3.3.2　供应链组织网络协同结构

一个协同组织网络，可能具有非对等互惠的协同关系，也可能具有对等互惠的协同关系。对于一个具有非对等互惠协同关系的协同组织网络 G，是一个由主体和主体之间的关系构成的集合：

$$G=\{P(G),\ R(G)\} \tag{3-15}$$

其中，$P(G)=\{P_i \mid i=1,\ \cdots,\ m;\ m\geqslant 2\}$ 是主体集；

$R(G)=\{(P_i,\ P_j) \mid P_i,\ P_j\in P(G),\ (P_i,\ P_j)\neq(P_j,\ P_i),\ i\neq j\}$ 为关系集。

在非对等互惠关系协同组织网络中，协同组织网络主体 P_i 配合 P_j 的协同信息 y_{ij} 一般不等于网络主体 P_j 配合 P_i 的协同信息 y_{ji}，即 $y_{ij}\neq y_{ji}$。一个非对等互惠关系的协同组织网络可以通过一个有向网络图进行表示，如图 3-11 所示。

而对于一个具有对等互惠协同关系的协同组织网络 G，有：

$$R(G)=\{(P_i,\ P_j) \mid P_i,\ P_j\in P(G),\ (P_i,\ P_j)=(P_j,\ P_i),\ i\neq j\} \tag{3-16}$$

即协同组织网络主体 P_i 配合 P_j 的协同信息 y_{ij} 等于网络主体 P_j 配合 P_i 的协同信息 y_{ji}，即 $y_{ij}=y_{ji}$。一个对等互惠关系的协同组织网络可以通过一个无向网络图进行表示，如图 3-12 所示。

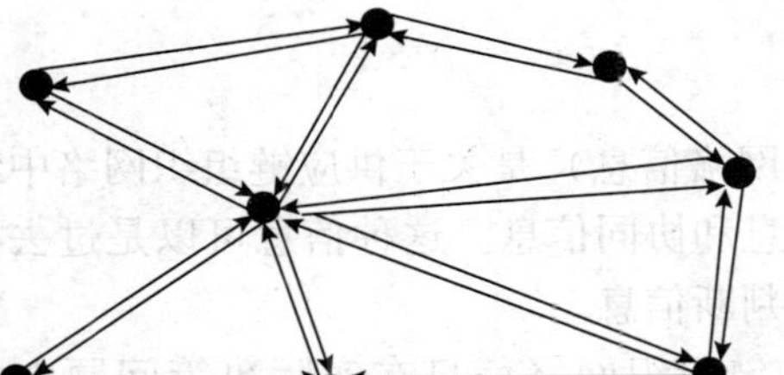

图 3-11　非对等互惠关系协同组织网络

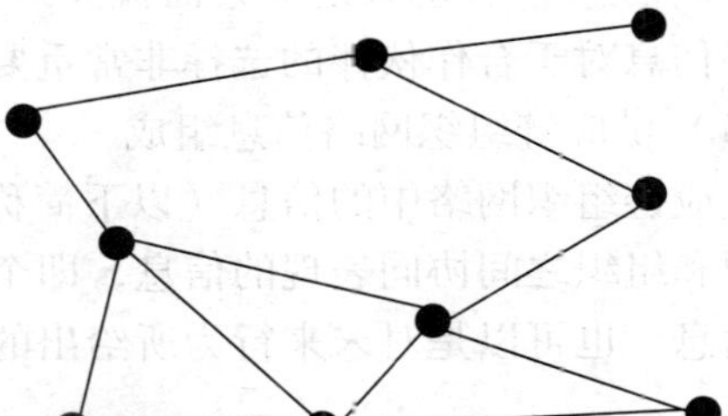

图 3-12　对等互惠关系协同组织网络

对于非对等互惠关系协同组织网络，可以从两个角度来考虑其协同结构的优化问题：一方面是站在企业的角度，如果该企业计划为选择供应商，要使得供应商与企业、企业与企业、供应商与供应商之间具有良好的协同关系，这样就形成了一个单级的供应链组织网络协同结构，如图 3-13（a）所示；另一方面是站在全局的角度，从供应链的全局出发，从供应链网络中选取数个优秀的组织节点，构建一个协同效应良好的供应链组织网络，这样就形成一个多级供应链组织网络协同结构，如图 3-13（b）所示。

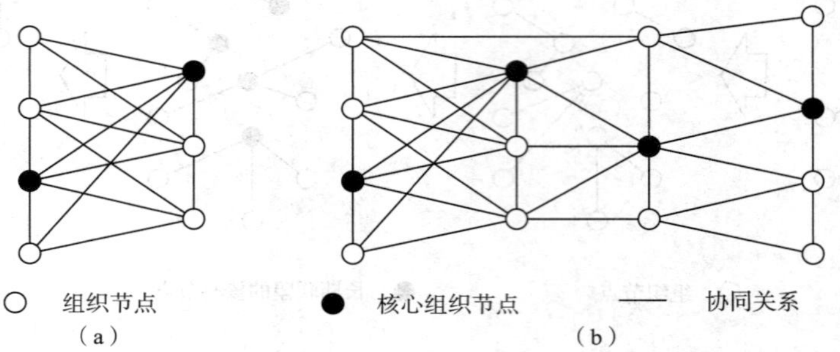

图 3-13　供应链组织网络协同结构

图 3-13 中描述的节点间的协同关系包括了以下三种情形：

①同级节点间的协同关系。如装备的多个零件制造商协同制造、供应，或某物流中心的多个供应商协同预测、计划和补货等；

②相邻两级节点间的协同。如零件制造商与总装配厂之间的协同，或供应商与物流中心之间的协同等；

③跨级节点间的协同。如某原材料供应商可能既与某零件制造商之间进行协同，也与装备制造部门进行协同。

3.3.3　供应链组织网络信息

供应链组织网络中，除某些核心业务以外，很多非核心业务（如存储、运输、配送等环节）都可以外包给其他企业来完成。供应链组织网络协同结构优化主要通过选取协同表现与个体表现俱佳的合作伙伴、实现强强联合来实现。如何选择供应链合作伙伴是一个复杂的决策问题，通常需要考虑合作伙伴多个指标，如服务质量、效益水平、信息化水平、风险意识、成本、地理位置、时间、可靠性、柔性、价格等[16~18]。现有关于供应链合作伙伴选择研究大多考虑的是合作伙伴的个体信息，很少考虑到协同信息，即使部分文献考虑了协同信息[19]，也只是单方面孤立地看待协同信息类指标。实际上，全面的供应链组织网络信息对于合作伙伴的选择非常重要。

（1）供应链组织网络信息组成

供应链组织网络中的信息（以下简称组织网络信息）是关于供应链组织网络中组织个体表现和组织之间协同表现的信息，即个体信息和协同信息。这种信息可以是过去行为产生的信息，也可以是对未来行为所给出的预期判断信息。

图 3-14　供应链组织网络信息组成

供应链组织网络信息在实际决策问题中的具体表现形式是丰富多样的。例如，在已有的研究中考虑的个体信息一般为保密性、成本、价格、运输距离、交付时间、交付准确率等；考虑的协同信息可以为资源互补性、以前合作的满意度、知识交流与共享、技术支持、动机的一致性、目标的一致性、和谐的文化等。供应链组织网络信息分类如图 3-14 所示。

（2）供应链组织网络信息表达

供应链组织网络信息的个体信息可用传统的决策矩阵表示，如下式所示：

$$X=[x_{ik}]_{m\times l}=\begin{array}{c} \\ P_1 \\ P_2 \\ \vdots \\ P_m \end{array}\begin{array}{c} \begin{array}{cccc} C_1 & C_2 & \cdots & C_l \end{array} \\ \begin{bmatrix} x_{11} & x_{12} & \cdots & x_{1l} \\ x_{21} & x_{22} & \cdots & x_{2l} \\ \vdots & \vdots & & \vdots \\ x_{m1} & x_{m2} & \cdots & x_{ml} \end{bmatrix} \end{array} \tag{3-17}$$

其中，x_{ik}表示个体 P_i在个体指标 C_k 下的结果，$i=1$，…，m；$k=1$，…，l。x_{ik}可以是清晰值、模糊数、语言变量等形式的信息。

而协同信息可采用如下所示的可达矩阵表示：

$$A^k=[a_{ij}^k]_{m\times m}=\begin{array}{c} \\ P_1 \\ P_2 \\ \vdots \\ P_m \end{array}\begin{array}{c} \begin{array}{cccc} P_1 & P_2 & \cdots & P_m \end{array} \\ \begin{bmatrix} a_{11}^k & a_{12}^k & \cdots & a_{1m}^k \\ a_{21}^k & a_{22}^k & \cdots & a_{2m}^k \\ \vdots & \vdots & & \vdots \\ a_{m1}^k & a_{m2}^k & \cdots & a_{mm}^k \end{bmatrix} \end{array} \tag{3-18}$$

其中，a_{ij}^k表示在个体指标 C_k 下供应链组织网络个体 P_i 配合 P_j 的结果，$j=1$，…，m，$j=1$，…，m，$k=1$，…，l。

假定 $a_{ij}^k\geqslant 0$，在供应链组织网络中，通常 $a_{ij}^k\neq a_{ji}^k$。其中，$a_{ij}^k=0$ 表示组织网络中个体配合没有产生协同效应或没有协作过，而 a_{ij}^k值越大表示组织网络中个体 P_i 配合 P_j 产生的协同效应越大；可令 $a_{ii}^k=0$ 来表示在可达矩阵中不考虑组织网络中个体与自身之间的协同效应。

（3）个体信息与协同信息的集结

在同时考虑个体信息和协同信息的供应链组织网络协同结构优化问题中，供应链组织网络信息中的个体信息和协同信息构成两个指标维度或目标，这涉及两维度指标信息集结方式或双目标问题求解时目标的处理技术等问题。一般来讲，在多准则决策分析问题中，两维度信息（或双目标表现）需要集结成一个综合值（指标综合值、综合效用值、排序指数、偏差距离、接近度指数）来反映决策分析对象（方案）的整体情况。依据现有文献，多准则决策方法中，依据决策目标的不同，信息集结方式可以分为以下两类：

1）考虑综合表现的信息集结模式

该方法是对分析对象的个体指标和协同指标的信息进行综合，来获得决策分析对象的综合表现。在多指标决策分析方法中，算术加权方法、AHP 方法、理想点方法等属于此类方法。在多目标决策分析方法中，模糊规划方法、模糊折衷算法、线性功效系数法、指数功效系数法等属于此类方法。

该类方法的局限性是当决策分析对象在一个维度（目标）表现上非常好时，而在另外一个维度（目标）表现比较差时，对对象的评价结果可能会很理想，这存在信息淹没情况，会导致决策分析结果与决策目标的偏差或背离。

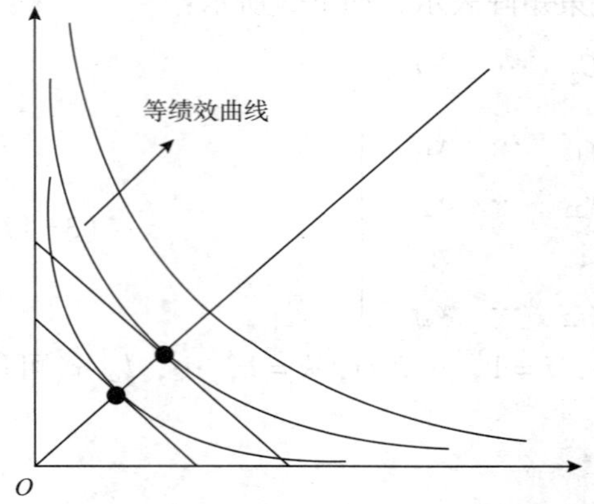

图 3－15　考虑两维度表现均衡的等绩效曲线

2）考虑两维度指标表现均衡的集结模式

该方法是对决策分析对象在个体指标和协同指标的信息分别进行考虑，期望两个目标同时达到最大，该集结模式可用图 3－15 进行说明。

多指标决策分析方法中，几何加权方法属于此类方法。多目标决策分析方法中，同时考虑多个目标帕雷托最优的遗传规划算法属于此类方法。

实际中基于协同信息的多指标决策问题中，大多需要考虑两个维度指标表现的均衡，即在个体和协同维度上均具有优秀的表现，例如，在供应链合作伙伴的选择问题中，决策者期望优秀的合作伙伴在组织效率和合作两个方面表现都好；而一个维度表现非常好，另一个维度表现比较差的组织不是决策者所期望的。也就是说，两个维度表现不均衡的组织，相对于两个维度表现均衡的组织，需要更多的综合优势去弥补不均衡产生的劣势。这一决策准则和思想，使得等绩效线是非线性的。对于任意一条等绩效曲线，当曲线上的点（对应于决策分析对象/方案）靠近坐标轴时，斜率迅速下降，绩效趋近于零；而当曲线上的点（对应于决策分析对象/方案）位于坐标轴中分位线上时，斜率最大，绩效也达到最大。

考虑到供应链组织网络协同结构优化问题中需要考虑个体表现和协同表现两个目标同时最优，因此，后面的研究采用考虑多个目标帕雷托最优的遗传规划算法。

3.3.4　单级供应链组织网络协同结构优化模型

（1）问题描述及条件假设

这里讨论的是图 3－13（a）中所描述的情形，即从多个供应商（或其他类型的组织）中选择出若干个体表现和协同表现俱佳的组织节点作为战略合作伙伴，构建优化的单级供应链组织网络协同结构。

将该问题描述为：假设决策者（比如供应链配送中心的负责人或其上级主管部门）打算为其下属的 h 个物流节点（物流中心、配送中心、仓库等）选择供应商，计划从 n' 个候选供应商中选出 q 个作为其战略合作伙伴。

这里考虑将 h 个物流节点相应的管理部门（即需求方）看作合作伙伴纳入整个选择过程，因为一般的对于供应商的选择方法并没有考虑与需求方之间的协同关系，所以在选择的过程中没有将需求方纳入整个选择过程。而在考虑协同信息的情况下，如果仅仅考虑候选供应商之间的协同关系，就可能会出现这种情况：某候选供应商与其他候选供应商的协同表现良好，而与需求方之间的协同表现一般，结果却被选中了。为了避免这种情况，必须将需求方纳入整个选择过程，这样更能全面考察候选供应商与所有的组织节点之间的协同表现。鉴于此，在后续描述中将供应商与需求方统一称为供应链的合作伙伴，则整个的

候选合作伙伴为 n 个（$n=n'+h$）。只是在选择过程中，需要将 h 个需求方一直置于被选中的状态。

为了便于描述，定义本问题所使用的集合、向量和变量如下：

①$P=\{P_i \mid i=1, \cdots, n\}$，为 n 个候选合作伙伴构成的集合，$n=n'+h$。

②$I=\{I_g \mid g=1, \cdots, l\}$，为 l 个个体指标构成的集合。

③$C=\{C_k \mid k=1, \cdots, m\}$，为 m 个协同指标构成的集合，每个指标 C_k 独立可加。

④$W=(w_1, w_2, \cdots, w_m)^T$，为协同指标权向量，其中，$w_k$ 表示协同指标 C_k 的权重，且满足 $\sum_{k=1}^{m} w_k=1$；$0 \leqslant w_k \leqslant 1$；$k=1, \cdots, m$。

⑤$X=(x_1, x_2, \cdots, x_n)^T$，合作伙伴选择的决策向量，其中 $x_i=1$ 表示合作伙伴 P_i 被选中；$x_i=0$ 表示合作伙伴 P_i 没有被选中。

（2）基于个体信息的合作伙伴选择模型

现阶段基于个体信息的供应链中合作伙伴选择的方法很多，如专家打分法、模糊评价法、AHP/DEA 法、灰色关联度方法、粗糙集方法、多准则决策算法等，但这些方法有一些缺点：利用模糊综合评价法，其指标权重难以确定；用专家打分法确定权重，人为因素又过重；利用层次分析法确定权重可以弱化人为因素，但要求指标的层次结构系统中的要素互相独立，否则就不能应用这种方法，而很多时候指标之间往往存在依赖关系。模型的这部分考虑采用模糊神经网络方法来确定。该方法与前文运用神经网络工具确定基础设施网络规模中运用的方法类似，因此这里不做详细阐述。

假设得到的各候选合作伙伴的评价结果为 $\Phi=\{\varphi_1, \varphi_2, \cdots, \varphi_i, \cdots, \varphi_n\}$，$\varphi_i$ 即为个体表现的综合值。

在只考虑个体表现的情形下，φ_i 越大，候选合作伙伴 P_i 的表现就越好。根据得到的个体表现综合值，有下面的优化模型：

$$maxZ_1 = \sum_{i=1}^{n} \varphi_i x_i \tag{3-19}$$

$$\text{s. t.} \quad \sum_{i=1}^{n} x_i = q + h \tag{3-20}$$

$$\sum_{i=1}^{n'} x_i = q \tag{3-21}$$

$$x_i \begin{cases} \in \{0, 1\}, & i=1, \cdots, n' \\ =1, & i=n'+1, \cdots, n \end{cases} \tag{3-22}$$

此模型为一个简单的优化模型，通过对个体表现综合值 $\varphi_1, \varphi_2, \cdots, \varphi_n$ 进行排序并选择前 q 个合作伙伴，可以直接得到最优解。

（3）基于协同信息的合作伙伴选择模型

根据式（3-18），假设协同信息矩阵为 A^k，令 $A^k=[a_{ij}^k]_{nxn}$，其中 a_{ij}^k（$i \neq j$）为在协同指标 C_k 下合作伙伴 P_i 配合 P_j 的表现，在实际操作时，协同指标可以是资源互补性、以前合作的满意度、知识交流与共享、技术支持、动机的一致性、目标的一致性、和谐的文化等等。决策者根据供应链形成的现实需要确定协同指标。

针对非对等互惠关系的组织网络，协同指标允许非对等关系，即在协同中合作伙伴 P_i 可能帮助合作伙伴 P_j，但 P_i 可能并没有得到合作伙伴 P_j 同样的帮助。也就是说，存在一些协同指标 C_k，候选合作伙伴 P_i 配合 P_j 的结果与候选合作伙伴 P_j 配合 P_i 的结果不相同，即 $a_{ij}^k \neq a_{ji}^k$。令 $a_{ii}^k = 0$，表示候选合作伙伴 P_i 自身的协同信息不被考虑。另外，对于候选集合内与其他候选合作伙伴没有协同信息的新的候选合作伙伴，决策者可以参照该候选合作伙伴在其他供应链中的协同信息记录，给出他与其他候选合作伙伴之间未来协同情况的预期判断。对矩阵 $A^k = [a_{ij}^k]_{n \times n}$ 中的元素进行规范化：

$$a'^k_{ij} = \frac{a_{ij}^k - a^{k\min}}{a^{k\max} - a^{k\min}},\ i,\ j = 1,\ \cdots,\ n;\ i \neq j;\ k = 1,\ \cdots,\ m\ (\text{效益型指标}) \tag{3-23}$$

或

$$a'^k_{ij} = \frac{a_{\max}^k - a_{ij}^k}{a^{k\max} - a^{k\min}},\ i,\ j = 1,\ \cdots,\ n;\ i \neq j;\ k = 1,\ \cdots,\ m\ (\text{成本型指标}) \tag{3-24}$$

其中：

$$a^{k\max} = \max\ \{a_{ij}^k \mid i,\ j = 1,\ \cdots,\ n;\ i \neq j\},\ k = 1,\ \cdots,\ m \tag{3-25}$$

$$a^{k\min} = \min\ \{a_{ij}^k \mid i,\ j = 1,\ \cdots,\ n;\ i \neq j\},\ k = 1,\ \cdots,\ m \tag{3-26}$$

由此可得规范化矩阵：$A'^k = [a'^k_{ij}]_{n \times n}$

通过简单线性加权方法，可得到候选合作伙伴 P_i 和 P_j 之间的协同信息综合值：

$$\phi_{ij} = \sum_{k=1}^{m} w_k a'^k_{ij}, i, j = 1, \cdots, n; i \neq j \tag{3-27}$$

在只考虑协同表现的情形下，ϕ_{ij} 越大，候选合作伙伴 P_i 和 P_j 的表现就越好。根据得到的协同表现综合值 ϕ_{ij} $(i,\ j = 1,\ \cdots,\ n;\ i \neq j)$，可以得到下面的优化模型：

$$\max Z_2 = \sum_{i=1}^{n} \sum_{\substack{j=1 \\ j \neq i}}^{n} \phi_{ij} x_i x_i \tag{3-28}$$

$$\text{s. t.} \quad \sum_{i=1}^{n} x_i = q + h \tag{3-29}$$

$$\sum_{i=1}^{n'} x_i = q \tag{3-30}$$

$$x_i \begin{cases} \in \{0,\ 1\},\ i = 1,\ \cdots,\ n' \\ = 1,\ i = n' + 1,\ \cdots,\ n \end{cases} \tag{3-31}$$

此模型为一个 0 ~ 1 二次目标规划模型，与 Kuo 等在研究最大差异化问题时建立的模型相似，Kuo 等已经证明该问题为 NP-hard 问题[20]。

（4）基于个体和协同信息的供应链合作伙伴选择模型

若同时考虑个体信息与协同信息指标，将上述模型进行综合，得到如下的双目标 0 ~ 1 二次规划模型：

$$\max Z_1 = \sum_{i=1}^{n} \varphi_i x_i \tag{3-32}$$

$$\max Z_2 = \sum_{i=1}^{n} \sum_{\substack{j=1 \\ j \neq i}}^{n} \phi_{ij} x_i x_j \tag{3-33}$$

$$s.\ t. \sum_{i=1}^{n} x_i = q + h \tag{3-34}$$

$$\sum_{i=1}^{n'} x_i = q \tag{3-35}$$

$$x_i \begin{cases} \in \{0, 1\}, i=1, \cdots, n' \\ =1, i=n'+1, \cdots, n \end{cases} \tag{3-36}$$

对于此模型，h 个需求点始终保持被选中的状态，因此，其解是关于 n' 和 q 的函数，令 p 表示解空间中解的个数，则 $p=C_n^q=\frac{n'!}{(n'-q)!\,q!}$，根据组合数的性质，当 $q\leqslant\frac{n'}{2}$ 或 $n'-q\leqslant\frac{n'}{2}$，有 $C_{n'}^q=C_{n'}^{n'-q}$，当 q 远远小于 n' 时，p 可以被近似处理为：

$$p=\frac{n'!}{(n'-q)!\,q!}=\frac{n'(n'-1)\cdots(n'-q-1)}{q!}\approx n'(n'-1)\cdots(n'-q+1)\approx n'^q \tag{3-37}$$

可以看出，解空间随 q 的增长呈指数增长。同时式中建立的模型又是 NP-hard 问题，因此，当 n' 和 q 较小时，可用穷举法求解，而当问题规模较大时，就没法采用穷举法了。

上述问题属于多目标优化（Multi-Objective Optimization）问题，传统做法是将其通过加权法变换为单目标问题，但这种方法在对问题求解时，一次只能得到一个帕累托最优解（Pareto Solution），求解多目标问题时，需要进行多次搜索，存在很大的局限性。多目标进化算法（Multi-Objective Genetic Algorithm，MOGA）是在遗传算法的基础上提出来的，非常适合求解 NP-hard 的多目标优化问题，不仅可以一次性获得多个 Pareto 最优解，而且其优化结果具有良好的一致性。本书采用一种近年来较为流行、应用比较成熟的多目标进化算法——非劣排序遗传算法（Non-Dominated Sorting in Genetic Algorithms，NSGA-Ⅱ）来求解该问题。NSGA-Ⅱ算法是一种基于非劣快速排序及拥挤度计算的多目标遗传算法，能够使种群快速收敛到 Pareto 前沿，且能保持解的多样性分布。

（5）模型求解的 NSGA-Ⅱ算法

1）NSGA-Ⅱ算法思想

①令 $n=0$；

②随机产生种群规模为 *pop* 的初始父代种群 p_n，对种群进行非劣排序，每个个体被赋予秩；并通过遗传算子（选择、交叉、变异）产生子代种群 Q_n，其种群大小也为 *pop*；

③将父代种群和子代种群合并组成规模为 2*pop* 的合成种群 *intermediate*；进行快速非劣排序，将 *intermediate* 中的 2*pop* 个个体按非劣序号（等级）重新分类，得到等级 F_1，F_2，F_3，…；

④对所有的 F_i，计算其个体局部拥挤距离并排序，根据排序结果选取 *pop* 个个体作为新的父代种群 p_{n+1}；

⑤对 p_{n+1} 通过遗传算子（选择、交叉、变异）产生新子代种群 Q_{n+1}；

⑥重复步骤③至④，直到达到算法设置的最大迭代次数。

2）个体编码与种群初始化

这里采用二进制编码方式，1 表示该合作伙伴被选中，0 表示该合作伙伴未被选中。例如：某个体的编码如表 3-10 所示，则表示总共有 n 个候选合作伙伴，第 2，3，…，$n-1$ 个合作伙伴被选中。依照此规则，随机产生 *pop* 个个体。

表 3-10　编码表示

1	2	3	…	$n-1$	n
0	1	1	…	1	0

3）适应度的计算

在目标空间中按 Pareto 控制关系将种群中个体两两按其目标函数向量进行非劣排序，通过对当前解和种群中所有个体的分层存放，使得最佳个体不会丢失，迅速提高种群水平。同时，为保持个体多样性，防止个体局部堆积，引入拥挤距离概念，拥挤距离小则表示该个体周围有较多的当前种群中的点，其分布较密集，可以看出，在分层基础上，每个层级中的每个个体根据其拥挤度又可以分出优劣，即拥挤度越大，个体越优。根据分层排序和拥挤度计算，对所有个体依据优劣关系赋予相应适应度值。

①非劣排序。对集合 P 进行非劣排序的具体过程如下：

Ⅰ令每个解 $x \in P$ 对应的支配数即支配解 x 的所有个体数量 $n_x=0$，以及解 x 对应的集合 $S_x=\phi$，即解 x 所支配的个体集合为空集。对应于集合 p 中的每个解 q，如果 q 支配 x，则 $n_x=n_x+1$；如果 x 支配 q，则 $S_x=S_x\cup\{q\}$。最终得到每个解对应的支配数 n_x 和集合 S_x，并将 $n_x=0$ 的解放入到前端 F_1 中，且 $x_{rank}=1$；

Ⅱ $l=1$；

Ⅲ令 Q 为空集，对于每个解 $i \in F_l$，执行如下操作：

对于每个解 $q \in S_x$，$n_q=n_q-1$；如果 $n_q=0$，则 $q_{rank}=l+1$，且 $Q=Q\cup\{q\}$；

Ⅳ如果 Q 不为空集，则 $l=l+1$，$F_l=Q$，转步骤Ⅲ；否则，停止迭代。

②拥挤距离和拥挤距离排序

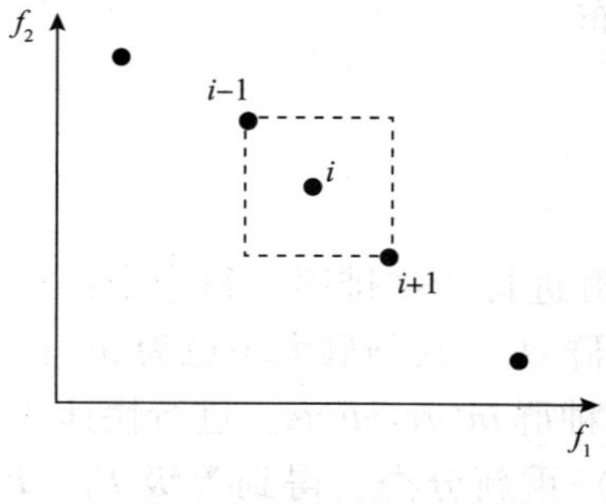

图 3-16　拥挤距离计算

拥挤距离用来估计一个解周围其他解的密集程度，如图 3-16 所示，对于每个目标函数，先对非劣解集 L 中的解根据该目标函数值的大小进行排序，然后对每个解 i，计算由解 $i+1$ 和 $i-1$ 构成的立方体的平均边长；最终的结果就是解 i 的拥挤距离 $i_{distance}$。边界解（其某个目标函数值最大或最小）的拥挤距离为无穷大。

拥挤距离排序是建立在拥挤比较算子（$\succ_n$）的基础上，$i \succ_n j$ 当且仅当非劣排序值 $i_{rank}<j_{rank}$ 或者 $i_{rank}=j_{rank}$ 且 $i_{distance}>j_{distance}$。

4）遗传算子

①选择算子。选择算子采用的是锦标赛选择，即随机选择 k（一般取 $k=2$）个个体进行比较，如果非支配排序序号不同，则选取序号小（等级高）的个体；若序号相同，则选取周围较不拥挤的个体。这样，只有适应值较好的个体才有较大的生存机会。

②交叉算子。采用双节点交叉，首先对两个父代个体随机产生两个交叉点，然后交换父代两节点之间的部分，从而产生子代，其过程如图 3-17 所示。

从图 3-17 可以看出，交叉操作后可能不能保证解的可行性（在图 3-17 中，是从 15 个候选合作伙伴中选 6 个合作伙伴，而交叉后的子代 1 中有 7 个被选中，子代 2 中只剩下

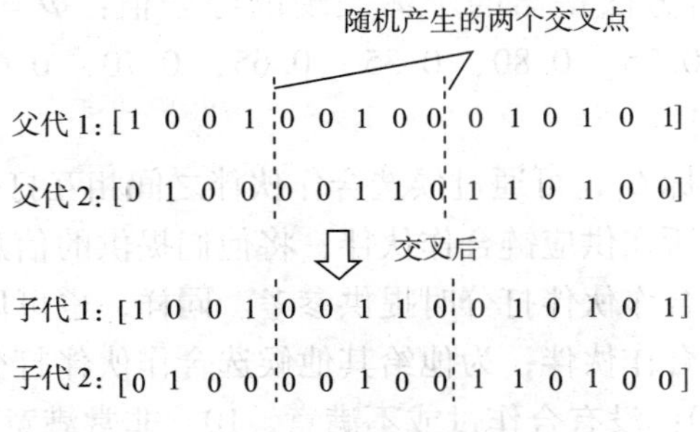

图 3-17　交叉操作

5 个)，因此，考虑对解进行修复，假设候选合作伙伴为 n 个，需要选出 q 个，对子代 1 中为 1 的基因个数进行统计，设有 i 个，则存在以下三种情况：

Ⅰ $i=q$，解可行，不需要修复；

Ⅱ $i>q$，在子代 1 中值为 1 的位置随机选择 $i-q$ 个基因，令其值为 0，在子代 2 中从取值为 0 的基因中随机选择 $i-q$ 个，令其值为 1；

Ⅲ $i<q$，在子代 1 中值为 0 的位置随机选择 $q-i$ 个基因，令其值为 1，在子代 2 中从取值为 1 的基因中随机选择 $q-i$ 个，令其值为 0。

③变异算子。这里采用对个体进行逆转变异的方法，即在父代个体随机选取两点，将这两点间的子串进行逆转。显然，这种操作只是改变了个体基因的顺序，不会产生不可行解。

（6）算例分析

假设某单位计划从 12 个候选供应商中为其下设的 3 个配送中心选择 5 个供应商作为其战略合作伙伴。在考虑协同信息的情况下，将 3 个配送中心纳入候选合作伙伴范围，则该问题转化为：从 15 个候选合作伙伴中选择 8 个合作伙伴，其中 3 个配送中心始终置为被选中的状态，这里假设 $P_1 \sim P_{12}$ 为候选供应商，$P_{13} \sim P_{15}$ 为某些单位的配送中心。假设选用的指标如表 3-11 所示。

表 3-11　协同供应链合作伙伴选择的指标

表现	指标	指标描述
个体表现（I）	可靠性（I_1）	配置的软、硬件设施情况、以前与单位合作时在可靠性工作方面的评价等
	质量（I_2）	产品合格率、样品质量、质量管理情况、质量体系认证情况、质量评估等
	价格与成本（I_3）	产品价格、数量折扣、运输费用、机会成本、交易成本、研发成本等
	交货（I_4）	交货及时性、交货的准确性、样品的及时性、接受紧急订货的能力等
	服务（I_5）	服务标准（包括运输、包装、安装调试、售后服务等）、交流反馈能力、服务改善能力、服务态度、服务的响应速度等
	技术（I_6）	研发能力与速度、当前技术水平、技术优势、技术保密度等
协同表现（C）	合作的满意度（C_1）	以前合作时双方的满意程度评价
	知识交流与共享（C_2）	与其他候选合作伙伴进行知识的交流与共享程度
	技术支持（C_3）	对其他候选合作伙伴提供的技术支持程度

设通过模糊神经网络方法得出的个体表现的综合值：$\Phi = \{\varphi_1, \varphi_2, \cdots, \varphi_i, \cdots, \varphi_n\} = \{0.48, 0.78, 0.25, 0.80, 0.35, 0.65, 0.70, 0.68, 0.53, 0.36, 0.71, 0.58, 0.88, 0.76, 0.70\}$

对于协同表现中的指标 C_1，可通过候选合作伙伴之间相互打分获取，若是新加入候选合作伙伴，可寻找其以前所在供应链合作伙伴，将他们提供的信息或数据交给候选合作伙伴，为他们给新加入候选合作伙伴打分时提供参考。同样，也可以将其他候选合作伙伴的合作信息提供给新的候选合作伙伴，为他给其他候选合作伙伴打分提供参考，设获取的协同信息如表 3-12 所示（0：没有合作过或不满意，10：非常满意）；对于 C_2、C_3，可以通过调查候选合作伙伴历史记录或通过行业权威专家打分获取，这里假设采用专家打分法（0：没有知识交流与共享及技术支持或共享与支持的程度非常低，10：知识交流与共享及技术支持程度非常高），设获取的协同信息如表 3-13、表 3-14 所示。

表 3-12　关于协同指标 C_1 的初始信息

项目	P_1	P_2	P_3	P_4	P_5	P_6	P_7	P_8	P_9	P_{10}	P_{11}	P_{12}	P_{13}	P_{14}	P_{15}
P_1	0	4	4	6	1	0	8	5	1	3	6	2	2	6	0
P_2	8	0	7	8	7	4	3	3	0	0	7	5	3	5	6
P_3	7	5	0	6	0	1	7	0	3	3	3	5	6	8	7
P_4	1	6	7	0	5	6	6	2	0	6	8	0	7	2	6
P_5	5	2	0	3	0	8	2	3	8	3	8	0	4	0	5
P_6	0	1	2	3	8	0	8	2	5	8	0	6	4	0	4
P_7	1	7	8	5	8	6	0	2	2	8	0	2	0	3	6
P_8	3	4	0	6	2	8	5	0	6	0	4	1	4	5	3
P_9	4	0	2	0	3	1	4	2	0	1	6	9	5	2	0
P_{10}	8	0	7	6	3	6	6	0	3	0	0	5	4	4	1
P_{11}	1	4	4	7	4	0	0	6	4	0	0	8	2	2	1
P_{12}	8	7	5	0	0	7	3	3	2	2	1	0	0	2	4
P_{13}	1	1	8	2	8	5	0	4	2	6	8	0	0	8	7
P_{14}	7	6	1	4	0	0	1	2	6	1	6	3	6	0	9
P_{15}	0	5	5	1	6	7	2	4	0	1	3	3	5	6	0

表 3-13　关于协同指标 C_2 的初始信息

项目	P_1	P_2	P_3	P_4	P_5	P_6	P_7	P_8	P_9	P_{10}	P_{11}	P_{12}	P_{13}	P_{14}	P_{15}
P_1	0	2	2	6	3	0	6	5	3	1	6	7	8	1	0
P_2	4	0	3	1	7	2	3	1	0	0	4	6	6	5	3
P_3	6	7	0	3	0	5	5	0	2	4	3	1	6	1	8
P_4	6	8	7	0	4	3	2	4	0	3	1	0	7	6	2
P_5	1	1	0	7	0	8	2	6	2	5	4	0	1	0	5
P_6	0	2	6	4	6	0	3	5	2	2	0	1	9	0	1
P_7	3	2	8	1	8	8	0	7	3	5	0	3	0	3	5
P_8	4	6	0	4	6	7	6	0	1	0	2	8	8	8	6
P_9	3	0	5	0	4	3	5	1	0	4	2	6	4	2	0
P_{10}	4	0	6	6	1	3	7	0	7	0	0	5	4	1	6
P_{11}	9	6	4	3	7	0	0	6	5	0	0	3	4	7	3
P_{12}	1	2	2	0	0	6	1	7	2	8	8	0	0	2	6
P_{13}	4	1	3	3	3	2	0	2	1	6	5	0	0	7	5
P_{14}	8	5	6	5	0	0	2	4	3	2	4	8	5	0	6
P_{15}	0	4	5	7	2	8	7	7	0	2	2	6	7	8	0

表 3-14　关于协同指标 C_3 的初始信息

项目	P_1	P_2	P_3	P_4	P_5	P_6	P_7	P_8	P_9	P_{10}	P_{11}	P_{12}	P_{13}	P_{14}	P_{15}
P_1	0	7	1	5	3	0	2	8	8	4	4	7	2	5	0
P_2	7	0	3	1	5	5	8	1	0	0	1	7	5	6	5
P_3	5	8	0	3	0	7	5	0	1	4	6	5	5	2	7
P_4	8	5	6	0	6	4	7	7	0	3	5	0	8	7	1
P_5	2	7	0	6	0	8	6	9	2	5	3	0	5	0	3
P_6	0	6	2	6	8	0	3	6	2	2	0	1	5	0	3
P_7	8	2	7	3	1	5	0	3	2	8	0	8	0	7	6
P_8	1	4	0	8	8	5	4	0	5	0	8	3	2	3	2
P_9	6	0	1	0	7	6	6	5	0	7	8	2	5	3	0
P_{10}	5	0	7	7	3	8	7	0	7	0	0	4	5	3	5
P_{11}	3	2	1	2	3	0	0	2	8	0	0	3	1	6	2
P_{12}	1	2	6	0	0	1	7	5	5	8	1	0	0	7	3
P_{13}	1	8	5	1	3	7	0	1	6	8	7	0	0	5	4
P_{14}	3	4	3	8	0	0	2	2	1	5	4	2	8	0	7
P_{15}	0	8	5	6	8	3	7	3	0	7	2	3	6	5	0

将表 3-12 ~ 表 3-14 按式（3-23）进行规范化，另外，根据专家打分法获取协同指标权值为：$W=(0.4, 0.3, 0.3)^T$，结合该权值对规范化后的协同信息进行综合，同时考虑个体信息，得到综合的个体信息和协同信息，如表 3-15 所示。

表 3-15　将个体信息与协同信息综合

项目	P_1	P_2	P_3	P_4	P_5	P_6	P_7	P_8	P_9	P_{10}	P_{11}	P_{12}	P_{13}	P_{14}	P_{15}
P_1	0.48	0.48	0.28	0.63	0.24	0.00	0.62	0.66	0.41	0.30	0.60	0.56	0.42	0.47	0.00
P_2	0.72	0.78	0.51	0.42	0.71	0.41	0.50	0.20	0.00	0.00	0.48	0.66	0.50	0.59	0.53
P_3	0.68	0.72	0.25	0.47	0.00	0.44	0.64	0.00	0.23	0.40	0.43	0.42	0.67	0.46	0.81
P_4	0.51	0.70	0.74	0.80	0.56	0.50	0.57	0.46	0.00	0.47	0.55	0.00	0.81	0.52	0.37
P_5	0.32	0.36	0.00	0.57	0.35	0.89	0.36	0.63	0.49	0.47	0.59	0.00	0.41	0.00	0.49
P_6	0.00	0.31	0.36	0.47	0.82	0.65	0.56	0.46	0.36	0.49	0.00	0.33	0.64	0.00	0.31
P_7	0.41	0.44	0.86	0.36	0.66	0.70	0.70	0.42	0.26	0.79	0.00	0.46	0.00	0.47	0.63
P_8	0.30	0.51	0.00	0.67	0.56	0.76	0.56	0.68	0.47	0.00	0.51	0.41	0.51	0.59	0.40
P_9	0.48	0.00	0.29	0.00	0.50	0.34	0.54	0.29	0.53	0.41	0.60	0.67	0.52	0.26	0.00
P_{10}	0.66	0.00	0.74	0.70	0.27	0.63	0.73	0.00	0.60	0.36	0.00	0.52	0.48	0.31	0.41
P_{11}	0.44	0.44	0.34	0.48	0.51	0.00	0.00	0.53	0.61	0.00	0.71	0.56	0.26	0.52	0.21
P_{12}	0.42	0.44	0.49	0.00	0.00	0.54	0.40	0.53	0.32	0.62	0.34	0.58	0.00	0.39	0.48
P_{13}	0.21	0.34	0.62	0.22	0.56	0.52	0.00	0.28	0.32	0.73	0.76	0.00	0.88	0.76	0.61
P_{14}	0.68	0.57	0.34	0.61	0.00	0.00	0.18	0.29	0.40	0.28	0.53	0.47	0.70	0.76	0.83
P_{15}	0.00	0.62	0.56	0.48	0.60	0.68	0.56	0.51	0.00	0.34	0.27	0.43	0.66	0.70	0.70

由优化目标，结合表 3-15 中的数据构建单级供应链组织网络协同结构优化中的合作伙伴选择模型：

$$\max Z_1 = 0.48x_1 + 0.78x_2 + 0.25x_3 + \cdots + 0.88x_{13} + 0.76x_{14} + 0.70x_{15}$$

$$\max Z_2 = 0.48x_1x_2 + 0.28x_1x_3 + 0.63x_1x_4 + \cdots + 0.43x_{15}x_{12} + 0.66x_{15}x_{13} + 0.70x_{15}x_{14}$$

$$s.t. \sum_{i=1}^{15} x_i = 8$$

$$\sum_{i=1}^{12} x_i = 5$$

$$x_i \begin{cases} \in \{0, 1\}, & i=1, \cdots, 12 \\ =1, & i=13, \cdots, 15 \end{cases}$$

使用前面描述的 NSGA-Ⅱ算法，取 $pop=50$，$gen=100$，交叉概率 0.9，变异概率 0.1，在 MATLAT R2009a 中编程计算，程序运行两次，得到 7 个 Pareto 最优解，如图 3-18、图 3-19 和表 3-16 所示。

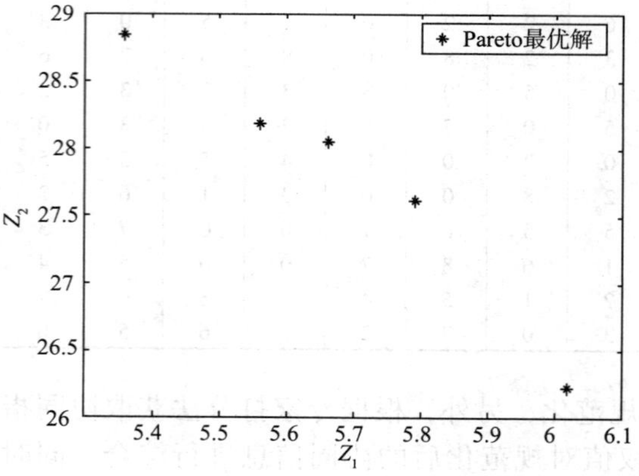

图 3-18　第一次运行得到的 Pareto 最优解

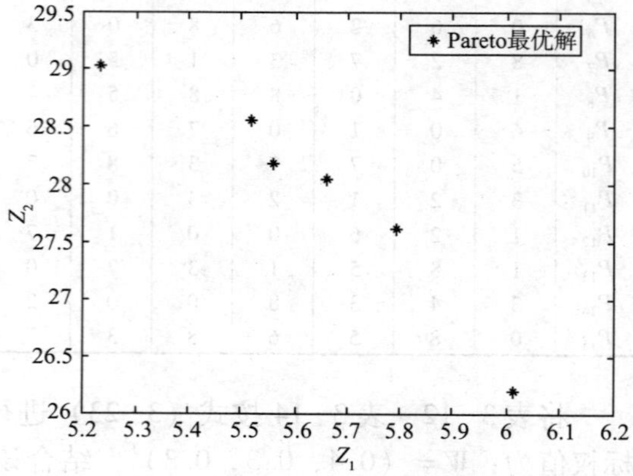

图 3-19　第二次运行得到的 Pareto 最优解

表 3-16　Pareto 最优解及对应的目标函数值

序号	Pareto 最优解 $X=(x_1, x_2, \cdots, x_{15})^T$	目标函数值 Z_1	目标函数值 Z_2
1	$(0, 1, 1, 1, 0, 0, 1, 0, 0, 1, 0, 0, 1, 1, 1)^T$	5.23	29.03
2	$(1, 1, 1, 1, 0, 0, 0, 0, 0, 0, 1, 0, 1, 1, 1)^T$	5.36	28.84
3	$(0, 1, 1, 1, 0, 1, 1, 0, 0, 0, 0, 0, 1, 1, 1)^T$	5.52	28.55
4	$(0, 1, 1, 1, 0, 0, 0, 1, 0, 0, 1, 0, 1, 1, 1)^T$	5.56	28.18
5	$(0, 1, 0, 1, 1, 0, 0, 1, 0, 0, 1, 0, 1, 1, 1)^T$	5.66	28.06
6	$(1, 1, 0, 1, 0, 0, 0, 1, 0, 0, 1, 0, 1, 1, 1)^T$	5.79	27.63
7	$(0, 1, 0, 1, 0, 0, 1, 1, 0, 0, 1, 0, 1, 1, 1)^T$	6.01	26.20

由于 $P_{13} \sim P_{15}$ 为单位的配送需求者，为必选的节点，因此，在算法中已经控制了 $x_{13} \sim x_{15}$ 一直保持为 1 的状态，从而在得到的解中 $x_{13} \sim x_{15}$ 也一直为 1。

根据计算结果，决策者可根据对个体信息和协同信息的偏好程度进行选择，也可以分配给个体信息和协同信息不同的权重来确定优劣，如表 3-17 是分别赋予 Z_1、Z_2 的权重为（0.5，0.5）、（0.6，0.4）和（0.7，0.3）所得到的结果。

表 3-17　对 Z_1、Z_2 赋予不同的权重得到的函数加权值

序号	Z_1	Z_2	函数加权值 f_1 Z_1 权重：0.5 Z_2 权重：0.5	函数加权值 f_2 Z_1 权重：0.6 Z_2 权重：0.4	函数加权值 f_3 Z_1 权重：0.7 Z_2 权重：0.3
1	5.23	29.03	17.13	14.75	12.37
2	5.36	28.84	17.1	14.752	12.404

续表

序号	Z_1	Z_2	函数加权值 f_1	函数加权值 f_2	函数加权值 f_3
			Z_1 权重：0.5 Z_2 权重：0.5	Z_1 权重：0.6 Z_2 权重：0.4	Z_1 权重：0.7 Z_2 权重：0.3
3	5.52	28.55	17.035	14.732	12.429
4	5.56	28.18	16.87	14.608	12.346
5	5.66	28.06	16.86	14.62	12.38
6	5.79	27.63	16.71	14.526	12.342
7	6.01	26.20	16.105	14.086	12.067

为了验证算法的正确性，这里采用传统的权重系数变换法进行对比。假设目标函数 Z_1 和 Z_2 的权重系数均为 0.5，运用单一目标的遗传算法，取群体规模为 100、遗传代数为 50、交叉率为 0.7、变异率为 0.05，在 MATLAT R2009a 中编程计算，得到 $X=(0,1,1,1,0,0,1,0,0,1,0,0,1,1,1)^T$，$Z_1=5.23$，$Z_2=29.03$，$0.5\times Z_1+0.5\times Z_2=17.13$。跟踪性能如图 3-20 所示。

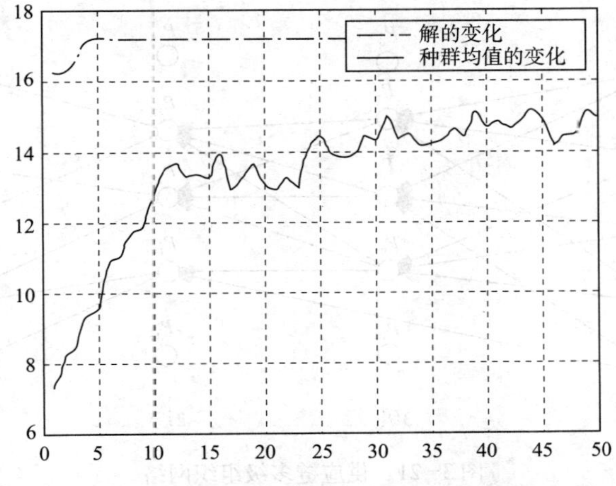

图 3-20　采用权重系数法得到的最优解及性能跟踪

对比可以发现，在权重一定的情况下，采取传统的权重系数变换法得到的 Pareto 最优解与 NSGA-Ⅱ 得到的 Pareto 最优解一致，说明本节设计的 NSGA-Ⅱ 算法是正确的，得到的解是 Pareto 最优解。同时也可以发现，传统的权重系数变换法一次计算只能得到一个 Pareto 最优解，一旦权重发生变化，如在 Z_1 权重为 0.7、Z_1 权重为 0.3 时，通过 NSGA-Ⅱ 可以直接得出最优解应为第 3 组解，而采用权重系数变换法则需要重新计算。

从算例的计算结果来看，如果取 Z_1、Z_2 的权重为（0.5，0.5），则应选择 P_2、P_3、P_4、P_4、P_{10} 作为 $P_{13}\sim P_{15}$ 的战略合作伙伴；如果取 Z_1、Z_2 的权重为（0.6，0.4），则应选择 P_1、P_2、P_3、P_4、P_{11} 作为 $P_{13}\sim P_{15}$ 的战略合作伙伴；如果取 Z_1、Z_2 权重为（0.7，0.3），则应选择 P_2、P_3、P_4、P_6、P_7 作为 $P_{13}\sim P_{15}$ 的战略合作伙伴，依此类推。

3.3.5 多级供应链组织网络协同结构优化模型

(1) 问题描述及条件假设

本节讨论的是图3-13（b）所描述情形，即站在全局角度，从供应链网络整体出发，从多级供应链网络中的多个候选合作伙伴中选择出若干个体表现和协同表现俱佳的组织节点作为战略合作伙伴，构成优化的多级供应链组织网络协同结构。该问题即为：决策者计划从 n 个候选合作伙伴（其中既包括自身组织节点，也包括自身以外组织节点）构成的 h 级供应链网络中选出 q 个个体表现和协同表现俱佳的合作伙伴，以这些合作伙伴及其相互间的联系构成优化的供应链组织网络协同结构。此类问题与单级供应链描述的问题有相似之处，即都要考虑组织节点的个体信息和协同信息，但也有不同的地方，因为从供应链网络整体来看，是一个多级的供应链，对多级的供应链必须考虑每一级都有节点被选中。图3-21是一个 $h=4$ 的供应链，包含了20个合作伙伴，有的是现有的，有的是候选的（如节点组织 P_6、P_{10}、P_{11}、P_{15}），如果将 $P_1 \sim P_{20}$ 全部看做一级采用单级供应链中的方法进行选择，则可能会发生这种情况：假如第 i（这里 $i=\{1, 2, 3, 4\}$）级全部的组织节点在个体表现与协同表现上相对于其他各级来说略差，则有可能整个第 i 级都不会被选中，这是不允许发生的。

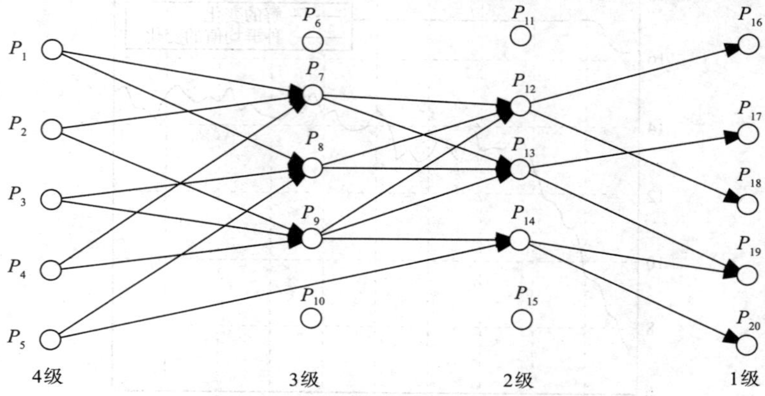

图3-21 供应链多级组织网络

为了便于描述，定义本问题所使用的集合、向量和变量如下：

①$P=\{P_i \mid i=1, \cdots, n\}$，为 n 个候选合作伙伴构成的集合。

②$I=\{I_g \mid g=1, \cdots, l\}$，为 l 个个体指标构成的集合。

③$C=\{C_k \mid k=1, \cdots, m\}$，为 m 个协同指标构成的集合，每个指标 C_k 独立可加。

④$W=\{w_1, w_2, \cdots, w_m\}^T$，为协同指标权向量，其中，$w_k$ 表示协同指标 C_k 的权重，且满足 $\sum_{k=1}^{m} w_k = 1$；$0 \leqslant w_k \leqslant 1$；$k=1, \cdots, m$。

⑤h，供应链网络的级数，如图3-22中 $h=4$。

⑥n_j，供应链网络第 j 级中候选合作伙伴数量，$\sum_{j=1}^{h} n_j = n$。

⑦q_j，供应链网络第 j 级中拟选择的合作伙伴数量，$\sum_{j=1}^{h} q_j = q$。

⑧S_j，供应链网络第 j 级中候选合作伙伴集合，$j=1$，…，h；

⑨N_j，集合 S_j 中候选合作伙伴的下标集，$j=1$，…，h；

⑩$X=(x_1, x_2, \cdots, x_n)^T$，合作伙伴选择的决策向量，其中 $x_i=1$ 表示合作伙伴 P_i 被选中；$x_i=0$ 表示合作伙伴 p_i 没有被选中。

（2）基于个体信息的合作伙伴选择模型

参见单级供应链中对于“基于个体信息的合作伙伴选择模型”的描述。

假设得到的各候选合作伙伴的评价结果为 $\Phi=\{\varphi_1, \varphi_2, \cdots, \varphi_i, \cdots, \varphi_n\}$，$\varphi_i$ 即为个体表现的初步综合值。

在只考虑个体表现的情形下，φ_i 越大，候选合作伙伴 P_i 的表现就越好。根据得到的个体表现综合值，有下面的优化模型：

$$\max Z_1 = \sum_{i=1}^{n} \varphi_i x_i \tag{3-38}$$

$$s.t. \sum_{i \in N_j} x_i = q_j, j = 1,\cdots,h \tag{3-39}$$

$$\sum_{j=1}^{h} q_j = q \tag{3-40}$$

$$x_i \in \{0, 1\}, \ i=1, \cdots, n \tag{3-41}$$

通过对个体表现综合值 φ_i 进行排序，然后选择前面 q 个合作伙伴，可以直接得到最优解。

（3）基于协同信息的合作伙伴选择模型[21]

假设协同信息矩阵为 A^k，令 $A^k=[a_{ij}^k]_{n\times n}$，其中 a_{ij}^k（$i\neq j$）为在协同指标 C_k 下合作伙伴 P_i 配合 P_j 的表现，但是不同于单级供应链组织网络协同结构优化问题。在协同信息矩阵 A^k 中，对于某协同指标 C_k，候选合作伙伴 P_i 配合 P_j 的初步结果为 a_{ij}^k，候选合作伙伴 P_j 配合 P_i 的初步结果为 a_{ji}^k（很多情况下 $a_{ij}^k\neq a_{ji}^k$）。

对矩阵 $A'^k=[a'^k_{ij}]_{n\times n}$中的元素进行规范化：

$$a'^k_{ij}=\frac{a_{ij}^k-a_{\min}^k}{a_{\max}^k-a_{\min}^k}, \ i, j=1, \cdots, n; \ i\neq j; \ k=1, \cdots, m \text{（效益型指标）} \tag{3-42}$$

或
$$a'^k_{ij}=\frac{a_{\max}^k-a_{ij}^k}{a_{\max}^k-a_{\min}^k}, \ i, j=1, \cdots, n; \ i\neq j; \ k=1, \cdots, m \text{（成本型指标）} \tag{3-43}$$

其中：
$$a_{\max}^k=\max\{a_{ij}^k \mid i, j=1, \cdots, n; \ i\neq j\}, \ k=1, \cdots, m \tag{3-44}$$

$$a_{\min}^k=\min\{a_{ij}^k \mid i, j=1, \cdots, n; \ i\neq j\}, \ k=1, \cdots, m。 \tag{3-45}$$

由此可得规范化矩阵：$A'^k=[a'^k_{ij}]_{n\times n}$

通过简单线性加权方法，可得到候选合作伙伴 P_i 和 P_j 之间的协同信息综合值：

$$\phi_{ij} = \sum_{k=1}^{m} w_k a'^k_{ij}, i,j = 1,\cdots,n; i \neq j \tag{3-46}$$

在只考虑协同表现的情形下，ϕ_{ij}越大，候选合作伙伴 P_i 和 P_j 的表现就越好。根据得到的协同表现综合值 ϕ_{ij}（$i, j=1, \cdots, n; \ i\neq j$），可以得到下面的优化模型：

$$\max Z_2 = \sum_{i=1}^{n} \sum_{\substack{j=1 \\ j\neq i}}^{n} \phi_{ij} x_i x_j, j = 1,\cdots,h \tag{3-47}$$

$$s.t. \sum_{i \in N_j} x_i = q_j \tag{3-48}$$

$$\sum_{j=1}^{h} q_j = q \tag{3-49}$$

$$x_i \in \{0, 1\}, i=1, \cdots, n \tag{3-50}$$

（4）基于个体和协同信息的供应链合作伙伴选择模型

将基于个体信息的选择模型与基于协同的选择模型进行综合，得如下双目标 0～1 二次规划模型：

$$\max Z_1 = \sum_{i=1}^{n} \varphi_i x_i \tag{3-51}$$

$$\max Z_2 = \sum_{i=1}^{n} \sum_{\substack{j=1 \\ j \neq i}}^{n} \phi_{ij} x_i x_j \tag{3-52}$$

$$s.t. \sum_{i \in N_j} x_i = q_j \tag{3-53}$$

$$\sum_{j=1}^{h} q_j = q \tag{3-54}$$

$$x_i \in \{0, 1\}, i=1, \cdots, n \tag{3-55}$$

对于上述模型，其解空间是关于 n 和 q 的函数，令 Ω 表示解空间中解的个数，则有：

$$\Omega = C_{n_1}^{q_1} \times C_{n_2}^{q_2} \times \cdots \times C_{n_h}^{q_h} \leqslant [C_{n/h}^{q/h}]^h = \left\{\frac{(n/h)!}{[(n/h)-(q/h)]! \times (q/h)!}\right\}^h \tag{3-56}$$

依据组合数的性质，当 $q \leqslant (n/2)$ 或 $n-q \leqslant (n/2)$ 时，有 $C_n^q = C_n^{n-q}$。

当 q/h 远远小于 n/h 时，Ω 可被近似处理为：

$$\begin{aligned} \Omega &= C_{n_1}^{q_1} \times C_{n_2}^{q_2} \times \cdots \times C_{n_h}^{q_h} \leqslant [C_{n/h}^{q/h}]^h = \left\{\frac{(n/h)!}{[(n/h)-(q/h)]! \times (q/h)!}\right\}^h \\ &\leqslant \{(n/h) \times [(n/h)-1] \times \cdots \times [(n/h)-(q/h)+1]\}^h \\ &\leqslant [(n/h)^{q/h}]^h = (n/h)^q \end{aligned} \tag{3-57}$$

可以看出，解空间随 q 的增长呈指数增长，同时上述模型属于 NP-hard 问题，当问题规模较小时，可采用传统的穷举法，但是当问题规模较大时，穷举的规模就非常大。因此，本书采用多目标进化算法——非劣排序遗传算法（Non-Dominated Sorting in Genetic Algorithms，NSGA-Ⅱ）来求解该问题。

（5）模型求解的 NSGA-Ⅱ算法

1）个体编码与种群初始化

采用二进制编码方式，1 表示该合作伙伴被选中，0 表示该合作伙伴未被选中。对于上述模型，值为 1 的基因个数应为 q 个（因为是从 n 个中选出 q 个）。一个染色体被划分为 h 个基因片段（h 为供应链的级数），在每个基因片段中，至少要有一个基因值为 1（保证不断链），基因为 1 的个数也可以根据实际情况做出相应的限制。

例如：$h=3$，$n=8$（其中 1～3 属于第 1 级，4～6 属于第 2 级，7～8 属于第 3 级），$q=4$，则编码 [1，0，1，| 0，0，1，| 1，0] 表示共有 8 个候选合作伙伴，有 4 个被选中，即 P_1，P_3，P_6，P_7，可用图 3-22 表示。依照此规则，随机产生 *pop* 个个体。

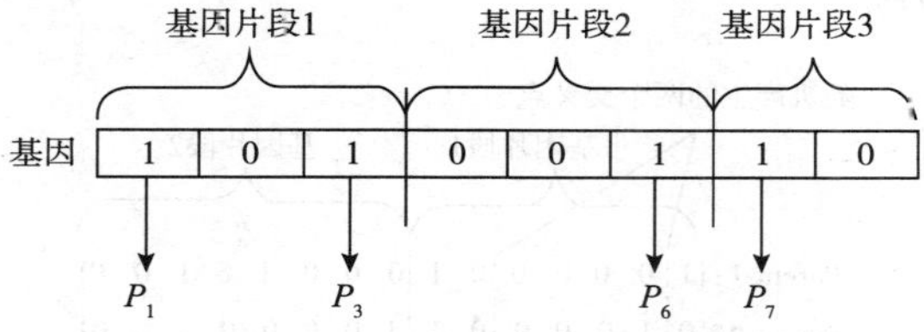

图 3-22　编码表示

2）适应度的计算

根据分层排序和拥挤度的计算，对所有个体依据优劣关系赋予相应的适应度值。

①非劣排序。对集合 P 进行非劣排序的具体过程如下：

Ⅰ令每个解 $x \in P$ 对应的支配数即支配解 $n_x = 0$ 的所有个体的数量 $n_x = 0$，以及解 x 对应的集合 $S_x = \varphi$，即解 x 所支配的个体的集合为空集。对应于集合 P 中的每个解 q，如果 q 支配 x，则 $n_x = n_x + 1$，如果 x 支配 q，则 $S_x = S_x \cup \{q\}$。最终得到每个解对应的支配数 n_x 和集合数 S_x，并将 $n_x = 0$ 的解放入到前端 F_1 中，且 $x_{\text{rank}} = 1$；

Ⅱ $i = 1$；

Ⅲ令 Q 为空集，对于每个解 $x \in F_i$，执行如下操作：

对于每个解 $q \in S_s$，$n_q = n_q - 1$；如果 $n_q = 0$，则 $q_{\text{rank}} = i + 1$，且 $Q = Q \cup \{q\}$；

Ⅳ如果 Q 不为空集，则 $i = i + 1$，$F_i = Q$，转步骤 c；否则，停止迭代。

②拥挤距离和拥挤距离排序。拥挤距离用来估计一个解周围其他解的密集程度，如图 3-23 所示，对于每个目标函数，先对非劣解集 L 中的解根据该目标函数值的大小进行排序，然后对每个解 i，计算由解 $i+1$ 和 $i-1$ 构成的立方体的平均边长；最终的结果就是解 i 的拥挤距离 $i_{distance}$。边界解（其某个目标函数值最大或最小）的拥挤距离为无穷大。

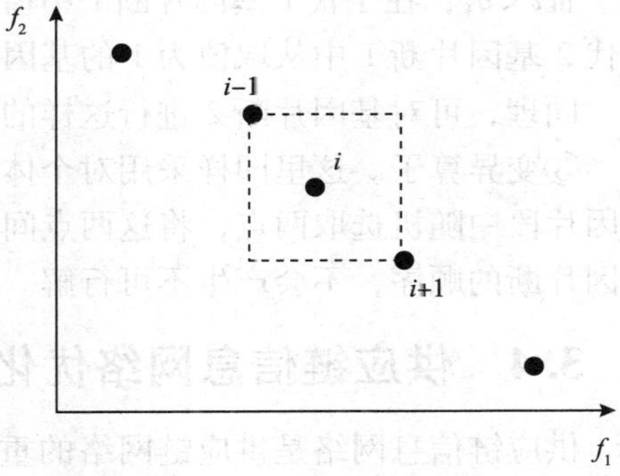

图 3-23　拥挤距离计算

拥挤距离排序是建立在拥挤比较算子（$\succ_n$）的基础上，$i \succ_n j$ 当且仅当非劣排序值 $i_{\text{rank}} < j_{\text{rank}}$ 或者 $i_{\text{rank}} = j_{\text{rank}}$ 且 $i_{distance} > j_{distance}$。

3）遗传算子

①选择算子。选择算子采用的是锦标赛选择，该选择方式是随机选择 k（一般取 $k = 2$）个个体进行比较，如果非支配排序序号不同，则选取序号小（等级高）的个体；若序号相同，则选取周围较不拥挤的个体。这样，只有适应值较好的个体才有较大的生存机会。

②交叉算子。采用双节点交叉，为了保证每个基因片断都能进行交叉操作，因此对两个父代个体中的每个基因片断都随机产生两个交叉点，然后交换父代各基因片断中两节点之间的部分，从而产生子代。假设 $h = 2$，$n = 15$（其中 1～7 属于第 1 级，8～15 属于第 2 级），$q = 4$（这里假设限制第 1 级需保证有 2 个合作伙伴，第 2 级需保证有 2 个合作伙伴），随机选择第一个基因片断的任意两位（比如这里是第 2 位和第 5 位）作为交叉节点，

其交叉过程如图 3-24 所示。

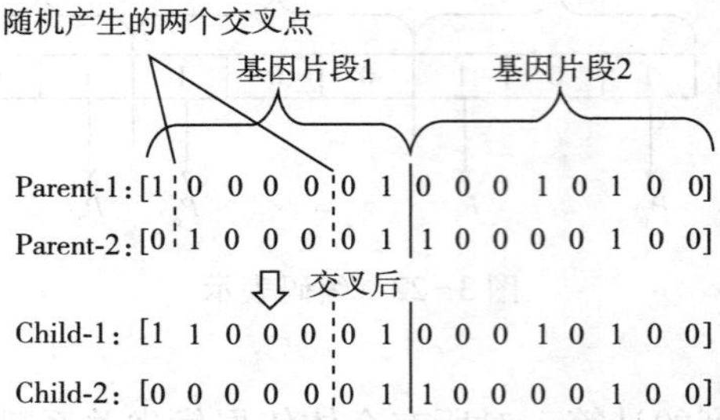

图 3-24　交叉操作

从图 3-24 可以看出，交叉操作后有时不能保证解的可行性。在图 3-24 中，是从供应链第 1 级 7 个候选合作伙伴中选 2 个合作伙伴，而交叉后的子代 1 的基因片断 1 有 3 个被选中，子代 2 的基因片断 1 中只剩下 1 个。因此，考虑对基因片断 1 进行修复，假设基因片断 1 中总个数为 n_1 个，其中需要保证有 q_1 个为 1，统计出基因片断 1 中实际为 1 的基因个数为 i 个，则存在以下三种情况：

Ⅰ $i=q_1$，解可行，不需要修复；

Ⅱ $i>q_1$，在子代 1 基因片断 1 中值为 1 的位置随机选择 $i-q_1$ 个基因，令其值为 0，在子代 2 基因片断 1 中从取值为 0 的基因中随机选择 $i-q_1$ 个，令其值为 1；

Ⅲ $i<q_1$，在子代 1 基因片断 1 中值为 0 的位置随机选择 q_1-i 个基因，令其值为 1，在子代 2 基因片断 1 中从取值为 1 的基因中随机选择 q_1-i 个，令其值为 0。

同理，可对基因片断 2 进行这样的交叉及修复策略。

③变异算子。这里同样采用对个体进行逆转变异的方法，即在父代的个体中在其每个基因片段中随机选取两点，将这两点间的子串进行逆转。显然，这种操作只是改变了个体基因片断的顺序，不会产生不可行解。

3.4　供应链信息网络优化模型

供应链信息网络是供应链网络的重要组成部分，是供应链网络协同运作的中枢神经。供应链信息网络的优化不仅是供应链网络中的任务与资源相匹配的关键，也是供应链网络整体协同运行的基础。

3.4.1　供应链信息平台集成系统模型

在供应链网络的管理中，必须以信息共享为基础，通过信息流引导、调控物流以及资金流，达到信息的准确收集、有序整理、高效传递、有效利用，而这些都要通过供应链信息平台集成系统来实现。

（1）供应链信息平台集成系统的框架模型

供应链信息平台实现供应链信息资源的采集、处理、传输、挖掘与应用。建设供应链信息平台需要建设集成的数据库，如物资库、物资供应商库、仓储资源库、运输资源库、相关知识库（包括物资供应与管理的知识、相关技术指标等）、模型库（消耗预测模型、运输路线模型等）等；研制相关信息管理系统、决策支持系统、专家系统，为用户提供不同层次的决策支持和技术支撑[22]。图 3-25 为供应链信息平台系统的集成框架。

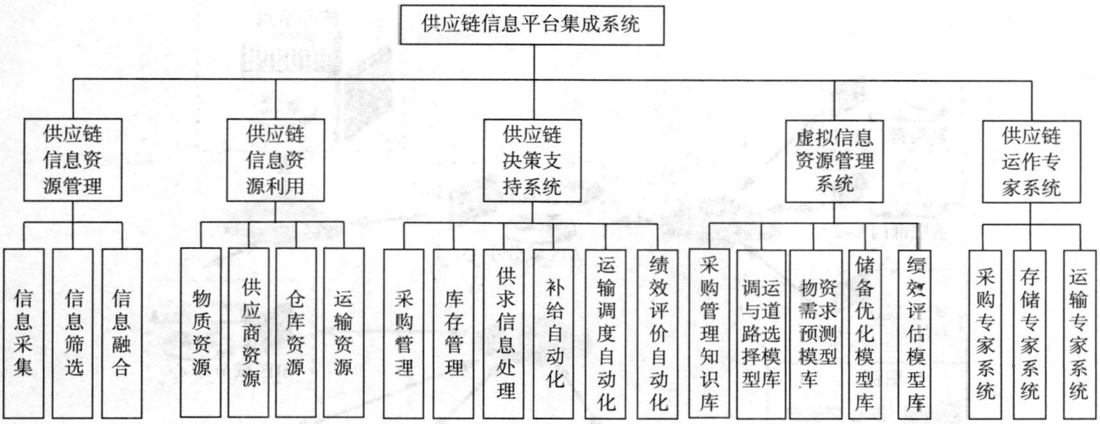

图 3-25　供应链信息平台集成系统框架

该信息集成系统共分为 5 个功能模块：

①供应链信息资源管理模块。该模块主要用于对供应链中所需的一些基础数据进行采集，然后进行有效的处理。如基于 B/S 或 C/S 的数据采集模式，就是底层单位在各自的工作站通过网络向其上级单位上报各自的库存、运输等资源数据，这样上级单位就可以将自己所管辖的每个单位的数据进行提取、筛选并进行相关性融合，从而掌握全局性的信息。

②供应链信息资源利用模块。该模块主要是管理、利用整个供应链上所有的物资、供应商、仓储、运输等资源，以便随时可以查询、利用相关的信息，保证资源的可得性。

③供应链决策支持系统模块。在掌握了供应链上所有的信息资源的情况下，供应链上任何一个节点一旦产生需求，就可以根据模块 2 所掌握的资源信息并结合模块 4 中相关的模型进行物资数量、运输车辆等资源的合理调配；在提供合理调配方案的基础上，管理者再根据自己以往的经验来对生成的客观方案进行平衡，以做出最佳决策。

④虚拟信息资源库管理模块。该模块主要包括相关的一些知识库、模型库，如采购管理相关的知识库，物资调度与道路选择、物资需求、库存管理、绩效评估相关的模型库等。

⑤供应链运作专家系统模块。包括物资采购、物资储存、物资运输等专家系统。

供应链上的所有单位可以利用该信息平台集成系统查询所需数据，可对管理者进行各种资源的合理调配起到决策支持的作用，可实现供应链上的采购、运输、补给等活动自动化，并可实时对供应链的运作效率与效益进行评价。这样，供应链上的物流、信息流可顺畅流动，达到物资采购、运输、补给均快速有效的要求。

（2）供应链信息平台集成系统的网络体系

供应链信息平台集成系统的网络体系可采用 VPN（Virtual Private Network，虚拟专网）技术[23]。

该技术是在各个供应链节点的 VPN 网关通过 10/100M 以太网口接入门户网，核心节点通过 VPN 网关与各单位节点的 VPN 网关建立互联 VPN 隧道，各汇聚节点通过 VPN 网关与各接入节点的 VPN 网关建立互联 VPN 隧道，采用 VPN 方式进行节点间信息交换，组建成为一个供应链信息平台虚拟专用网，如图 3-26 所示。

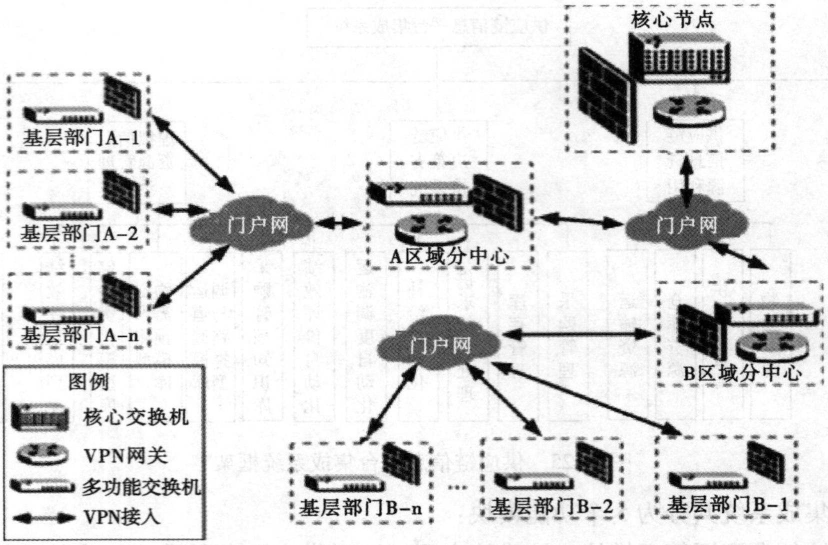

图 3-26 供应链信息平台集成系统的网络体系

供应链信息平台集成系统的网络结构模型可采取如图 3-27 所示的模型，供应链中的各组织节点可通过专用线路连接到门户网中，通过路由器、IP 保密机等与本单位的内网相连，由内网的主机或服务器为其提供存取服务。

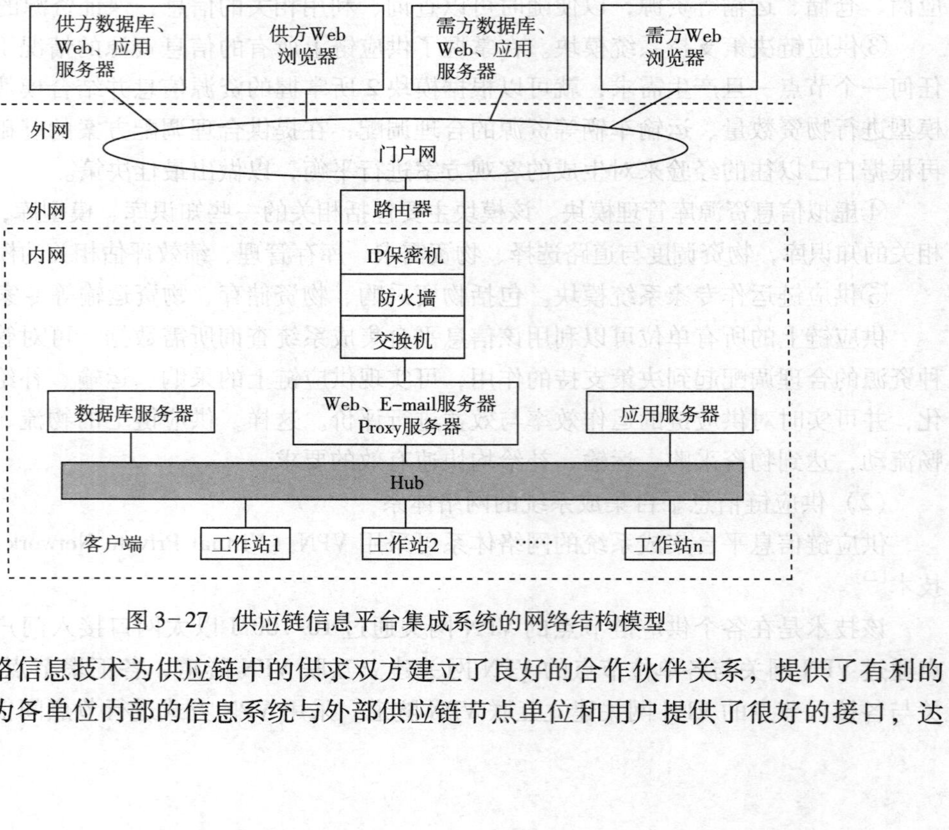

图 3-27 供应链信息平台集成系统的网络结构模型

通信网络信息技术为供应链中的供求双方建立了良好的合作伙伴关系，提供了有利的技术保证，为各单位内部的信息系统与外部供应链节点单位和用户提供了很好的接口，达到了信息共享、信息交互及相互操作的一致性。

3.4.2　供应链信息网络任务协调模型

（1）供应链信息网络任务协调的思路

供应链是提供服务功能的组织节点通过资源整合形成的模块化的网络。供应链网络的运作过程，就是利用相关资源完成一定任务的组织节点，基于共同任务需求和目标组成动态网络的过程。每个组织节点都有自己的组织结构，可以进一步分解，这个组织节点拥有各类能够完成任务的资源。如图 3-28 所示，任务是指组织节点利用相应资源为实现具体目标而展开的相关活动。任务可以不断分解，任务只有细化到网络节点的资源可以操作的程度，整个活动才能顺利开展。各节点相互联系的基础是任务，随着任务向前推进，在供应链网络中形成任务流。供应链网络运作过程实际上就是任务流产生、分解、分配和执行的过程。

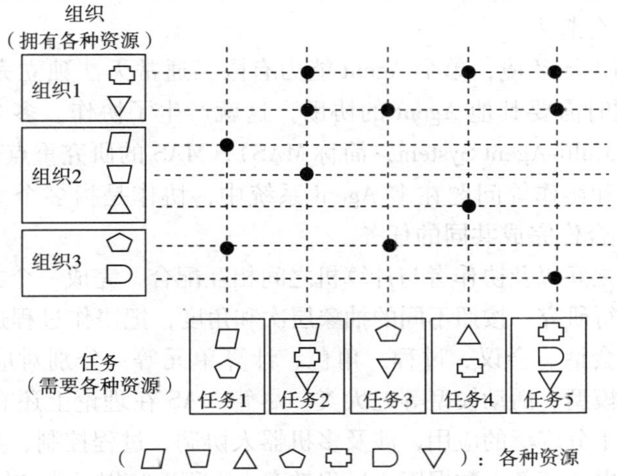

图 3-28　供应链任务的分解及其与资源的匹配

供应链网络的业务运作围绕着服务任务而展开，任务可被分解为多个子任务，每个子任务承担一个或多个功能，可以将这些功能全部或者部分通过一定的方式形成不同形式、不同能力、不同服务水平、服务于不同要求的供应链网络。各功能要素之间的有机结合和内在联系决定了供应链网络运作水平的高低[24]。拥有资源而承担服务功能的组织节点相互协同，共同完成服务任务。供应链信息网络任务协调就是将一个复杂的任务分解成网络资源能够承担的子任务，整合网络中的各种有效资源，选择资源的最优配置，将网络资源与服务子任务匹配，由这些筛选出的优选资源分工协作共同完成任务。

供应链网络任务协调运作必须依赖于供应链信息网络，采用先进信息技术构建的供应链信息网络来实现信息共享和供应链网络资源整合。不仅仅是通过信息系统的运作，管理和控制网络中的保障资源，以最合理的方式进行资源和任务的匹配、监督和控制供应链运作过程，而且要对运作中出现的问题及时发出指令来解决，并对运行的结果进行跟踪和评价。更要通过采用先进信息技术，围绕任务需求来实现信息系统的动态集成，全面提升供应链的管理手段和保障水平。

综上所述，供应链信息网络任务协调的基本思路就是：先将供应链上的任务进行分解，将分解后的子任务通过信息网络进行动态的分配、协调，将这些子任务分配到相应的组织节点上处理，最后对子任务的结果进行综合。供应链网络中各个组织节点保持相对独立，由保障任务而整合在一起，相互协同实现工作目标。

（2）基于 MAS 的任务协调模型

Multi-Agent 理论就是通过信息系统的整合和控制来完成信息的传递和对系统资源、任务的协调控制。Agent 一词来源于拉丁语 agens，主要意思是代理。这个概念一出现，就在许多领域被使用，Agent 具有类人化的特征，并可以用人的心智状态概念来描述，认为它有知识、信念、意图、期望和责任。代理技术的本质是代理。所谓代理性，就是代表其他实体的利益与要求来行动，把代理的行为协同性、行为有效性、行为保密性、内容完整性等作为研究的对象。代理的另一个特征是有限授权，即代理活动最终还是要进行人工干预的，强调人对代理系统负责的特性。代理的第三个特征是自治性，代理技术的自治性要求与代理的业务需求结合起来。

面对不断变化的市场环境，单个 Agent 能力有限，通常无法独立完成目标任务，因此在解决许多实际问题时需要其他 Agent 的协助，这就产生了协作。多个 Agent 组成的集合即为多 Agent 系统（Multi-Agent System，简称 MAS），MAS 的研究重点是 Agent 的互操作性以及 Agent 间的协商和协作等问题在多 Ageni 系统中，协作是指多个 Agent 通过协调各自的行为，互相配合，合作完成共同的任务。

为了保证协作者之间以及协作者与计算机之间相互配合，完成一个共同的目标，人们往往对协同工作模式进行研究。按照不同的抽象层次和角度，把协作过程进行不同的分解，形成更小的单元，比如会话、会议、过程、角色、计算单元等，分别对应会话模型、会议模型、过程模型、角色模型、活动模型等五大类。尽管 MAS 在理论上还有许多值得深入研究的课题，但它已获得十分广泛的应用，涉及多机器人协调、过程控制、柔性制造、网络通信与管理、交通控制、电子商务、数据库、远程教育、远程医疗以及供应链应用等。

多 Agent 系统处在一个开放的、动态的环境中，各个 Agent 具有不同的目标，这些目标相互作用就成为影响多 Agent 系统整体运行性能以及求解问题能力的关键因素之一。通过计算机网络实现对全球分布的制造资源快速利用，基于 Agent 系统的制造资源集成框架，建立一个集成制造环境，以实现资源的有效利用和配置。从管理的角度来分析，MAS 不仅可以求解那些单个 Agent 不能完成的任务，而且可以调整目标，消解冲突，共享资源，共同构造优化求解方案，从而使得整个 MAS 系统能够以最优的配置、最高的效率来求解既定任务，并获得最大利益。在 Multi-Agent 系统研究中，各 Agent 根据各自目标，自主选择任务、自主完成，从而在整体上实现任务分布式求解。

采用 Agent 技术可以将供应链网络中的节点抽象为 Agent，即由 Agent 对应的组织来处理供应链网络中的具体业务，承担一定的服务功能。在服务需求/任务的指引下，Agent 之间相互协调，形成基于某项服务任务的多 Agent 系统（MAS）。整个供应链网络承担了几项保障任务，就可以认为是几个围绕着任务而形成的多 Agent 系统以及空闲 Agent 的集合。在图 3-29 所示的供应链信息网络由多个 MAS 以及空闲 Agent 组成，每个 MAS 是由共同完成特定物流任务的多个 Agent 构成，这些 Agent 承担不同的角色，共享信息、资源和任务，通过与其他 Agent 的交互与协同，共同完成服务任务[25]。

在供应链网络运作中，任何组织节点都可能加入或离开供应链网络，他们在供应链网络中可能承担提供物资/服务的任务，也可能作为参与方提供一定的辅助功能，例如身份验证，Agent 可以在网络中提供身份认证的职能。根据组织节点在任务中所处的角色，供应链网络中的 Agent 可以包括下面几类 Agent[26]。

1）公共服务 Agent

能够提供第三方服务的组织节点，如提供信息服务的信息服务 Agent，提供身份验证的身份认证 Agent。

2）协调 Agent

负责在供应链网络中进行协调和管理的节点。

3）任务 Agent

执行服务任务的 Agent 拥有服务资源，具有一定的任务保障功能，能够承担一定的物流任务，如物资装配 Agent、运输 Agent、仓储 Agent 等。

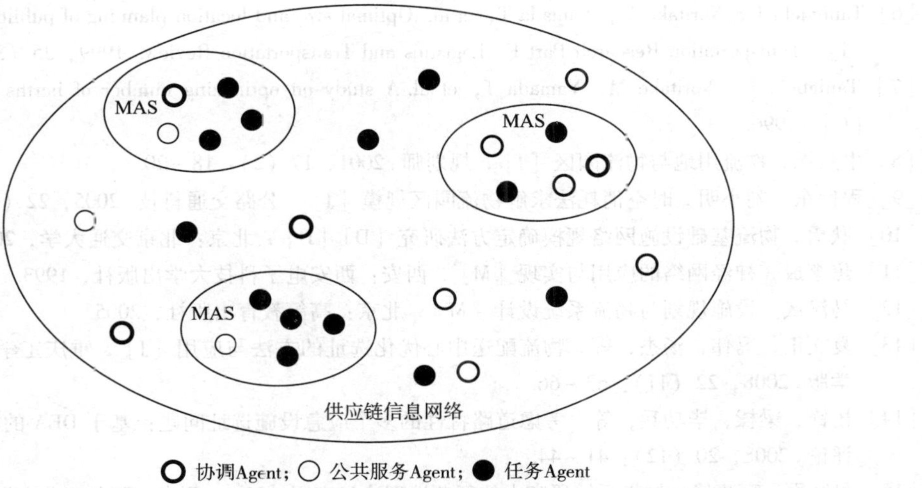

图 3-29　基于 Agent 技术的供应链信息网络运作模型

在供应链网络中，接到服务任务并承接了这个任务的节点成为协调 Agent。协调 Agent 将接受的任务分解成若干子任务，在网络内寻找最合适的资源与子任务匹配，将拥有这些资源的任务 Agent 联合在一起，形成了一个多 Agent 系统来完成任务。协调 Agent 负责这些子任务在各个业务 Agent 间的分配与调度，组织和实施任务的协同。公共服务 Agent 负责公共信息的收集、存储、发布，与各类 Agent 节点进行实时的交互。

在供应链网络中，通常 Agent 之间是相互平等的，Agent 之间的业务联系来自于供应链上任务的协同需要。在服务任务执行过程中，Agent 之间的交互旨在实现跨越组织边界的活动交互、活动协调和资源共享。通过 Agent 作为桥梁，在维护网络节点独立性和保密性的前提下，实现跨越供应链组织边界的接口活动之间的交互，从而实现服务任务的完成。如果供应链网络组织节点不能按时完成自身的任务，则任务 Agent 将通告协调 Agent，若在任务执行过程中需要不同网络节点的资源或服务，也需要通告协调 Agent，通过协调 Agent 执行相应的协调动作，实现不同网络节点的资源共享。

事实上，供应链网络的结构随供应链网络运作过程的改变而动态组建。在履行某项供应链服务之前，各组织节点处于松耦合状态，当任务下达后，根据一定的协调原则，围绕任务组建一个 MAS 共同完成任务。当规定的任务完成之后，MAS 则自行解散。当下一任务到来或任务变更时，在协调 Agent 的协调组织下，又重新整合形成新的供应链 MAS。

参考文献

［1］鞠颂东．物流网络：物流资源的整合与共享［M］．北京：社会科学文献出版社，2008.

［2］徐杰，鞠颂东．物流网络的内涵分析［J］．北京交通大学学报：社会科学版．2005，4（2）：22－26.

［3］黄静兰．交通运输网络特性分析［J］．综合运输．2003（6）：11－13.

［4］Serneels S，Verdonck T. Principal component analysis for data containing outliers and missing elements［J］. Computational Statistics & Data Analysis. 2008，52（3）：1712－1727.

［5］蒋惠园，王晚香．主成分分析法在综合评价中的应用［J］．武汉理工大学学报：交通科学与工程版．2004，28（3）：467－470.

［6］Taniguchi E，Noritake M，Yamada T，et al. Optimal size and location planning of public logistics terminals［J］. Transportation Research Part E：Logistics and Transportation Review. 1999，35（3）：207－222.

［7］Taniguchi E，Noritake M，Yamada T，et al. A study on optimizing number of berths in truck terminals［C］. 1996.

［8］牛慧恩．物流用地与物流园区［J］．规划师．2001，17（2）：18－20.

［9］程世东，刘小明．时空消耗法求解物流园区规模［J］．公路交通科技．2005，22（8）：142－144.

［10］耿勇．物流基础设施网络规模确定方法研究［D］［D］．北京：北京交通大学，2007.

［11］焦李成．神经网络的应用与实现［M］．西安：西安电子科技大学出版社，1993.

［12］马汉武．设施规划与物流系统设计［M］．北京：高等教育出版社，2005.

［13］夏文汇，冯伟，汤杰，等．物流配送中心优化选址的方法与应用［J］．重庆工学院学报：社会科学版．2008，22（11）：63－66.

［14］杨锋，梁樑，毕功兵，等．考虑道路特性的多个应急设施选址问题：基于 DEA 的研究［J］．管理评论．2008，20（12）：41－44.

［15］吴晓军，薛惠锋．城市系统研究中的复杂性理论与应用［M］．西安：西北工业大学出版社，2007.

［16］桑圣举，王炬香，杨阳．基于模糊多目标决策的供应链合作伙伴选择［J］．组合机床与自动化加工技术．2007（4）：101－104.

［17］王小勇，吕永波，贾楠，等．供应链合作伙伴选择问题的遗传算法研究［J］．物流技术．2008，27（1）：72－74.

［18］卢纪华，李艳．基于 DEA/AHP 的虚拟企业合作伙伴选择研究［J］．东北大学学报：自然科学版．2008，29（11）：1661－1664.

［19］刘伯超，夏平，王晓明．供应链合作伙伴选择指标体系研究［J］．现代企业文化．2008（26）：22－23.

［20］德明．多目标智能优化算法及其应用［M］．北京：科学出版社，2009.

［21］樊治平，冯博．基于协同网络信息的多指标决策方法［M］．北京：科学出版社，2009.

［22］尹春晓，马瑞秋．公共物流信息平台的规划与设计［J］．商业经济．2007（3）：9－10.

［23］时来．计算机网络实用技术教程［M］．北京：清华大学出版社，2007.

［24］之泰．物流工程研究［M］．北京：首都经济贸易大学出版社，2004.

［25］刘韧．物流信息网络任务协调机制［M］．北京：社会科学文献出版社，2009.

［26］董红召，陈鹰．分形行业企业联盟及其自组织动态联盟［J］．中国机械工程．2003，14（1）：30－34.

第4章 供应链关系优化管理模型

4.1 供应链关系管理概述

供应链关系管理主要是指对供应链合作伙伴关系管理、供应商关系管理、供应链客户关系管理，形成一种有序、高效的协调关系，以保证实现某个特定的目标或效益[1,2]。供应链关系管理是以合作竞争思想为关系协调指导思想，广泛采用各种协调理论、激励理论等分析工具和技术实现手段，通过协商、谈判、约定、协议、沟通、交互等方式，建立供应链中企业关系良性发展机制和渠道，达到同时改善和优化供应链整体绩效和成员企业个体绩效的目标。

4.1.1 供应链关系管理的重要性

现代社会商品经济的快速发展使得供应链关系管理日趋重要，对于企业提升自身效益、核心竞争力及服务水平等都有着重要影响。其主要表现为以下三个方面：

①效率与规模经济。通过供应链上合作关系的有效管理，可以把供应链上各个成员整合在一起，每个成员分别利用其各自的能力与资源，节省重叠的成本支出，使供应链在最经济的状态下运行。供应链关系管理的最终目标就是追求更佳的生产效率和规模经济优势[3]。

②新市场价值。从日常运营层面来看，经由关系管理，供应链上的成员能够共同创造新市场价值，为整个供应链的运作带来强有力的竞争优势。

③服务需求。供应链成员之间的紧密合作，需要通过关系管理来维持和改善，使供应链不仅能够提供产品与服务，更能通过供应链成员间的共谋合作，形成完整的解决方案，提供最优良的产品和服务。

4.1.2 供应链关系管理的特征

供应链关系管理既需要结合供应链自身特性，又要结合一般关系管理规律，其纵向特征和横向特征分别表现为：

①供应链关系管理的纵向特征。

供应链关系管理的对象是整条链上节点企业之间的关系。对于一般节点企业而言，关注的不仅是下游的客户关系，还要关注上游的供应商关系；对于链主企业而言，关注的将是整个供应链的网络关系系统，不单是直接的客户或供应商关系，还包括链上其他企业之间的关系。换句话说，链主企业就好像是一个大家庭的家长，不但要处理自己与成员之间的关系，还要处理成员与成员之间的关系，这样才能保证整个家庭的和谐相处。

②供应链关系管理的横向特征。

随着供应链的成长和外部竞争的压力，供应链需要不断地增强自己的竞争力，将更多的次重要供应商和客户及其他非供应链合作伙伴纳入自己的供应链伙伴体系，这就需要协调管理更多的关系；同时，当某些伙伴不符合供应链管理的要求时，次重要的零部件供应商变得重要时，非关键客户变为关键客户时，以及出现可以进入供应链伙伴关系范围的其他企业时，都需要调整供应链的关系网络。

4.2 供应商关系管理模型

4.2.1 供应商关系管理概述

随着企业与供应商之间关系的变化，供应商关系管理理论也在不断地发展变化中，下面从传统的供应商关系、供应商战略合作伙伴关系以及开发这种关系的市场需求三个方面对供应商关系管理理论进行阐述。

（1）传统的供应商关系

在传统观念中，企业之间的关系是纯粹的“买—卖”交易关系，企业的管理理念就是以生产为中心，价格驱动机制在其中起着很大作用。所以，传统的供应商关系主要具有下列特征：企业与其供应商之间的关系是十分松散的、随意的，没有建立特定的关系；企业比较典型的做法是多源采购，没有长期固定的供应商，与大量的、分散的供应商保持着联系；价格和质量是供应商选择的两大标准，尤其是出于价格方面的考虑，企业与供应商谈判时会尽可能地压低价格，通过鼓励供应商之间的价格竞争获得好处；仅仅通过在供应商之间分配采购数量对供应商加以控制；企业之间很少沟通和合作，更谈不上建立长期合作关系了。这一时期，企业采购的重点放在如何和供应商进行商业交易的活动，重视交易过程中供应商的价格比较，从中选择价格最低的作为合作者。这种管理方式有利于保证企业具有充足的货源供应，还可以从供应商的相互竞争中获得更多的价格利益。但是这样的供应商管理模式有着自身难以克服的弊端。

①企业与供应商之间不能进行有效的信息沟通。企业与供应商的沟通范围一般仅限于企业的采购部门与供应商的销售部门之间，信息交流的内容也仅限于订货和交货信息。企业为了能够从多个竞争性的供应商中选择一个最佳的供应商，往往会保留一些私有信息以减少供应商的竞争筹码。

②企业与供应商之间竞争多于合作。由于企业与供应商之间的关系是临时的或者是短时期的，双方之间缺乏合作与协调，抱怨和扯皮的现象屡屡出现，双方大部分时间都耗费在解决日常问题上，没有更多的时间去做长期性的预测与计划工作，增加了运作中的不确定性，使得经营上的风险加大。

③产品的验收检查工作是事后进行的，质量控制难度较大。在传统的采购模式下，由于企业与供应商之间没有深层次的交流与联系，相互之间很少有技术支持，企业很难参与到供应商的生产组织过程和有关的质量控制活动中去，相互之间的生产工作是封闭的，只能采取事后把关的做法，导致对产品的采购质量和交货期的控制难度加大。

④响应用户需求能力较低。由于企业与供应商之间缺乏交流与合作，供应商不知道企业的商品销售情况，不知道企业什么时候会订货，因此，组织生产和准备货源只能凭自己

的主观判断。同样，企业也不知道供应商的库存情况，不知道供应商是否能够保证及时供应，因此在确定订货数量上只能依据己方的数据，导致企业与供应商之间对用户需求的响应不能同时进行，缺乏应付需求变化的能力。

（2）供应商战略合作伙伴关系

1）建立战略合作伙伴关系的理论依据

首先我们来认识一下“合作”。我们从资产专用性、交易不确定性、交易频率以及灵活性四个方面来比较市场、合作与纵向一体化这三种策略的特征。组织结构和交易成本见表 4-1。

表 4-1　组织结构和交易成本

项目	资产专用性	交易不确定性	交易频率	灵活性
市场	低	低	高或低	高
合作	中等	低	高	中等
纵向一体化	高	高	高	低

从表 4-1 可以看出，如果高资产专用性、高交易不确定性相对频繁地出现，而交易频率又比较高，则这时采用纵向一体化结构是比较合适的，但是采用这种结构的结果是组织和资源缺乏灵活性。在资产专用性和交易不确定性都比较低时，采用市场方案比较可行。合作是介于市场和纵向一体化的中间形式，具有中等的资产专用性、低交易不确定性、较高的交易频率和中等程度的灵活性。

战略合作伙伴关系是比一般的合作更为紧密的关系，介于一般的合作与纵向一体化之间。合作具有中等的资产专用性，而战略合作伙伴关系要求双方的许多资产具有相对专用性，这些专用性资产在战略合作伙伴关系中具有非常重要的意义。下面我们就从资产专用性理论对战略合作伙伴关系进行详细分析。

1985 年，威廉姆森指出，资产专用性是指在不牺牲生产价值的条件下，资产可用于不同用途和由不同使用者利用的程度。资产专用性的产生主要是由于机会成本，也就是一项投资一旦做出之后，如果再改作其他用途就有可能丧失全部或部分原有的价值，这部分价值的丧失是不可弥补的。专用性资本主要有三种：特殊实物资本、特殊人力资本和特殊地点资本。特殊实物资本指的是只可由一家或几家买主使用的建筑和机器设备；特殊人力资本是指产品的生产需要由经过特殊培训的工人来完成；特殊地点资本是指处在相邻位置上的生产连续阶段的资本。威廉姆森指出，资产专用性具有三大特点：第一，资产专用性是指为某项特殊交易而进行的耐久性投资，如果初始交易夭折，该投资在另一最好用途上或由其他人使用的机会成本会很高；第二，交易双方的具体身份很重要，即关系的持久性是有价值的；第三，为支持这类交易，各种组织和合同等保护措施会出现。威廉姆森认为，交易次数越少，专用性资产越无法收回，企业越没有积极性去投资这类资产，而一个交易频率很高的投资，投资成本可以比较容易收回。所以交易的频率直接影响着产权形式和组织结构设计。根据资产专用性理论，我们可以认为，在企业之间的合同不完全时，双方长期的战略合作伙伴关系能够大大提高交易频率，降低专用性资产的平均使用成本，减少以致消除资产专用性产生的机会成本所带来的损失。

2）供应商战略合作伙伴关系

供应商战略合作伙伴关系可以定义为：在相互信任的基础上，供应链中企业与其供应商之间在一定时期内的共享信息、共担风险、共同获利的协议关系。这样一种战略合作关系形成于集成化供应链管理环境下，形成于供应链中为了特定的目标和利益的企业之间，其主要特征就是从以产品/物品为核心转向以集成/合作为核心。

供应商战略合作伙伴关系区别于传统的买卖关系。首先，企业之间的交换已经不仅仅是物质上的交换，还包括一系列可见和不可见的服务（R&D、设计、信息、物流等）；其次，只要双方还能从中获益，这种关系就会持续下去，不会因为一次交易的完成而告终；第三，衡量合作伙伴的指标不仅仅包括产品价格、质量、交货时间，还包括服务、企业环境、合作能力等等更加综合、更加软性的指标。这种关系一旦确立下来，就要求供应商要具备创新能力和良好的设计能力，以保证交货的可靠性和时间的准确性，要采用先进的管理技术，管理和控制供应商网络。而对企业来说，需要提供的活动和服务包括控制供应市场、管理和控制供应网络、提供培训和技术支持、为供应商提供财务服务等。

供应商关系管理主要包括四个步骤：供应商的选择——战略合作伙伴关系的建立——战略合作伙伴关系的协调——战略合作伙伴关系的绩效评估。在此分别对这四个步骤建立起相应的模型，为研究供应商关系管理提供整体思维框架。

4.2.2 供应商评价与选择灰色模型

供应商对企业及其整个供应链的影响越来越大，在交货、产品质量、提前期、库存水平和产品设计等方面都影响着整个供应链的成功与否。因此，供应商的评价与选择是开发供应商战略合作伙伴关系的基础。

供应商评价与选择方法主要分为三类：第一类为定性分析法，如直观判断法、招标法等，此类方法由于依赖于人的主观判断，往往不够准确，特别是当备选供应商条件都比较接近时，不能将供应商区分开来；第二类方法为定量选择方法，如成本法、DEA 方法，成本法只考虑了成本指标而忽视了其他指标，对供应商评价不太全面，而 DEA 方法的缺点是对有效的供应商不能进一步区分优劣；第三类方法为定性和定量相结合的方法，如神经网络法、层次分析法、模糊综合评价法等，神经网络法虽然通过对给定样本模式的学习获取评价专家的知识、经验，但所需的大量数据存在获取困难。层次分析法在确定指标权重时带有较多主观因素，难免不出现误差。模糊综合评价法虽然对不确定因素给予了足够重视，但为求出各因素隶属函数，必须对各项指标进行特征化处理，造成不同程度信息丧失，给评价带来误差。灰色综合评价适应于信息不完全或不充分问题，其中灰色关联度分析是一种衡量因素关联程度大小的量化方法，对数据要求不苛刻，可以用来解决数据量少、信息不完全情况下的评价问题。为此，针对供应商选择过程中存在的信息不充分，既有定性指标，也有定量指标的情况，可采用基于灰色关联度的灰色综合评价法对供应商进行综合评价选择，其建模方法及步骤如下。

（1）建立指标体系并对灰色定性指标白化定量

建立供应商评价综合指标体系，对其中的定性指标进行基于灰色统计方法的量化。设供应商的序号为 s（$s=1, 2, \cdots, q$），定性指标为 x_i（$i=1, 2, \cdots, p$），具体步骤如下：

第一步，制定评价指标 x_i 的评分等级标准：将定性指标转化成定量指标，可以通过制定评价指标评分等级标准来实现。可将定性指标划分成“很好”、“好”、“较好”、“一般”、“较差”、“差”、“很差”等7个等级，并相应地赋予一定的分值：4，3.5，3，2.5、2，1.5，1。

第二步，组织专家评分：设专家序号为 z（$z=1, 2, \cdots, k$），即组织 k 个专家对第 s 个供应商按评价指标 x_i 打分，其中每个专家代表一个决策群体，并做成专家评分表。

第三步，确定评价样本矩阵：根据专家评分表给出第 l 个专家对第 s 个供应商的第 x_i 个指标给出的评分 $d_{il}^{(s)}$，得到第 s 个供应商的评价样本矩阵：

$$D^{(s)} = (d_{il}^{(s)})_{p\times k},\ s=1, 2, \cdots, q,\ i=1, 2, \cdots, p,\ l=1, 2, \cdots, k \tag{4-1}$$

第四步，确定评价灰类：根据具体情况，可确定“优”、“良”、“中”、“差”4个灰类，即 $a=1, 2, 3, 4$，并确定白化权函数如下：

第一灰类“优”，$a=1$，$\otimes_1 \in [0, d_1, \infty]$，其白化权函数表达式为：

$$f_1(d_{il}^{(s)}) = \begin{cases} d_{il}^{(s)}/d_1 & d_{il}^{(s)} \in [0, d_1) \\ 1 & d_{il}^{(s)} \in [d_1, \infty) \\ 0 & d_{il}^{(s)} \notin [0, \infty) \end{cases} \tag{4-2}$$

第二、三灰类“良”、“中”，$a=2, 3$，$\otimes_a \in [0, d_a, 2d_a]$，其白化权函数表达式为：

$$f_a(d_{il}^{(s)}) = \begin{cases} d_{il}^{(s)}/d_a & d_{il}^{(s)} \in [0, d_a) \\ (2d_a - d_{il}^{(s)})/d_a & d_{il}^{(s)} \in [d_a, 2d_a) \\ 0 & d_{il}^{(s)} \notin [0, 2d_a) \end{cases} \tag{4-3}$$

第四灰类“差”$a=4$，$\otimes_4 \in [0, d_4, 2d_4]$，其白化权函数表达式为：

$$f_4(d_{il}^{(s)}) = \begin{cases} (2d_4 - d_{il}^{(s)})/d_4 & d_{il}^{(s)} \in [d_4, 2d_4) \\ 1 & d_{il}^{(s)} \in [0, d_4) \\ 0 & d_{il}^{(s)} \notin [0, 2d_4) \end{cases} \tag{4-4}$$

此4类白化函数的门闭值 d_1、d_2、d_3、d_4 按评价样本矩阵中寻找最大、次之、中等和最小值来代替。

第五步，计算灰色评价系数：对于指标 x_i，第 s 个供应商属于第 a 个灰类的灰色评价系数为：

$$x_{ia}^{(s)} = \sum_{i=1}^{k} f_a(d_{il}^{(s)}) N^{(i)} \tag{4-5}$$

由于每个专家代表一个决策群体，所以这里的 $N^{(i)}$ 等于1。

则：

$$x_{ia}^{(s)} = \sum_{i=1}^{k} f_a(d_{il}^{(s)}) \tag{4-6}$$

故对于指标 x_i，第 s 个供应商属于各个灰类的总灰色评价系数为：

$$x_i^{(s)} = \sum_{a=1}^{4} x_{ia}^{(s)} \tag{4-7}$$

则第 s 个供应商的第 x_i 个指标的第 a 个灰类的评价权为：

$$r_{ia}^{(s)} = \frac{x_{ia}^{(s)}}{x_i^{(s)}} \tag{4-8}$$

由此构成第 s 个供应商的第 i 个指标的各个灰类评价权向量为：

$$r_i^{(s)} = (r_{i1}^{(s)}, r_{i2}^{(s)}, r_{i3}^{(s)}, r_{i4}^{(s)}) \tag{4-9}$$

则第 s 个供应商对于评价指标集的灰色评价权矩阵为：

$$R^{(s)} = (r_{ia}^{(s)})_{p\times 4} \tag{4-10}$$

第六步，计算定性指标的灰色定量化向量：取各评价指标灰类等级值向量值 $V=(d_1, d_2, d_3, d_4)^T$，其中 d_1，d_2，d_3，d_4 为白化函数的权值，得第 s 个供应商的定性指标的灰色定量化向量：

$$G = R^{(s)} \times V \tag{4-11}$$

（2）构造最终评价矩阵

将定量指标的向量和灰色定量化向量组成最终评价矩阵，即属性矩阵：

$$X' = (x'_{ij})_{m\times q},\ i=1, 2, \cdots, m,\ j=1, 2, \cdots, q \tag{4-12}$$

式中，m 为所有评价指标的数目。

（3）评价矩阵的规范化处理

为了消除不同量纲的影响，针对不同类型的指标采取不同的规范化方法，将其规范化为隶属于区间［0，1］上的极大化指标。下面各式中，如未加说明，则 $i=1, 2, \cdots, m$，$j=1, 2, \cdots, q$。

一是“越大越好”型指标：这类指标的特点就是“越大越好”，令该指标的相对最大值为 $x_{id} = \max\limits_{1\leq j\leq q}{}_{ij}$，则其规范化方法为：

$$x_{ij} = \frac{x'_{ij}}{x_{id}} = \frac{x'_{ij}}{\max\limits_{1\leq j\leq q} x_{ij}} \tag{4-13}$$

二是“越小越好”型指标：这类指标的特点就是“越小越好”，令该指标的相对最小值为 $x_{ix} = \min\limits_{1\leq j\leq q} x_{ij}$，则其规范化方法为：

$$x_{ij} = \frac{x_{ix}}{x'_{ij}} = \frac{\min\limits_{1\leq j\leq q} x_{ij}}{x'_{ij}} \tag{4-14}$$

三是定值型指标：这类指标的特点就是越接近某个值越好，则其规范化方法为：

$$x_{ij} = \begin{cases} 1 & x_{ij} = x_{iz} \\ 1 - \dfrac{|x'_{ij} - x_{iz}|}{\max\limits_{1\leq j\leq q} |x'_{ij} - x_{iz}|} & x_{ij} \neq x_{iz} \end{cases} \tag{4-15}$$

（4）确定各指标的权重

这里提出一个灰关联分析模型，试图用该方法来探讨和研究供应商选择中的指标权重估计问题的解决途径，为确定供应商选择和评价指标权重问题提供新的思路。

一是变量设定。用于供应商选择和评价的指标很多，然而在实际应用中，我们往往是根据具体情况选择几个比较重要的指标。为方便说明，以常见指标为主设定模型的组变量因子。第一组是供应商圆满完成供货任务率因子，代表供应商的综合能力；第二组是质量合格率因子，代表供应商产品的质量；第三组是价格因子；第四组是供应商的交货准时度因子，是对供应商交货期履行水平的描述；第五组是管理协调机制因子；第六组是研发创新能力因子；第七组是企业理念因子；第八组是生产能力因子。这八组变量，其中前四组在现实中都是可以计算出的。因为对每一个供应商供货，各个公司都会有原始的记录，所以前四组变量其数据都是比较好确定的，而对于后四组变量，按照灰色定性指标白化定量方法，也可以得到相应的数据。

二是价指标权重灰关联分析模型。设供应商圆满完成供货任务率为 $w_0(j)$，质量合格率为 $w_1(j)$，价格为 $w_2(j)$，交货准时度为 $w_3(j)$，管理协调机制为 $w_4(j)$，研发创新能力为 $w_5(j)$，企业理念为 $w_6(j)$，生产能力为 $w_7(j)$，其中 $j=1, 2, \cdots, q$。

设经过规范化后的供应商圆满完成供货任务率为母序列 w_0，质量合格率子序列为 w_1，价格子序列为 w_2，交货准时度子序列为 w_3，管理协调机制子序列为 w_4，研发创新能力子序列为 w_5，企业理念子序列为 w_6，生产能力子序列为 w_7。

各个子序列与母序列的灰色关联系数为：

$$\xi_i(j) = \frac{\min\limits_i \min\limits_j |w_0(j) - w_i(j)| + \rho \max\limits_i \text{man}\limits_j |w_0(j) - w_i(j)|}{|w_0(j) - w_i(j)| + \rho \max\limits_i \max\limits_j |w_0(j) - w_i(j)|} \quad (4-16)$$

式中，ρ 为分辨系数，一般取 0.5。

各个子序列与母序列的关联度为：

$$r_i = \frac{1}{q}\sum_{j=1}^{q} \xi(j) \quad (4-17)$$

计算各评价指标的相对权重：

$$\Psi(w_0, w_i) = \frac{r_i}{\sum\limits_{i=1}^{m} r_i} \quad (4-18)$$

应用上面方法可以方便地计算出供应商评价指标相对权重，其特点就是可以用少量信息计算出指标权重的客观度量。

(5) 确定最优参考向量和最劣参考向量

对于规范化矩阵 X，选取各个评价指标的相对最优值作为最优参考向量 G，选取各个评价指标的相对最劣值组成最劣参考向量 B。

显然，$G = (x_{b1}, x_{b2}, \cdots, x_{bm}) = (\max\limits_j x_{ij}) = \dfrac{(1, 1, \cdots, 1)}{m}$

$$B = (x_{s1}, x_{s2}, \cdots, x_{sm}) = (\min\limits_j x_{ij})$$

(6) 计算灰色关联度

第 j 个供应商向量 X_j 与最优参考向量 G 的关联系数为：

$$\xi_i(X_j, G) = \frac{\min\limits_i \min\limits_j |1 - x_{ij}| + \rho \max\limits_i \max\limits_j |1 - x_{ij}|}{|1 - x_{ij}| + \rho \max\limits_i \max\limits_j |1 - x_{ij}|} \quad (4-19)$$

因为 $\min\limits_i \min\limits_j |1 - x_{ij}| = 0$，所以：

$$\xi_i(X_j, G) = \frac{\rho \max\limits_i \max\limits_j |1 - x_{ij}|}{|1 - x_{ij}| + \rho \max\limits_i \max\limits_j |1 - x_{ij}|} \quad (4-20)$$

j 个供应商向量 X_j 与最劣参考向量 B 的关联系数为：

$$\xi_i(X_j,B) = \frac{\min_i \min_j |x_{si}-x_{ij}| + \rho \max_i \max_j |x_{si}-x_{ij}|}{|x_{si}-x_{ij}| + \rho \max_i \max_j |x_{si}-x_{ij}|} \tag{4-21}$$

同样，$\min_i \min_j |x_{si}-x_{ij}| = 0$ 所以：

$$\xi_i(X_j,B) = \frac{\rho \max_i \max_j |x_{si}-x_{ij}|}{|x_{si}-x_{ij}| + \rho \max_i \max_j |x_{si}-x_{ij}|} \tag{4-22}$$

ρ 还是取 0.5。

则第 j 个供应商向量 X_j 与最优参考向量 G 的关联系数为：

$$r(X_j,G) = \sum_{i=1}^{m} \Psi_i \xi_i(X_j,G) \tag{4-23}$$

X_j 与最劣参考向量 B 的关联度为：

$$r(X_j,B) = \sum_{i=1}^{m} \Psi_i \xi_i(X_j,B) \tag{4-24}$$

（7）综合评价

假设 j 第个供应商向量 X_j 以 u_j 从属于最优参考向量 G，那么 X_j 以 $1-u_j$ 从属于最劣参考向量 B。为了求解 X_j 从属于最优参考向量 G 的隶属度 u_j，取目标函数为：

$$\min F(u) = \sum_{j=1}^{q} \{[(1-u_j)r(X_j,G)]^2 + [u_j r(X_j,B)]^2\} \tag{4-25}$$

其中，$u=(u_1, u_2, \cdots, u_q)$

由 $\frac{\partial F(u)}{u_j}=0$，得：

$$u_j = \frac{1}{1+\left|\frac{r(X_j,B)}{r(X_j,G)}\right|^2} \tag{4-26}$$

该目标函数同时考虑了最优参考向量和最劣参考向量，在一定程度上克服了仅考虑 $r(X_j, G)$ 所带来的不足，具有清晰的数学、物理意义。最后，可根据 u_j 的大小排出供应商的优劣顺序供企业选择。

4.2.3 供应商战略合作伙伴关系博弈模型

这里所说的供应商泛指供应链中存在供需关系的供方，并非专指原材料供应商，研究的角度也主要是截取供应链中的某一环节去研究节点与节点企业之间的战略合作伙伴关系[4,5]。所考虑的合作已不再是前后两个节点的战略合作伙伴关系，而是考察整个供应链上所有参与节点之间的合作关系。本节将从博弈论的角度来解释供应链上的各个节点在什么情况下才会开发供应商战略合作伙伴关系，以及建立这种关系的好处。

（1）博弈模型构建

假设一个由原材料供应商、制造商、批发商和零售商组成的供应链，供应链的各个节点企业共同讨论彼此是否有必要建立合作伙伴关系，假如同意建立，那么就需要阶段性地讨论是否有必要继续维持合作伙伴关系，也就是存在一个重复博弈的问题[6]，称“供应商合作伙伴关系问题”。下面详细描述该问题。

第一，为方便起见，选取最具典型的供应链作为研究对象，也就是选取由原材料供应商、制造商、批发商和零售商构成的供应链。因此，可以假设有 n（$2 \leqslant n \leqslant 4$）个博弈方（包括原材料供应商、制造商、批发商和零售商）。

第二，在是否结成合作伙伴关系问题上，各个博弈方独立决策，可以分别选择加入或不加入两种行为，不受它方影响，这里用 S_i 表示第 i 方的策略，$S_i = 1$ 表示第 i 方选择加入，$S_i = 0$ 表示第 i 方选择不加入。

第三，是否建立合作伙伴关系由各博弈方同时决定，或虽非同时，但前行动者的行动并不影响后行动者的行动。如果四方中的任何一方或两方选择不加入的行动，其中的剩余方不少于两个博弈方仍然可能组成合作伙伴关系，如果只有一方选择建立合作伙伴关系，那么合作伙伴关系不成立。

第四，为了简便起见，各博弈方的收益可以用每一节点企业加入合作伙伴关系前后的相对收益来表示，所以接下来提到的收益均指相对收益。用 E_i 表示结成合作伙伴关系后各方的收益，用“1”表示建立合作伙伴关系前各方的收益。

第五，假设各方对加入合作伙伴关系前后自身以及其他各方的收益都是可知的。

根据以上描述，可以用以下公式来表示该供应商合作伙伴关系博弈问题：

$$G = \{S_1, \cdots S_n; E_1, \cdots, E_n\} \tag{4-27}$$

$$E_i = \lambda_N \mu_{iN} \qquad i = 1, \cdots, n, \qquad 0 < \mu_{iN} < 1 \tag{4-28}$$

$$N = \sum_{i=1}^{n} S_i \qquad S_i \in \{1,0\}, \qquad i = 1,\cdots,n \tag{4-29}$$

式中　S_i——博弈方 i 采用的策略。

E_i——结成合作伙伴关系后各方的收益。若有 $E_i < 1$，则表示第 i 方在加入合作伙伴关系后的收益比合作前少，也就是第 i 方在具有 N 个节点的供应链整体收益分配中处于劣势；若第 i 方不加入合作伙伴关系，则有 $E_i = 1$，即维持原状；若有 $E_i > 1$，则表示第 i 方在建立合作伙伴关系后的收益比不合作时多，则第 i 方在具有 N 个节点的供应链整体收益分配中处于优势，此时，第 i 方倾向于积极的维护合作伙伴关系。

N——n 个博弈方共有 N 个选择加入合作伙伴关系。

μ_{iN}——第 i 方对由 N 方构成的合作伙伴关系的供应链的整体收益的贡献率，有 $\sum_{i=1}^{N} \mu_{iN} = 1$。同一个企业在节点不同的供应链中的分配率是不相同的；在相同的节点数、不同的节点构成的供应链中的分配率也是不同的。

λ_N——在建立合作伙伴关系后的供应链的整体收益。合作企业越多，供应链的集成度越高，所能获得的收益就越大。因此，有 $\lambda_1 = 1$，$1 < \lambda_2 < \lambda_3 < \lambda_4$。

由以上可知，供应链合作问题可以表述成博弈问题来求解。就一次博弈而言，它是一个 n 方组成的具有可选择策略的完全信息静态博弈。由于合作伙伴关系是否继续维系需要阶段性的讨论，实质上就是上述博弈过程的重复，在这种情况下构成了重复博弈问题。又因为供应链具有一定的生命周期，所以供应链合作博弈在重复有限次后将终止，即这是一个有限次重复博弈问题。

(2)博弈模型求解

1)一次博弈的求解

在供应链的博弈过程中，博弈方的数量 n（$2\leqslant n\leqslant 4$）是有限的，下面分别对 $n=2$、$n=3$ 采用划线法进行求解，然后将其结论推广到 $n=4$。

当 $n=2$ 时，此时是一个简单的双方博弈，博弈双方可以是原材料供应商、制造商、批发商和零售商的任意两两组合。博弈的收益及策略组合可以用矩阵表 4-2（a）来表示。可以很明显地看出，问题的解存在两种情况：当 $\lambda_2\mu_{12}\geqslant 1$ 且 $\lambda_2\mu_{22}\geqslant 1$ 时，该博弈具有两个“纯策略纳什均衡”，收益如表 4-3 矩阵（b）所示，对应的策略组合是双方都选择加入或不加入的行为；当 $\lambda_2\mu_{12}\geqslant 1$ 且 $\lambda_2\mu_{22}\leqslant 1$，或 $\lambda_2\mu_{12}\leqslant 1$ 且 $\lambda_2\mu_{22}\geqslant 1$，该博弈也有两个“纯策略纳什均衡”，典型收益及策略组合，如表 4-4 矩阵（c）所示，对应的策略组合是无论第一方选择什么行为，第二方都选择不加入合作伙伴关系的行为。如果 $\lambda_2\mu_{12}\leqslant 1$ 且 $\lambda_2\mu_{22}\leqslant 1$，则双方都选择不加入或者至少有一方会选择不加入，如表 4-5 矩阵（d）所示。

表 4-2　矩阵（a）

项目	$S_2=1$	$S_2=0$
$S_1=1$	$(\lambda_2\mu_{12},\ \lambda_2\mu_{22})$	(1, 1)
$S_1=0$	(1, 1)	(1, 1)

表 4-3　矩阵（b）

项目	$S_2=1$	$S_2=0$
$S_1=1$	$(\lambda_2\mu_{12},\ \lambda_2\mu_{22})$	(1, 1)
$S_1=0$	(1, 1)	(1, 1)

表 4-4　矩阵（c）

项目	$S_2=1$	$S_2=0$
$S_1=1$	$(\lambda_2\mu_{12},\ \lambda_2\mu_{22})$	(1, 1)
$S_1=0$	(1, 1)	(1, 1)

表 4-5　矩阵（d）

项目	$S_2=1$	$S_2=0$
$S_1=1$	$(\lambda_2\mu_{12},\ \lambda_2\mu_{22})$	(1, 1)
$S_1=0$	(1, 1)	(1, 1)

当 $n=3$ 时，博弈的收益及策略组合可以用表 4-6 矩阵（e）和表 4-7 矩阵（f）来表示。

表4-6　矩阵（e）　　$S_3=1$

项目	$S_2=1$	$S_2=0$
$S_1=1$	$(\lambda_3\mu_{13},\ \lambda_3\mu_{23},\ \lambda_3\mu_{33})$	$(\lambda_2\mu_{12},\ 1,\ \lambda_2\mu_{32})$
$S_1=0$	$(1,\ \lambda_2\mu_{22},\ \lambda_2\mu_{32})$	(1, 1, 1)

表4-7　矩阵（f）　　$S_3=0$

项目	$S_2=1$	$S_2=0$
$S_1=1$	$(\lambda_2\mu_{12},\ \lambda_2\mu_{22},\ 1)$	(1, 1, 1)
$S_1=0$	(1, 1, 1)	(1, 1, 1)

显然，该博弈问题的纳什均衡解与参数的取值有关，解的情况见表4-8。

表4-8　结果表

条件（条件1∪条件2）		纯策略纳什均衡的个数	收益（E_1，E_2，E_3）	相应策略的组合（S_1，S_2，S_3）
条件1：$\lambda_3\mu_{13}$，$\lambda_3\mu_{23}$，$\lambda_3\mu_{33}$	条件2：$\lambda_2\mu_{12}$，$\lambda_2\mu_{22}$，$\lambda_2\mu_{32}$			
3项均≥1	3项均≥1	2	$(\lambda_3\mu_{13},\ \lambda_3\mu_{23},\ \lambda_3\mu_{33})$ (1, 1, 1)	(1, 1, 1) (0, 0, 0)
3项均≥1	3项均<1	2	$(\lambda_3\mu_{13},\ \lambda_3\mu_{23},\ \lambda_3\mu_{33})$ (1, 1, 1)	(1, 1, 1) (0, 0, 0)
3项均≥1	2项<1	3	$(\lambda_3\mu_{13},\ \lambda_3\mu_{23},\ \lambda_3\mu_{33})$ (1, 1, 1) (1, 1, 1)	(1, 1, 1) (0, 0, 1) (0, 0, 0)
1项<1	3项均≥1	3	$(1,\ \lambda_2\mu_{22},\ \lambda_2\mu_{32}$ $(\lambda_2\mu_{12},\ \lambda_2\mu_{22},\ 1)$ (1, 1, 1)	(0, 1, 1) (1, 1, 0) (0, 0, 0)
2项<1	3项均≥1	4	$(1,\ \lambda_2\mu_{22},\ \lambda_2\mu_{32})$ $(\lambda_2\mu_{12},\ 1,\ \lambda_2\mu_{32})$ $(\lambda_2\mu_{12},\ \lambda_2\mu_{22},\ 1)$ (1, 1, 1)	(0, 1, 1) (1, 0, 1) (1, 1, 0) (0, 0, 0)
1项<1（同一博弈方）	1项<1（同一博弈方）	2	$(1,\ \lambda_2\mu_{22},\ \lambda_2\mu_{32})$ (1, 1, 1)	(0, 1, 1) (0, 0, 0)
1项<1（不同博弈方）	1项<1（不同博弈方）	1	(1, 1, 1)	(0, 0, 0)
2项<1	1项<1（包含在条件1中）	2	$(1,\ \lambda_2\mu_{22},\ \lambda_2\mu_{32})$ (1, 1, 1)	(0, 1, 1) (0, 0, 0)
2项<1	1项<1（不包含在条件1中）	1	(1, 1, 1)	(0, 0, 0)
1项<1（包含在条件2中）	2项<1	2	(1, 1, 1) (1, 1, 1)	(0, 0, 1) (0, 0, 0)
1项<1（不包含在条件2中）	2项<1	2	(1, 1, 1) (1, 1, 1)	(1, 0, 0) (0, 0, 0)

续表

条件（条件1∪条件2）		纯策略纳什均衡的个数	收益（E_1，E_2，E_3）	相应策略的组合（S_1，S_2，S_3）
条件1：$\lambda_3\mu_{13}$，$\lambda_3\mu_{23}$，$\lambda_3\mu_{33}$	条件2：$\lambda_2\mu_{12}$，$\lambda_2\mu_{22}$，$\lambda_2\mu_{32}$			
2项<1（包含在条件2中）	2项<1（包含在条件1中）	2	（1，1，1） （1，1，1）	（0，0，1） （0，0，0）
2项<1（不完全包含在条件2中）	2项<1（不完全包含在条件1中）	2	（1，1，1） （1，1，1）	（1，0，0） （0，0，0）

随着 λ_N 和 μ_{iN} 的取值变化，可能出现的纯策略纳什均衡解非常多，且呈现出一定的规律性，如下所示：

①各纳什均衡解的效率明显不同。其中效率最高的为（E_1，E_2，E_3）=（$\lambda_3\mu_{13}$，$\lambda_3\mu_{23}$，$\lambda_3\mu_{33}$），对应的策略组合为（1，1，1），这意味着在一次决策中3方都选择了加入合作伙伴关系，但这种策略组合成为博弈的纯策略纳什均衡是需要一定条件的，即 $\forall i$，$\lambda_3\mu_{i3} \geqslant 1$。

②由于 λ_N 和 μ_{iN} 取值不当，可能会出现一个3方都选择不加入的纯策略纳什均衡。

③由于 λ_N 和 μ_{iN} 取值不当，可能导致3方中的2方都选择不加入合作伙伴关系，这样的博弈问题虽然有两个纯策略纳什均衡，但从收益来看与第二种情况是一样的。

④由于 λ_N 和 μ_{iN} 取值不当，可能导致3节点的合作伙伴关系不成立，但2节点的合作伙伴关系却很可能成立，但这种情况的收益要小于3节点的合作伙伴关系的收益，大于非合作伙伴关系下的收益。

在4方参加博弈的情况下，博弈问题可能存在的解将比3方博弈时的情况更为复杂，这里不再对此具体讨论，但可以肯定，4方博弈的解也将呈现出与3方博弈相似的规律，情况可能会更复杂。

2）重复博弈解

供应商合作伙伴关系的重复博弈是一个由完全信息静态博弈变为阶段博弈的有限次重复博弈，设重复博弈的次数为 k。下面分别对 $n=2$ 和 $n=3$ 两种情况下的重复博弈进行求解，然后再将所得的结论推广到 $n=4$ 的情况。

①当 $n=2$ 时，重复博弈中的阶段博弈的解分为两种情况。一种情况下，阶段博弈具有2个纯策略纳什均衡解，因此，该博弈具有多条“子博弈完美纳什均衡”的路径。收益最高的策略组合是各方在各个阶段都选择加入合作伙伴关系，最终各方的平均就是阶段最佳收益 $\lambda_2\mu_{12}$。另一种情况下，阶段博弈只具有一个纯策略纳什均衡解，重复博弈也只具有一条“子博弈完美纳什均衡”路径，即各博弈方在各个阶段均选择不加入合作伙伴关系。

②当 $n=3$ 时，在重复博弈中也存在两种情况：一种是阶段博弈中只具有一个纯策略纳什均衡解，另一种情况是阶段博弈中具有两个及以上纯策略纳什均衡解。在第一种情况下，重复博弈将只具有一条“子博弈完美纳什均衡”路径，即各方在各个阶段均选择不加入合作伙伴关系。第二种情况可以细分为如下3种情形：

情形 1 是阶段博弈中效率最高的纯策略纳什均衡解，是 3 方都选择加入合作伙伴关系的策略组合（1，1，1）。

情形 2 是阶段博弈中效率最高的纯策略纳什均衡解，是 3 方中的两方加入合作伙伴关系，如（1，1，0），（1，0，1），（0，1，1）。

情形 3 是虽然阶段博弈具有两个纯策略纳什均衡解，但 3 方中的任何两方均不加入合作伙伴关系，故不存在最佳效率的策略组合，其策略组合为（0，0，1），（0，1，0），（1，0，0）。

这 3 种情形下，重复博弈具有多条"子博弈完美纳什均衡"的路径，不同的是可能出现的最佳效率"子博弈完美纳什均衡"的路径不同。在情形 1 下，最佳效率的路径是各博弈方在各个阶段都选择加入合作伙伴关系的策略组合（1，1，1），各方平均收益为 $\lambda_3\mu_{13}$。在情形 2 下，由于至少有一方在可能的 3 节点供应链分配中处于劣势，在各方的理性支配下，3 节点供应链在任何阶段都不会出现，此时，效率最高的策略组合就是 3 方中的两方建立起合作伙伴关系，这种策略组合就是阶段博弈的纳什均衡解，因此，由这些纳什均衡解构成的路径就是重复博弈的最佳效率路径，典型的平均收益为（E_1，E_2，E_3）=（1，$\lambda_2\mu_{22}$，$\lambda_2\mu_{32}$）。在情形 3 下，由于在阶段博弈中任何两方都不可能建立合作伙伴关系，因此，在理论上重复博弈中的"子博弈完美纳什均衡"路径虽然有很多条，但实质上就是每阶段纳什均衡解的重复组合，最后各方的平均收益为（1，1，1）。

③当 $n=4$ 时，阶段博弈中的纳什均衡解的特性与 3 方博弈具有相似之处，因此，在重复博弈的过程中也会呈现出 3 方重复博弈的特点。如最佳效率的收益肯定为 4 方都选择加入合作伙伴关系的策略组合（1，1，1，1）。其他的在这里不进行详细描述。

（3）博弈模型启示

通过对战略合作伙伴关系的博弈模型分析，可以得到以下几点结论：

1）战略合作伙伴关系的建立能够提高整个供应链的收益

从实际当中的许多例子我们可以看到，战略合作伙伴关系能够使参与各方获得比合作前高得多的收益。这一点在模型中也得到了很好的反映。首先，供应链整体收益值 λ_N 具有 $\lambda_1=1$、$1<\lambda_1<\lambda_2<\lambda_3<\lambda_4$ 的特征，从根本上保证了供应链合作各方收益的高效性。其次，在求解的过程及结果中，我们发现每一次合作博弈中效率最高的策略组合都是各方均选择加入合作关系的策略组合。

2）合作加强了供应链的集成化程度，创造出更大的整体收益

在博弈模型中，当贡献率一定时，λ_N 的取值越大，各方所获得的收益 E_i 就越高。随着 λ_N 取值的增大，还可能使原来在供应链分配中处于劣势的企业由劣势转为优势，使得原来不成立的合作关系成立了，同时合作各方的收益都得到了提高。这一点也与现实情况相符。在高度集成的供应链中，许多原来较高的外部成本转变成了较低的内部成本，甚至消除；另外，随着合作程度的提高，也将加强供应链的整体竞争优势、加快市场响应速度等，这都会增加供应链的整体收益。再从另一个角度看，由于合作各方的收益通过贡献率与供应链的整体收益相联系，这意味着合作各方是荣辱与共的关系，客观上要求合作各方达成利益追求的一致性，即各方的追求目标不能仅考虑自己能够分得多少利润，而是与其他各方一同考虑如何增加供应链整体收益。

3）基于贡献率的公平分配机制是战略合作伙伴关系稳定的重要保证

贡献率μ_{iN}表示第i方对由N方构成的合作伙伴关系的供应链的整体收益的贡献程度。在进行利润分配时，只有根据各企业对供应链的贡献程度来分配，才可能达到相对的公平。如果某一方或几方发现自己所得的收益与自己在供应链中的作用与地位不相符合时，就可能导致合作关系的破裂，使得整个供应链的所有成员利益受损。反映到博弈模型上，就是一次博弈中的纯策略纳什均衡解减少，或者纳什均衡解的效率下降。所以，应当坚决避免这种情况的出现。在现实生活中，许多供应链的解体就是因为分配不均造成的。可以说基于贡献率的公平分配机制是合作关系稳定的重要保证，任何参与方都应本着互惠互利的原则处理合作关系，任何一方的倾吞现象都会造成整体收益的下降。

4）核心企业的协调作用

在供应链中往往有一个实力相对较强、发挥主导作用的核心企业存在。这种特性可以在模型中找到解释。公平合理的利润分配机制是维系合作关系的关键，然而在实际中，很难做到这一点。供应链中的一些企业由于实力相对较弱，在供应链中处于劣势，在是否加入到战略合作伙伴关系的问题上难以达成一致。但这些企业又是供应链的必要组成部分，抛开它们将会导致供应链集成度降低，从而降低供应链整体收益。另外，在既定的供应链中，核心企业的利润分配相对处于优势，降低一些单位收益虽然是一种损失，但总比没有前者加入合作关系的收益要强，这就客观上要求供应链利润分配较高的一方以某种形式补偿利润较低的一方，使得各方的收益都有所提高。也就是说，供应链的核心企业可以扮演协调战略合作伙伴关系、合理分配利润的角色。

5）战略合作伙伴关系成立的必要条件

供应链的一大特征就是动态性，所以供应商战略合作伙伴关系建立后，也不是一成不变的。模型及其解也反映了这种特性。在一次博弈中，在供应链整体收益λ_N一定的情况下，战略合作伙伴关系能否建立，完全取决于μ_{iN}的取值。只有当收益函数中的贡献率取值恰当时，各方选择加入合作关系的策略组合才能成为纳什均衡解，同时意味着战略合作伙伴关系的成立。通过对μ_{iN}值的调整，可以改变供应链的利润分配结构，在个体理性行为的支配下，如果某一方发现自己合作后的收益小于合作前的收益，那么他肯定不会选择加入的策略，从而使得合作关系不成立。同时，如果某一方的μ_{iN}值得到了提高，那么他加入合作关系的积极性就会大大提高，这表现在重复博弈中的各个阶段取不同的纯策略纳什均衡，构成了多条“子博弈完美纳什均衡”路径。

6）战略合作伙伴关系的维系

供应链本质上是一种企业间的新型关系，供应链管理就是对这种关系进行管理，即通过一定的机制规范这种关系，使参与各方都能共同遵守这种关系准则。其在模型中的体现是通过重复博弈中的信用实现的。重复博弈的过程表明，战略合作伙伴关系的各方并不是在进行一次性交易，而是长期的合作，必须有合作各方可信的承诺或威胁才可能实现，供应链管理机制正是这种信用的保证。供应链的这种机制是利润分配机制、追求利益一致性和协作机制等综合构成的。在实际中，应该对合作中的各种关系进行规范化，保证危害供应链整体收益的行为能够得到有力的制裁，一般可以通过在下一轮的合作博弈中调整贡献率μ_{iN}的值来实现。这也正是供应链组织的活力所在，供应链组织并不像“纵向一体化”

的大公司，它并不强调绝对的稳定，可以不断地更换新鲜血液，保证整体的高收益。

4.2.4　供应商战略合作伙伴关系协调模型

供应商战略合作伙伴关系一旦形成，接下来的工作就是怎样协调维系这种关系，由战略合作伙伴关系的博弈模型给我们的启示，公平分配是维系合作关系的关键，也就是确定合理的贡献率值 μ_{iN}，合作博弈理论正是解决这类问题的常用方法，所以，这里就引入该理论对如何合理分配供应链整体收益这一问题进行研究[7]。

（1）合作博弈模型

一个标准形式的博弈定义为：

$$\Gamma = \{N,\ (C_i)_{i\in N},\ (u_i)_{i\in N}\}$$

其中，N 是非空的局中人集合；$\forall i\in N$；C_i 是一个非空的对局中人 i 可行的所有策略的集合；u_i 表示局中人 i 的支付函数。

对于 n 人合作博弈，每个局中人都要考虑是单独行动，还是与其他局中人合作。不仅如此，他还要考虑当他被其余合作在一起的局中人排斥在外时，是否有必要向其中某些局中人略施小计，以使之背信弃义，另寻求新的合作伙伴。因此，在合作博弈中，对各个局中人来讲，重要的不是他在其策略集中选择一个什么策略，而在于与哪些局中人结成联盟，统一协调行动。在这种情况下，需要引入特征函数这一概念来刻画局中人合作的可能性。

定义 4.1：任意的非空的局中人集合 $N=\{1,\ 2,\ \cdots,\ n\}$ 的子集 $S\subseteq N$，称为联盟，所以联盟的全体记为 $P(N)$。

定义 4.2：n 人合作博弈的特征函数是指定义在 $P(N)$ 上的一个实函数 v，其中 $v(S)$ 表示联盟 S 通过协调其成员的策略所能保证得到的最大收益，同时，$v(\phi)=0$。

由此定义知：若 S、T 是两个不相交的联盟，则它们联合在一起的收益至少与两个联盟单独行动时各自所得收益之和一样多，即 $v(S\cup T)\geqslant v(S)+v(T)$，$S\cap T=\phi$，特征函数的这一性质称为超可加性。

当用特征函数来研究 n 人合作博弈 $(N,\ v)$ 时，实际上是假定各个局中人都用相同的效用尺度来衡量他们的收益，同时还假定在我们研究的合作博弈中各联盟的收益 $v(S)$ 可以按任意方式分给各个合作者，即局中人收益（效用）是可转移的（这里，收益是可以用货币来衡量的），每支出一个单位的货币，支出者的收益就损失一个效用单位，反之亦然。

定义 4.3：如果对任意的 $S,\ T\subset N$，有 $v(S)+v(T)\leqslant v(S\cup T)+v(S\cap T)$ 则称 v 为凸博弈。

对合作博弈中各局中人从联盟的收益中各自分得份额，用 n 维向量 $x=(x_1,\ x_2,\ \cdots,\ x_n)\in R^n$ 来表示，称为支付向量，其中 x_i（$i=1,\ 2,\ \cdots,\ n$）表示第 i 个局中人所得的份额。

定义 4.4：满足式（4-30）、式（4-31）的支付向量称为合作博弈 v 的分配，分配的全体用 $E(v)$ 表示。

$$x_i\geqslant v\{i\},\quad i=1,\ 2,\ \cdots,\ n \tag{4-30}$$

$$\sum_{i\in N} x_i = v(N) \tag{4-31}$$

式（4-30）称为个体理性条件，它表明每个局中人所获收益至少与其单干时所得一样多，式（4-31）称为集体理性条件，它表明满足式（4-31）的支付向量使合作成员最大限度地获得了合作带来的好处。这实际上是在满足超可加性甚至凸性的假设下，假定各局中人合作成最大联盟 N 是最合理的。因为如果将 N 分解成若干互不相交的联盟，N_1，N_2，…，N_k，则根据超可加性有：

$$v(N) \geqslant v(N_1) + v(N_2) + \cdots + v(N_k) \tag{4-32}$$

定义 4.5：对于分配 x 和 y 及联盟 S，如果 $x_i > y_i \quad \forall \in S$

$$\sum_{i\in s} x_i \leqslant v(S) \tag{4-33}$$

则称 x 关于 S 优超 y，记为 $x > sy$。满足式（4-33）的分配 x 称为可行的分配。

定义 4.6：对于 n 人合作博弈（N，v），分配集 E（v）中不被任何分配优超的分配的全体，称为核心，即核心是由满足：

$$\sum_{i\in S} x_i \geqslant v(X) \quad \forall \in N \tag{4-34}$$

$$\sum_{i\in N} x_i = v(N) \quad \forall \in N \tag{4-35}$$

的全体支付向量组成，记为 C（N，v）。式（4-35）称为联盟合理性条件。

显然，核心是闭凸集。如果博弈的核心非空，就可以将合作总收益 v（N）按照这样一种方式分配给各局中人，使之不仅满足个体理性条件和集体理性条件（帕累托最优），而且满足联盟合理性。反之，如果一个可行的分配 x 不在核心中，那么必然存在有联盟 $S \subset N$，S 中的局中人通过合作，共同分配联盟的值 v（S），使得每个局中人所得收益都严格优于在分配 x 中的所得。所以，位于核心中的分配是联盟中的局中人可以接受的分配，除非联盟中有人同意让自己的收益小于其应得的收益。当把核心中的分配作为合作博弈的解时，常会遇到核心是空的情况。但对凸博弈，有如下定理：

定理 4.1：凸博弈（N，v）的核心非空。

如果根据各局中人给联盟带来的增值的比例来分配合作带来的收益，有下述的分配方案：

$$\varphi_i(N,v) = \sum_{S\subseteq N-i} \frac{(|S|-1)/(|N|-|S|)!}{|N|!}[v(S\cup i) - v(S)]\, i = 1,2,\cdots,n \tag{4-36}$$

其中，$|S|$ 和 $|N|$ 是联盟 S 和 N 中局中人的个数。

对一般的合作博弈，Shapley 值向量未必属于核心。也就是说，可能有这样的联盟 S 存在，使得它有力量拒绝接受按 Shapley 值给予的份额，但下面的定理表明，当博弈满足凸性条件时，Shapley 值向量一定处于核心当中，在这种情况下，Shapley 值不仅衡量了各局中人的“平均”贡献，而且提供的分配还具有联盟稳定性。

定理 4.2：如果 v 是凸博弈，则 $\{\varphi_i(v)\} \in C(N, v)$。

证明：式（4-36）可等价写成为下式：

$$\varphi_i(N,v) = \frac{1}{n!}\sum_{\pi}[v(S'_{\pi}\cup i) - v(S'_{\pi})] \quad i = 1,2,\cdots,n \tag{4-37}$$

其中，求和对 1，2，…，n 的所有排列 π 进行，S'_π 表示在排列 π 中排在 i 之前的那些局中人构成的联盟，即：$S'_\pi = \{j \mid \pi_j < i\}$

于是：

$$\sum_i^n \varphi_i = \frac{1}{n!}\sum_\pi \sum_{i=1}^n [v(S'_\pi \cup i) - v(S'_\pi)] = \frac{1}{n!}\sum_\tau v(N) = v(N)$$

记：$N - S = \{j_1, j_2, \cdots, j_t\}$ 其中 $j_1 < j_2 < \cdots < j_t$，

取：$T = \{1, 2, \cdots, j_1\}$

则有：$S \cup T = S \cup \{j_1\}$，$S \cap T = T - \{j_1\}$

于是，由凸性不等式：

$$v(S) + v(T) \leqslant v(S \cup \{j_1\}) + v(T - \{j_1\})$$

或 $v(T) - v(T - \{j_1\}) \leqslant v(S \cup \{j_1\}) - v(S)$

$$\varphi_{j_1}(v) \leqslant \frac{1}{n!}\sum_\pi [v(S \cup \{j_1\}) - v(S)]$$

即：$\sum_{i \in S} \varphi_i - v(S) \geqslant \sum_{i \in S \cup \{j_1\}} \varphi_i(v) - v(S \cup \{j_1\})$

重复上述推理 t 次，得到：

$$\sum_{i \in S} \varphi_i - v(S) \geqslant \sum_{i \in N} \varphi_i(v) - v(N) = 0$$

由定理 4.1 知，$\{\varphi_i(v)\}_{i \in N} \in C(N, v)$，证毕。

(2) 合作伙伴之间的利润分配模型

在建立供应商战略合作伙伴关系的过程中，达成合作各方共同认可的有约束力的协议，对实现供应商战略合作伙伴关系是十分重要的，而有约束力的协议的达成是通过合作成员之间的有效磋商来实现的。

定义 4.7：合作成员可以进行有效磋商是指如果合作成员各自策略的一个变化可以使所有合作成员都受益，那么在实际磋商中，他们就会统一做出这样的策略变化，除非参与合作的某些成员可以与没有参与合作的其他成员达成协议，形成与之同样有效的合作。

能否进行有效磋商是区别合作博弈与非合作博弈的关键。通过有效磋商，合作各方可以建立一个利益平衡机制，使得合作中获益较少的成员确信暂时的获益受损可以从长期稳定的合作中得到补偿，而获益较高的成员会自愿在某些方面为其他成员的利益承诺一定的让步，也就是说，从长期看，一种稳定的经济合作会使所有合作成员分得大致公平的收益。

命题 4.1：建立供应商合作伙伴关系的供应链各节点企业的收益的提高至少要等于由于合作而引起的各企业的直接收益损失。也就是说，建立这种合作伙伴关系后，各企业的收益要不少于建立前各企业的收益。这一点在上一节的模型中已经证明了。

命题 4.2：如果 $S \subseteq S'$，i 不能同时参加合作 S 和 S'，则 i 参与合作 S' 使供应链整体收益的增加量要大于 i 参加合作 S 而使供应链整体收益增加的量。

证明：记 $H = \{S' - S\}$ 为属于合作 S' 而不属于合作 S 的企业。由命题 1 知，$\forall h \in N$，对每个与 i 达成合作协议的 h，记 δ_h^i 为 i 损失的直接收益使全体合作企业的收益都提高，而反映在 h 的收益上的增加量记 π_h^i 为 h 参与合作的直接损失收益。对应合作收益的增加

量为 $[(\delta_h^i-\pi_h^i)+(\delta_i^h-\pi_i^h)]\geqslant 0$，对给定的 i，将该增加量对所有 h 进行加总，就得到了命题 2 的结论。证毕。

定义 4.8： 合作企业 i 对合作 S 收益的边际贡献为 $[v(S)-v(S\setminus\{i\})]$，其中 $v(S\setminus\{i\})$ 是 i 不是合作 S 的成员时，合作 S 的整体收益值。

定义 4.9： 对 $S\subseteq S'$，如果 i 参加 S' 的边际贡献大于 i 参加 S 的边际贡献，即：$v(S')-v(S'\setminus\{i\})\geqslant v(S)-v(S\setminus\{i\})]$，则称合作博弈 (N,v) 是凸的。

由命题 4.2 可知，我们所分析的供应商合作伙伴关系的合作博弈是凸博弈。于是，由定理 4.1 得出结论，供应商合作伙伴关系的合作博弈的核心非空，并且根据式（4－36）分配合作带来的收益的分配方案位于该博弈的核心中。那么，可以按照 Shapley 值将合作收益均等地分配于各合作方，即：

$$\mu_{iN}=\frac{\varphi_i(N,v)}{\sum_{i=1}^{N}\varphi_i(N,v)} \tag{4-38}$$

4.3 供应链客户关系管理模型

4.3.1 供应链客户关系管理概述

供应链上客户关系管理的构建原则就是以客户为中心，及时响应客户需求，实现客户满意，赢得客户忠诚，提高客户价值。供应链成员企业间注重客户关系管理，结成合作伙伴关系，再凭借一体化的供应链实现最终客户需要的最大满足。因此，应满足以下要求[8]：

（1）将最终客户与供应链连接起来。这意味着在供应链伙伴之间要共享交易数据，要利用发达的信息技术在供应链成员企业间构建共享数据库。如一个生产商或分销商可以利用客户关系管理收集客户需求信息，这些来自供应链终端的客户信息可以为供应链上游成员企业提供指导产品开发与产品制造的信息。通过将客户与供应链连接起来，实现客户信息在供应链上的传递、交流，供应链就能快速响应客户需求。

（2）对供应链进行动态管理，及时反馈需求信息。在变幻莫测的市场环境下，通过营销策略和信息技术掌握确切的需求，使企业供应链上的供应活动建立在可靠的需求信息的基础上。同时，动态管理可以使企业及时把握新的市场机会，发掘潜在客户，拥有更多的市场份额。

（3）全面管理企业与客户发生的各种关系。在供应链上的客户关系不仅包括生产商或分销商同最终客户的关系，还包括供应链上成员企业间的合作伙伴关系。而在这两类关系中，又不仅包括单纯的销售过程中所发生的业务关系，如合同签订、定单处理、发货、收款等，而且也包括在企业营销、售前及售后服务过程中发生的各种关系，如联合开发、技术支持等。对企业与客户间可能发生的各种关系进行全面管理，将会显著提升企业营销能力、降低营销成本、控制营销过程中可能导致客户抱怨的各种行为。

（4）与客户间保持良好互动。企业可以选择客户喜欢的方式同客户进行双向沟通，既可方便地获取所需信息，又可使客户得到更好的服务，获得心理满意，从而保留更多的老客户，并能吸引更多的新客户。

（5）建立一种面向流程的观点。如果供应链不是围绕客户建立的，就会限制客户关系管理带来的利益。而建立以客户为中心的供应链必须本着一种面向流程的观点。流程的观点打破了以功能划分的组织边界，使得组织将精力集中于最终结果，围绕客户而不是企业内部组织活动。

供应链中所有的企业都是生产和服务过程中的一个节点，上游企业与下游企业之间均存在着客户关系，同时，由于合作，这种客户关系还是相互的。链上的供应商为生产商提供原料、零部件，生产商参与供应商的产品开发、技术改进，两者之间互相存在对彼此产品或服务的需求；生产商向分销商提供品质优良、市场前景光明的产品，分销商则为生产商提供强大的销售渠道、销售力量的支持，两者之间亦存在相互需求，因而供应链中成员企业间是互为客户的关系。所以，供应链上的客户关系管理应当包括供应链上核心企业（生产商）与其上游企业（上游供应商）的关系、与下游企业（零售商、批发商、代销商）的关系以及供应链成员企业与最终客户之间的关系管理。

4.3.2　动态客户关系管理的内涵

（1）动态客户关系管理的概念

动态客户关系管理是一种获取客户、识别有价值的客户并通过客户的交易数据对其实施相应的营销组合策略来保持客户，最终达到公司与客户利益都最大化的过程[9]。这种过程更偏向于从营销管理及经营的思想来看待客户关系管理（Customer Relationship Management，CRM），并且强调的是在“双赢”的状态下，如何来制定最优的营销组合策略[10]。

（2）动态客户关系管理中“动态”的含义

“动态”有三个方面的含义：一是从营销管理的角度来说，客户管理应该把注意力集中在营销策略对客户资产净值总的影响上，这样既可以抓住期望利润的增加（促销带来的影响）及减少（促销的成本），还可以理解营销活动及客户体验的累积影响；二是从定量分析的角度，公司与客户在决策时不但考虑当期的利益，还考虑当期决策对未来的影响，反映公司与客户“向前看”（forward looking）的动态特性；三是在对客户关系管理建模时要兼顾公司及客户双方的利益，达到“双赢”的目的，而不是只考虑客户或公司单方面的利益。这样，可以比照文献中对直接邮寄行业类似问题的处理，将动态客户关系管理（Dynamic Customer Relationship Management，DCRM）[11]问题转化成公司与客户之间的随机博弈问题，在每一个时期公司给每个状态的客户选择营销组合策略（定价、沟通、促销等），而客户在一个给定的时期决定是否购买，于是就建立了一个多阶段重复博弈的框架。客户的决策受公司营销活动的影响，并详细说明了状态之间的转移。从公司的角度来说，客户的决策（也就是系统的转移概率）是一个随机变量，在购买决策只是当前客户状态和公司策略函数的假设下，客户状态序列形成了马尔可夫链。由于公司有能力通过选择控制变量来控制（或部分控制）马尔可夫链的演化，所以客户管理可以看成马尔可夫决策过程[12]。

4.3.3　动态客户关系管理的建模技术及求解思路

通过以上的分析，DCRM 就转变成在随机博弈的框架下，如何建立公司及客户的行为模型，如何对所建立的模型进行求解的问题。对于客户行为来说，可以根据客户的交易数据，利用消费者的效用理论来对其消费状态进行描述，并采用适当的方法对各种参数进行评估，得出不同状态空间及不同营销组合策略下客户的各种购买概率（比如购买或不购买或购买多少的概率）；对于公司行为来说，可以根据客户的各种购买概率及公司实施相应的营销组合策略带来的净收益来进行公司利润的计算[13]。因为各个公司或客户其实际决策时都在关注长期利益，而不仅仅是一次性消费的利益，所以，用客户全生命周期价值（customer lifetime value，CLV）来表示公司的利润是比较合适的[14]。这样就可以做到在考虑客户及公司双方利益的时候，有效地利用客户数据对客户进行管理。

（1）公司行为分析及其建模技术

DCRM 实际上是一种动态特性非常明显的管理过程，在决策技术方面，将多阶段决策问题进行有效求解的是动态规划（Dynamic Programming）技术，它是一套解决确定的或随机的动态最优化问题的方法，其主要观点是将多期决策问题转化成一系列两期问题，可以同时将今天的交易与客户资产的长期价值联系起来，并且已经广泛地应用在收益（yield）管理、广告管理中，也就是说，动态最优化对营销问题的广泛适应性，收益管理及广告模型是用来产生定性的描述性（descriptions）的最优策略，而公司行为建模中采用的方法是进行策略的定量计算的。所以，在 DCRM 中，可以利用动态规划技术对公司行为进行建模，其目标函数是 CLV 最大[15]。

（2）客户行为分析及其建模技术

在对单个客户进行建模的情况下，状态变量必须抓住面向客户的显著营销环境要素。这些可能是营销组合要素（比如价格或促销）或客户特殊的因素（比如已经购买的总量）[16]。例如，在带有回报计划的客户关系管理分析中，客户累积的购买水平就是一个关键变量，这是因为所考虑的营销环境是基于累积购买水平而回报客户的计划。决策或控制变量反映客户的购买选项。依靠模型的特性，客户决策可能包括购买时间、购买数量或更加精确的问题，如品牌选择。解决这类问题比较合适的技术是可评估的结构动态规划（estimable structural dynamic programming，ESDP），这是因为，ESDP 不但可以通过观察到的客户购买数据作为动态最优化问题的解来进行参数评估，解决消费者效用模型中多参数的评估问题，而且还可以用所产生的消费者效用函数的参数来进行营销策略评价，为公司实施最优的营销策略打下基础。另外，经济学家已经在一个很广的领域内使用动态规划模型，个体行为的动态规划模型也开始出现在市场营销中。对客户行为建模的难点，除了确定描述客户行为的主要变量、客户效用模型以外，还要确定所提参数在局部最优中寻找整体最优的算法[17]。

（3）动态客户关系管理的求解思路

动态规划在公司行为分析中的应用是说明性的（prescriptive），这种应用是确定公司行为中用来决策的目标函数，最终是最优化 CLV；而其在客户行为分析中的应用是描述性的（descriptive），也就是通过观察到的客户数据（是否购买、购买多少、多长时间购买一次等）对所建立的客户模型中用来描述客户行为的主要变量进行参数评估，来求出客户的购买概率，进而结合 DCRM 的动态特性及客户与公司之间的随机博弈过程，采用随机博弈及 ESDP 联合求解的办法来进行解决。通常的思路是先对所分析问题解的存在性及唯一性进行证明，存在性的证明通过随机博弈中马尔可夫完美均衡（Markov-perfect Equilibrium,

MPE）存在性定理：当状态空间可数及行动的数量有限时，随机博弈中存在马尔可夫完美均衡而得出[18]。唯一性的证明要用到可评估的结构动态规划的内容，然后给出相应的算法，最终达到对该问题求解的目的。这些解包括客户的价值函数、公司的 CLV 函数及最优营销组合策略。

4.3.4　动态客户关系管理的模型及应用

对超市的客户关系管理来说，可以从以下三种情况来进行分析：①不带有购买金额的 DCRM 模型；②带有购买金额的 DCRM 模型；③带有回报计划的 DCRM 模型。建模时的主要假设为：客户与公司之间拥有的信息是完全的；如果客户制定购买决策时，其购买的总效用（当期效用与当期行为对未来的效用之和）要大于不购买的总效用[19]。对于第一种模型来说，是相对简单却比较实用的模型，这种情况针对的是消费者进行购买时不存在量的选择，只存在购买与否的选择，并且假定客户每次只购买一件产品；对于第二种模型来说，是在第一种模型上的扩展，也就是说消费者在进行购买时，不但要决定是否购买，还要决定购买多少；第三种情况是对第二种模型的扩展，也就是在考虑购买金额的情况下，还要考虑回报计划对客户行为及公司行为的影响，得出的不但是最优的营销组合策略，还有最优回报计划的结构因素。

（1）不带有购买金额的 DCRM 模型及应用

1）客户行为模型

客户的目标函数是时间范围的一个期望的折现效用：

$$E\left(\sum_{t=1}^{\infty}\delta_c^{t-1}u_{it}d_{it}\right) \tag{4-39}$$

式中，δ_c 是客户的贴现因子；u_{it}是在第 i 个客户第 t 期从购买中获得的效用；d_{it}是一个表示反应的二元变量，其值为 1 时表示客户进行购买，为 0 时表示不购买。

客户的购买效用函数模型为：

$$u_{it}=\alpha+\beta_m m_{it}+\beta_p p_{it}+\beta_{1r}r_{it}+\beta_{2r}r_{it}^2+\beta_f\ln\left(f_{it}+1\right)+\varepsilon_{it}=\bar{u}_{it}+\varepsilon_{it} \tag{4-40}$$

其中，m_{it}和 p_{it}为公司的营销策略，m_{it} 表示公司对客户的发信策略（沟通策略），定义如下：

$$m_{it}=\begin{cases}1 & \text{如果 } t \text{ 时刻给客户 } i \text{ 发信}\\ 0 & \text{否则}\end{cases}$$

p_{it}为公司的价格策略，定义如下：

$$p_{it}=\frac{p_{it}-p_0}{p_0} \tag{4-41}$$

即在第 t 期给第 i 个客户提供的价格 p_{it}与原价 p_0 相比的变化率。

r_{it}和 f_{it}是描述客户状态的变量，来自于营销学术界中的 RFM 分类法，分别表示客户的流失时间和连续购买次数。

第 t 期客户的价值函数为：

$$V_{it}\left(S_{it}\right)=\begin{cases}\bar{u}_{it}+\delta_c EV_{i,t+1}\left(S_{i,t+1}\mid d_{it}=1\right)+\varepsilon_{it} & \text{如果 } d_{it}=1\\ \delta_c EV_{i,t+1}\left(S_{i,t+1}\mid d_{it}=0\right) & \text{如果 } d_{it}=0\end{cases} \tag{4-42}$$

$$EV_{it}(S_{it}) = \text{Prob}_{it}(d_{it}=1 \mid S_{it}, m_{it}, p_{it}) \times [\bar{u}_{it} + \delta_c EV_{i,t+1}(S_{i,t+1} \mid d_{it}=1)] + \text{Prob}_{it}(d_{it}=0 \mid S_{it}, m_{it}, p_{it}) \times \delta_c EV_{i,t+1}(S_{i,t+1} \mid d_{it}=0) + \phi\{\delta_c [EV_{i,t+1}(S_{i,t+1} \mid d_{it}=0) - EV_{i,t+1}(S_{i,t+1} \mid d_{it}=1)] - \bar{u}_{it}\} \quad (4-43)$$

客户反应（购买）的概率为：

$$\text{Prob}_{it}(d_{it}=1 \mid S_{it}, m_{it}, p_{it})$$

$$= \text{Prob}_{it}[\bar{u}_{it} + \delta_c EV_{i,t+1}(S_{i,t+1} \mid d_{it}=1) + \varepsilon_{it} > \delta_c EV_{i,t+1}(S_{i,t+1} \mid d_{it}=0)]$$

$$= \phi[\bar{u}_{it} + \delta_c EV_{i,t+1}(S_{i,t+1} \mid d_{it}=1) - EV_{i,t+1}(S_{i,t+1} \mid d_{it}=0)] \quad (4-44)$$

式中，ϕ 为标准正态累积分布函数。

2）公司行为模型

第 i 个客户第 t 期的购买决策为公司带来的当期利润为：

$$\pi_{it}(S_{it}, m_{it}, p_{it}) = R(p_{it}) \times \text{Prob}_{it}(d_{it}=1 \mid S_{it}, m_{it}, p_{it}) - c \times m_{it} \quad (4-45)$$

式中，r_0 是采用原价时相对于原价的毛利率；c 是单位发信成本；$R(p_{it})$ 表示公司在采用 p_{it} 价格策略时，可获得的利润，如下式所示：

$$r_0 = \frac{P_0 - C}{P_0} \quad (4-46)$$

式中，C 为商品的进价。

$$R(p_{it}) = P_{it} - C = P_0 \times (p_{it} + r_0) \quad (4-47)$$

于是，第 i 个客户从第 t 期开始为公司创造的最大利润函数为：

$$CLV_{it}(S_{it}) = \max_{m_{it}, p_{it}}\{\pi_{it}(\mid S_{it}, m_{it} p_{it}) + \delta[\text{Prob}_{it}(d_{it}=1 \mid S_{it}, m_{it}, p_{it}) \times CLV_{i,t+1}(S_{i,t+1} \mid d_{it}=1) + \text{Prob}_{it}(d_{it}=0 \mid S_{it}, m_{it}, p_{it}) \times CLV_{i,t+1}(S_{i,t+1} \mid d_{it}=0)]\} \quad (4-48)$$

式中，δ 是公司的贴现因子（取 0.991，也就是 10% 的年贴现率）。

3）求解公司最优营销组合策略的算法

这里采用随机博弈及 ESDP 联合求解的方法，由于所提出的模型相对于最优邮寄策略模型只是改变了客户及公司的决策空间，所以并不改变该模型解的存在性及唯一性的性质。具体算法为：

第 0 步：设定初值，对于所有的状态变量都设定利润函数 $CLV_{i,t+1}(S_{i,t+1})$ 及价值函数 $EV_{i,t+1}(S_{i,t+1})$ 为 0，设定收敛指标 $\eta > 0$。

第 1 步：用式（4-42）分别计算出客户 i 在状态 $S_{it}(r_{it}, f_{it})$ 对公司营销组合策略 $D_{it}(m_{it}, p_{it})$ 的反应概率 $\text{prob}_{it}(d_{it}=1 \mid S_{it}, m_{it}, p_{it})$。

第 2 步：用式（4-41）来计算出客户 i 在状态 $S_{it}(r_{it}, f_{it})$ 的价值函数 $V_{it}(S_{it})$。

第 3 步：用式（4-47）来计算来自客户 i 的最大的期望 $CLV_{it}(S_{it})$，及相应的最优营销组合策略 $D_{it}^{*}(S_{it})$。

第 4 步：用式（4-42）通过使用第 3 步计算出的最优营销组合策略来计算客户 i 在状态 S_{it} 的期望未来价值 $EV_{it}(S_{it})$。

第 5 步：终止标准，令 $d_1 = EV_{i,t+1} - EV_{it}$ 及 $d_2 = CLV_{i,t+1} - CLV_{it}$，如果 $d'_1 d_1 + d'_2 d_2 < \eta$，就停止，否则令 $EV_{i,t+1} = EV_{it}$，$CLV_{i,t+1} = CLV_{it}$，然后回到第 1 步。

这样，可以在无限的时间范围内得到既使 *CLV* 最大又使效用最大的营销组合策略。

4）模型的评估及应用

将该模型用于一个超市的数据库中，所采集的数据集来自一个超市集团的长期客户 2000 年 6 月至 2002 年 12 月的购买历史数据。该商品全年消费且在销售上没有很大的季节波动，将 2000 年 5 月第一次购买该商品的客户作为研究对象，得到 580 个客户所有的购买历史。平均每次发信的成本为 0.20 元，公司采取的价格有 3 个等级：23 元（进价）、24 元、25 元（原价），从动态模型的参数评估可以得出如下的启发：发信如期望的那样，产生一个小的但对增加反应概率有比较显著的影响；价格如期望的那样，产生小的但对减少反应概率比较显著的影响；流失时间的影响趋势呈 U 形（如图 4-1 所示），连续购买次数的影响趋势大致呈对数曲线（如图 4-2 所示）。

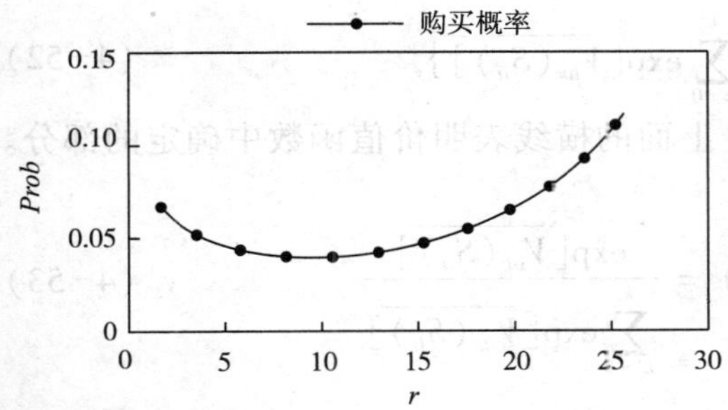

图 4-1　r 与反应概率（*Prob*）之间的关系

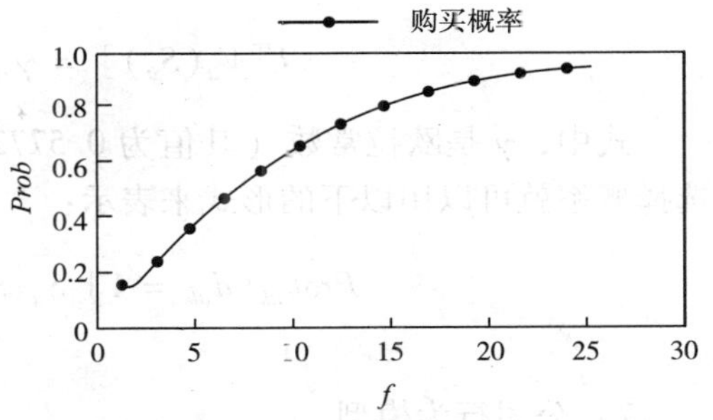

图 4-2　f 与反应概率（*Prob*）之间的关系

这也验证了效用函数中关于 r、f 的假设，另外，也驳斥了两个变量在效用函数中是单调递减或单调递增的形状。

通过对实施最优营销组合策略前后的利润比较，可以得出在实施最优营销组合策略后，30 期内这些客户为公司所创造的期望利润将变为 3520 美元，远远超过原来策略所带来的实际利润 2876 美元，公司的利润增加 22%。

（2）带有购买金额的 DCRM 模型及应用

1）客户行为模型

在描述客户的状态空间时，如果除了流失时间及连续购买次数两个变量外，还考虑客户每次购买的金额，那么客户的状态空间就变为 $S_{it}=\{r_{it}, f_{it}, M_{it}\}$，增加的购买金额变量定义为客户每次购买的金额，假设购买级别变量 k 为少、中、大量购买，则其状态转移如式（4-49）所示：

$$M_{i,t+1}=\begin{cases}0 & 如果\ d_{it0}=1\ （不购买）\\ 1 & 如果\ d_{it1}=1\ （少量购买）\\ 2 & 如果\ d_{it2}=1\ （中量购买）\\ 3 & 如果\ d_{it3}=1\ （大量购买）\end{cases} \tag{4-49}$$

$M_{i,t+1}$ 是将第 i 个客户第 t 期的购买量 B_{it} 离散化后的级别作为 $t+1$ 期的状态，于是客户的购买效用函数就变为：

$$
u_{itk} = \begin{cases} 0 & \text{如果 } d_{it0} = 1 \\ \alpha_k + \beta_{mk} m_{it} + \beta_{pk} p_{it} + \beta_{1rk} r_{it} + \beta_{2rk} r_{it}^2 + & \\ \beta_{fk} \ln(1 + f_{it}) + \beta_{Mk} M_{it} + \beta_{M-sq,k} M_{it}^2 + \varepsilon_{itk} & \text{如果 } d_{it0} = 0 \end{cases} \tag{4-50}
$$

式中，ε_{itk} 表示未观察到的误差项。

客户第 t 期的价值函数 V_{itk}（S_{it}），即：

$$
V_{itk}(S_{it}) = u_{itk} + \delta E\{V_{i,t+1}(S_{i,t+1} \mid d_{itk} = 1)\} \tag{4-51}
$$

除了增加状态空间以外，与原模型的另一个不同是对于误差项的假设不是原来的正态分布，而是Ⅰ型极值分布的假设，原因是多元的概率单位积分的计算在选择个数超过 3 个或 4 个的时候比较麻烦。于是式（4－52）中的期望指标函数右边的一项可以近似地表示为：

$$
E[V_{it}(S_{it})] = \gamma + \ln\{\sum_{k=0}^{k} \exp[\overline{V_{itk}(S_{it})}]\} \tag{4-52}
$$

式中，γ 是欧拉常数（其值为 0.577216），上面的横线表明价值函数中确定的部分。选择概率就可以用以下的形式来表示：

$$
Prob_{itk}(d_{itk} = 1 \mid S_{it}, m_{it}, p_{it}) = \frac{\exp[\overline{V_{itk}(S_{it})}]}{\sum_{k'=0}^{k} \exp[\overline{V_{itk}(S_{it})}]} \tag{4-53}
$$

2）公司行为模型

由于增加了 M 这一变量，公司的行为模型有所改变，第 i 个客户第 t 期的购买决策为公司带来的当期利润为：

$$
\pi_{it}(S_{it}, D_{it}) = \sum_{k=0}^{3} Prob_{it}(d_{itk} = 1 \mid S_{it}, D_{it}) \times (A_k \times r_1 - Cs) - Cm \times m_{it} \tag{4-54}
$$

其中，A_k 表示客户进行 k 级购买时所对应的平均购买量；Cs 为客户每进行一次购买的服务成本；Cm 为给客户发信的成本；r_1 是采用现价 P_t 时相对现价的毛利率，其表达式为：

$$
r_1 = \frac{(p_{it} + r_0)}{1 + p_{it}} \tag{4-55}
$$

其中，r_0 是采用原价 P_0 时相对原价的毛利率；C 为进价。

于是，第 i 个客户从第 t 期到未来为公司创造的最大利润函数为：

$$
\begin{aligned} CLV_{it}(S_{it}) = \max_{D_{it}}\{\pi_{it}(S_{it}, D_{it}) + \delta \times [\sum_{k=0}^{3} Prob_{it}(d_{itk} = 1 \mid S_{it}, D_{it}) \\ \times CLV_{i,t+1}(S_{i,t+1} \mid d_{itk} = 1, S_{it})]\} \end{aligned} \tag{4-56}
$$

这样就可以针对所建模型进行最优组合策略的求解。

3）模型的评估及应用

通过将该模型用于一个超市的数据库中，所采集的数据集来自一个超市集团的长期客户一年内购买某种商品的历史数据，该商品全年消费且在销售上没有很大的季节波动，选择一年里购买次数超过 3 次的客户，得到 560 个样本（所观察的时间以月为单位，若某月客户超过一次购买，则客户当月的购买量为在本月各次购买量之和）的购买历史。通过对数据的统计，客户进行少量购买的平均金额为 208.5 元，中量购买为 328.3 元，大量购买为 786.7 元。平均来说，这 560 个客户每年收到邮寄的商品信息的次数为 3 次左右，通过参数的评估及最优营销策略的计算，公司在实施最优营销组合策略前后的利润以及单个客户的 *CLV* 的比较如表 4-9 所示。可以看出，在实施最优营销组合策略后，12 个月内这些客户为公司所创造的期望利润将变为 200119 元，远远超过原来策略所带来的实际利润 165812 元，公司的利润增加 20.7%，通过实施最优的营销组合策略，单个客户的 *CLV* 也由实施前的 296 元增长到 357 元。

表 4-9　实施最优营销组合策略前后的利润的比较

公司的营销策略	原公司营销策略	最优营销组合策略
公司利润/元	165812	200119
单个客户的 *CLV*/元	296	357

参 考 文 献

[1] 陈元志，夏健明．供应链管理战略模型的建立与运作 [J]．财经研究，2004，30 (3)：75-84.

[2] 沈厚才，陶青，陈煜波．供应链管理理论与方法 [J]．中国管理科学，2000，8 (1)：1-9.

[3] 徐麟文．集成化供应链绩效评价 [J]．商业研究，2004 (4)：49-51.

[4] 李玉龙．供应链视角的合作伙伴关系管理问题研究 [D]．辽宁大学，2009.

[5] 李阳珍．供应链战略合作伙伴关系研究 [D]．西南交通大学，2004.

[6] 雷勋平，吴金南．制造商与供应商建立合作伙伴关系的两阶段博弈分析 [J]．哈尔滨理工大学学报，2009，14 (1)：120-122.

[7] 刘昌贵，但斌．供应链战略合作伙伴关系的建立与稳定问题 [J]．软科学，2006，20 (3)：60-63.

[8] 李纯青，赵平，徐寅峰．动态客户关系管理的内涵及其模型 [J]．管理工程学报，2005，19 (3)：121-126.

[9] Mosavi S A. A Survey on the Relationships between Customer Satisfaction, Image, Trust and Customer Advocacy Behavior [J]. African Journal of Business Management, 2012, 6 (8).

[10] 郑红明．企业客户关系管理分析 [J]．区域经济评论，2004 (3)：26-27.

[11] 李纯青，徐寅峰．带有回报计划的超市 DCRM 模型构建与实证分析 [J]．管理工程学报，2004，18 (2)：85-89.

[12] 何振绮，陈燕．客户关系管理与供应链管理系统整合模式研究 [J]．物流技术，2007，26 (9)：83-85.

[13] Phan D D, Vogel D R. A Model of Customer Relationship Management and Business Intelligence Systems for Catalogue and Online Retailers [J]. Information & Management, 2010, 47 (2): 69-77.

[14] 许治华．客户全生命周期价值建模及客户价值最优投入策略研究 [D]．西安电子科技大学，2008.

[15] 李纯青，徐寅峰，董铁牛．带有回报计划的动态客户关系管理模型及实验应用分析 [J]．运筹与管理，2004，13 (1)：27-32.

[16] 张晓琳．本土连锁超市客户关系管理探析 [J]．商业经济，2011 (2)：39-41.

[17] 张冶，杨爽，李广翱，等．基于电力客户行为分析的差异化互动服务管理研究 [J]．电气应用，2015 (S1).

[18] 蒋承，赵晓军．马尔可夫完美均衡的计算方法研究 [J]．世界经济文汇，2008 (4)：64-75.

[19] 姜方桃，张琪．供应链管理环境下的连锁超市客户关系管理 [J]．金陵科技学院学报：社会科学版，2013，27 (3)：13-16.

第 5 章　供应链流程重组优化模型

当前，信息技术和供应链管理的发展为我国企业提高自身的核心竞争力带来了发展机遇，但同时也带来了问题，即企业中原始的、传统的管理模式和组织业务流程成为提升企业核心竞争力的主要障碍。消除这一障碍的有效途径之一是企业进行以供应链为依托的核心业务流程重组。

5.1　供应链流程重组概述

5.1.1　业务流程重组基本思想

业务流程重组（Business Process Reengineering，BPR）由美国麻省理工学院企业管理大师 Michael Hammer 教授于 20 世纪 90 年代率先提出，即“从根本上重新思考并彻底重新设计业务流程，以实现在关键业绩上（如成本、质量、服务和响应速度）取得突破性的进展[1]。”BPR 思想是以流程管理为重心，实现组织为流程服务的思想，使企业真正以客户为中心、以高质量的产品、服务为手段，建立快速响应体系，大幅度提高企业在市场中的竞争力[2]。流程重组的目的是提高企业整个流程的效率，更好地满足客户的需要，在新的环境中获取新的竞争优势。

BPR 思想的问世，很快受到学术界和企业界的密切关注，至今仍是管理界的热点问题之一。BPR 以业务流程为中心，以基本职能为线索，合理应用信息技术，从根本上重新思考、分析、重构业务流程。它打破了传统的组织分工理论和旧的组成结构，提倡面向顾客、快速反应、组织变通和员工授权，以期在产品的成本、质量、顾客满意度、新技术等关键方面处于优势地位[3]。BPR 吸收了价值工程的思想，通过重组减少或消除不具有增值的活动，并按照一定的流程组成流程团队。信息技术在 BPR 中扮演着重要角色，通过 Intranet/Internet 实现企业的内外部资源共享，根据彼此认可的协议，主动协作地实现经营目标[4]。

5.1.2　供应链业务流程重组步骤

实施供应链业务流程重组一般要经历以下三个阶段[5]：

第一阶段，确定需要重组的业务流程。企业的业务流程直接影响企业的竞争力，通过与竞争对手在成本、质量、交货期、服务、技术含量等方面的比较，寻找影响竞争力的因素，从因素出发追溯决定该因素的业务流程，对比竞争对手相关业务流程的效率、工作方法、人员配比等以发现不合理的业务流程。

第二阶段，职能解析。企业的经营活动由一些基本职能所构成，为实现基本职能，企业需要进行一系列活动。为了对这一系列活动进行有效的协调和控制，就产生了组织结构和管理职能。职能解析的目的就是确定重组后的组织结构所应具备的基本职能，并将企业的管理职能分解为具体的业务活动和决策活动。收集企业的业务资料进行解析，以得到原有企业有效的基本职能，增加所需的新的基本职能，对两者加以合并，得到重组后企业组织结构应具备的基本职能，对重组后的企业基本职能进行分析，取消重复的或不必要的活动，简化复杂、耗时的活动，合并相关的活动。在管理过程重构完毕后，还要采取类似方法，进一步分析修正。

第三阶段，管理过程重组。企业的管理过程可看作是流程网络结构形式，进行组织结构重组，要通过对流程网络结构的分析与调整来达到进行管理过程重构的目的。将管理过程划分成若干子过程，分别绘制流程网络，再将管理子过程进行汇总叠加，得到原有管理过程的流程网络结构，确定重组的优化目标，采用 ESCRI 方法（Eliminate 取消，Simplify 简化，Combine 合并，Rearrange 重排，Increase 新增），优化流程网络结构图中的子过程，并进行重构。在此基础上绘制新的流程网络结构图，再重复以上步骤，直到得到满意的流程网络结构图为止。

5.2　供应链参考模型（SCOR）简介

SCOR（Supply Chain Operation Reference Mode1）由美国供应链协会（SCC）于 1996 年发布[6]，是第一个标准的供应链参考模型和供应链的诊断工具。它几乎涵盖了所有的行业，它的基本概念来源于三个方面：业务流程重组分析、标杆管理和最佳实践分析。SCOR 提供了全面准确地优化各种规模和复杂程度的供应链所必须的方法[7,8]。

SCOR 是第一个标准的供应链流程参考模型，其基本思路是将业务流程重组、标杆管理及最佳业务分析集成为多功能一体化的模型结构，是供应链的诊断工具，它涵盖了所有行业。SCOR 使企业间能够准确地交流供应链问题，客观地评测其性能，确定性能改进的目标，并影响今后供应链管理软件的开发。流程参考模型通常包括一整套流程定义、测量指标和比较基准，以帮助企业开发流程改进的策略。SCOR 不是第一个流程参考模型，但却是第一个标准的供应链参考模型。SCOR 模型主要由四个部分组成：供应链管理流程的一般定义，对应于流程性能的指标基准，供应链“最佳实施”（Best Practices）的描述以及选择供应链软件产品的信息[9]。

5.2.1　SCOR 模型的结构框架

SCOR 模型的框架由 5 个基本的管理流程组成，分别是计划、采购、生产、配送和退货管理流程，每个流程都有相应的支持系统[10]。它将企业流程重组、标准化和流程测评的概念结合成一个交叉功能的框架，主要包括：管理流程的标准化描述；标准流程间的关系框架；流程绩效评估的标准；创造最优绩效的管理实践；对于特征和功能的标准化整合。

通过定义供应链管理流程，并且配以最优的实践、基准绩效数据和优化软件应用程序，SCOR 模型为制造业提供了一套强有力的改善供应链绩效的工具。SCOR 模型结构框架如图 5-1 所示。

（1）计划

计划是指对企业的整体和部分进行合理规划和安排，来平衡需求和供应。在整个供应

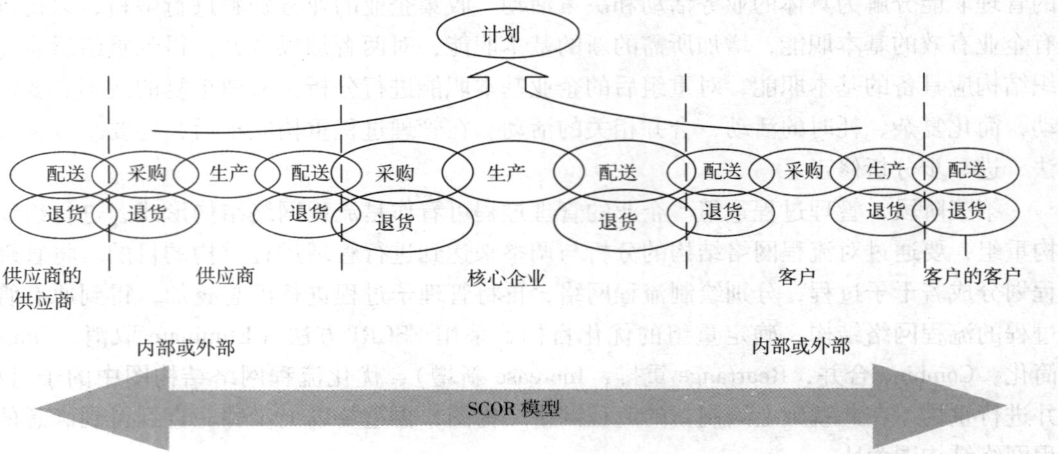

图 5-1　SCOR 模型结构框架

链流程中，计划的目的是规划和建立一套有效的供应链流程。供应链计划可以规划企业的总体生产能力、库存计划、销售计划、制定制造或采购决策、产品的开发和产品生命周期的制定以及生产线管理、规划企业的整体供应链配置。

（2）采购

采购是根据生产计划或需求来进行获取物流和服务的活动。采购的主要流程包括寻找供应商、材料接收、清点材料、检验、保存和发放、供应商合同管理、货款支付等。

（3）生产

生产（或制造）是指产品生产过程中物料的接收、产品的生产和产成品的包装等增值活动，以及生产流程和配套生产设备的管理。

（4）配送

配送是指对产品进行订单管理、仓库管理、运输和装配管理。

（5）退货

退货是指由于各种原因的原材料和产品的退回。原材料退货是将原材料及相关材料退回给供应商，产品退货是指将产品回收的作业。

5.2.2　SCOR 模型的层次结构

SCOR 模型根据流程定义将供应链整体结构从纵向划分为四个层次，分别为最高层、配置层、流程要素层和执行层[11]，其层次结构如图 5-2 所示。

（1）最高层

最高层也称为流程类型层，主要是从战略角度出发明确 SCOR 模型的覆盖范围和包涵的基本流程，以及相应的评价指标体系。顶层主要是描述了计划、采购、生产、配送和退货五个基本流程。

（2）配置层

配置层也称为流程细目层，是由 26 种核心流程类型组成，其按照企业运营模式对顶层元素进行分解，企业可以根据自身特点，选择配置层的相关单元进行供应链的构建。各

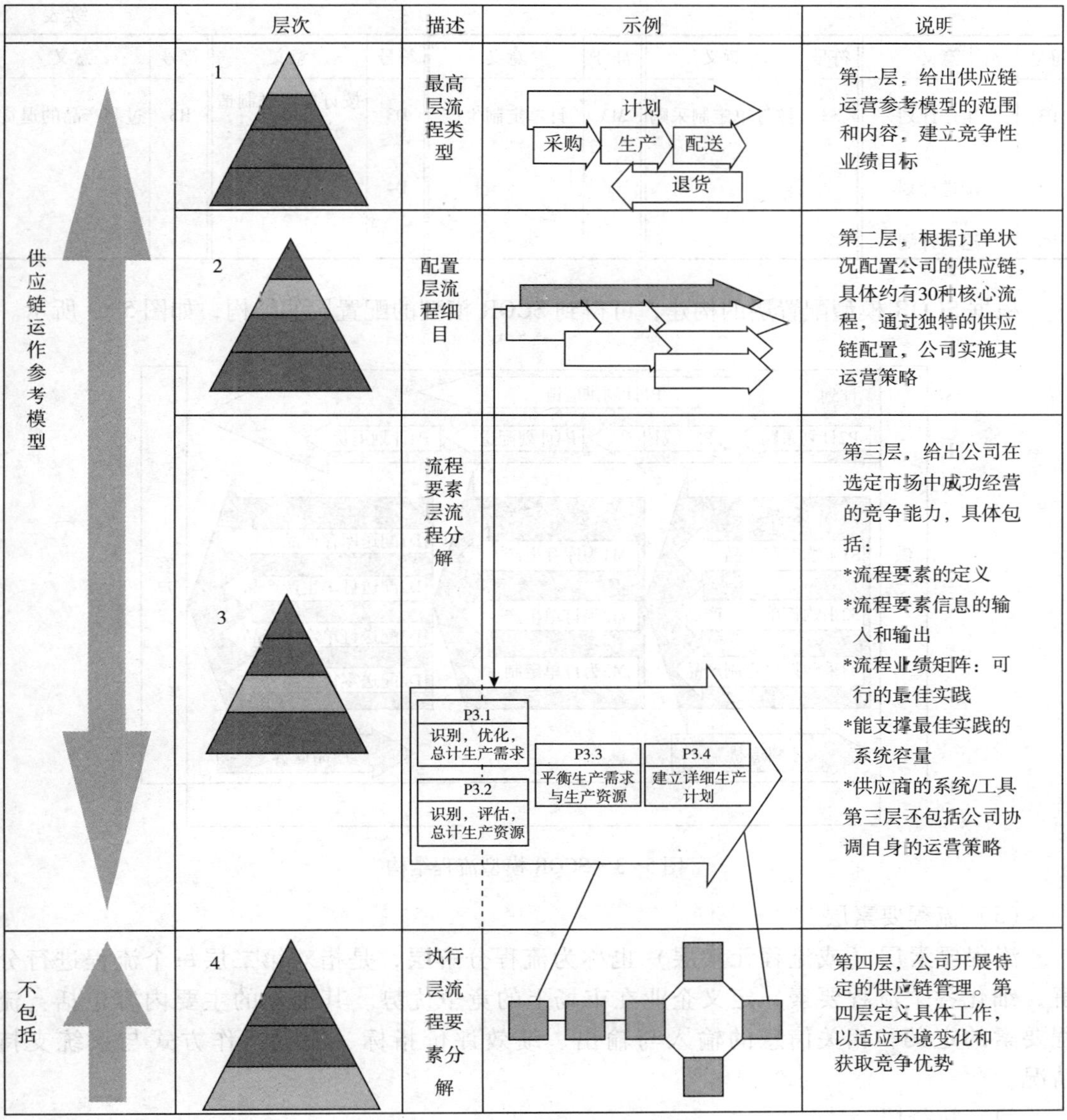

图 5-2　SCOR 模型的层次结构图

个流程标示都采用了统一的标准符号，如表 5-1 所示。

表 5-1　SCOR 模型符号及表示意义

符号	意义	符号	意义	符号	意义	符号	意义	符号	意义
P	计划	S	采购	M	制造	D	配送	R	退货
P1	总计划	S1	按库存采购	M1	按库存生产	D1	按库存制造产品的配送	R1	损坏产品的退货
P2	采购计划	S2	按计划采购	M2	按计划生产	D2	按计划制造产品的配送	R2	维护、维修及待检产品的退货

续表

符号	意义	符号	意义	符号	意义	符号	意义	符号	意义
P3	生产计划	S3	按订单定制采购	M3	订单定制生产	D3	按订单定制制造产品的配送	R3	过剩产品的退货
P4	配送计划					D4	按零售需求的配送		
P5	退货计划								

根据 SCOR 模型配置层的构建，可得到 SCOR 模型的配置层的结构，如图 5-3 所示。

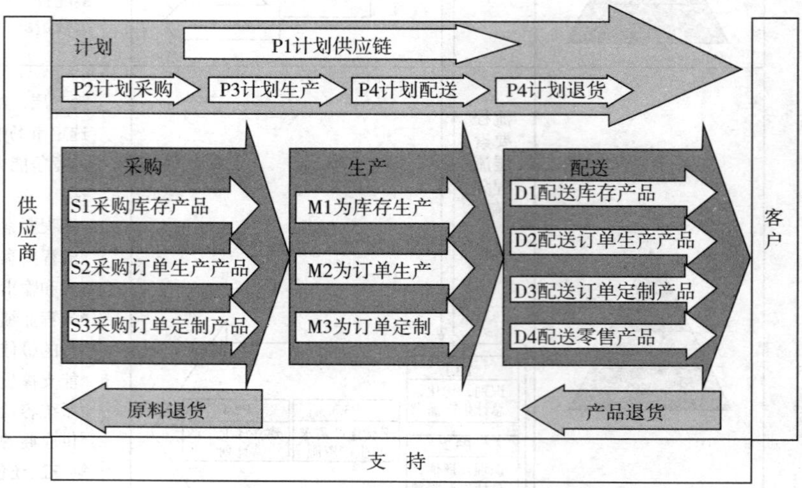

图 5-3　SCOR 模型流程结构

（3）流程要素层

流程要素层（或流程元素层）也称为流程分解层，是指对第二层每个流程进行分解，细化各个流程要素，定义企业在市场上的竞争优势。其细化的主要内容包括：流程要素的定义和相关信息的输入与输出、绩效评价指标、流程运作方式与系统支持情况。

（4）执行层

SCOR 模型的第三层以下可能会有更多层次，这些层次都是执行层。当企业需要进行特殊的供应链流程改造时，可以根据自身需求对执行层进行定义，因为各个企业的情况不同，所以行业中对执行层没有统一规定。

5.2.3　SCOR 模型的供应链度量指标

对于 SCOR 模型的每一层的每一个过程都有明确定义的业绩表现衡量指标，第一层的衡量指标如表 5-2 所示。供应链业绩表现的特征分为可靠性、反应能力、柔性、成本、资产利用率几个方面[12,13]。将企业衡量指标与 SCOR 记分卡相结合，与行业一般水平、先进水平及企业的目标水平相比较，用于供应链差距分析和标杆管理。SCOR 模型的每一个标准过程都给出可以相比较的最佳业绩表现特征。

表 5-2　SCOR 模型的第一层度量指标

性能特征	性能特征定义	第一层衡量指标
供应链配送可靠性	正确的时间将正确的产品以正确的质量并完整的文件资料、正确的包装和放置条件送达正确的地点、交给正确的客户的能力	配送性能 完成率 定单的完好履行率
供应链的反应	供应链将产品送达到客户的速度	定单完成提前期
供应链的柔性	供应链面对市场变化获得和维持竞争优势的灵活性	供应链响应时间 生产的柔性
供应链成本	供应链运营所耗成本	产品销售成本 供应链管理总成本 增值生产率 质量保证成本/退货处理成本
供应链资产和利用率	组织为满足需求有效利用资本的能力	现金周转时间 库存供应总天数 净资产周转次数

5.2.4　SCOR 模型的具体实施

SCOR 模型的供应链流程重组过程一般分为四个阶段[14,15]：

第一阶段是分析现状，应用 SCOR 模型进行供应链流程和绩效管理系统诊断，具体分析目前的经营组织框架、流程描述和目前的衡量指标，选取现有流程和 SCOR 标准流程之间的差异，以及选取衡量指标和要达到的数值，找到现实的差距。

第二阶段是建立新的供应链，画出供应链的地理分布图，主要从供应链的物理分布入手，制作供应链物理分布的特点和详细说明，根据 SCOR 模型层次描述做出未来的供应链顶层流程、配置流程以及更细的流程。

第三阶段是流程绩效指标的建立和验证，根据 SCOR 模型绩效测量指标描述做出新的流程绩效测量体系，以信息流和工作流为重点，深入到现状分析，选取新的衡量指标和要达到的数值，找到新的差距。

第四阶段是实施阶段，落实人员、技术、资金、设备等条件，启动实施重组项目，检验改进的效果。实施过程中的各阶段有必要反复调整，如图 5-4 所示。

实施 SCOR 并不要求自动化的计算机辅助工具，但使用自动化工具能够加快工作进度，例如编辑过程图、数据挖掘和衡量准则分析、分散工作组基于网络的协作等。软件开发商提供一系列基于 SCOR 模型的计算机辅助供应链设计工具。

需要指出的是，SCOR 模型是一种有效的工具，类似于软件开发中的软件工程学方法。使用 SCOR 模型需要掌握系统的供应链知识基础[16]。供应链管理只是整个企业管理的一个方面。改进企业的供应链管理需要在正确的战略规划指导下进行，需要企业具有良好的管理基础和人员素质。根据 SCOR 框架，积极吸收和采用先进的供应链管理理念和方法，采用先进的供应链支持技术是必要的。

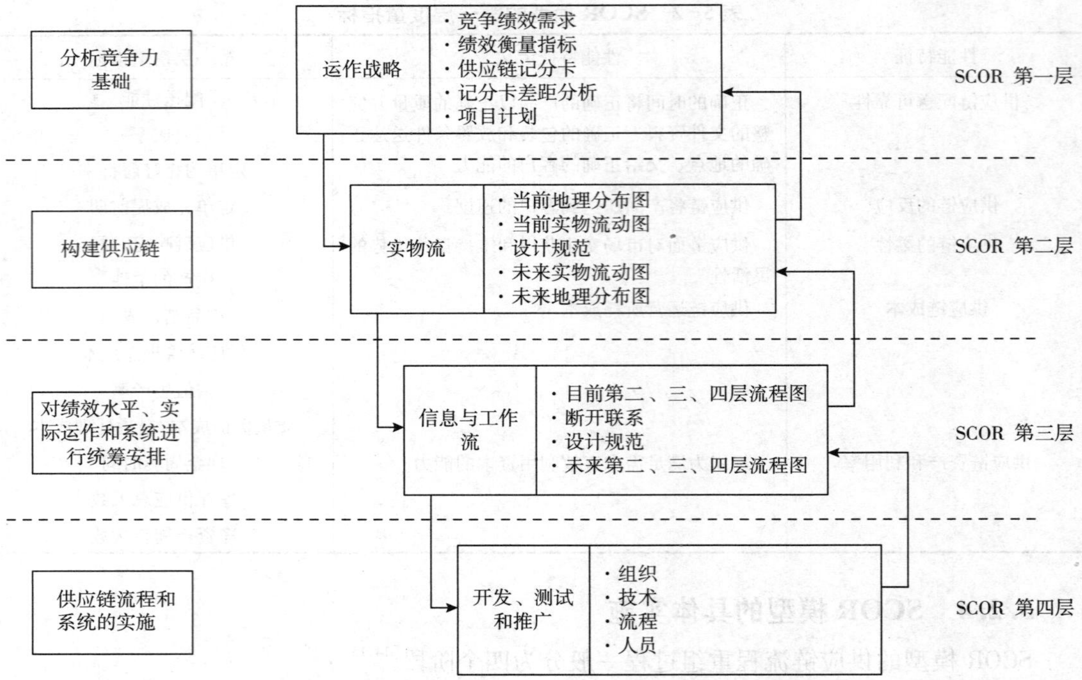

图 5-4 实施 SCOR 模型

5.3 基于 SCOR 模型的供应链流程重组建模（以 A 公司为例）

A 公司是由一家只有一条生产线的小作坊发展成为一家集研发、生产和销售于一体的国家知名企业，其主要产品分为 8 大类，而这八类又可以根据各种规格分为 100 多个品种。A 公司在近几年不断发展壮大的过程中，企业规模越来越大，企业相应的管理体制正处于新旧管理模式交替和摸索阶段，公司的供应链管理也尚处于摸索阶段，其供应链流程运行过程也暴露出很多弱点，主要表现为采购流程、生产流程、库存管理、销售流程以及企业组织结构与职能划分的不合理。

5.3.1 供应链流程重组的原则

在科技飞速发展的高科技时代，A 公司实施供应链流程管理必须提高其信息化程度，完善信息渠道，这样才可以保障供应链流程的顺利运行。快速、准确、有效的信息沟通是企业进行供应链流程重组的有效保证[17,18]。

为了保证 A 公司的供应链流程重组符合供应链管理思想和企业自身生产的需要，在其供应链流程构建过程中，将公司的“以客户为中心”的思想贯穿在整个流程改造过程中，而且在其内部供应链流程重组中必须遵循一定的原则。根据 A 公司的实际情况，制定其内部供应链流程重组的原则：

（1）战略性原则

企业实施供应链流程重组设计时，必须从企业的战略角度出发，有总体计划性，即进行供应链流程重组的目标与企业的战略规划方向相同。供应链流程重组的战略性还体现在其长远规划和可预见性。

（2）系统整合原则

供应链流程重组的目标是系统整体最优，而不是围绕单个流程进行改造，是保证整个流程的有效性，这就要求做到：

①简洁性。供应链的各个节点应该是简洁、有效的流程业务，而对于那些对供应链流程产生负面影响的环节进行清除、简化和重新整合，使供应链流程整体反应灵敏。

②互补性。供应链的各个节点都有自己的优势，在进行选择合作时都是择优选择，通过各节点的优势互补来实现资源互补，从而达到整个供应链流程优化重组。

③协调性。供应链流程管理最重要的就是供应链中的各节点之间的连接和合作，在各个方面协调一致，建立良好的合作伙伴关系，提高供应链流程的整体运作效率。

（3）动态性和创新性原则

供应链流程一直处于一个变化的环境中，随时可能出现各种不确定因素对供应链流程的运作产生影响，因此在供应链流程重组过程中，应该注意其动态性，使供应链反应灵敏，减少不确定因素带来的负面影响。由于供应链的动态性，需要企业不断进行创新，不断完善企业的供应链管理体制，确保供应链流程的正常运行。创新是企业永葆生机的源泉，企业只有不断地创新，才可以使自己在这飞速发展的时代保有竞争力。

5.3.2　内部供应链流程重组的思路

在对供应链流程重组建模过程中，以 A 公司为例进行分析。对 A 公司的内部供应链流程进行重组设计时，关键就在于应用 SCOR 的核心思想为 A 公司的内部供应链流程建立一个清晰的供应链流程框架，并根据现状问题和诊断分析，有针对性地改进存在问题的流程，以提高整个企业内部供应链流程的绩效[19]。根据企业的自身情况和 SCOR 模型的相关理论，对 A 公司内部供应链流程进行重组的思路如下：

首先，在 SCOR 模型的指导下构建 A 公司内部供应链流程的第一层，它是对 A 公司的内部供应链流程的总体结构框架进行构建，明确了 A 公司内部供应链流程覆盖的范围和内容，便于企业进行管理。

其次，对 A 公司内部供应链流程的第二层进行重组构建，也就是把第一层的基本流程类型扩展为相应的核心流程元素，A 公司结合自身特点选择核心流程元素，同时给出这些核心流程元素的具体含义。

然后，对 A 公司内部供应链流程的第三层进行重组构建，也就是将第二层的核心流程结合企业特点细化为相应的详细流程元素，并且在部分流程元素给出了第四层，并在这部分将相应问题落实到对应的流程元素进行优化改进，进而推动整个供应链的流程重组。

最后，根据上文构建的 A 公司的内部供应链流程重组模型对 A 公司的职能结构进行重组设计，并且根据 SCOR 模型的绩效评价的相关指导，结合企业自身特点，构建相关绩效评价指标体系，运用模糊三角函数对指标进行权重比较，对权重大的指标对应的环节进行重点管理。

5.3.3　供应链流程顶层的重组构建

A 公司其原有的供应链流程模糊不清，没有具体形成一个供应链流程管理的观念，这也是企业没有在战略地位上体现供应链管理的重要性，即 A 公司内部供应链流程的 SCOR 模型的顶层构建不清晰，然而供应链流程第一层的构建对于企业供应链流程的整体来说是十分重要的，因此首先从 A 公司内部供应链流程的顶层进行重组构建[20]。

由于 A 公司在其所在的供应链网中处于制造企业位置。根据 SCOR 模型的顶层定义中所描述的供应链运作的五个基本流程类型，可以明确 A 公司内部供应链流程的范围和内容，构建整体结构框架，根据 SCOR 模型构建 A 公司的供应链流程的顶层基本结构，如图 5-5 所示。

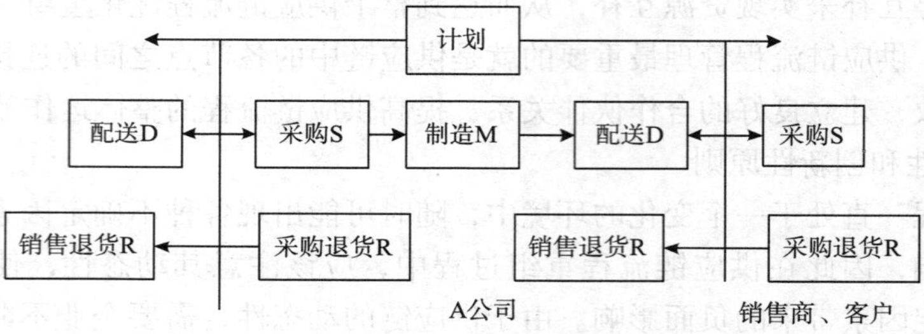

图 5-5　A 公司 SCOR 模型的顶层

根据图 5-5 可以看出，A 公司基于 SCOR 模型构建的顶层确定了 A 公司内部供应链流程的范围，明确了企业在供应链中所处的位置，并且指出其顶层的五个部分，即计划、采购、制造、配送、退货。其中针对于 A 公司来说，计划是指对整个供应链流程的计划，其他部分在计划的指导下实施；配送是指原材料从供应商到企业的配送和企业产品到客户的配送；采购包括企业对原材料的采购和客户对企业产品的采购；制造是指产品的生产；退货包括客户退货，还有企业向供应商退货，由于根据 A 公司的有关退货活动比较少，故未对退货这一流程进行详细重组设计。

5.3.4　供应链流程配置层的重组构建

对于 A 公司的 SCOR 模型的顶层构建之后，就要对其配置层进行构建。在 SCOR 模型中，其配置层就是对顶层的细分，即将顶层的五个基本流程根据企业自身的特点分成若干个小流程。根据 SCOR 模型和 A 公司的生产运作模式，构建出企业 SCOR 模型的配置层，如图 5-6 所示。

根据图 5-6 中 A 公司配置层的设计可以看出：在对配置层进行设计时，就是针对 A 公司的顶层流程进行细分[21]。图中计划层包括 P1 总计划，站在企业的战略层面指导采购计划 P2、生产计划 P3、配送计划 P4；P2 是指采购计划，指导 S1 和 S2 进行采购活动；P3 是指生产计划，主要是指导 M1 和 M2 进行生产活动；P4 是指配送计划，主要是指导 D1 和 D2 进行采购活动，而且还有 EP 支持整个计划层。采购层包括：S1 按库存进行采购，S2 按订单进行采购，ES 采购支持。制造层包括：M1 按库存进行生产，M2 按订单进行生产，EM 生产支持。配送层包括：D1 按库存配送，D2 按订单配送，ED 配送支持。退货层包括：DR1 按库存配送退货，DR2 按订单配送退货，SR1 按库存采购退货，SR2 按订单采购退货。通过以上五个层面将 A 公司的配置层完整的构建出来，各个层面相互连接，支持着整个供应链流程顺利运作。

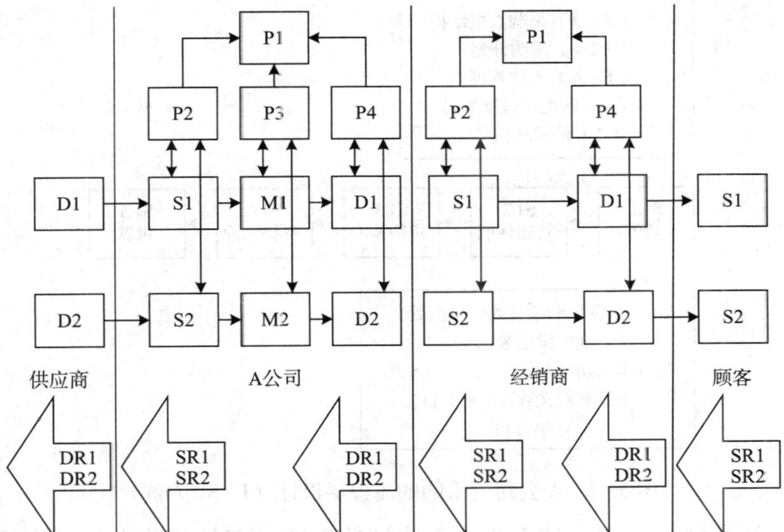

图 5-6　A 公司的配置层

5.3.5　供应链流程的流程层和部分实施层重组构建

通过在对 A 公司的供应链流程模型的顶层和配置层进行设计之后，就是对其流程元素层进行描述分析。在流程元素层，根据每一个流程所对应的具体作业进行描述分析，并且根据企业自身情况，构建合适的流程。在以下几节中，我们根据 A 公司的供应链现状问题和诊断分析来对企业的流程元素层进行重组设计，对一些流程的实施层进行构建[22]。

针对上一部分中 A 公司在供应链流程中存在的种种问题，我们在 SCOR 模型的基础上先构建出了 A 公司的部分供应链流程的流程层，以及有关流程元素的实施层，然后针对流程原来存在的问题，指出所在的流程层的相关环节并采取相应的改进措施。

(1) A 公司的采购流程的流程层构建和相关元素改进

1) A 公司的采购流程的流程层构建

采购流程是供应链流程中十分重要的一个环节，采购流程的好坏也直接影响到整个后序的供应链流程。在这个过程中，内外部供应链交互运行。采购流程管理的主要目的是整合企业内外部资源，满足企业生产运作需要。根据对 A 公司采购流程进行的诊断分析，识别出企业采购流程的无效作业、低效作业，改变企业原来采购流程混乱不清的现象，根据 SCOR 模型为企业构建出合适的采购流程。

采购流程是在采购计划的指导下进行采购活动，采购计划是在生产线上产品生产进度安排而产生领料需求，然后结合企业库存现状发出采购信息进行材料采购。A 公司的生产运作分为按库存生产和按订单生产两种方式。下面以按库存生产运作方式下的采购流程的流程层设计为例，如图 5-7 所示。

通过图 5-7 对 A 公司的采购的流程层进行构建，该图以按照库存采购进行，先是根据在生产进度安排和生产的领料信息基础上制定的采购计划进行采购，对货物进行交货安排 S1.1，然后货物接收 S1.2，货物到之后就是货物检验 S1.3，再就是将检验后的货物入

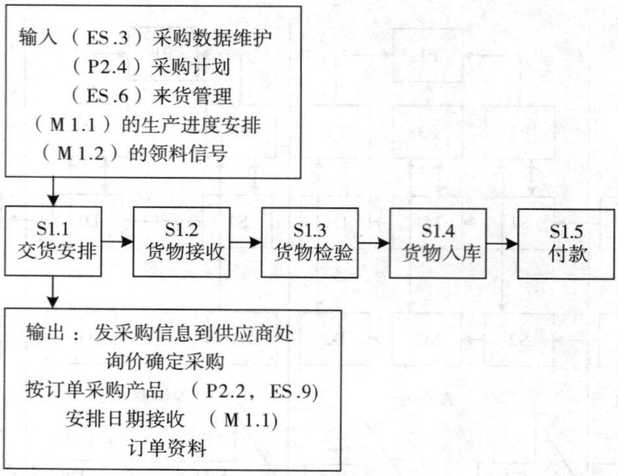

图 5-7　A 公司的采购的流程层设计（以 S1 为例）

库 S1.4，最后就是付款 S1.5。这五步对于按订单生产的产品采购也是一样的。将 A 公司的采购流程层进行上述构建之后，可以规范 A 公司的采购流程，有利于企业针对采购流程层的元素进行管理。

2）A 公司的采购流程的相关流程元素实施改进

对 A 公司的采购流程的流程元素层进行设计之后，企业的采购流程的各流程元素需要进行相应的改进，即对 SCOR 模型的第四层进行相关规范和改进，从根本上规范采购流程。针对采购流程的一些具体问题，在这提出具体改进方案。

针对供应链流程现状分析所发现的采购流程存在的问题，如原材料供应商选择问题、生产需求计划问题、供应商管理体系不完善、针对应急采购压力过大易导致采购成本上升等，采取以下改进措施：

①部分原材料供应商单一，虽然可以降低企业供应商的管理成本，但是企业也存在很大的风险。A 公司的主要原材料有乳胶、棉纱、染料、挂胶辅料，其中在部分挂胶辅料中存在单一的供应商，针对这种情况，可开拓发展供应商，充分了解该辅料市场状况，在保证产品质量基础上发展几个新的供应商。

②根据 SCOR 模型的流程诊断状况，可以发现 A 公司没有具体的总计划，相应的生产计划和采购计划流程也不清晰，这也直接导致企业的生产需求计划难以准确控制。在解决这个问题时，首先应该建立企业总计划，然后再根据市场相关预测来制定生产计划，根据生产计划和库存状况来制定企业新的采购计划。

③选择的供应商直接决定了整个采购流程，因此供应商管理体系的完善性是非常重要的，A 公司应该建立一个完善的供应商管理体系。针对公司生产量大，需要采购的原材料也多，在进行供应商选择时应结合企业的整体战略规划。在进行供应商选择时，根据企业建立的供应商相关评价指标来进行选择，而不单纯是价格和质量这两方面。其供应商评价指标包括产品价格、产品质量、交货及时性、生产运营状况等。企业进行评价之后选择最优供应商并和它建立长期稳定的战略合作伙伴关系。鉴于供应链的环境的多变性，企业应该不断完善其供应商管理体系，通过评价和相关措施来监督激励供应商。

④针对应急采购事件，企业应该先构建应急方案，减少采购压力，来应对企业遇到的突发采购情况。由于A公司的部分乳胶和挂胶辅料需要到国外采购，当其紧急需要时，会造成采购成本的升高，应该在国内寻找这些原材料的经销商，建立相关合作机制，以备原料采购的不时之需，从而降低企业采购成本，为企业获取更多的利润空间。

（2）A公司的制造流程的流程层和实施层构建

A公司由于产品种类繁多、生产线庞大，因此对其生产流程的安排要求较高。A公司生产过程是典型的流水线生产，不同型号的产品需要不同的产品模具，这样更加增加了生产流程的管理难度。面对这样复杂的状况，A公司的制造流程管理比较混乱，不能满足企业生产需要，经常造成订单不能按时交付。对A公司的制造流程进行重组设计的目的，是使企业的生产线能以最短的生产周期生产出客户所需求的产品，使生产成本达到最优状态，提高企业竞争力。

1）A公司的制造流程的流程层构建

对于一个制造型企业，其制造流程是它的核心流程，其公司的所有活动都围绕着制造生产这一活动进行。作为产品的加工厂，A公司的主要生产活动就是进行产品加工，其制造流程为流水线式的生产流程。根据SCOR模型，构建A公司的制造流程的流程层如图5-8所示。

图5-8　A公司的制造流程的流程层

根据SCOR模型，结合A公司的生产线特点，当接到的订单达到生产条件，就会生成相应的生产清单。生产清单主要包括需要生产的产品数量以及按照物料表需要的原料数量，这些活动都在制造流程M1.1安排生产活动内，M1.1对相关环节做好安排，为生产做准备。接下来是流程M1.2发料活动：根据生产清单进行原材料发放，并且依据原材料的使用情况及时更新库存信息。然后是执行制造流程的M1.3至M1.5，即进行生产和测试、对生产出的产品进行包装，包装之后就转移到仓库里了。在制造流程完成之后，就可以安排产品进行发货，执行配送层的有关环节了。制造流程的五个流程层元素，将整个生产流程贯穿在一起，也为公司划清了每个流程，方便管理。

2）A公司的制造流程的实施层构建

A公司是一个大型制造商，所拥有的生产线比较多，管理起来也比较复杂。对于生产计划进行合理安排到这些生产线上并且按照交货顺序的先后性满足客户交货要求是其主要目的。在进行生产安排时，会受到生产工艺、现有生产状况、物料状况、工序的生产能力等因素影响。由于A公司没有相关的总计划，其生产计划也模糊不清，主要原因也是企业难以及时捕捉到生产数据，企业没有相应的生产系统支持，对车间生产计划进行手工编制不可能那么全面，这也是导致其交货率低下的主要原因。因此，对于“M1.1安排生产活动”进行合理安排是十分重要的。

在制造流程中，制造流程的五个流程元素为企业的制造流程进行了划分和规范，只有将生产管理的基础框架的各个元素构建好，才可以有利于供应链的高效运作。针对A公司在 M1.1 存在的问题，首先应该明确企业生产的总计划，生产总计划的制定需要各方面的信息和数据支持，A 公司应该提高企业信息化水平，完善信息获取渠道，充分利用计算机和企业的 ERP 系统，改变其原来的手工编制计划，将 MRP 与 ERP 系统结合在一起，提高 M1.1 的整个实施层的运作效率。M1.1 安排生产活动的合理性，才可以使部门、车间、生产线和作业控制区之间相互配合，保证生产的高效快速运转，以便于企业进行有效管理。

重组后的 M1.1 安排生产活动的实施层包括以下具体流程：在后台自动运行 MRP 程序支持整个生产过程；根据客户的需求建立客户需求报表；在 MRP 的指导下，根据客户需求建立生产计划、生产线计划等；根据建立生产计划、上挂胶生产线计划、调胶计划和印花计划，打印生产产品胚工单、上挂胶生产线工单、调胶工单和印花工单；根据客户订单的需求优先级建立包装优先计划；打印包装计划；建立生产计划审核表。M1.1 安排生产活动的实施层如图 5-9 所示。

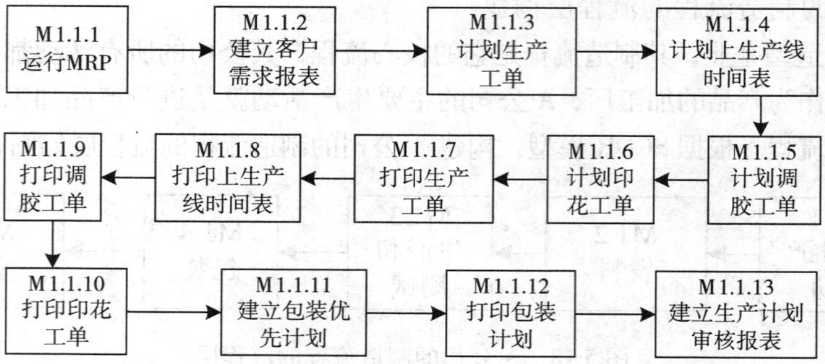

图 5-9 M1.1 安排生产活动的实施层

M1.2 是发料流程，根据现状分析可以看出，只有在发料流程中控制好物料的发放，才可以杜绝生产上的浪费。在发料流程重组的过程中，引入了看板管理来协助发料流程的顺利运行。看板管理是指在生产流程中的前一道工序作业完成后将其订货单“看板”取下，再定时将看板返送给后一道工序作为下一次订货信息的方法。在 A 公司建立拉动式生产系统，将其与看板管理相结合，从市场最终的需求出发，前道工序的生产是由后道工序下达生产指令，并且前道工序生产是按照后道工序要求的数量和时间进行生产的，而整个生产过程的实施也离不开看板管理，及时将信息传达给上道工序。看板管理可以有效地进行生产现场作业控制，看板上记载着生产数量和传送的数量、生产时间、交货期、放置场所等信息，从最终工序逐次向前工序追溯，对工序之间的在制品数量进行严格控制。

重组后的发料流程 M1.2 的实施层的具体操作包括：从生产开始，仓库将原材料发放到生产车间，挂胶、印花；在制品在相关生产线的转移；系统收货；看板更新，物料倒冲。M1.2 发料流程的实施层，如图 5-10 所示。

根据建立的制造流程的流程层的特点，其中 M1.3 到 M1.5 鉴于生产流程的连续性，故将这三个流程合并成一个流程并对其实施层进行描述。通过对这三个层的描述设计，可以使整个制造流程更加清晰明确。M1.3、M1.4、M1.5 流程关于生产与测试、包装和入库的具体操作步骤包括：根据生产计划进行生产，先是生产产品芯，转移到生产线上套产品芯，浸胶，烘干，脱模下生产线，对在制产品进行印花，对完成的产品进行检验，并把废

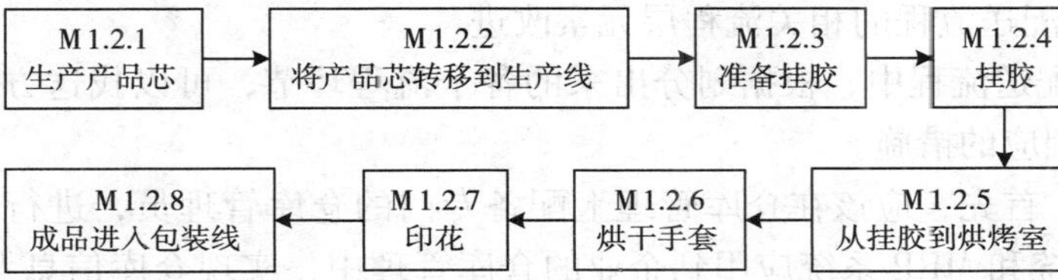

图 5-10　M1.2 发料流程的实施层

品进入疵品库，将成品进入包装区进行包装，成品完成进入成品库。M1.3、M1.4、M1.5 的实施层流程如图 5-11 所示。

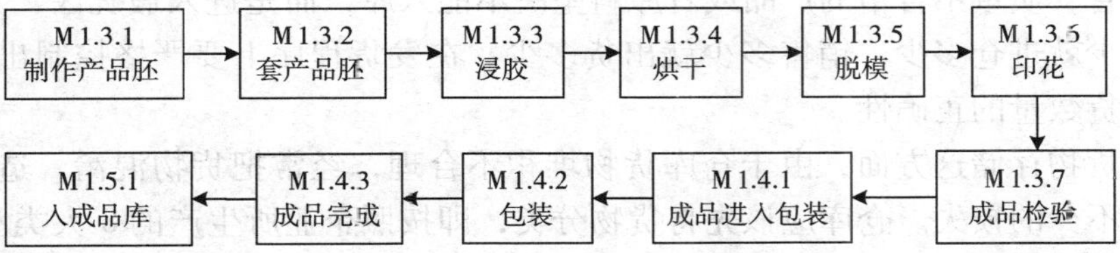

图 5-11　M1.3、M1.4、M1.5 的实施层

通过上述制造流程改进的相关建议，可以对 A 公司的制造流程进行优化改进，减少不必要的环节，提高企业产品生产率和货物交付率，减少生产成本，提高企业竞争力。

（3）A 公司的配送流程的流程层重组和相关元素改进

1）A 公司的配送流程的流程层重组

根据对 SCOR 模型的了解，SCOR 模型中的配送流程的流程层元素可以分为订单管理、运输管理、仓库管理。根据 SCOR 模型和 A 公司的配送流程特点，构建了其配送流程的流程元素层，具体流程包括：调查和报价；接收、输入、确认订单；备货并确定配送日期；订单合并；设计负载；设计配送路线；选择承运商；接收从生产线上下来的货物；按照订单进行拣货；进行运输货物包装；装载货物并且形成相应的运输文档；对货物进行运输；客户接收货物并进行验货；开具发票。A 公司配送流程的流程层如图 5-12 所示。

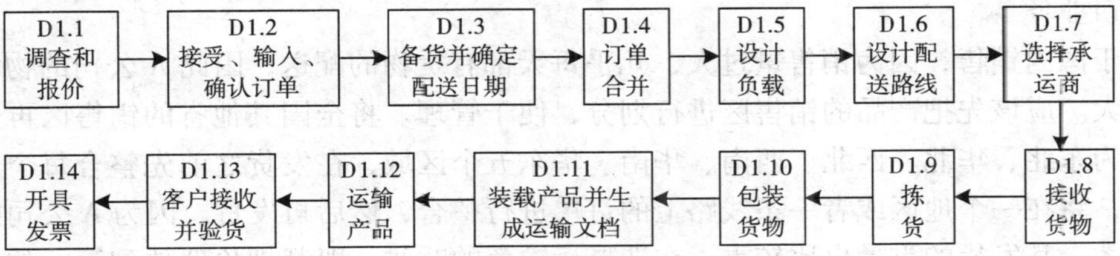

图 5-12　A 公司配送流程的流程层

根据上述配送流程的流程元素层设置，将 D1.1 至 D1.4 归为订单管理，将 D1.6 至 D1.7 归为运输管理，其余的流程归为仓库管理。当销售接收了订单（流程 D1.2），订单可能不只涉及一种产品，可能是多种产品的组合，订单就立刻被追踪执行流程 D1.3 和 D1.4，基于企业仓库的库存情况，根据订单生成相应的拣货清单，并且及时更新系统里产品的库存数量。有了拣货清单，其相应的后序程序也就被执行了。通过这样的描述，可以使企业更加了解其配送流程的每个操作，便于管理。

2）A 公司的配送流程的相关流程层元素改进

在 A 公司的配送流程中，根据划分出来的各个流程环节，可以找这方面的问题出处，从其根本来采取相应的措施。

①仓库管理。首先，应该在仓库管理上配备专门的仓库管理员，进行仓库管理工作。然后，将 ERP 系统和 MRP 系统应用到企业的仓库管理中，实现仓库信息及时反馈，提高仓库作业的信息化程度，并且可以一定程度上避免人工记录而造成的不必要的错误。建立相应的库存管理系统，做到账物相符。并且 ERP 系统的建立可以将销售部、生产线及物流仓库三者有机结合在一起，便于对仓库进行管理。在货物进入仓库或者出货时要进行严格的质量控管，质量不合格的产品或者原料坚决不能入库，而是进入瑕疵区，并且要严格做到采购多少就进仓多少，销售多少就出货多少。在发货程序上要严格控制出货的数量，保证仓库发货数量的正确性。

在仓库货物存储这方面，由于仓库货物堆积不合理，经常把货物混淆，造成发错货，给企业带来不少的损失。仓库应该先将货物分类，即按照企业所生产的 8 大类型产品进行分类，再根据产品的销售状况，在仓库里划分好各类的存储位置，然后将各个类型下的产品进行分类，可以根据颜色的不同进行分类，并且将货物所存放的地点设立货物分类标志，便于管理。

在库存货物积压问题上，建立的 ERP 系统将企业的生产、销售与仓库结合在一起，可以及时地了解仓库的货物库存状况，在一定程度上可以减少货物的积压。企业应该建立有效的货物销售预测机制，从而避免企业货物积压。而原材料的积压问题可以通过采购流程的相关采购措施解决；对于半成品的管理，应该采取 VMI 管理减少半成品库存，进而减少资金占用，缩短资金运转周期。

②运输管理。在货物配送过程中，A 公司作为制造厂，货物进出量比较大，批次也比较多，因此其物流费用比较高。A 公司的销售分为国内销售和出口销售，出口销售主要由企业的外贸部进行，公司的报检、报关和海外运输全部外包给了第三方物流企业。要想在这一方面降低物流费用，就应该进行第三方物流企业评估，选择合适的物流企业负责该公司的出口业务。

对于国内销售，因为销售量过大，几乎每天都有货物的配送，因此 A 公司的物流费用支出很大。应该先把产品的销售区进行划分，便于管理。将全国其他省的销售区再进行划分，分为东北、华北、西北、西南、华南、华东五个区域，在发货之前先整合每个区域的订单量，将在一个地区或者一条线路上的订单进行整合，然后再发货。因为 A 公司的发货量比较大，其发货的重量也比较重，在选择运输商的时候一般都把价钱放到第一位，这种只考虑一个因素是不全面的。因为货物总重量比较重，企业的货物运输大部分选用托运形式的物流企业，这样企业的运输费用比较低，但是对于这些托运部要进行评估，不仅仅是价格，还要关注送货的速度、企业的经营状况、资本状况等。将部分货单合并在一起运输来选择托运部，作为这一类的托运部都有一个共同的特点，那就是一般其配送范围比较有限，企业应该在这其中合理选择，建立适合此种情况的第三方物流评价体系。对于偏远地区，企业可以选用一些大型物流公司进行货物配送。

A 公司的配送环节中存在着发货订单、发货清单和发票出错率较高等问题，企业应充分利用 ERP 系统以减少这些问题，配送流程的明确划分也明确了各个位置员工的职责，可以避免或者减少这些问题的发生。

整个配送流程的流程元素层进行划分之后，又针对这些流程提出相应的改进措施，进行相关改造后，企业的配送效率有所提高，物流成本有所下降；企业库存进行有效管理之后，企业的仓库环境得到改善，仓库货物积压减少；对于半成品实施 VMI，取得了一定的成效，企业的资金占用减少了，资金运转周期在一定程度缩短，给企业带来了巨大的改变，提高了企业的竞争力，为企业赢得更多利润空间。

5.3.6　企业职能结构重组设计

在 SCOR 模型的指导下对 A 公司的内部供应链流程进行重组与优化设计，使企业的供应链整体清晰，各个环节明确，对其相应的问题提出了改进措施，通过这几个流程的重组优化设计，使我们也清楚地认识到企业原来的各种弊端[23]。进行供应链流程改造，对于 A 公司来说，最关键的是对其职能结构重组进行设计，各个职能部门只有明确自己的责任，才能高效率地完成工作。

通过上文对每个流程的第三层流程元素层进行描述，可以用 SCOR 模型第三层流程因素层描述 A 公司的整体供应链流程，如图 5-13 所示。

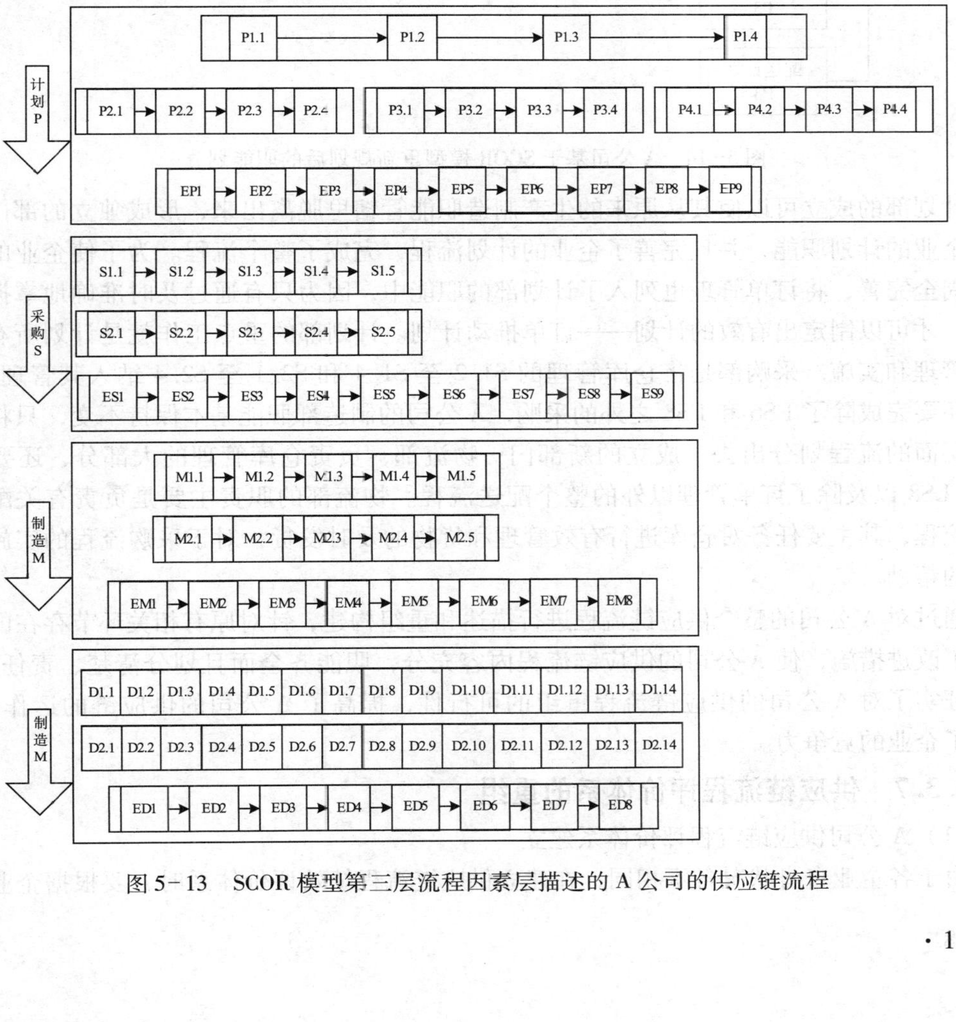

图 5-13　SCOR 模型第三层流程因素层描述的 A 公司的供应链流程

通过图5-13的描述，可以更加直观地了解到企业各个流程的具体划分，有助于A公司的职能部门进行重新划分。将A公司的职能部门进行重新的重组设计。其原来的职能部门混乱，供、产、销划分不清楚，为了改变这一现象，根据图5-13中的四个大流程划分，也规划了对应的四个职能部门：计划部、采购部、生产部和物流部。其基于SCOR模型规划后的职能划分如图5-14所示。

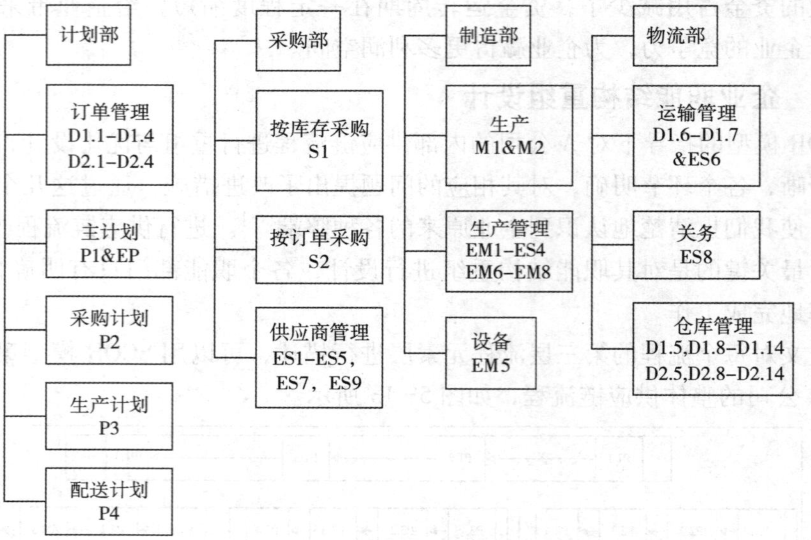

图5-14　A公司基于SCOR模型重新规划后的职能划分

计划部的成立可以使其从原来的生产制造职能管辖里脱离出来，形成独立的部门，来实行企业的计划职能，并且完善了企业的计划流程，完成了整个流程。为了使企业的计划更加周全完善，将订单管理也列入了计划部的职能中，因为只有通过及时准确地掌握订单情况，才可以制定出有效的计划——订单推动计划。计划部的重点工作就是计划所有的流程的管理和实施。采购部是将仓库管理的S1.2至S1.4和S2.1至S2.4纳入其管理范围，并且还要完成除了ES6和ES8之外的采购。A公司的制造部职能基本保持不变，只将一些计划层面的流程划分出去。成立的新部门—物流部，负责仓库管理的大部分，还要完成ES6、ES8以及除了订单管理以外的整个配送流程。物流部的职责主要是负责有关配送的相关流程，其主要任务对仓库进行有效管理和货物的及时发货，对于采购流程的实施提供一定的帮助。

通过对A公司的整个供应链流程进行描述和重组构建，针对原有相关环节存在的问题提出了改进措施，使A公司的供应链流程内容充分，职能齐全而且划分清楚、责任明确，从而证实了对A公司的供应链流程重组的可行性，提高了A公司的供应链的运作效率，增强了企业的竞争力。

5.3.7　供应链流程评价体系的重组

（1）A公司供应链流程评价体系建立

由于各企业自身状况各不相同，在建立供应链流程绩效评价体系时，要根据企业自身情况合理设计，其评价体系的构建是根据企业供应链流程的自身特点来选择绩效指标的。在进行供应链流程绩效指标的选择时，选择其主要流程环节的关键指标来构成评价体系，并且可以全面反映其运行效果。

SCOR 模型将标杆管理、流程评测和业务流程重组等领域整合在一个多功能的框架体系之中，克服了传统供应链绩效评价方法的不足，通过战略、流程、结构、具体环节及其相互关系等多个角度，对供应链运营状况进行分析和评价，为供应链管理提供了技术支持，是对供应链整体运行效果的综合评价。同时，SCOR 提出评价供应链绩效的五个维度，即供应链的可靠性、反应性、灵活性、管理成本以及资产利用率。其中，前三个维度是针对企业外部服务的顾客，而管理成本和资产利用率是针对企业内部绩效的。通过 SCOR 模型全面的描述和测评，以顾客的需求为出发点，同时权衡管理成本和资产的利用率状况，可以提高企业的供应链绩效水平，其模型也正适合对 A 公司的供应链绩效进行评价，为其评价体系的建立提供技术支撑。

根据 SCOR 模型提到五方面的供应链绩效衡量指标，结合对 A 公司供应链绩效衡量指标的诊断，发现其存在的问题，针对这些问题，对 A 公司的供应链绩效评价指标体系进行完善。从诊断结果可以发现，A 公司只有在其供应链的可靠性、供应链的管理成本和供应链的资产利用率上有部分指标进行绩效评价，而在其供应链反应性和灵活性方面没有指标进行绩效评价，并且供应链的可靠性绩效评价中只有交货率一个指标，具有局限性，不能客观反应其可靠性。针对这几个问题，首先确定企业的供应链灵活性和反应性的指标。根据 SCOR 模型和企业自身特点，添加订单完成前置时间这个指标，作为供应链反应性的指标，而供应链的灵活性添加供应链的反应时间和生产灵活性两个绩效衡量指标。针对供应链的可靠性只有一个交付率指标，根据 A 公司的实际情况，增加了订单完成比率这一指标。在对这几个指标的相关指标明确后，对具体相关指标的参数做好统计工作。针对客户投诉过多的现象，在评价体系中加入了客户满意度这一指标，通过客户投诉率来反映顾客的满意程度。客户投诉率的公式为：客户投诉率 = 客户投诉次数/交易总次数 × 100%。

因此，再建后的供应链流程评价体系的指标有：供应链的可靠性、供应链的反应性、供应链的灵活性、供应链的管理成本、供应链的资产利用率和客户满意度六个方面，并且各方面都有相应的衡量指标。

（2）A 公司供应链流程评价指标的权重管理

构建出新的供应链流程评价体系之后，为了方便对供应链流程的有效管理，对评价指标进行权重计算，并对重点指标进行重点管理。对于一些评价问题，有时不需要提供精确的数据，或者无法获得数据，只需要给出数据变化范围，三角模糊数就是描述这种模糊信息，并能够确定指标权重的有效方法之一。通过三角模糊函数来对构建的指标进行权重计算，根据权重进行排序，对重点指标进行重点监督管理。

1）三角模糊数简介

定义：在实数域上的模糊集 $\tilde{P}$ 的隶属度函数为：

$$f_p(x)=\begin{cases}\dfrac{x-a}{c-l} & a\leqslant x\leqslant l\\ \dfrac{b-x}{b-l} & l\leqslant x\leqslant b,\ x\in R,\ a\leqslant l\leqslant b\\ 0 & 其他\end{cases} \tag{5-1}$$

当 $a=l=b$ 时，为普通数。因为 $\tilde{P}$ 的隶属函数被 a，l，b 确定，故可以表示为（a，l，b）。

设 $\tilde{P}_1=(a_1, b_1, c_1)$，$\tilde{P}_2=(a_2, b_2, c_2)$，其计算法则有：

①$\tilde{P}_1\oplus\tilde{P}_2=(a_1+a_2, b_1+b_2, c_1+c_2)$

②$\tilde{P}_1\otimes\tilde{P}_2=(a_1a_2, b_1b_2, c_1c_2)$

③$\lambda\otimes\tilde{P}_1=(\lambda a_1, \lambda b_1, \lambda c_1)$

④$(\tilde{P}_1)^{-1}=\left(\dfrac{1}{c_1}, \dfrac{1}{b_1}, \dfrac{1}{a_1}\right)$

⑤三角模糊数的判断矩阵 $\tilde{P}=(\tilde{P}_{ij})_{n\times n}$，其中 $\tilde{P}_{ij}=(a_{ij}, b_{ij}, c_{ij})$，$\tilde{P}_{ji}=(a_{ji}, b_{ji}, c_{ji})$ 如果满足：$a_{ii}=0.5$，$b_{ii}=0.5$，$c_{ii}=0.5$，$\forall i$；$a_{ij}+b_{ji}=1$，$b_{ij}+b_{ji}=1$，$c_{ij}+c_{ji}=1$，$i\neq j$，且 $\forall i$，j。那么 $\tilde{P}$ 为三角模糊数互补矩阵。其中元素 $\tilde{P}_{ij}$ 是指 x_i 指标优于 x_j 的程度。

2）评价模型概述与实施应用

假设专家决策集 $Z=\{Z_1, Z_2, \cdots, Z_m\}$，指标集为 $C=\{C_1, C_2, \cdots, C_n\}$，是指这位 m 专家对这 n 个指标进行比较价值大小，计算出权重，便于重点管理。专家对每一个指标的相对重要性给出判断度，根据三角模糊数的特点对指标比较程度评语作如表 5-3 规定。

表 5-3　指标比较程度及其对应的三角模糊数

序号	指标比较程度评语	三角模糊数
1	很弱	(0, 0, 0.1)
2	弱	(0, 0.1, 0.3)
3	稍弱	(0.1, 0.3, 0.5)
4	相等	(0.3, 0.5, 0.7)
5	稍强	(0.5, 0.7, 0.9)
6	强	(0.7, 0.9, 1)
7	很强	(0.9, 1, 1)

邀请 5 位专家 A_1，A_2，A_3，A_4，A_5，其中前 3 位是企业内部的生产、采购和财务的主管，后 2 位是来自不同需要的主要客户代表。他们 5 位对选取的一级指标（供应链的可靠性 Z_1，供应链的反应性 Z_2，供应链的灵活性 Z_3，供应链的管理成本 Z_4，供应链的资产利用率 Z_5，客户满意度 Z_6）做出标度判断。根据指标比较程度对应的三角模糊数，直接将其判断度转换成互补的三角模糊数偏好判断矩阵 $\tilde{P}^1$，$\tilde{P}^2$，$\tilde{P}^3$，$\tilde{P}^4$，$\tilde{P}^5$。

然后根据 5 位专家给出的三角模糊判断矩阵，对其求算数平均值，可以得到综合的三角模糊判断互补矩阵：

$$\tilde{P}_{ij} = \frac{1}{5} \otimes \sum_{k=1}^{5} \tilde{P}_{ij}^{k}$$

$$= \begin{bmatrix} (0.5,0.5,0.5) & (0.42,0.62,0.78) & (0.5,0.68,0.8) & (0.5,0.7,0.86) & (0.66,0.84,0.96) & (0.46,0.66,0.84) \\ (0.22,0.38,0.9) & (0.5,0.5,0.5) & (0.28,0.46,0.64) & (0.14,0.3,0.5) & (0.24,0.42,0.62) & (0.32,0.5,0.66) \\ (0.2,0.32,0.5) & (0.36,0.54,0.72) & (0.5,0.5,0.5) & (0.08,0.24,0.42) & (0.26,0.42,0.66) & (0.24,0.42,0.62) \\ (0.14,0.3,0.5) & (0.5,0.7,0.86) & (0.58,0.76,0.92) & (0.5,0.5,0.5) & (0.58,0.78,0.94) & (0.54,0.74,0.92) \\ (0.04,0.16,0.34) & (0.3,0.5,0.68) & (0.34,0.54,0.74) & (0.06,0.22,0.42) & (0.5,0.5,0.5) & (0.3,0.5,0.68) \\ (0.16,0.34,0.54) & (0.38,0.58,0.76) & (0.36,0.54,0.72) & (0.08,0.26,0.46) & (0.32,0.5,0.7) & (0.5,0.5,0.5) \end{bmatrix}$$

计算三角模糊数的综合评价值 S_i，计算公式为：

$$S_i = \left(\sum_{j=1}^{6} \tilde{P}_{ij}\right) \otimes \left(\sum_{i=1}^{6}\sum_{j=1}^{6} \tilde{P}_{ij}\right)^{-1} = \begin{bmatrix} (0.13,0.223,0.37) \\ (0.072,0.143,0.299) \\ (0.069,0.136,0.268) \\ (0.12,0.21,0.364) \\ (0.073,0.135,0.263) \\ (0.076,0.152,0.288) \end{bmatrix}$$

计算 S_i 的期望值 $E(S_i)$ 的公式为：

$$E(S_i) = (a_i + 2b_i + c_i)/4 = [0.2365,\ 0.3625,\ 0.15225,\ 0.226,\ 0.1515,\ 0.167]$$

计算其权重：

$$W_i = \frac{E(S_i)}{\sum_{i=1}^{n} E(S_i)} = [0.183, 0.28, 0.1174, 0.1169, 0.129]$$

根据上述计算可以得出：供应链的可靠性 Z_1 权重为 0.183，供应链的反应性 Z_2 权重为 0.28，供应链的灵活性 Z_3 权重为 0.1174，供应链的管理成本 Z_4 权重为 0.1744，供应链的资产利用率 Z_5 权重为 0.1169，客户满意度 Z_6 权重为 0.129。可见供应链的反应性权重最大，可靠性和管理成本仅次之，其他三个的权重差不多，因此，在实施绩效评价体系时，需要对供应链的反应性、可靠性和管理成本这三个指标进行重点管理。

5.3.8　供应链流程重组前后比较

重组后 A 公司的内部供应链流程与之前的内部供应链流程相比可以看出，供应链流程整体运作效率提高，并且很多层面都得到了提升，提高了企业的竞争力。

重组之前 A 公司的内部供应链流程没有划分清楚，没有供应链管理这一概念。根据 SCOR 模型的层次性特点，从 SCOR 模型的三个层次入手，对 A 公司内部供应链流程进行重组，并在制造流程里深入到了第四层，为 A 公司构建了一个完整的内部供应链流程，这为 A 公司的发展奠定了良好的基础。且重组之后的内部供应链流程，各个流程元素划分明确，担负的责任明确，使企业的供应链流程的整体流程明了，便于企业进行管理，提高了员工的工作效率，提高了供应链的运作效率。在制造流程的第四层的深入构造，对企业生产来说，去掉了一些不必要的环节，减少了等待时间，为企业减少了生产成本，提高了生产率，为企业带来了更大的利润空间。

根据 SCOR 模型构建后的供应链流程将企业的各个流程有序地联合在一起，从客户下订单到顾客接收产品并付款的全部有关活动。拉动式的生产系统与看板的完美结合，提高了供应链流程的运作效率，MRP 系统和 ERP 系统的应用也为供应链流程的高速运转做出了贡献。在订单下达后，执行 D1.1 至 D1.4，当在 D1.3 备货时就触动了制造流程需要为其生产产品，要进行制造就需要进行采购，触动了采购流程，使整个供应链流程运作起来，并且构建后的流程要求半成品可以不需入库，一般都在生产线上进行管理，减少在制品库存，加快在制品的周转速度。对原材料和半成品进行统一管理，及时发料到生产线，提高仓库和生产线之间的合作效率。生产流程的重组调整了生产线的协作与流通，最大化每条生产线的效率，提高了产品产量。

在库存管理方面，根据 SCOR 模型构建后，库存管理各个责任明确，将库存管理与生产管理相结合，可以使整个供应流程有效的连接在一起。在半制品产品芯的供应商管理中引入了供应商管理库存（VMI），可以最大化利用供应商的资源，减少相应的库存，提高企业资金周转率。配送流程的构建和相关元素的改进，降低了企业的物流成本，为企业创造更多的利润空间。整体改造之后，企业的订单交付率也比以前大幅度提升，供应链的反应时间也变短了，企业的整体竞争力得到提高。

对 A 公司重组前后的供应链流程进行比较分析可以得出：根据 SCOR 模型构建之后，企业的整体生产成本降低，资金周转加快，订单交付率大幅度提高，客户满意度也提高了，企业在劳保市场的份额明显增多，企业的整体环境氛围变好，供应链管理理念深入人心，A 公司的内部供应链流程整体运作效率得到显著提高，增强了企业的竞争力。

参 考 文 献

[1] 杜丹丽．企业业务流程重组理论思想的演进与发展［J］．学术交流，2003（5）：48－51.

[2] 王寿欣，蔺楠，覃正．面向业务流程重组的过程分析与建模方法研究［J］．管理工程学报，2001，15（4）：4－6.

[3] Alghamdi H A，Alfarhan M A，Al-Ghamdi A M. BPR：Evaluation of Existing Methodologies and Limitations［J］．Journal of Applied Psychology，2014，7（4）：224－227.

[4] 胡飞虎，张涛，孙林岩．信息技术在 BPR 中的应用策略研究［J］．计算机应用与软件，2002，19（9）：4－5.

[5] 孟婕．浅谈制造企业业务流程重组的成功因素［J］．中国电子商务，2014（10）：92.

[6] Iii A L，Mccormack K. Linking SCOR Planning Practices to Supply Chain Performance［J］．International Journal of Operations & Production Management，2004，24（11）：1192－1218.

[7] 高萍，黄培清，张存禄．基于 SCOR 模型的供应链绩效评价与衡量指标选取［J］．工业工程与管理，2004，9（3）：49－52.

[8] 田红英，黄远新．基于 SCOR 模型的物流企业营运与管理评价指标体系研究［J］．经济体制改革，2010（4）：81－84.

[9] 黄培清，张存禄，揭晖．基于 SCOR 模型的供应链再造［J］．工业工程与管理，2004，9（1）：60－62.

[10] 王贵武．SCOR 模型在供应链绩效管理中的应用［J］．物流工程与管理，2012，34（8）：64－66.

[11] 李洪心．基于 SCOR 的供应链管理模型研究［J］．东北财经大学学报，2006（2）：36－39.

[12] 陈序明．基于 SCOR 模型的供应链建模方法的研究与工具实现［D］．中国科学院软件研究所，2005.

[13] 翟红红．基于 SCOR 模型的供应链绩效考核体系的研究［J］．现代经济信息，2012（22）：79－80.

[14] 周勇祥．如何实施 SCOR 模型［J］．商品储运与养护，2004，26（4）：35－37.
[15] 邹震．浅谈如何实施 SCOR 模型［J］．大众科技，2005（12）：44－45.
[16] 臧艳，方敏，方旭昇．供应链运作参考模型（SCOR）评析［J］．现代管理科学，2002：13－14.
[17] 孙衍林．基于核心能力的供应链流程重组和组织创新［J］．江苏商论，2006（6）：120－121.
[18] 龚莹．供应链管理环境下的 BPR 研究［D］．武汉理工大学，2007.
[19] 周伟伟．基于 SCOR 模型的星宇手套公司内部供应链流程再造研究［D］．中国海洋大学，2013.
[20] 段余君．基于 SCOR 模型的电子商务与物流协同模型构建［J］．物流技术：装备版，2015，34（4）：139－141.
[21] 夏忠诚．基于 SCOR 模型的供应链运营计划改进研究［D］．浙江工业大学，2014.
[22] Huan S H，Sheoran S K，Ge W．A Review and Analysis of Supply Chain Operations Reference SCOR）Model［J］．Supply Chain Management，2004，9（1）：23－29.
[23] 刘英利．基于 SCOR 模型的 BL 公司供应链绩效评价指标构建研究［D］．中国地质大学（北京），2013.

第 6 章　供应链物流优化管理模型

6.1　供应链物流过程

物流是一个过程，它对企业及其所有营销渠道，从战略的角度管理原材料、零部件和最终库存品（包括相关信息流）的采购、流通和存储，以低成本完成订单，从而实现当前和未来的收益最大化[1]。物流管理可以创造用户价值，降低用户成本；协调制造活动，提高企业敏捷性；提供用户服务，塑造企业形象；提供信息反馈，协调供需矛盾。因此，物流在供应链管理中起着重要作用，这一点也可以通过价值分布来考查。物流价值（采购和分销之和）在各种类型的产品和行业中都占到了整个供应链价值的一半以上，制造价值不到一半。管理好物流过程是提高供应链价值增值水平的重要保证。

（1）供应链物流和订单流过程分析

图 6-1 描述了供应链中间层的物流和订单流过程[2]。这里只有一个分销商，它是供应链的核心企业，供应链的其他节点由多个企业组成，各节点企业与分销商已经存在某些买卖关系。分销商向下游的子分销商和顾客销售产品，销售面向顾客发生，而采购面向上游供应商发生。定义供应链两个相邻节点间的订单和运输是普通订单或运输；越过一个或两个节点的订单和运输是直接订单或运输。分销商至少参与交易活动之一。这个模型可被一般化为任意多个阶段供应链中的任一其他中间商。

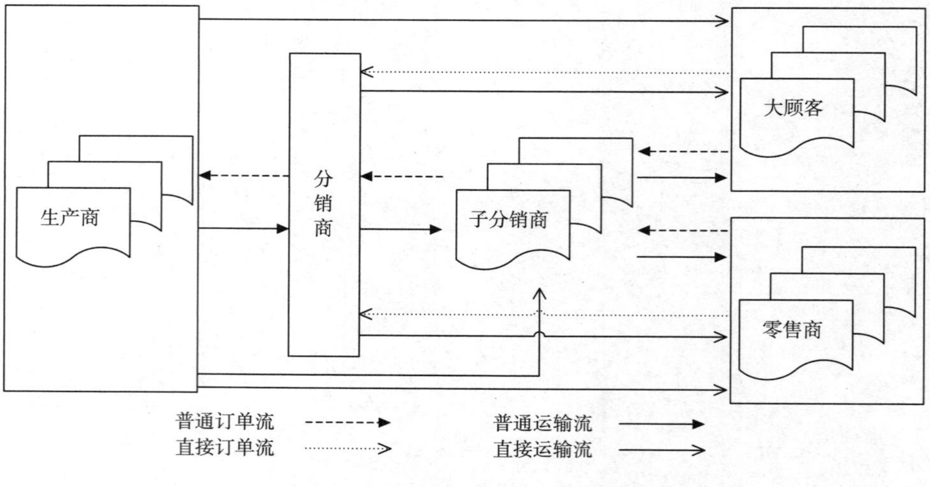

图 6-1　供应链物流和订单流过程

尽管每一阶段都会由一些明显不同的公司组成，但是对于一个公司来说，具备多阶段的设施也是可能的，如一个公司可以有一个再分配机构来专门从事零售业务。我们把供应链交互概念化为两个流：订货流，以及满足这些订货的实物流。当零售商向最终顾客销售产品而减少库存时，订货过程开始。一般地，这些零售商向再分销商发出订单，接着再分销商向分销商发出订单。在模型里，定义在供应链两个相邻阶段中涉及两个公司的流是普通的。但是，为了实现物流效率，在供应链里，公司可能会越过一个或两个阶段，定义为直接订货或运输，如零售商可以直接向分销商发出订单。在供应链里，订单可在各个层被合并，并被传到上一节点。实物流实际镜像了订单流，除了特定的直接运输，这里的运输可以越过一个或更多的阶段，并被直接送到顾客的顾客那里。

维护订单流和物流所涉及的作业是通过特定的支持作业活动维持的，包括仓储、计算、管理服务，如与选择供应商、满足订单的实物流、实施常规的顾客维持服务等有关的服务。最后，各阶段的公司也将参与市场营销和销售活动的调整。

（2）供应链环境下的物流活动

供应链环境下的物流活动涉及到整个供应链过程，包括从原材料采购运输、制造支持、成品运输仓储配送等内容；根据所处阶段的这些不同活动，可分为供应物流、生产物流和分销物流，见图 6-2[3]。

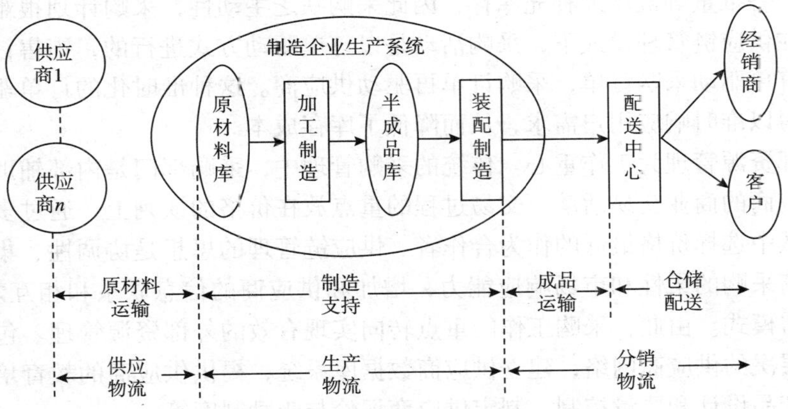

图 6-2　供应链环境下的物流活动

该供应链由供应商、制造企业、分销商以及客户构成，制造企业是核心企业，为整个供应链提供物流活动的可以是制造企业的自营物流部门（如海尔模式），也可以是一个第三方物流企业（如戴尔模式）。

一般供应链物流过程可以简化为供应商和客户之间经过采购、运作（如库存管理等）、配送等活动实现物料、信息、资金的流通。本章将针对供应链环境下物流活动的特点，对供应链物流中采购管理、库存管理和运输配送管理的优化模型分别展开研究。

6.2　优化采购模型

6.2.1　采购物流的基本理论

（1）采购理论的发展

供应链的总目标是以最小的成本和费用提供最大的价值和最好的服务。包括加快从产品到市场的时间、降低库存水平、减少总费用及保证顾客服务和顾客满意等[4]。在供应链的模式下，采购是指将物资从资源市场的供应商手中，通过商流和物流过程转移到用户手中的过程[5]。采购是企业产品增值过程的起点，是企业核心业务流程的始端，它在供应链上的企业之间，为原材料、半成品和产成品的生产合作交流架起一座桥梁，从而沟通生产需求和物资供应的联系，是实现供应链系统的无缝连接、提高供应链上企业同步化运作效率的关键环节[6]。

采购与采购管理往往是企业竞争优势的来源之一。随着全球市场一体化和信息时代的到来，专业生产能够发挥其巨大的作用，导致企业采购的比重大大增加，即战略性地决定企业运作环节，战略性地决定产品组成件的来源及区域分布，也使采购及其管理的作用提升到一个新的高度。在世界经济全球化的形势下，供应链管理模式越来越受到推崇，采购管理理念也随之发生了一系列深刻的变化，采购正逐渐由传统模式向供应链采购模式转变。

供应链管理环境下的采购管理具有如下特点[7]：

①订单采购。传统的采购模式中，采购的目的很简单，就是为补充库存。采购部门并不关心企业的生产过程，不了解生产的进度和产品需求的变化，而是根据既定的订货点、订货周期、经济批量等被动地补充库存，因此采购缺乏主动性，采购计划很难适应制造需求的变化。在供应链管理模式下，采购活动是以订单驱动方式进行的，销售订单驱动制造订单，制造订单驱动采购订单，采购订单再驱动供应商。这种准时化的订单驱动模式，使供应链系统得以准时响应用户需求，从而降低了库存成本。

②以外部资源管理为工作重心。传统的采购管理中，采购部门是内部辅助部门，工作重心是与供应商的商业交易活动，交易过程的重点放在价格的谈判上，通过多个供应商的多头竞争，从中选择价格最低的作为合作者。供应链管理的思想是协调性、集成性、同步性，要求提高采购的柔性和市场响应能力，增加和供应商的信息联系和相互之间的合作，建立新的供需模式。由此，采购工作的重点转向实现有效的外部资源管理。包括形成相对稳定的、多层次的供应商网络，建立供应商数据库系统，提供供应商的教育培训支持，参与供应商的产品设计和质量控制，制定供应商评价与激励制度等。

③面向过程的采购管理。传统的采购过程要经历制定制造计划、库存检查、制定采购计划、发送采购订单、收货、验收入库、入账付款等一系列活动，跨越了科研部、计划部、采购部、财务部、仓库等部门。由于分工过细，传统的采购管理在信息沟通上存在明显的效率低下的问题。供应链管理贯穿的是一种过程管理的思想，这种思想要求将企业内部以及节点企业之间的各种业务看作一个整体功能过程，形成集成化供应链管理体系，体现在以过程最优为管理的目标。供应链条件下的采购管理以采购的过程为管理对象，通过对过程中的资金流、物流和信息流的统一控制，以达到采购过程总成本和总效率的最优匹配。

④建立企业与供应商的双赢伙伴关系。传统条件下，企业与供应商之间是简单的买卖关系。客户与供应商之间多采取搏弈来维护自身的利益，其结果必定是一方赢一方输。而供应链条件下的采购管理致力于合作伙伴的双赢，通过信息共享、合作和协商来协调相互的行为，从而达到帮助供应商降低成本、改进质量、降低双方交易费用和提高工作效率的目的。

⑤采购管理信息化。供应链各企业之间实现了信息连通和信息共享，可以通过计算机网络进行信息沟通和业务活动的处理。供应链管理下的采购管理通过充分利用信息技术、高度集成信息资源来保证采购管理的高效率。实现了合作伙伴之间的信息快速传递、交易费用降低、采购效率提高及市场反应更加快速等目的。

在供应链模式下，制定物料采购管理策略的重要依据可以归为两大类，一类是对物料本身重要性的判别，另一类是对供应市场复杂度的判别。以这两个依据为基本指标，可以把各种物料基本分成四类，即：

①战略性物料：对于企业来说非常重要，同时供应市场又比较复杂，企业获得这种物料有一定难度，因此这类物料对于企业来说具有战略性意义。

②重要物料：对企业来说非常重要，但其获得比较容易。

③瓶颈物料：该类物料在企业经营中的重要性并不高，但供应市场比较复杂，供应很不可靠，从而成为企业的瓶颈性物料。

④一般物料：对于企业的重要性不是很高，同时又容易获得。

虽然采购管理的要旨之一是与供应商建立良好的合作伙伴关系，从而降低采购成本，但是，当一个企业需要采购的物料种类很多、供应商的数目也很大时，实际上一个企业没有足够的时间和资源也没有必要去与每一个供应商建立紧密的伙伴关系。因此，在整个物料采购网络中，企业可以参照上述物料分类方法，首先将物料分类，然后对不同类型的物料采取不同的供应商管理模式和采购与库存策略，以节省管理成本。

（2）供应链环境下的采购策略

企业在激烈的市场环境中，要获得竞争优势必须从企业本身情况与周围环境特点出发，培育自己的核心竞争力。供应链管理强调企业把主要精力放在自己的关键业务——企业核心竞争力上，充分发挥其优势，同时与其他合适企业建立战略合作关系，企业中非核心业务由合作企业完成。根据供应链管理思想，企业采购管理战略分为外包战略和联盟战略[8]。

①外包战略。通俗地说，外包是把自己做不了、做不好或别人更有优势、成本更低的事交由别人去做，即把不属于自己核心竞争力的业务外包出去。外包这种新经营理念的兴起将导致企业对现有模式进行重组，增强核心竞争力，外包出去的非核心业务又有可能形成新的商机。

②联盟战略。即以企业需求为导向、以供应商为中心，整条供应链使合作伙伴联结成一个完整的网链结构，形成一个极具竞争力的战略联盟。供应链网络中的合作伙伴必须彼此信任，以确保数据、信息和知识能够在整个网络中高效、开放和准确地传输，我们把这称为“透明性”。供应链管理模式下的采购管理的实质就是企业与其供应商的合作，而随着合作的进一步加深，合作形式也从收集信息到制定决策不断提升。合作程度与信息共享程度的加强，所产生的经济价值也将提升，并最终将以非线性的方式快速增加。

6.2.2　供应链环境下基于第三方物流的采购优化模型

第三方物流简称 TPL（Third Party Logistics），又称“社会化物流”、“契约物流”，它们是一个为外部客户管理、控制和提供物流服务作业的公司，虽不属于供应链，仅是第三方，但凭借其资金、技术和管理上的优势向众多的企业、组织或家庭提供低成本、高效率的采购、运输、仓储和包装等一系列物流服务来服务于供应链。第三方物流介入企业的采购，其所形成的供应链的采购管理是以采购订单作为核心的，围绕采购订单对采购过程中物流运动的每个环节状态都进行严密的监督、跟踪，对企业的采购活动进行科学的管理。供应链环境下基于第三方物流的采购能够克服传统的采购模式所具有的种种弊端，利用第三方物流的优势实现供应链整体最优。本节将引入第三方物流一般模型，讨论"一次性付货"和"一次订购，分多次运输"两种情形下供应链的成本变化[9]。

（1）第三方物流采购问题及条件假设

随着经济全球化快速发展，为了增强竞争优势，企业整合自身资源集中发展核心业务，并利用其他企业的独特优势对非核心业务进行外包，逐步形成了"横向一体化"的供应链网络结构。在这样的供应链网络中，单个企业极大程度地保证了其核心竞争力，且企业与企业之间具有良好的合作伙伴关系，甚至是战略联盟，保证信息资源的共享，达到敏捷地响应市场需求的效果，以实现"共赢"，最终体现的是整条供应链的竞争力。如图6-3所示，体现了第三方物流在供应链物流过程中起到的桥梁和纽带的重要作用，第三方物流利用其特殊的资源、健全的物流网络体系、专业化的服务来协调上下游企业间的活动。当第三方物流承包了相邻企业间的采购与供应，其可以充分利用供应链网络中的信息资源对变化的市场需求做出及时反应，从而使供应链企业能把主要精力置于其核心业务的发展上，形成资源更加整合的供应链，提高了供应链服务水平。

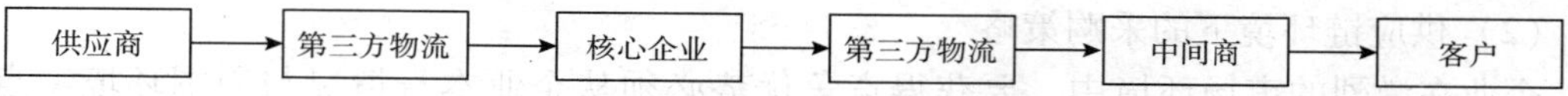

图 6-3　供应链环境下第三方物流作用示意图

以供应链中核心企业为制造商为例，第三方物流在供应链中的采购流程如图 6-4 所示。在图 6-4 中，中间商根据市场状况制订需求订单，并向制造商和第三方物流公司发出请求；制造商接到请求后，迅速制订生产订单，同时向第三方物流公司请求服务；第三方物流公司则根据双方的请求制订采购订单。围绕着用户的需求，三方做出同步反应：制造商安排生产计划、准备货物；第三方物流公司准备采购；中间商则努力解决市场销售问题。制造商将货物备齐后，由第三方物流公司向中间商提供物流服务（包括运输、仓储、配送等），中间商接到货物验收入库后，通知财务部门将货款拨予制造商，制造商再向物流公司支付物流服务费，从而实现供应链的良性循环。

根据图 6-4 中的采购流程，将第三方物流参与的供应链过程简化为如图 6-5 所示的一个简单供应链模型，供应链中只表示供方企业、需方企业和第三方物流，供、需双方企业间的物流业务由第三方物流来完成。

供应链的管理模式下，企业的采购活动是由用户的需求订单驱动产生的，一定时期内其对物料的需求量是一定的，设需方需求量为 Q，在 Q 一定的情况下，假设：

①需方对产品消耗速率为 P_x，供方生产速率为 P_y；

②需方在单位时间内单位产品储存费用为 C_{ix}；供方在单位时间内单位产品储存费用为 C_{iy}；

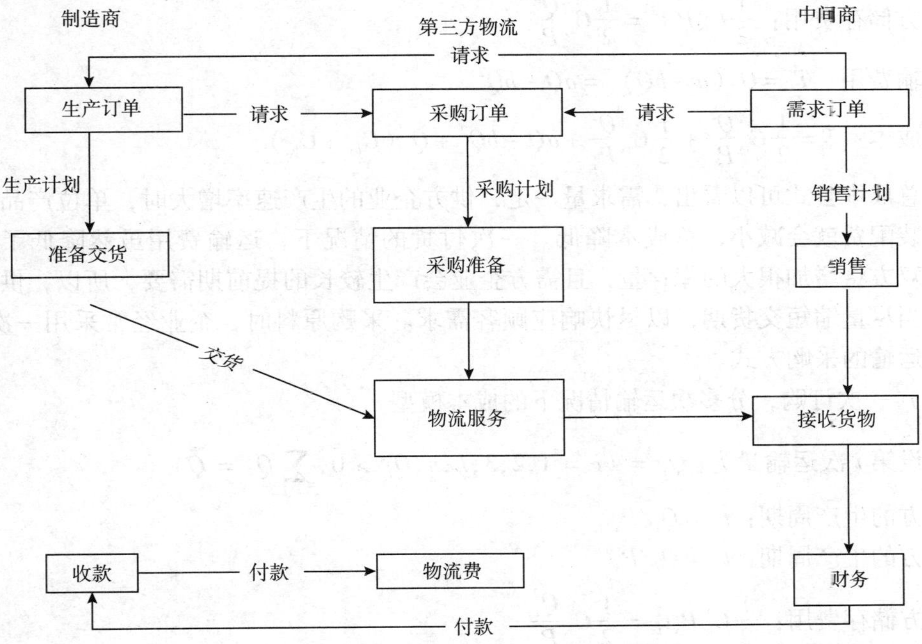

图6-4　供应链环境下第三方物流的采购流程图

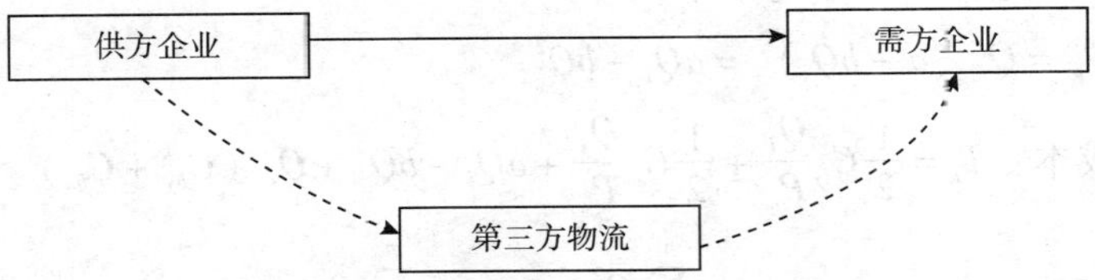

图6-5　第三方物流参与的供应链简单模型

③需方的单位产品生产装配费为 C_{bx}，供方的单位产品生产装配费为 C_{by}；

一般情况下，对第三方物流而言，运量增大，单位的货品运输成本会降低，其给顾客的报价就相应的降低了。因此，可设第三方物流单位产品的运输费用与运输货品数量 Q 线性相关，用 $D(Q)=a-bQ$ 表示，其中 $D(Q)$ 为第三方的单位产品运输费用，a 和 b 是相应系数，a 也可理解为初始单位运费；需方的总成本为 T_x，供方的总成本为 T_y，总成本是 T。

为降低单位产品运费，节省总运输费用，供方企业在采购时往往偏向采用一次性的付货方式。

(2) 一次性付货情况下的成本模型

一次性付货方式下，可以推导出以下结论：

需方的生产周期：$t_x=Q/P_x$

供方的生产周期：$t_y=Q/P_y$

需方储存费用：$\frac{1}{2}C_{ix}P_xt_x^2=\frac{1}{2}C_{ix}\frac{Q^2}{P_x}$

供方储存费用：$\frac{1}{2}C_{iy}P_yt_y^2=\frac{1}{2}C_{iy}\frac{Q^2}{P_y}$

运输费用：$T_c=Q\ (a-bQ)\ =aQ-bQ^2$

总成本：$T=\frac{1}{2}C_{iy}\frac{Q^2}{P_y}+\frac{1}{2}C_{ix}\frac{Q^2}{P_x}+aQ-bQ^2+Q\ (C_{by}+C_{bx})$

由总成本公式可以看出，需求量一定，供方企业的生产速率增大时，单位产品存储费和生产装配费就会减小，总成本降低。一次付货的情况下，运输费用虽然降低了，可是供、需双方将增加很大的库存量，且需方企业会产生较长的提前期需要，所以，供应链管理中应当尽量缩短交货期，以尽快响应顾客需求。采购原料时，企业经常采用一次订购、分多次运输的采购方式。

（3）一次订购，分多次运输情况下的成本模型

假设第 i 次运输量为：$Q_i\ =(i\ =1,2,3,L,n,Q_i\ >0,\sum_{i=1}^{n}Q_i\ =Q)$

需方的生产周期：$t_{ix}=Q_i/P_x$

供方的生产周期：$t_{iy}=Q_i/P_y$

需方储存费用：$\frac{1}{2}C_{ix}P_xt_{ix}^2=\frac{1}{2}C_{ix}\frac{Q_i^2}{P_x}$

供方储存费用：$\frac{1}{2}C_{iy}P_yt_{iy}^2=\frac{1}{2}C_{iy}\frac{Q_i^2}{P_y}$

运输费用：$T_{ic}=Q_i\ (a-bQ_i)\ =aQ_i-bQ_i^2$

第 i 次的总成本：$T_i=\frac{1}{2}C_{iy}\frac{Q_i^2}{P_y}+\frac{1}{2}C_{ix}\frac{Q_i^2}{P_x}+aQ_i-bQ_i^2+Q_i\ (C_{by}+C_{bx})$

总成本：$T(Q_i)\ =\ \sum_{i=1}^{n}T_i\ =\frac{1}{2}C_{iy}\frac{\sum_{i=1}^{n}Q_i^2}{P_y}+\frac{1}{2}C_{ix}\frac{\sum_{i=1}^{n}Q_i^2}{P_x}+aQ-b\sum_{i=1}^{n}Q_i^2\ +Q(C_{by}\ +C_{bx})$

一次付款、多次运输情况下，供应链总成本将发生变化。

假设：$f(Q)\ =\ T-T(Q_i)\ =(\frac{C_{ix}}{2P_x}+\frac{C_{iy}}{2P_y}-b)(Q^2-\sum_{i=1}^{n}Q_i^2)$

当 $Q_i>0,(Q^2-\sum_{i=1}^{n}Q_i^2)\geqslant 0$，当且仅当 $n=1$ 时，等号成立。

所以，多次运输的情况下，$(Q^2-\sum_{i=1}^{n}Q_i^2)\ >0\ ,\ n>1$。

1）讨论 $f\ (Q)\ >0$ 的情况

当 $f\ (Q)\ >0$，即 $\frac{C_{ix}}{2P_x}+\frac{C_{iy}}{2P_y}-b>0$，说明在分多次运输的情况下，供应链总成本较一次付款并一次运输的情况低。以此为基础，对供应链总成本进一步分析得：

多次运输方式总成本：

$$T(Q_i)\ =\left(\frac{C_{ix}}{2P_x}+\frac{C_{iy}}{2P_y}-b\right)\sum_{i=1}^{n}Q_i^2\ +Q(a+C_{by}+C_{bx})$$

$Q=1$ 时，$\sum_{i=1}^{n} Q_i^2$ 的值最小。

说明当第三方物流 a 的值与供、需双方的单位产品的生产装配费固定时，供、需双方保持着零库存时，供应链上总成本最小。这体现了企业内部作业均匀生产的流水线上，供、需双方的 C_i 都节省了下来，实现了零预期和零库存。然而，实际的生产中，第三方物流运输能力有限，而供、需双方运输距离也不是理想化的，所以单次运输的货品量只有一件的情况几乎不可能发生。依据 $\sum_{i=1}^{n} Q_i^2$ 的性质能够推断，运输次数增加，而单次运输量减少，则供应链上成本也会减少；运输次数一定，而单次运输量相等，则供应链上总成本达到最小，如分 n 次运输的情况下，如果单次运输量均为 Q/n，那么 $\sum_{i=1}^{n} Q_i^2$ 的值就达到最小，供应链上总成本也达到最小。如果不能保证单次运输量平均，那么只有各次的运输量非常接近，才能保证供应链上总成本非常小。

2）讨论当 $f(Q)<0$ 的情况

当 $f(Q)<0$，即 $\frac{C_{ix}}{2P_x}+\frac{C_{iy}}{2P_y}-b<0$，说明多次运输的情况下，供应链上总成本要大于一次性付货情况下的总成本。

总成本：$T(Q_i)=(\frac{C_{ix}}{2P_x}+\frac{C_{vy}}{2P_y}-b)\sum_{i=1}^{n} Q_i^2+Q(a+C_{by}+C_{bx})$

因为 $\frac{C_{ix}}{2P_x}+\frac{C_{iy}}{2P_y}-b<0$，所以当 $\sum_{i=1}^{n} Q_i^2$ 越大时，$T(Q_i)$ 越小。所以，为了让 $\sum_{i=1}^{n} Q_i^2$ 的值比较大，运输中可以采取以下措施：

①为了使单次运输量增大，尽量减少运输次数；

②运输次数一定，各次的运输量应当比较分散，不都与平均值相接近。

通过以上步骤可知，采购物料分批运输的情况下，在供应链上对用户需求响应的周期缩短，供应链上总成本会有不同变化。可以利用改变单次运输量与运输次数的方式，求得供应链上总成本接近最小。

第三方物流在供应链中的重要作用已经毋庸置疑，随着“互联网+”时代的发展，这种作用将更加明显。新的市场竞争会是供应链与供应链之间的竞争，因此，第三方物流企业应当从战略角度出发，不断开发和完善物流体系，扩大自身资源优势，结合企业和供应链实际发展物流网络，以更好地满足客户的服务（采购）需求。

6.2.3　基于多品种物资的中心仓库联合订购模型

（1）问题描述[10]

物流基地通常以仓库群为基础建立，其具备的功能不仅仅是存储功能，同时对于物资的采购和配送都采用仓库协同方式，协同运行的优化目标是使成本最小化。考虑由一个中心仓库和多个供应商组成的库存系统，这里的供应商可以是企业合作伙伴供应商，也可以是物流基地中的其他周边仓库。该系统中处理的是多种物资，各物资分别由单独的供应商提供，物资流向是从供应商聚集到中心仓库，通过中心仓库集装配套，再最终送往客户，如图6-6所示。因此，在各仓库联合运行中，将面临联合采购订购问题，即如何统一确定各仓库各品种物资订购周期与订购量，以使订购费用最省，即所谓的多品种物资联合订购策略问题。

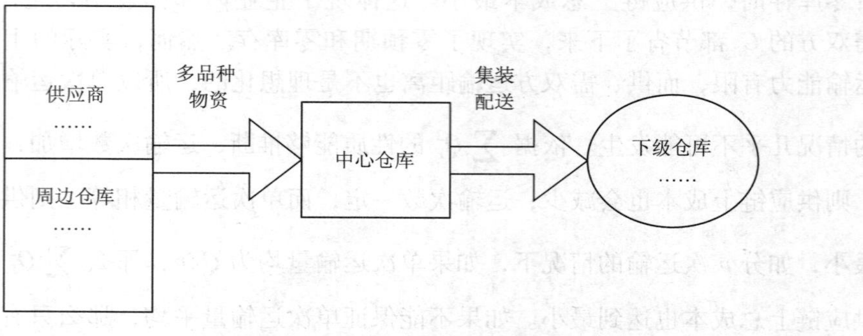

图6-6　物流基地物资联合订购与配送图

（2）模型假设

建立模型前还需要基于以下假设：

①系统中任何物资均不允许缺货。

②瞬时进货。所有物资的存储量降至零时，都可以立即得到补充。

③需求是连续、均匀的，在考虑的时域范围内恒定，对第 i 种物资的需求率为 r_i，且为常数，$i=1, 2, \cdots, n$。

④假设中心仓库有一个基本订购周期，所有物资订购周期为基本订购周期的整数倍，且至少有一种物资的订购周期等于基本订购周期。这条假设可以理解为：订购周期最短的物资，其周期即为中心仓库基本订购周期。

⑤中心仓库每订一次货都会产生基本订购费用，它只与订购的次数有关。

⑥各种物资的基本订购费用相同，但是个别订购费用不同。

⑦所有物资在中心仓库的初期库存为零。

⑧中心仓库库容为 V，V 是常数。

⑨供应商有足够的物资满足中心仓库需求，中心仓库根据客户的需求数量向供应商发出订单。

（3）符号说明

模型建立过程中，主要用到以下数学符号：

n	物资种类数量；
i	物资 i，$i=1, 2, \cdots, n$；
r_i	物资 i 的需求率；
h_i	单位物资 i 在中心仓库的单位时间库存费用；
A	每次订购的基本订购费用；
a_i	物资 i 的个别订购费用；
V	中心仓库的库容量；
t	基本订购周期；（决策变量）

T_i　　物资 i 的订购周期，$T_i = m_i \cdot t$；

m_i　　物资 i 订购周期是基本订购周期的 m_i 倍；（决策变量）

Q_i　　第 i 种物资的订购量。（决策变量）

其他数学符号在用的时候予以说明。

（4）模型建立

多品种物资联合订购的周期及分组方法，如图 6-7 所示。

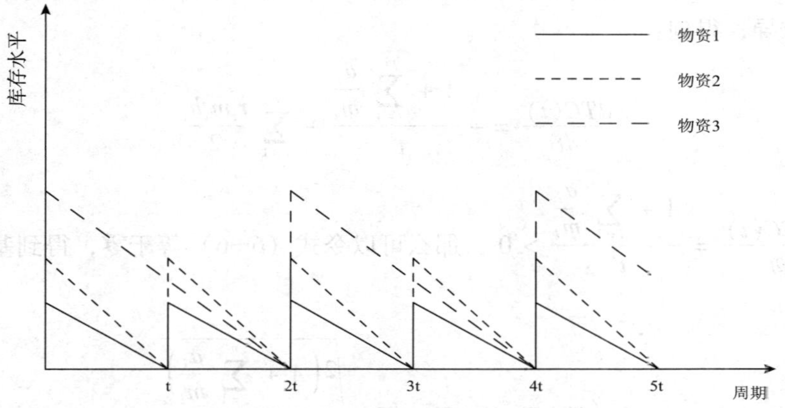

图 6-7　多品种联合订购的周期

从图 6-7 可以看出，物资 1 和物资 2 拥有共同的订购周期，为基本订购周期 t，因此物资 1 和物资 2 可分为一组；而物资 3 的订购周期是基本订购周期的 2 倍，即 $2t$，那么物资 3 可分为一组；依此类推。

首先，假设中心仓库基本订购周期为 t，各物资订购周期 T_i 为基本订购周期整数倍，即：

$$T_i = m_i \cdot t \tag{6-1}$$

第 i 种物资的订购量 Q_i 为：

$$Q_i = r_i \cdot T_i = r_i \cdot m_i \cdot t \tag{6-2}$$

由于各物资的初始库存量为零，那么第 i 种物资的平均库存水平 $\bar{I}_i$ 为：

$$\bar{I}_i = \frac{Q_i}{2} = \frac{r_i m_i t}{2} \tag{6-3}$$

综上所述，n 种物资联合订购时，系统产生的单位时间平均总费用成本模型（模型 6-1）为：

$$\min TC(t, m_1, m_2, \cdots, m_n) = \frac{A + \sum_{i=1}^{n} \frac{a_i}{m_i}}{t} + \sum_{i=1}^{n} \frac{r_i m_i t h_i}{2} \tag{6-4}$$

$$s.t \begin{cases} \sum_{i=1}^{n} r_i m_i t \leqslant V \\ \min\{m_i, i = 1, 2, \cdots, n\} = 1 \end{cases} \tag{6-5}$$

在式（6-4）中，第一项表示多品种物资联合订购时所产生的单位时间内总订购费用；第二项表示各品种物资的库存费用。因此，该模型的优化目标就是求最小的 TC。

式（6-5）表示的是目标函数的约束条件，第一个约束条件要求同一时间需求订购的物资总的订购量不会超过中心仓库的库存容量；第二个约束条件表示至少有一种物资的订购周期等于中心仓库的基本订购周期。

（5）模型求解

先将式（6-4）中 m_i 视为常数，那么式（6-4）是一个相对 t 的一维最优化问题，可以对 t 进行求导，得到：

$$\frac{dTC(t)}{dt} = -\frac{A + \sum_{i=1}^{n} \frac{a_i}{m_i}}{t^2} + \sum_{i=1}^{n} \frac{r_i m_i h_i}{2} \tag{6-6}$$

因为 $\frac{\partial^2 TC(t)}{\partial t^2} = \frac{A + \sum_{i=1}^{n} \frac{a_i}{m_i}}{t^3} > 0$，那么可以令式（6-6）等于零，得到基本订购周期的表达式为：

$$t^*(m_1, m_2, \cdots, m_n) = \sqrt{\frac{2\left(A + \sum_{i=1}^{n} \frac{a_i}{m_i}\right)}{\sum_{i=1}^{n} r_i m_i h_i}} \tag{6-7}$$

根据式（6-5）的约束条件，可以知道：

$$\sum_{i=1}^{n} r_i m_i t \leqslant V \tag{6-8}$$

所以：

$$t \leqslant \frac{V}{\sum_{i=1}^{n} r_i m_i} \tag{6-9}$$

那么当 $t > \frac{V}{\sum_{i=1}^{n} r_i m_i}$ 时，取 $t^* = \frac{V}{\sum_{i=1}^{n} r_i m_i}$。

将式（6-7）代入式（6-4），并经过简化可得：

$$TC(m_1, m_2, \cdots, m_n) = \sqrt{2\left(A + \sum_{i=1}^{n} \frac{a_i}{m_i}\right) \sum_{i=1}^{n} r_i m_i h_i} \tag{6-10}$$

现在的问题是寻求各种物资的最优订购周期倍数 m_i，以使得系统的平均总费用取得最小。通过观察式（6-10）可知，要最小化 TC（m_1，m_2，…，m_n），相当于最小化下面这个函数：

$$F(m_1, m_2, \cdots, m_n) = \left(A + \sum_{i=1}^{n} \frac{a_i}{m_i}\right) \sum_{i=1}^{n} r_i m_i h_i \tag{6-11}$$

首先，不考虑 m_i 是整数这个条件，令 F（m_1，m_2，…，m_n）关于 m_j，$j \in$ [1，2，…，n] 求偏导，且令偏导数等于0，得到：

$$m_j^2 = \frac{a_j \sum_{i=1}^{n} r_i m_i h_i}{r_j h_j \left(A + \sum_{i=1}^{n} \frac{a_i}{m_i} \right)} \quad j \in [1,2,\cdots,n] \tag{6-12}$$

对 $j \neq k$，有：

$$m_k^2 = \frac{a_k \sum_{i=1}^{n} r_i m_i h_i}{r_k h_k \left(A + \sum_{i=1}^{n} \frac{a_i}{m_i} \right)} \quad k \in [1,2,\cdots,n] \tag{6-13}$$

由式（6-12）和式（6-13）可得：

$$\frac{m_j}{m_k} = \sqrt{\frac{a_j}{r_j h_j} \cdot \frac{r_k h_k}{a_k}}, \quad j \neq k \tag{6-14}$$

显然，如果 $\frac{a_j}{r_j h_j} < \frac{a_k}{r_k h_k}$，则有：

$$m_j < m_k \tag{6-15}$$

这表明：若某种物资 i 所对应的 $\frac{a_i}{r_i h_i}$ 的值越小，则该物资的订购周期倍数 m_i 也应是越小。基于上述结论，将物资种类重新编号，以使得 $\frac{a_i}{r_i h_i}$ 值最小所对应的物资为第 1 种物资，则 $m_1 = 1$。利用式（6-12）可得：

$$m_j = \sqrt{\frac{a_j \sum_{i=1}^{n} r_i m_i h_i}{r_j h_j \left(A + \sum_{i=1}^{n} \frac{a_i}{m_i} \right)}} = \sqrt{\frac{a_j}{r_j h_j}} \sqrt{\frac{\sum_{i=1}^{n} r_i m_i h_i}{A + \sum_{i=1}^{n} \frac{a_i}{m_i}}} \tag{6-16}$$

如果式（6-16）中 m_j 的解存在，则等式右侧第二项是与 j 无关的常量，因此，令：

$$\xi = \sqrt{\frac{\sum_{i=1}^{n} r_i m_i h_i}{A + \sum_{i=1}^{n} \frac{a_i}{m_i}}} \tag{6-17}$$

则由式（6-16）得：

$$m_j = \xi \sqrt{\frac{a_j}{r_j h_j}} \quad j \in [1,2,\cdots,n] \tag{6-18}$$

因此有：

$$\sum_{i=1}^{n} r_i m_i h_i = r_1 h_1 + \sum_{i=2}^{n} \xi \sqrt{\frac{a_i}{r_i h_i}} r_i h_i = r_1 h_1 + \sum_{i=2}^{n} \xi \sqrt{a_i r_i h_i} \tag{6-19}$$

类似可得：

$$\sum_{i=1}^{n} \frac{a_i}{m_i} = a_1 + \frac{1}{\xi} \sum_{i=2}^{n} \sqrt{a_i r_i h_i} \tag{6-20}$$

将式（6-19）和式（6-20）代入式（6-17），可得：

$$\xi = \sqrt{\frac{r_1 h_1 + \xi \sum_{i=2}^{n} \sqrt{a_i r_i h_i}}{A + a_1 + \frac{1}{\xi} \sum_{i=2}^{n} \sqrt{a_i r_i h_i}}} \tag{6-21}$$

通过对式（6-21）进一步化简，得到：

$$\xi = \sqrt{\frac{r_1 h_1}{A + a_1}} \tag{6-22}$$

将式（6-22）代入式（6-18），可得：

$$m_j = \sqrt{\frac{r_1 h_1}{A + a_1} \frac{a_j}{r_j h_j}}, \quad j \in [1,2,\cdots,n] \tag{6-23}$$

通过上面的分析，给出求解最优联合订购策略的启发式算法（算法6-1），如下：

步骤1：令 $\frac{a_i}{r_i h_i}$ 值最小的物资为第1种物资，记 $m_1 = 1$；

步骤2：计算 $m_i = \sqrt{\frac{r_1 h_1}{A + a_1} \frac{a_i}{r_i h_i}}$；

步骤3：利用式（6-7）计算出 t^*，然后计算 $\frac{V}{\sum_{i=1}^{n} r_i m_i}$，如果 $t^* > \frac{V}{\sum_{i=1}^{n} r_i m_i}$，那么设置：

$$t^* = \frac{V}{\sum_{i=1}^{n} r_i m_i} \tag{6-24}$$

步骤4：令 m_i 取整到最接近的整数。计算最优订购量：

$$Q_i = r_i m_i t^*, i = 1,2,\cdots,n \tag{6-25}$$

（6）算例

针对前文建立的模型和求解方法，现通过一个案例来加以分析和验证。假设中心仓库需要向服务区域范围内的各下级仓库（客户仓库）配送服装，服装一般都包含很多种物资，比如衣服、裤子、鞋子、帽子等等，因此，单独配送必然会增加额外的成本。根据模型假设，各物资品种都有不同的供应商，或者是从其他周边仓库发送过来，然后在中心仓库进行集装配套，最后再送往各下级仓库。

这里假设总共有10种物资，各物资的供应商不同，中心仓库的基本订购费用 $A = 50$ 元，中心仓库的库存容量为600件。另外，各物资品种的个别订购费用 a_i、需求率 r_i 以及单位时间库存费用 h_i 如表6-1所示。

表6-1　各品种物资的基本数据

品种	个别订购费用 a_i/（元/次）	需求率 r_i/（件/年）	库存费用 h_i/（元/件）
1	80	1700	8
2	100	1200	10
3	400	600	14
4	150	1000	17

续表

品种	个别订购费用 a_i/（元/次）	需求率 r_i/（件/年）	库存费用 h_i/（元/件）
5	200	400	15
6	50	1500	10
7	250	800	10
8	180	1200	26
9	280	200	5
10	220	500	35

通过 C 语言对提出的算法（算法 6-1）编程计算得到 m_i 的取值如表 6-2 所示。

表 6-2　计算结果

项目	m_1	m_2	m_3	m_4	m_5	m_6	m_7	m_8	m_9	m_{10}
计算值	0.94	1.12	2.67	1.15	2.24	1	2.17	0.93	6.48	1.37
调整	1	1	3	1	2	1	2	1	6	1

同时求得基本订购周期 $t=0.115$。根据约束条件 $\sum_{i=1}^{n} r_i m_i t \leqslant V$，计算：

$$t > \frac{V}{\sum_{i=1}^{n} r_i m_i} = 0.048$$

因此，令 $t^*=0.048$ 年，即 18 天。由表 6-2 得，m_i 调整后，物资品种 1、2、4、6、8、10 的订购周期为 18 天；物资品种 5、7 的订购周期为 36 天；物资品种 3 的订购周期为 54 天；物资品种 9 的订购周期为 108 天。

因此，各物资的订购量可以通过公式 $Q_i=r_i m_i t^*$ 计算，结果如表 6-3 所示。

表 6-3　各物资的订购批量

Q_1	Q_2	Q_3	Q_4	Q_5	Q_6	Q_7	Q_8	Q_9	Q_{10}
82	58	86	48	38	72	77	57	58	24

由式（6-4）得：

$$TC = \frac{A + \sum_{i=1}^{n} \frac{a_i}{m_i}}{t^*} + \sum_{i=1}^{n} \frac{Q_i h_i}{2} \tag{6-26}$$

因此，$TC=29693$ 元。

在本节的模型中，有两个关键的初始值，即基本订购费用 A 和库存容量 V，这两个值的大小与订购周期之间有着密切的关系。一般地，当 A 值增大时，各种物资订购周期与基本订购周期间的差距缩小（t^* 增大，m_i 减小），总成本增加，当 A 足够大时，大部分物资都会采取与基本订购周期相同的订购周期，即 $m_i=1$；而当 A 值减小时，各种物资订购周期与基本订购周期间的差距变大，总成本会减小，此时采用多品种联合订购的优势会更加明显。同时应看到，当库存容量 V 减小，基本的订购周期会减小，各物资的订购周期也相应减小，造成成本随之上升；而车存容量过大同样会造成仓库资源的浪费。因此，在应用该模型时，需要注意基本订购费和库存容量对成本的影响结果。

6.3 优化运输与配送模型

6.3.1 引言

配送问题通常分为两个部分：将零售商所需求的物品装配给车辆——车辆物品装载问题（Vehicle Filled Problem，VFP）；给已装载物品的车辆制定合适路线——车辆路线规划问题（Vehicle Routing Problem，VRP）[11]。

在实际的配送过程中，零售商先通过向配送中心发送订单物品来确立需求关系，配送中心在接收订单后从制造商、总部、其他配送中心库存、所拥有的当前库存中根据各个零售商的不同需求，将所需求的物品挑选出来进行组配，在挑选、组配完所有零售商所需求的物品后，根据物品的重量和体积、车辆的载重和容积，同时兼顾不同种类物品间能否共处的特性、物品装载顺序与卸货顺序间的联系等方面的因素，将各种物品组合装车，尽量做到满装满载。

然后，根据每辆车所装载的属于各个零售商物品，依据实际中零售商与零售商之间、零售商与配送中心间所有道路的实时路况信息，和各零售商对其所需物品的时限要求、车辆在各零售商处卸货所需耗时，以零售商之间和零售商与配送中心间的空间距离分布关系以及互通联系为基础，确定各车辆所服务的零售商，制定车辆行车路线，将物品通过车辆的运输从配送中心送达零售商处。

本节将重点讨论在应急情况下物流配送中常常遇到的车辆路径决策问题（VRP）。由于应急物流所追求的时间效益最大化、灾难损失最小化，大多数以成本最小为目标的 VRP 模型算法无法满足应急的实际需求；同时，由于应急物流场景中普遍存在的不确定性，传统静态的以确定参数值为基础的 VRP 模型算法也无法满足应急的实际需求；将应急物流 VRP 中不确定性问题与应急物流 VRP 中的多周期性问题结合研究是一种有益的尝试[12]。

6.3.2 不确定条件下多周期应急物流配送 PVRP 问题建模

（1）应急物流 VRP 中的不确定性及多周期性

典型的 VRP 问题由多种要素组成，如：路网、车辆、配送点、保障点等实体；而这些实体的若干属性则构成了 VRP 模型的参数，如：道路的距离、行驶限速、行驶单价成本；车辆的数量、荷载量、容量；保障点的物资需求量、服务时间窗、需求满足失衡率等。在具体 VRP 模型的参数中，如果至少有其中一个参数是随机的、模糊的或是时变的，称之为不确定性 VRP 问题[13]。

基本的 VRP 问题[14]解决的是单周期内的车辆配送，其中的假设要求配送点的物资需求量小于单车的荷载量；事实上，该假设在应急物流条件下是不可能满足的，此时配送点的物资需求量往往远远大于单车的荷载量，对于配送点的物资运输也是分批次多周期进行的，因此应急物流 VRP 问题实质上是一种多周期 VRP 问题（Period Vehicle Routing Problem，PVRP）。

文献［15］中对 PVRP 问题定义及求解方法进行了说明：PVRP 问题是 VRP 问题的进一步普适化，VRP 解决单周期一次性的物资配送车辆路径优化问题，而 PVRP 则解决多周期多批次的物资配送车辆路径优化问题。PVRP 与 VRP 的主要区别在于：VRP 要求一次性服务所有配送点且对每个配送点的服务有且仅有 1 次，而 PVRP 则在其任意单周期内允许仅仅服务部分而不是所有的配送点，并且 PVRP 的每个配送点的被服务次数允许大于 1 次。PVRP 是嵌套了 VRP 的更为复杂的车辆路径问题，它需要对每个配送周期的配送点组合、配送点配送量以及配送路径进行优化，整体上需要关注配送点服务失衡性问题。

（2）不确定条件下多周期应急物流 PVRP 模型

①问题描述。不确定条件下多周期应急物流 VRP 问题。在车辆运输时间及车辆运输单价成本不确定的应急救灾条件下，1 个应急配送中心需要对 N 个救灾保障点进行 L 个周期的物资配送。已知应急物流配送中心拥有载重为 Q 的运输车辆 M 台以及足量的某种救灾物资，救灾保障点 i 的某物资需求量为 r_i，结点 i 到结点 j 的距离为 d_{ij}，车辆运输单价估计为 $\tilde{c}_{ij}$，车辆运输时间估计为 $\tilde{t}_{ij}$，每周期配送可满足部分救灾保障点的部分物资需求，每个救灾保障点在 L 个周期中可被配送多次。要求合理确定包括路径在内的配送方案，以在满足救灾保障点需求的情况下，使总配送时间最短、救灾保障总体满意度最高、救灾保障点失衡度最低、运输总费用最少。

②条件假设。上述问题有以下假设条件：

（a）配送中心与救灾保障点间、救灾保障点彼此间均有道路相通，为完全网络。

（b）运输车辆载重量统一。

（c）不考虑运输车辆容量约束。

（d）救灾物资为某种单一物资。

（e）各救灾保障点在每个周期中需求保持不变。

（f）在每个周期内各派出车辆均能按时返回。

（g）在每个周期内某救灾保障点的服务次数不超过 1 次。

（h）在每个周期内派出的车辆均不走回头路。

（i）忽略车辆在配送中心的装货时间以及在救灾保障点上的卸货时间。

③参数设定

模型建立过程中，主要用到以下数学符号：

$K=\{1, 2, \cdots, M\}$：运输车辆集；

$V=\{0, 1, 2, \cdots, N\}$：结点集合，其中应急物流配送中心的编号为 0，救灾保障点的编号为 $1\cdots N$；

$T=\{1, 2, \cdots, L\}$：运输周期集合；

Q：运输车辆的统一载重量；

H：运输车辆在每个周期内的最大服务时间；

r_i：救灾保障点 i 的物资需求量，$i\in V$，$i\neq 0$；

r_{it}：救灾保障点 i 在 t 周期时的物资需求量，$i\in V$，$i\neq 0$，$t\in T$；

d_{ij}：应急配送中心与救灾保障点、救灾保障点间的道路距离，$i, j\in V$，$i\neq j$；

$\tilde{c}_{ij}$：三角模糊数，车辆从结点 i 到结点 j 的运输单价估计，$i, j\in V$，$i\neq j$；

$\tilde{t}_{ij}$：三角模糊数，车辆从结点 i 到结点 j 的运行时间估计，$i, j\in V$，$i\neq j$；x_{ijkt}：决策

变量，t 周期时若车辆 k 由结点 i 到结点 j，则取值为 1，否则取值为 0，$i, j\in V$，$i\neq j$，$t\in T$，$k\in K$；

y_{ikt}：决策变量，t 周期时若救灾保障点 i 的配送任务由车辆 k 完成，则取值为 1，否则取值为 0，$i\in V$，$i\neq 0$，$t\in T$，$k\in K$；

z_{itk}：决策变量，救灾保障点 i 在 t 周期时由车辆 k 提供的物资配送量，$i\in V$，$t\in T$，$k\in K$；

S_i：救灾保障点 i 的满意度，$S_i = \dfrac{\sum_{t\in T}\sum_{k\in K} y_{ikt}z_{itk}}{r_i}, i\in V, i\neq 0, S_i\leqslant 1$。

④模型建立

建立 PVRP 优化模型如下：

$$\min f_1 = \sum_{t\in T}\sum_{k\in K}\sum_{i\in V}\sum_{j\in V}\tilde{t}_{ij}x_{ijkt} \tag{6-27}$$

$$\min f_2 = \sum_{i\in V} r_i - \sum_{t\in T}\sum_{k\in K}\sum_{i\in V} y_{ikt}z_{itk} \tag{6-28}$$

$$\min f_3 = \max\{|S_i - S_j|\}, \forall i,j\in V \tag{6-29}$$

$$\min f_4 = \sum_{t\in T}\sum_{k\in K}\sum_{i\in V}\sum_{j\in V} d_{ij}\tilde{c}_{ij}x_{ijkt} \tag{6-30}$$

s. t.
$$\sum_{i\in V} y_{ikt}z_{itk}\leqslant Q, \forall k\in K, \forall t\in T \tag{6-31}$$

$$\sum_{k\in K} y_{ikt}\leqslant \{0,1\}, \forall i\in V, \forall t\in T, i\neq 0 \tag{6-32}$$

$$\sum_{i\in V}\sum_{k\in K} x_{ijkt} = \sum_{k\in K} y_{jkt}, \forall t\in T, \forall j\in V, j\neq 0 \tag{6-33}$$

$$\sum_{j\in V}\sum_{k\in K} x_{ijkt} = \sum_{k\in K} y_{ikt}, \forall t\in T, \forall i\in V, i\neq 0 \tag{6-34}$$

$$\sum_{j\in V}\sum_{k\in K} x_{0jkt} = \sum_{i\in V}\sum_{k\in K} x_{i0kt}, \forall t\in T, i,j\neq 0 \tag{6-35}$$

$$r_i\geqslant \sum_{t\in T}\sum_{k\in K} y_{ikt}z_{itk}, \forall i\in V, i\neq 0 \tag{6-36}$$

$$\sum_{i\in V}\sum_{j\in V} x_{ijkt}\tilde{t}_{ij}\leqslant H, \forall t\in T, \forall k\in K, i\neq j \tag{6-37}$$

目标函数 f_1 为应急配送任务完成的总配送时间，最小化 f_1 即是总配送时间最短；目标函数 f_2 为应急物资总需求与实际完成总配送的差值，差值越小，救灾保障总体满意度越高；目标函数 f_3 表示的是救灾保障点失衡度，为任意两救灾保障点满意度差值的最大值，即最满意的救灾保障点满意度与最不满意的救灾保障点满意度的差值，最小化该救灾保障点失衡度值体现了救灾配送的公平性；目标函数 f_4 为应急配送任务完成的总配送代价，最小化 f_4 即是总配送代价最低。

约束条件式（6-31）表示在某周期内指派给车辆 k 的救灾保障点的货物总需要量应不大于车辆自身载重 Q；约束条件式（6-32）表示某周期内分配给救灾保障点 i 的车辆要么没有，要么只有 1 辆；约束条件式（6-33）、式（6-34）表示在某一个周期内从某救灾保障点出的车辆等于入该救灾保障点的车辆数且等于该周期分配给该救灾点的车辆数；约束条件式（6-35）表示在某一个周期内派出车辆的数量等于返回车辆的数量；约束条件式（6-36）表示对某救灾保障点的物资配送数量应该不超过其物资需求量；约束条件式（6-37）表示在某一个周期内派出某车辆的服务总时间不超过其服务时间上限。

6.3.3　不确定条件下多周期应急物流配送 PVRP 模型求解

（1）不确定性参数处理

1）三角模糊数隶属度

根据文献［16］，设 $\tilde{c}$ (s, m, u)，其中 s 和 u 分别为模糊数的取值下限和上限，m 为可能性最大的值，那么 $\tilde{c}$ 的隶属度函数可表示为：

$$v_{\tilde{c}}(x) = \begin{cases} \dfrac{x-s}{m-s}, s \leqslant x \leqslant m \\ \dfrac{u-x}{u-m}, m \leqslant x \leqslant u \\ 0, x < s \; or \; x > u \end{cases} \tag{6-38}$$

$\tilde{c}$ 的隶属度函数表征了该模糊值在论域［s，u］中的可能程度。

2）模糊数消解算法

下列随机模拟算法用于在随机条件下将三角模糊数近似地转换为某确定值，其主要思想见参考文献［17］。

算法 6-2：模糊数消解算法

令 $\bar{c}$ 为模糊数 c 对应的确定值。

对于模糊数 c，Inputs，m，u，构造三角模糊数 $\tilde{c}$ =（s，m，u）

步骤 1：在论域［s，u］中取随机值 r，求随机值 r 的隶属度值 $r1$；在［0，1］中取随机值 $r2$；

步骤 2：比较 $r2$ 与 $r1$，如果 $r2 \leqslant r1$，则取 r 为 $\tilde{c}$ 的近似值；否则循环步骤 1；

步骤 3：进行 *MAXNUMBER* 次取值，求其平均值 $\bar{c}$ 作为模糊数 c 对应的确定值；

具体描述如下：

```
for (i=1; i<=MAXNUMBER; i++)
{sum=0;
  do {
r=rand (s, u); //在论域 [s, u] 中取随机值 r
  r1=v_c̃ (r);    //求随机值 r 的隶属度值 r1
  r2=rand (0, 1);    //在 [0, 1] 中取随机值 r2
} whiler2≤r1  //如果 r2≤v_c̃ (r)，则跳出循环；否则重复循环体
c̃=r;    //如果 r2≤v_c̃ (r)，则取 r 为 c̃ 的近似值
sum=sum+c̃;    //如果 r2>v_c̃ (r1)，则重复 Step2
  }
c̄=sum/i;
```

3）应急物流 VRP 的等价近似模型

将上述 PVRP 模型中的所有三角模糊数用算法 6-2 计算确定平均数并进行替代，即可得到具有确定性模型：

$$\min f_1 = \sum_{t \in T} \sum_{k \in K} \sum_{i \in V} \sum_{j \in V} \bar{t}_{ij} x_{ijkt} \tag{6-39}$$

$$\min f_2 = \sum_{i \in V} r_i - \sum_{t \in T} \sum_{k \in K} \sum_{i \in V} y_{ikt} z_{itk} \tag{6-40}$$

$$\min f_3 = \max\{|S_i - S_j|\}, \forall i, j \in V \tag{6-41}$$

$$\min f_4 = \sum_{t \in T} \sum_{k \in K} \sum_{i \in V} \sum_{j \in V} d_{ij} \bar{c}_{ij} x_{ijkt} \tag{6-42}$$

$$\sum_{i \in V} y_{ikt} z_{itk} \leqslant Q, \forall k \in K, \forall t \in T \tag{6-43}$$

$$\sum_{k \in K} y_{ikt} \in \{0,1\}, \forall i \in V, \forall t \in T, i \neq 0 \tag{6-44}$$

$$\sum_{i \in V} \sum_{k \in K} x_{ijkt} = \sum_{k \in K} y_{jkt}, \forall t \in T, \forall j \in V, j \neq 0 \tag{6-45}$$

$$\sum_{j \in V} \sum_{k \in K} x_{ijkt} = \sum_{k \in K} y_{ikt}, \forall t \in T, \forall i \in V, i \neq 0 \tag{6-46}$$

$$\sum_{j \in V} \sum_{k \in K} x_{0jkt} = \sum_{i \in V} \sum_{k \in K} x_{i0kt}, \forall t \in T, i, j \neq 0 \tag{6-47}$$

$$r_i \geqslant \sum_{t \in T} \sum_{k \in K} y_{ikt} z_{itk}, \forall i \in V, i \neq 0 \tag{6-48}$$

$$\sum_{i \in V} \sum_{j \in V} x_{ijkt} \bar{t}_{ij} \leqslant H, \forall t \in T, \forall k \in K, i \neq j \tag{6-49}$$

（2）转换成单目标优化问题

利用加权求和的转换方法，将f_1、f_2、f_3、f_4多目标转换为单目标。

首先，构造多目标重要程度比较矩阵。根据应急物流“时间效益最大化”特点要求，设定应急反应时间为需要参考的首要因素；根据应急物流“灾难损失最小化”特点，设定救灾保障点失衡度、救灾保障总体满意度为需要参考的第二位、第三位要素，其中救灾保障总体满意度受到车辆数量、载重以及周期的客观约束，不一定能够达到较好效果，因此更为侧重于最小化救灾保障点失衡度的需求；根据应急物流“弱经济性”需求，设定总配送代价为最次之的参考要素。利用层次分析法，得到重要程度比较矩阵如下：

$$\begin{array}{c} \\ f_1 \\ f_2 \\ f_3 \\ f_4 \end{array} \begin{array}{c} \begin{array}{cccc} f_1 & f_2 & f_3 & f_4 \end{array} \\ \begin{bmatrix} 1 & 3 & 2 & 7 \\ \frac{1}{3} & 1 & \frac{2}{3} & 2 \\ \frac{1}{2} & \frac{3}{2} & 1 & 3 \\ \frac{1}{7} & \frac{1}{2} & \frac{1}{3} & 1 \end{bmatrix} \end{array} \tag{6-50}$$

计算得到标准化后的特征（权）向量为：

$$tb\_\ vector = (0.511 \quad 0.164 \quad 0.246 \quad 0.079) \tag{6-51}$$

接下来是归一化处理。由于目标函数f_1、f_2、f_3、f_4的量纲不同，以实际数据采集为基础，通过线性变换标准化方法，得到函数f_1'，f_2'，f_3'，f_4'为同一量纲后的目标函数，利用式（6-51）的特征向量，即可将多目标函数转换成单目标函数如下：

$$\min \quad f_{obj} = 0.511 f_1' + 0.164 f_2' + 0.246 f_3' + 0.079 f_4' \quad \sum_{i=1}^{n} X_i Y_i \tag{6-52}$$

例：抗震救灾中某次保障配送拟用 5 辆车进行周期为 3 天的保障，假设得到f_1的范围为（200～330）h；f_2的范围：（0～36）t；f_3的范围：（0～1）；f_4的范围：（25～46）千元，则利用最大最小值标准化得：

$$f_{obj}=0.511\frac{f_1-200}{130}+0.164\frac{f_2}{36}+0.246f_3+0.079\frac{f_4-25}{21} \tag{6-53}$$

（3）面向应急物流 PVRP 问题的蚁群算法改进方法

1）蚁群分组与联合禁忌表

蚁群算法（Ant Colony Optimization-ACO）的原理是利用大量蚂蚁组成的蚁群的集体行为表现出的一种正反馈现象，即某一路径上走过的蚂蚁越多，则后来者选择该路径的概率就越大；从而利用转移选择概率计算及信息素的变更进行收敛与寻优。

蚁群算法被有效应用到了 TSP 问题中[18]，该应用的主要思路是：在每次迭代中，m只蚂蚁均按照转移选择概率计算值P_{ij}进行各自的独立移动，各蚂蚁独自维护着自己已访问结点的禁忌表$Tabu_k$，蚂蚁之间的遍历访问互不干扰；每一次蚂蚁变量均使得转移概率计算值P_{ij}与各路径上的信息素τ_{ij}发生有规律的变化，从而引导着后继蚂蚁的路径选择；通过大量迭代后，蚁群选择的路径将逐渐收敛，从而得到收敛的优化解。

从 TSP 问题的蚁群求解分析中可以得出：蚁群算法在路径寻优问题上的应用需要设置一定量的蚂蚁，且各蚂蚁之间的节点遍历访问互不干扰。应急物流 PVRP 模型实质上是多周期下确定车辆数的 VRP 问题，其本质上还是求各周期 VRP 的最值；确定车辆数的 VRP 问题主要特点是配送中心的K辆车并行运行，并且各自保障的节点不能重复。因此，通过设立蚁群分组，每组中均设置K个蚂蚁以模拟K辆车，该K个蚂蚁共同维护着已访问结点的联合禁忌表$Tabu$，从而解决K辆车各自保障的节点不能重复的约束；通过初始一定量的蚂蚁分组，从而满足蚁群的规模要求；通过控制各蚂蚁分组独立运行，从而满足各蚂蚁组的结点遍历互不干扰要求。

此外，应急物流 PVRP 在每个确定周期T中，其 VRP 问题求解并非常规的 VRP 问题，它并不要求遍历所有的点，而是要求将所有派出车辆的荷载消耗完，因此，需要用车辆荷载状况作为其循环的结束条件。而应急物流 PVRP 不同周期之间的关联主要体现在转移概率计算值P_{ij}与各路径上的信息素τ_{ii}的变化上。

2）考虑保障点需求量的转移概率计算

传统的蚁群算法转移概率计算公式主要考虑路径信息素与路径间距离两个要素，但对于应急物流 PVRP 问题，还必须考虑救灾保障点的物资需求。一般情况下，救灾保障点物资需求量越大，可能预示着该救灾点的灾情较严重或受灾群众较多，需要一定程度优先考虑；同时，由于在确定周期T中，某些救灾点可能没有配送物资，也意味着其在下一周期中的需求量增大，需要一定程度上优先考虑，这也体现了救灾保障点的均衡性原则。

因此，增加救灾保障点j在t周期的配送需求函数$\omega_i(t)$作为转移概率计算的参考元素之一。考虑保障点需求量的转移概率计算公式如式（6-54）所示：

$$P_{ij}^{k}(t) = \begin{cases} \dfrac{[\tau_{ij}(t)]^{\alpha} \cdot [\dfrac{1}{d_{ij}}]^{\beta} \cdot [\omega_{j}(t)]^{\gamma}}{\sum\limits_{s \notin Tabu} [\tau_{is}(t)]^{\alpha} \cdot [\dfrac{1}{d_{is}}]^{\beta} \cdot [\omega_{s}(t)]^{\gamma}} & j \notin Tabu \\ 0 & \text{否则} \end{cases} \tag{6-54}$$

其中，α，β，γ 分别属于信息素、路径距离、结点需求的调节因子。

3）基于 Ant-Cycle 模型的信息素更新计算

为了使得蚁群寻优的过程收敛，本算法采用每组蚂蚁共同完成一个循环后进行信息素修改的 Ant-Cycle 模型[19]，其信息素更新方式如下：

$$\tau_{ij}(t+n) = (1-\rho) \cdot \tau_{ij}(t) + \Delta\tau_{ij}(t) \tag{6-55}$$

$$\Delta\tau_{ij}(t) = \sum_{k=1}^{m} \Delta\tau_{ij}^{k}(t) \tag{6-56}$$

$$\Delta\tau_{ij}^{k}(t) = \begin{cases} \dfrac{C_Q}{f_{obj}}, \text{若第 k 组中有蚂蚁经过}(i,j) \\ 0, \text{否则} \end{cases} \tag{6-57}$$

式（6-55）中，ρ 表示信息素蒸发系数，表示随着时间的推移信息素会自动减少的，从而防止了信息的无限积累，其取值范围为［0，1）；式（6-56）中，各路径信息素的增量是每组蚂蚁信息素增量 $\Delta\tau_{ij}^{k}(t)$ 之和；式（6-57）中，$\Delta\tau_{ij}^{k}(t)$ 表示某组蚂蚁循环遍历后在路径（i，j）上的信息素增量，其中 C_Q 为一定值常量，f_{obj} 为本次循环遍历后目标函数的值。

4）受灾保障点物资需求量周期性动态更新

在转移概率计算公式中，每周期的用户物资需求量是其中的重要参考元素，因此，准确反映受灾保障点物资需求量对于寻优过程的准确模拟尤为关键。受灾保障点物资周期需求量计算如式（6-58）：

$$r_{it} = \frac{r_i - supply_i}{remainder_t} \tag{6-58}$$

其中，r_{it} 为结点 i 在 t 周期时的物资需求；r_i 为结点 i 的物资总需求；$supply_i$ 为已配送给结点 i 的物资；$remainder_t$ 为剩余的周期数。可见，如果某结点在前一个周期中未得到配送，其在本周期的物资需求量势必增大，从而影响着转移概率朝对该结点有利的趋势发展。

（4）基于改进蚁群的应急物流 PVRP 模型求解算法

1）算法（算法6-3）总体流程

PVRP 模型求解算法如图 6-8 所示，详细步骤如下：

步骤 1：初始化算法参数：

α：信息素重要性参数；β：距离重要性参数；γ：需求量重要性参数

ρ：信息素蒸发系数；C_Q：信息素增加强度系数

步骤 2：初始化全局变量：包括输入变量与中间数据存储变量，其中输入变量例如迭代次数 $N_{\max}$，周期数 $T_{\max}$，每周期的蚂蚁组数 m_g，每组蚂蚁的个数（车辆数）K，车辆

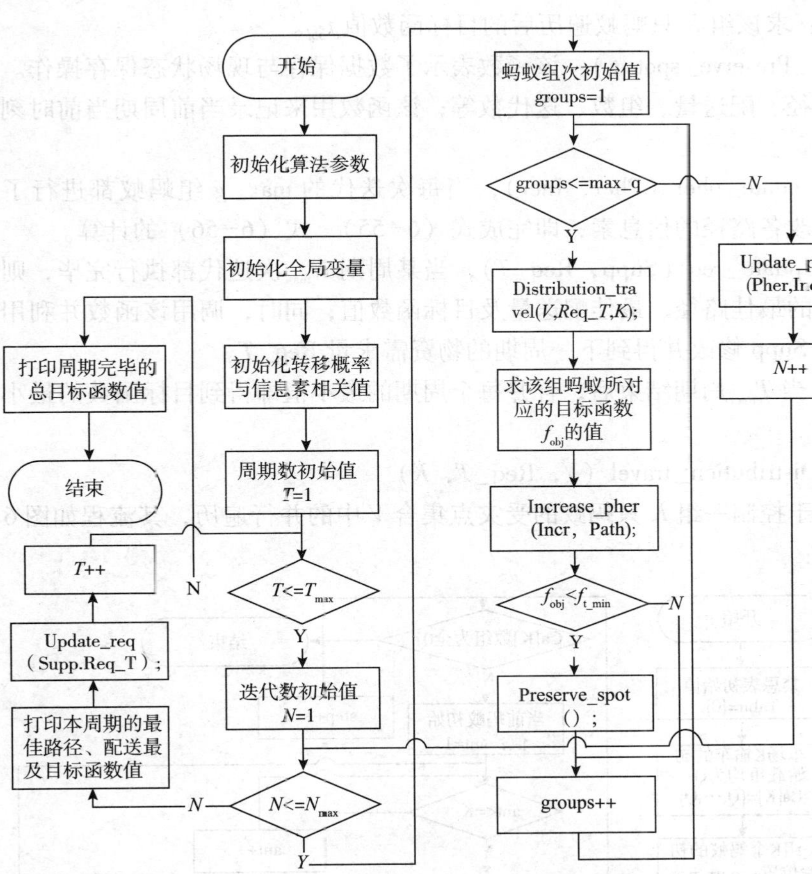

图6-8　基于改进蚁群的应急物流 PVRP 模型求解算法

的统一承载量 Q，结点编号 V，结点坐标 Pos_V，保障点总需求量 Req_V，等等；中间数据存储变量如最值存储变量 f_{min}，取得最值时的路径 Best_ path，取得最值时的供应量 Best_ supply 等。

步骤3：初始化信息素相关值：令有向图上每条边（i，j）的初始化信息素 $\tau_{ij}=0$。

步骤4：进行 T_{max} 周期的循环，设置循环控制变量初值 $T=1$。

步骤5：每周期进行 N_{max} 次迭代，设置迭代控制变量初值 $N=1$。

步骤6：每次迭代设置 max_ g 组蚂蚁进行循环，设子循环控制变量初值 $groups=1$。

步骤7：每组蚂蚁进行如下操作：

步骤7.1：Distribution_ travel（V，Req_ T，K）：该函数表示该组 K 只蚂蚁的受灾点集合 V 中的并行遍历。其中，遍历的控制结束依赖于车辆的承载量 Q 以及节点在该周期的需求 Req_ T 等。

步骤7.2：Increase_ pher（Incr，Path）：该函数表示需要保存该组 K 只蚂蚁在受灾点集合 V 中遍历后各边信息素的增量，即完成式（6-57）的计算。其中，$Incr$ 参数（数组）记录了路径（i，j）上的信息素变化，Path 记载了该组 K 只蚂蚁的遍历路径，是 $Incr$ 参数计算的依据。

步骤7.3：求该组 K 只蚂蚁遍历后的目标函数值 f_{obj}。

步骤7.4：Preserve_spot（）：该函数表示了数据保存与现场状态保存操作。譬如保存当前组遍历路径、配送量、组数、迭代数等；该函数用来记录当前周期当前时刻取得最值时的参数状态。

步骤8：Update_pher（Pher，Incr），当每次迭代的 max_g 组蚂蚁都进行了遍历，则调用该函数修改各路径的信息素，即完成式（6-55）、式（6-56）的计算。

步骤9：Update_req（Supp，Req_T），当某周期 N_{max} 次迭代都执行完毕，则能够得到并打印该周期的最佳路径、最佳配送量及目标函数值；同时，调用该函数并利用当前周期的物资供应量 Supp 修改并得到下一周期的物资需求量 Req_T。

步骤10：当 T_{max} 周期结束后，合并每个周期的最小值即得到目标函数的最小值。算法结束。

2）函数 Distribution_travel（V，Req_T，K）

该函数用于控制一组 K 只蚂蚁的受灾点集合 V 中的并行遍历，其流程如图6-9所示，运算步骤如下：

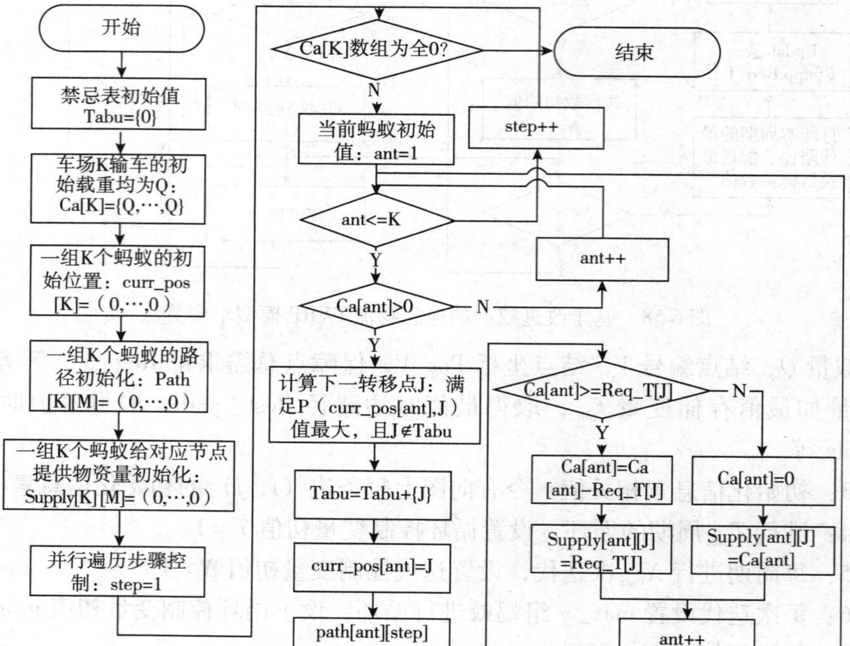

图6-9　一组蚂蚁的保障点集合 V 中的并行遍历算法

步骤1：初始化相关变量数组。

包括一组蚂蚁（车辆）的联合禁忌表变量 Tabu，K 辆车的当前物资量变量 C_a，一组蚂蚁的当前位置变量 *curr_pos*，一组蚂蚁行进路径变量 *Path*，等等。

步骤2：设置并行访问步骤控制变量 *step*，初值为1。

步骤3：设置当前只蚂蚁（车辆）的控制变量 ant，初值为1。

步骤 3. 1：计算当前只蚂蚁允许跳转城市的转移概率［完成式（6-54）的计算］，取概率最大的城市 J 进行转移。

步骤 3. 2：对应修改禁忌表变量 Tabu，该蚂蚁当前位置变量 *curr_pos*［*ant*］，该蚂蚁行进路径变量 *Path*［*ant*］［*step*］的值。

步骤 3. 3：根据该蚂蚁的当前物资量 *Ca*［*ant*］与保障点 *J* 在该周期需求量 *Req_T*［*J*］计算物资供应量 Supply［ant］［J］及提供物资后车辆的当前剩余物资量 C_a［ant］。

步骤 3. 4：*ant* + +。

步骤 4：步骤 3 循环的结束控制：*ant* > *K*，表示该步骤所有蚂蚁处理完毕，*step* + +。

步骤 5：步骤 2 循环的结束控制：C_a［*K*］数组为全 0，表示 *K* 辆车均无剩余物资，此时该函数结束。

3）函数 Preserve_spot（）

该函数进行数据保存与现场状态保存操作，当 $f_{min} < f_{obj}$ 时该函数执行，表示该组蚂蚁遍历取得的目标函数是当前周期当前时刻的最小值，因此需要保存数据和现场状态。保存的数据包括：$f_{min} = f_{obj}$，当前周期当前最佳目标函数值；Best_path = Path，当前周期当前最佳路径，Best_supply = Supply，当前周期当前最佳配送量，等等。保存的现场状态包括：Best_N，取得当前最佳值的迭代数；Best_groups，取得当前最佳蚂蚁组号，等等。

（5）实例计算及结果分析

1）实例问题初始化

取马拉加大学语言与计算科学实验室提供的 PVRP 问题测试数据集 c-pvrp 中 p01 集合的前 22 个点的相关数据[20]作为结点位置与需求量的初始数据，见表 6-4；设结点间的运输时间数据见表 6-5。

表 6-4　配送中心及救灾保障点的坐标与需求

结点编号	0	1	2	3	4	5	6	7	8	9	10
*X*_pos	30	37	49	52	20	40	21	17	31	52	51
*Y*_pos	40	52	49	64	26	30	47	63	62	33	21
Requirement	0	7	30	16	9	21	15	19	23	11	5
结点编号	11	12	13	14	15	16	17	18	19	20	21
*X*_pos	42	31	5	12	36	52	27	17	13	57	62
*Y*_pos	41	32	25	42	16	41	23	33	13	58	42
Requirement	19	29	23	21	10	15	3	41	9	28	8

表 6-5　结点间的运输时间

	0	1	2	3	4	5	6	7	8	9	10	11	12	13	14	15	16	17	18	19	20	21
0	0	3	5	4	5	2	6	9	4	7	3	2	1	4	5	3	2	8	4	3	7	9
1		0	2	5	6	4	3	8	2	6	5	3	4	7	3	4	9	2	1	9	3	3
2			0	1	3	7	5	3	5	5	3	5	3	7	4	6	3	3	5	6	8	7
3				0	1	3	2	1	3	3	2	1	2	5	2	1	5	3	2	4	3	9
4					0	2	3	4	1	2	1	2	1	4	4	2	5	3	8	5	3	4
5						0	1	2	3	3	4	1	3	5	7	3	4	8	6	3	1	8
6							0	6	2	1	3	3	2	2	2	6	5	3	4	7	3	2
7								0	6	2	5	6	15	1	5	5	3	5	3	7	4	3

续表

	0	1	2	3	4	5	6	7	8	9	10	11	12	13	14	15	16	17	18	19	20	21
8									0	3	3	4	5	4	3	3	2	1	2	5	2	4
9										0	2	6	3	2	1	2	1	2	1	4	4	8
10											0	8	4	3	8	2	6	5	3	4	7	3
11												0	8	5	3	5	5	3	5	3	7	4
12													0	2	1	3	3	2	1	2	5	2
13														0	1	3	6	9	4	7	1	8
14															0	5	3	8	2	6	2	3
15																0	5	3	5	5	2	9
16																	0	1	8	7	2	5
17																		0	3	2	6	3
18																			0	4	5	8
19																				0	2	5
20																					0	3
21																						0

注：表6-5为对称矩阵。

①算例中的相关模型参数初始化：$K=\{1,2,3,4,5\}$ 为运输车辆集；$V=\{0,1,2,\cdots,21\}$ 为结点集合，其中应急物流配送中心的编号为0，救灾保障点的编号为1，…,21；V_pos 为结点坐标集合，见表6-4；$T=3$：周期数为3；$Q=20$：运输车辆的统一载重量；r_i：救灾保障点 i 的物资总需求量：见表6-4；d_{ij}：两点间道路距离，由表6-4可计算；$\bar{c}_{ij}=2$：设结点间的运输单价统一为2；$\bar{t}_{ij}$：车辆从结点 i 到结点 j 的运行时间估计，数据见表6-5。

②算法中的相关参数初始化：迭代次数 $N_{\max}=50$；周期数 $T_{\max}=3$；每周期的蚂蚁组数 $m\_g=20$；每组蚂蚁的个数（车辆数）$K=5$；信息素重要性参数 $\alpha=1$；距离重要性参数 $\beta=1$；需求量重要性参数 $\gamma=3$；信息素蒸发系数 $\rho=0.4$；信息素增加强度系数 $C_Q=5$；

③算法运行环境：Matlab7.0。

2）实例运行结果

实例运算结果打印即每周期的最佳配送路径及配送量见图6-10～图6-13，每周期每次迭代目标函数的值及收敛趋势见图6-14，得到的配送路径与配送量方案见表6-6。

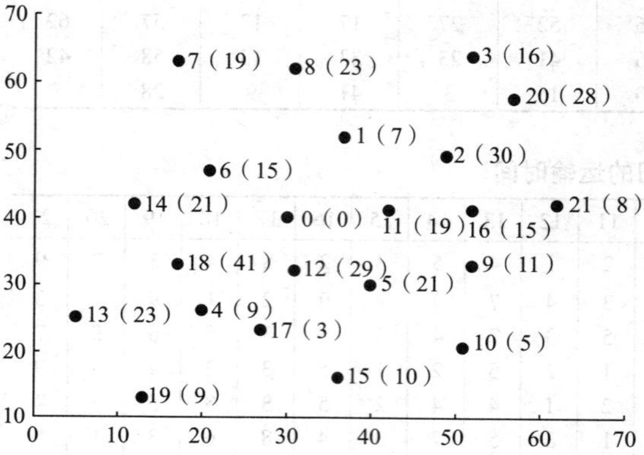

图6-10 保障点坐标及总体物资需求

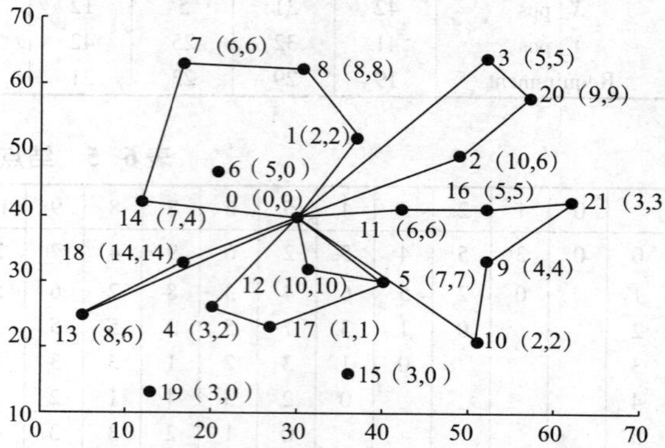

图6-11 T_1 周期的车辆最佳路径及配送量

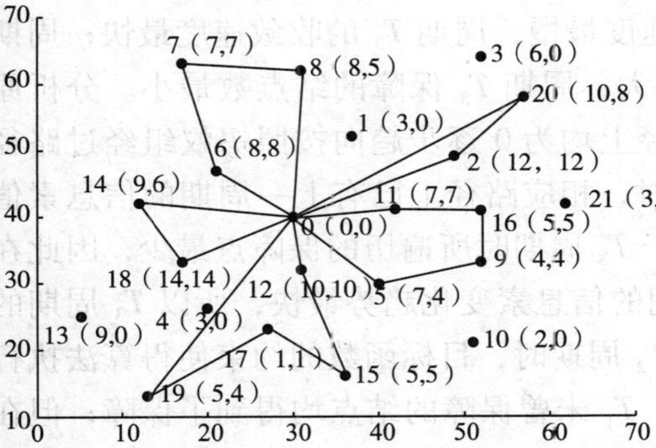

图 6-12　T_2 周期的车辆最佳路径及配送量

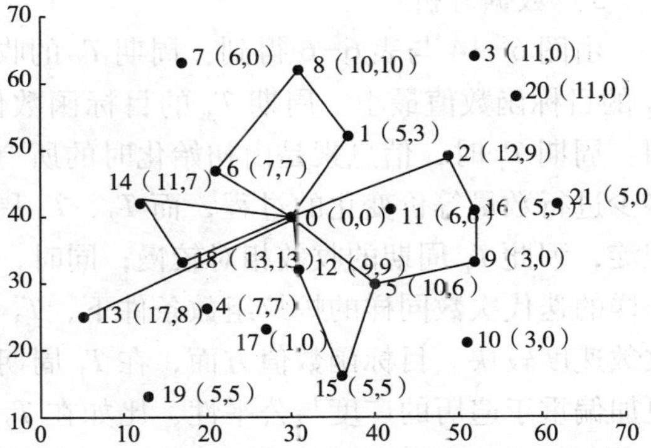

图 6-13　T_3 周期的车辆最佳路径及配送量

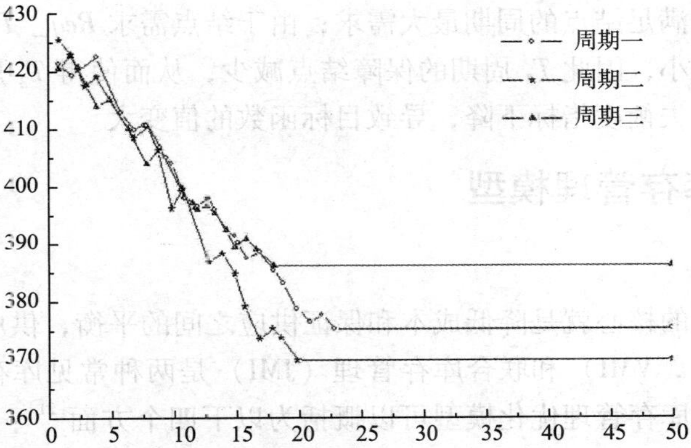

图 6-14　每周期目标函数收敛趋势图

表 6-6　算例的配送路径及配送量方案

周期 T	车辆 K	路径 *Path*	配送量 *Supply*	目标函数值 f_{obj}	取最值时的迭代数
1	1	0 – 1 – 8 – 7 – 14 – 0	0 – 2 – 8 – 6 – 4 – 0	375. 242	23
	2	0 – 3 – 20 – 2 – 0	0 – 5 – 9 – 6 – 0		
	3	0 – 11 – 16 – 21 – 9 – 10 – 0	0 – 6 – 5 – 3 – 4 – 2 – 0		
	4	0 – 12 – 5 – 17 – 4 – 0	0 – 10 – 7 – 1 – 2 – 0		
	5	0 – 18 – 13 – 0	0 – 14 – 6 – 0		
2	1	0 – 6 – 7 – 8 – 0	0 – 8 – 7 – 5 – 0	369. 752	20
	2	0 – 2 – 20 – 0	0 – 12 – 8 – 0		
	3	0 – 11 – 16 – 9 – 5 – 0	0 – 7 – 5 – 4 – 4 – 0		
	4	0 – 12 – 15 – 17 – 19 – 0	0 – 10 – 5 – 1 – 4 – 0		
	5	0 – 18 – 14 – 0	0 – 14 – 6 – 0		
3	1	0 – 6 – 8 – 1 – 0	0 – 7 – 10 – 3 – 0	386. 161	18
	2	0 – 11 – 16 – 2 – 0	0 – 6 – 5 – 9 – 0		
	3	0 – 12 – 15 – 5 – 0	0 – 9 – 5 – 6 – 0		
	4	0 – 4 – 19 – 13 – 0	0 – 7 – 5 – 8 – 0		
	5	0 – 18 – 14 – 0	0 – 13 – 7 – 0		

3）数据分析

由图6-14与表6-6得到：周期 T_1 的收敛速度最慢，周期 T_3 的收敛速度最快；周期 T_2 的目标函数值最小，周期 T_3 的目标函数值最大；周期 T_3 保障的结点数最小。分析原因：周期 T_1 时，信息素是由初始化时的所有路径上均为0逐步趋向按照蚂蚁组经过路径多少进行数量等价变化的过程，而 T_2、T_3 周期时，相应路径上已有上一周期的信息素值积淀，因此 T_1 周期的收敛相对较慢；同时，由于 T_3 周期时所遍历的保障点最少，因此在同样的迭代次数同样的蚂蚁组数条件下，T_3 周期的信息素变化趋势最快，所以 T_3 周期的收敛速度较快。目标函数值方面，在 T_1 周期与 T_2 周期时，目标函数的约束使得算法执行更加偏重于遍历的广度与公平性，比如在 T_2 中，T_1 未曾保障的结点均得到了保障；但在 T_3 周期，也即保障的最后周期，此时多数结点的保障需求均大于 T_1、T_2 周期，根据 Distribution_ travel 函数的算法流程（图6-8），*Ca*［*ant*］=*Ca*［*ant*］-*Req_ T*［*J*］，即采用了贪心策略，尽量满足结点的周期最大需求；由于结点需求 *Req_ T*［*J*］的值增大，*Ca*［*ant*］迭代的次数变小，因此 T_3 周期的保障结点减少，从而使得 T_3 周期在结点满意度以及结点间的救灾保障失衡度指标下降，导致目标函数的值变大。

6.4 优化库存管理模型

6.4.1 引言

供应链库存管理的核心就是降低成本和保证供应之间的平衡，供应商管理库存（Vendor Managed Inventory，VMI）和联合库存管理（JMI）是两种常见库存管理模式。综合以往研究成果，供应链库存管理优化模型可以概括为以下四个方面[21]：库存/分配系统；库存/配送系统；生产/库存系统；生产/库存/配送系统。本章将重点从前两个方面对库存优化模型进行分析。6.4.2节将建立基于服务水平约束的多级仓库协同库存模型，解决常规市场条件下多级仓库间协同分配库存的问题；6.4.3节将建立基于时效性目标的仓库协同库存模型，解决应急情况下（如支援保障灾区）仓库储备与配送系统之间相互协同问题。

6.4.2 基于服务水平约束的多级仓库协同库存模型

（1）问题描述

以中心仓库和多个下级仓库所组成的系统为研究对象，这里的协同指混合协同模式，包括不同级的中心仓库和下级仓库间的协同库存，也包括多个下级仓库间的协同库存。在随机需求条件下，在确保一定服务水平情况下，需要确定上述仓库网络系统中各仓库节点的补货量和补货周期，使得这个仓库系统库存总成本最小化，这就是基于服务水平约束的多级仓库协同问题。

（2）模型假设

①系统处理同一种物资，该物资可以是中心仓库集装配套后的一系列相关物资集合。

②各下级仓库需求是随机的，且服从相互独立的正态分布。物资需求相对比较稳定，随机情况下可以假设为正态分布。

③各下级仓库采取（t，R）补货策略，具有相同补货周期，即每隔一定周期 t，补充库存量达到适当库存水平 R。

④下级仓库允许缺货，但是缺货需要回补，同时缺货会造成一定的损失费用。

⑤中心仓库库存量能够满足下级仓库多个补货周期的物资需求，为了区别，将中心仓库的补货周期称为一个循环。

⑥中心仓库不允许缺货。

⑦不考虑中心仓库的补货提前期，当库存降为零时，能够立即得到补充。

（3）符号说明

在模型建立过程中，主要会用到以下数学符号：

i	下级仓库，$i=1, 2, \cdots, n$，数字 0 代表中心仓库；
t	下级仓库共同补货周期；（决策变量）
T	中心仓库补货时间间隔，$T=mt$；（m 是决策变量）
A_0，A_i	中心仓库，下级仓库各自的订购费；
H_0，H_i	中心仓库，下级仓库各自的保管费；
P_i	下级仓库的缺货损失费；
α_i	下级仓库服务水平约束；
L_i	下级仓库补货提前期；
D_i	下级仓库单位时间的平均需求；
Q_i	下级仓库的订货量；
R_i	下级仓库的库存水平。（决策变量）

其他数学符号在用的时候予以说明。

（4）模型建立

1）下级仓库的成本模型

下级仓库所产生的费用由物资订购费用、物资保管费用和缺货损失费用所组成。

因为各个下级仓库补货周期相同，所以下级仓库单位时间订购费用 C_{b1} 可以表达为：

$$C_{b1}=A_i/t \tag{6-59}$$

下级仓库的库存水平为 R_i，提前期内的平均需求量是：

$$E(L_i)=D_i \cdot L_i \tag{6-60}$$

因此，周期初的库存水平 I_i 为：

$$I_i=R_i-D_iL_i \tag{6-61}$$

在一个周期中，下级仓库的平均需求量是：

$$E(t)=D_i \cdot t \tag{6-62}$$

因此周期末的库存水平 I'_i 为：

$$I'_i=R_i-D_iL_i-D_it \tag{6-63}$$

所以一个周期内下级仓库的平均库存水平 $\bar{I}_i$ 可以表达为：

$$\bar{I}_i=\frac{R_i-D_iL_i+R_i-D_iL_i-D_it}{2}=R_i-D_iL_i-\frac{D_it}{2} \tag{6-64}$$

那么可以得到平均库存费用 D_{b2} 是：

$$C_{b2} = H_i\left(R_i - D_iL_i - \frac{D_it}{2}\right) \tag{6-65}$$

由于需求是随机的，一个周期内如果需求量超过了库存水平就会产生缺货。用 $f(x, t)$ 表示一个周期内需求的概率密度，$F(x, t)$ 表示需求的分布函数，那么缺货损失费用 C_{b3} 可以表达为：

$$C_{b3} = \frac{P_i}{t}\int_{R_i}^{\infty}(x_i - R_i)f(x_i, t)\,\mathrm{d}x \tag{6-66}$$

通过以上分析，得到下级仓库一个周期的总费用 TC_b 模型如下：

$$\begin{aligned} TC_b &= C_{b1} + C_{b2} + C_{b3} \\ &= \sum_{i=1}^{n}\left[\frac{A_i}{t} + H_i\left(R_i - D_iL_i - \frac{D_it}{2}\right) + \frac{P_i}{t}\int_{R_i}^{\infty}(x_i - R_i)f(x_i, t)\,\mathrm{d}x\right] \end{aligned} \tag{6-67}$$

2）中心仓库的成本模型

中心仓库的补货时间间隔称为一个循环，可以满足下级仓库 m 个周期的补货需求，中心仓库不允许缺货，因此中心仓库的费用主要由订购费和物资保管费组成。

中心仓库的订购费用 C_{s1} 可以表达为：

$$C_{s1} = \frac{A_0}{T} = \frac{A_0}{mt} \tag{6-68}$$

中心仓库的期初库存水平 I_0 为：

$$I_0 = \sum_{i=1}^{n} D_i mt \tag{6-69}$$

中心仓库的期末库存水平为0，因此中心仓库的库存费用 C_{s2} 可以表达为：

$$C_{s2} = H_0\sum_{i=1}^{n} D_i mt/2 \tag{6-70}$$

通过以上分析，得到中心仓库一个循环内的总费用 TC_s 模型如下：

$$TC_s = \frac{A_0}{mt} + H_0\sum_{i=1}^{n}\frac{D_imt}{2} \tag{6-71}$$

3）建立服务水平约束

对于各个下级仓库而言都有服务水平的约束，相当于现有可用的库存可以满足的需求的比例。因此，能够得到满足的需求量比例必须达到 α，那么缺货的比例就是 $1-\alpha$。服务水平的定义可以表示为：

$$\frac{\text{给定安全因子情况下每个周期末期望需求缺少量}}{\text{每个周期可以用于满足需求的数量}} \leqslant 1 - \alpha$$

对于下级仓库 i，当需求量 $x_i > R_i$ 时就会发生缺货，$F(x, t)$ 是一个周期内需求的分布函数，所以：

$$F(R_i, t) = \int_{R_i}^{\infty} f(x_i, t)\,\mathrm{d}x \leqslant 1 - \alpha_i \tag{6-72}$$

4）系统总成本模型

综上所述，结合式（6-67）、式（6-71）和式（6-72），可以得到由中心仓库和下级仓库所组成的库存系统的模型如下：

$$\min JTC(t,R_i,m) = \sum_{i=1}^{n}\left[\frac{A_i}{t} + H_i\left(R_i - D_iL_i - \frac{D_it}{2}\right) + \frac{P_i}{t}\int_{R_t}^{\infty}(x_i - R_i)f(x_i,t)\mathrm{d}x\right] + \frac{A_0}{mt} + H_0\sum_{i=1}^{n}\frac{D_imt}{2} \tag{6-73}$$

$$s.t.\quad \int_{R_t}^{\infty}f(x_i,t)\mathrm{d}x \leqslant 1 - \alpha_i \tag{6-74}$$

(5) 模型求解

对于式(6-73)，假定 t 和 m 不变，对 R_i 进行求导，得到：

$$\frac{\partial JTC(t,R_i,m)}{\partial R_i} = \sum_{i=1}^{n}\left[H_i - \frac{P_i}{t}\int_{R_t}^{\infty}f(x_i,t)\mathrm{d}x\right] \tag{6-75}$$

同样地，假定 R_i 和 m 不变，对 t 进行求导，得到：

$$\frac{\partial JTC(t,R_i,m)}{\partial t} = \sum_{i=1}^{n}\left[-\frac{A_i}{t^2} - \frac{H_iD_i}{2} + \frac{H_0D_im}{2} - \frac{P_i}{t^2}\int_{R_t}^{\infty}(x_i - R_i)f(x_i,t)\mathrm{d}x\right] - \frac{A_0}{mt^2} \tag{6-76}$$

从式(6-75)和式(6-76)可以看出，要精确地计算出 R_i 和 t 本身比较复杂，一般需要通过优化软件进行求解，本章给出一种启发式算法（算法6-4）计算（t，R_i，m）的近似解，其步骤如下：

步骤1：令式(6-75)等于0，得到：

$$\sum_{i=1}^{n}\left[H_i - \frac{P_i}{t}\int_{R_t}^{\infty}f(x_i,t)\mathrm{d}x\right] = 0 \tag{6-77}$$

又因为服务水平约束 $\int_{R_t}^{\infty}f(x_i,t)\mathrm{d}x \leqslant 1 - \alpha_i$，令 $\int_{R_t}^{\infty}f(x_i,t)\mathrm{d}x = 1 - \alpha_i$，那么：

$$\sum_{i=1}^{n}\left[H_i - \frac{P_i}{t}(1 - \alpha_i)\right] = 0 \tag{6-78}$$

通过式(6-78)可以求出共同补货周期 t 的最大值 $t_{\max}$，取倒数得到最小值 $t_{\min}$，即：

$$t_{\min} = \frac{\sum_{i=1}^{n}H_i}{\sum_{i=1}^{n}P_i(1 - \alpha_i)} \tag{6-79}$$

步骤2：设置 $t = t_{\min}$。

步骤3：根据服务水平约束的定义，当一个周期内各下级仓库的需求量不超过库存水平时就不会发生缺货，所以：

$$F_t(R_i) = \int_0^{R_t}f_t(x_i)\mathrm{d}x = \alpha_i \tag{6-80}$$

假设各下级仓库的需求服从正态分布且相互独立，其均值为 μ_i，方差为 σ_i^2，因此，可以借助标准正态分布计算表计算其库存水平 R_i。对于给定的 α_i，查标准正态分布面积表可获得对应的 z，由定义可知：

$$z = \frac{R - \mu}{\sigma} \tag{6-81}$$

因此各下级仓库的库存水平 R_i 可通过下式求得：

$$R_i = \mu_{it} + \sigma_{it} z \tag{6-82}$$

步骤4：令式（6-76）等于0，得到：

$$m\sum_{i=1}^{n}\left[-\frac{A_i}{A_0}-\frac{H_iD_it^2}{2A_0}+\frac{H_0D_it^2}{2A_0}-\frac{P_i}{A_0}\int_{R_i}^{\infty}(x_i-R_i)f(x_i,t)\mathrm{d}x\right]=1 \tag{6-83}$$

下级仓库的分布是正态分布，即：

$$f(x)=\frac{1}{\sqrt{2\pi\sigma}}e^{-\frac{(x-\mu)2}{2\sigma^2}} \tag{6-84}$$

可以推出以下公式：

$$\int_{R}^{\infty}(x-R)f(x)\mathrm{d}x=\sigma\frac{1}{\sqrt{2\pi}}e^{-\frac{(R-\mu)2}{2\sigma^2}}+(\mu-R)\left(1-\int_{\frac{R-\mu}{\sigma}}^{\infty}\frac{1}{\sqrt{2\pi}}e^{-\frac{x^2}{2}}\mathrm{d}x\right) \tag{6-85}$$

联立式（6-83）和式（6-85），就可以计算出 m 值：

$$m=\frac{2A_0}{\sum_{i=1}^{n}\left\{-2A_i-H_iD_it^2+H_0D_it^2-2P_i\left[\sigma\frac{1}{\sqrt{2\pi}}e^{-\frac{z_i^2}{2}}+(u-R)\left(1-\int_{z_i}^{\infty}\frac{1}{\sqrt{2\pi}}e^{-\frac{x^2}{2}}\mathrm{d}x\right)\right]\right\}} \tag{6-86}$$

步骤5：根据步骤2、步骤3、步骤4得到的 (t,R_i,m)，代入式（6-73）中计算库存系统的总成本 $JTC(t,R_i,m)$。

步骤6：设置 $t=t+1$，返回步骤3重新计算。如果计算出的总成本要小于之前的总成本，则更新最小成本，否则不更新。当 $t=100$ 时，计算结束，得到的最小成本所对应（t，R_i，m）即为最优解。

（6）案例分析

假设下级仓库的数量总共有5个，中心仓库的订购费 $A_0=50$，$H_0=3$。另外各下级仓库的相关数据如表6-7所示。

表6-7　下级仓库的各相关数据

仓库	1	2	3	4	5
A_i	30	15	20	10	20
H_i	1.5	1.2	1	1	1.5
P_i	2.0	1.5	3	2	1
L_i	6	9	5	10	7
α_i	0.95	0.90	0.95	0.95	0.90
μ_i	50	80	60	70	40
σ_i^2	400	900	400	400	100

①根据表6-7的数据，通过EXCEL进行计算，最后得到：

$$\sum_{i=1}^{n}H_i=6.2$$

$$\sum_{i=1}^{n}P_i(1-\alpha_i)=5.3$$

因此，$t_{\min} = \dfrac{62}{5.3} = 11.7 \rightarrow 12$

②各下级仓库需求服从相互独立的正态分布，另外，通过查标准正态分布面积表，得到：

由 90% 的服务水平，对应的 $Z = 1.28$；

由 92% 的服务水平，对应的 $Z = 1.41$；

由 95% 的服务水平，对应的 $Z = 1.645$；

由 97% 的服务水平，对应的 $Z = 1.88$。

③结合式（6-82）和式（6-86），通过 C 语言编程，设置 $12 \leqslant t \leqslant 100$，计算得到结果如表 6-8 所示：

表 6-8　最后计算结果

R_1	R_2	R_3	R_4	R_5
3648	5381	4088	4734	2323

$t = 44$；$m = 2$；$\min JTC = 45023$。

本算例中，不考虑中心仓库的补货提前期，在各下级仓库服从随机需求条件下（相互独立的正态分布），共同补货周期为 44 天，中心仓库的补货间隔为 88 天，五个下级仓库的补货量如表 6-8 所示，能够确保相应的服务水平，并达到仓库系统库存总成本最小，说明了基于服务水平约束的多级仓库协同问题模型的合理性以及所设计的启发式算法的有效性。

6.4.3　基于时效性目标的仓库协同库存模型

（1）问题描述

为了说明本节研究的问题，以地震灾害为例，考虑到灾害发生的时间和地点具有随机性，要更好地研究物流基地仓库协同保障决策，就必须确定所需的应急物资储备量的大小和后续的协同库存策略。考虑到在应急保障过程中，需要动用全社会的物资储备以及物流资源，共同为灾区配送物资，那么在本节中提到的仓库指的是拥有相关救援物资的所有各类仓库。需要注意两点：第一，这些仓库并不局限于物流基地的保障区域，而是只针对灾区实施保障，实现了物流基地的跨区域保障功能；第二，本节中所提到的仓库不仅仅是指地方仓库，当然也包括了军队后方仓库的物流资源和保障力量，因为其性质和保障流程与地方仓库相似，在本节中全部简称为仓库。

根据地震发生的历史数据及实践经验，可以将抗震救灾划分为两个关键的保障时期：

1）救援期物资保障

救援期物资保障一般是指在地震发生后的 72h 内，物资需求的品种及数量极大，主要是用于营救受困人员，这个时候所需要的物资称为救援期物资。

2）重建期物资保障

重建期物资保障指的是 72h 以后，对灾区配送的物资主要用于重建和受灾群众的生活必须品，同时要防止次生灾害，这段时期的物资称为重建期物资。

在地震灾害发生后，可以认为救援期物资需求和重建期物资需求是相互独立的，可以分别制定不同的物资保障决策[22]，为此，本节分别从救援期仓库协同库存模型及其求解和重建期仓库协同库存模型及其求解两个方面进行研究。

（2）救援期仓库协同库存模型建立

1）基本假设

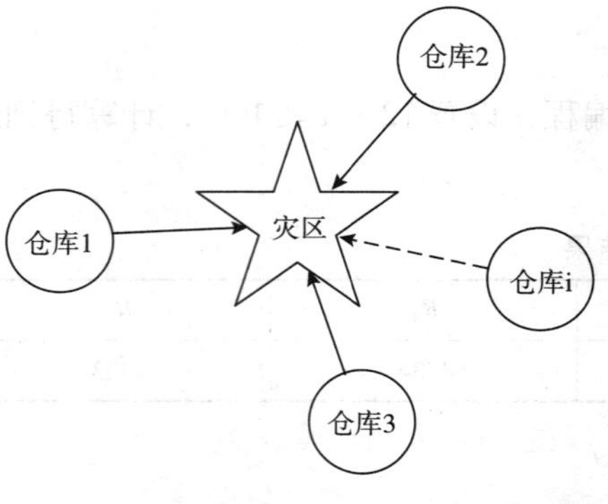

图 6-15 救援期仓库协同保障示意图

①救援期物资保障，因为灾害突发性强，保障时间紧急，因此来不及补充库存，一般需要通过仓库的应急物资储备来实施快速支援保障。

②救援期物资需求量是随机的，而且需求量较大。因此不能通过单一的仓库实施保障，主要表现在保障效率较低，保障物资可能不足，必须通过仓库协同保障来完成任务。救援期仓库协同保障如图 6-15 所示。

③考虑到各仓库的运力有限，而且应急物资储备的数量较大，因此各仓库不能一次将所有的物资运送到灾区，必须采取分批运送的方式。

④该模型只针对同一种救灾物资的需求确定其应急协同储备量，其他不同物资的储备量可参考同样的方法计算。

2）符号说明

该模型中将用到以下数学符号：

i	代表参与保障任务的仓库；
n	总的仓库数量；
S_i	各仓库的应急物资储备量；（决策变量）
d_i	各仓库的物资出库速率；
l_i	各仓库到受灾区域的物资配送时间，也可称为配送提前期；
x_i	各仓库配送物资的次数。（决策变量）

其他数学符号在用到的时候将予以说明。

3）模型建立

考虑到救援期的需求是随机的，物资需求总量大，而且救援期时间较短，根据历史数据的统计分析，令物资需求总量的期望值为 $E(D)$。因此，参与保障的仓库其应急物资储备总量要满足需求值，即：

$$\sum_{i=1}^{n} S_i = E(D) \tag{6-87}$$

对于各个仓库，受到其运输能力的影响，其物资将以恒定的速率 d_i 进行出库，x_i 代表其总的出库次数，那么：

$$\sum_{i=1}^{n} x_i \cdot d_i = E(D) \tag{6-88}$$

基于时效性的考虑，即在最短时间内能够将所有的需求物资送达到灾区，对于各个仓库，其总的配送时间 t_i 为：

$$t_i = x_i \cdot l_i \tag{6-89}$$

因此可建立时效最短的数学模型（模型 6-5），如下：

$$\min t = \max\{t_i, i = 1,2,\cdots,n\} \tag{6-90}$$

$$s.t. \quad \sum_{i=1}^{n} x_i \cdot d_i = \sum_{i=1}^{n} S_i = E(D) \tag{6-91}$$

（3）救援期仓库协同库存模型求解

根据前面介绍的救援期物资保障的目标以及所建立的模型，将采用以下的算法（算法 6-5）对模型进行求解：

步骤 1：设置配送时间最短的仓库所对应的时间为基本配送时间。根据各仓库配送时间的长短，规定各仓库的配送优化权。

步骤 2：根据各仓库配送时间，按从小到大排序，设置总时间范围内的配送时间节点。

步骤 3：在各时间节点分别计算最大能送达灾区的物资量。比如计算在第二级配送时间范围内，第一级仓库的运量是否已满足了需求量，如果满足则配送结束；如果不满足，那么第二级仓库要求发货。

步骤 4：到第三时间节点时，如果需求量得到了满足，那么结束计算。如果还不满足，继续用第一级仓库进行配送，配送时间直到第三级仓库的配送时间或者第二级仓库的第二次发货时间，即 min（t_3，$2t_2$），仍然比较总运量和需求量的大小，如不满足要求，则按照同样的方法继续计算。

步骤 5：如果需求量得到了满足，则退回到前一个时间节点，用剩余需求量除以基本配送时间再加上前一时间节点就是配送的结束时间。最后可以根据各仓库的配送次数来计算仓库的应急物资储备量。

根据以上计算步骤，其流程如图 6-16 所示：

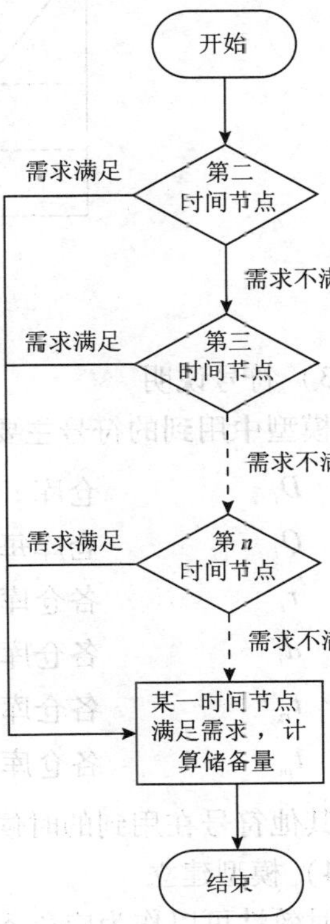

图 6-16　救援期模型求解流程

（4）重建期仓库协同库存模型建立

1）库存时间模型的定义

库存时间模型的定义是根据物资从供应商到最终用户之间各节点在处理物资上所花费的时间来控制库存，其库存时间的大小主要包括供应商库存时间、制造商库存时间和分销商的库存时间，每一级的库存时间都是不同的，表达方式如下：

供应商库存时间：

$$T_g = t_{gr} + t_{gb} + t_{gf} + t_{gc}$$

制造商库存时间：

$$T_z = T_y + T_b + T_c = (t_{yr} + t_{yb} + t_{yf} + t_{yc}) + (t_{br} + t_{bb} + t_{bf} + t_{bc}) + (t_{cr} + t_{cb} + t_{cf} + t_{cc})$$

分销商库存时间：

$$T_f = t_{fr} + t_{fb} + t_{ff} + t_{fc}$$

式中 T_g、T_z、T_f 分别代表供应商、制造商和分销商的库存时间；T_y 代表原材料时间；T_b 代表半成品时间；T_c 代表成品时间。下标 r 代表入库时间；下标 b 代表保管时间；下标 f 代表分拣配货时间；下标 c 代表出库时间。

2）基本假设

（a）重建期各仓库的物资需求量是确定的。

（b）和救援期相同，物资出库的速率是匀速的。

（c）各仓库订购的物资能够一次性送达到仓库，即仓库上游的供应能力无限。

（d）仓库不允许缺货，采用（r，Q）库存策略。r 是订货点，Q 是每次的订货量。

（e）仓库库存量随时间变化情况如图 6-17 所示。

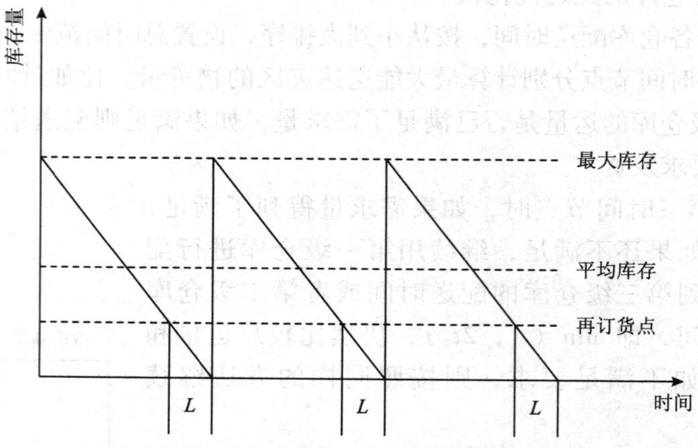

图 6-17　库存量随时间变化情况

3）符号说明

模型中用到的符号主要有：

D_i	仓库 i 一定时期内的需求总量；
Q_i	仓库每次的订货量；（决策变量）
r_i	各仓库的最佳订货点；（决策变量）
d_i	各仓库的物资出库速率；
t_{ri}	各仓库的物资入库时间；
t_{pi}	各仓库的物资配送时间。

其他符号在用到的时候予以说明。

4）模型建立

时效性可以作为应急条件下的首要控制目标，要控制时效，就必须对库存活动的时间进行定义，对一定时期内的时间成本的计算方法设置如下：

仓库物资活动时间 = 物资总入库时间 + 物资总库存持有时间 + 物资总配送时间

其中，总入库时间等于一定时期内的入库次数乘以入库时间，入库次数等于一定时期的需求总量除以订货量。通常情况下，运输时间占据主要地位，所以，总入库时间近似等于运输时间乘以入库次数。即：

$$T_{ri}=\frac{D_i}{Q_i}\cdot t_{ri} \tag{6-92}$$

总库存持有时间等于单位应急物资的库存持有时间乘以一定时期内需求总量，而单位物资的库存持有时间又等于订货量除以需求速度。根据基本假设，仓库应急物资的出库速率是匀速的，当库存量降到零时，立即能够补充入库，因此，平均库存量为$\frac{Q_i}{2}$，因此，总库存持有时间为：

$$T_{ci}=\frac{Q_i\cdot D_i}{2d_i} \tag{6-93}$$

总配送时间等于物资的出库次数乘以单次配送时间。应急物资总的出库次数等于总需求量除以出库速率，即$\frac{D_i}{d_i}$。因此，总配送时间为：

$$T_{pi}=\frac{D_i}{d_i}\cdot t_{pi} \tag{6-94}$$

结合式（6-92）、式（6-93）和式（6-94），得到仓库物资活动总时间模型（模型 6-6）为：

$$T_i=\frac{D_i}{Q_i}\cdot t_{ri}+\frac{Q_i\cdot D_i}{2d_i}+\frac{D_i}{d_i}\cdot t_{pi} \tag{6-95}$$

（5）重建期仓库协同库存模型求解

1）各仓库订货量的求解

库存活动总时间、总入库时间和库存持有时间随订货量的变化情况如图 6-18 所示：

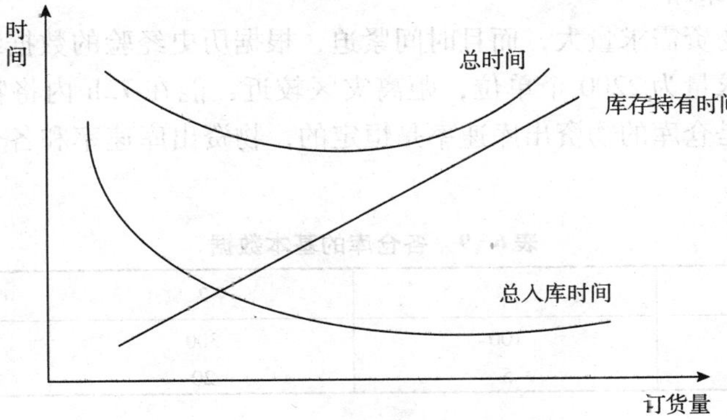

图 6-18　库存时间与订货量之间的关系

从图 6-18 可以看到，库存持有时间随着订货量的增加而增加，但是相应的物资入库时间却在减小，因此必然存在使得总时间最小的一个平衡点，即库存持有时间和总入库时间的交点。

将式（6-95）对 Q_i 进行求导，得到：

$$\frac{dT_i}{dQ_i} = -\frac{D_i \cdot t_{ri}}{Q_i^2} + \frac{D_i}{2d_i} \tag{6-96}$$

令式（6-96）等于零，得到时效性最好的订货量 Q_i：

$$Q_i = \sqrt{2 \cdot d_i \cdot t_{ri}} \tag{6-97}$$

对式（6-97）进行分析，如果计算的最具时效性的订货量大于物资的出库速率，那么这个最佳订货量是有意义的；如果是小于物资的出库速率，那么最佳的订货量应该等于物资的出库速率。即：

$$Q_i = \begin{cases} \sqrt{2 \cdot d_i \cdot t_{ri}} & d_i \leqslant \sqrt{2 \cdot d_i \cdot t_{ri}} \\ d_i & d_i > \sqrt{2 \cdot d_i \cdot t_{ri}} \end{cases} \tag{6-98}$$

通过式（6-98），可以计算求得各仓库的最大库存量等于 Q_i，而平均库存量为$\frac{Q_i}{2}$。

2）各仓库订货点求解

各仓库在订货之后，要过一段时间物资才能入库，这段时间被表示为 t_{ri}，因此订货之后存在时间延迟。所以，必须提前设置一个仓库订货点，该订货点必须满足在物资的入库时间内不会出现缺货的现象，即：

$$r_i = d_i \cdot t_{ri} \tag{6-99}$$

对式（6-99）进行分析，如果订货量 Q_i 小于入库时间范围内的物资出库量，那么就必须在物资送到仓库之前就开始订货，所以订货点等于 Q_i。所以得到订货点计算公式为：

$$r_i = \begin{cases} d_i \cdot t_{ri} & Q_i > d_i \cdot t_{ri} \\ Q_i & Q_i \leqslant d_i \cdot t_{ri} \end{cases} \tag{6-100}$$

（6）案例分析

本案例将分别对救援期和重建期的仓库协同库存策略进行分析。

1）救援期库存策略

由于救援期的物资需求量大，而且时间紧迫，根据历史经验的数据统计，假设灾区对某一物资的期望需求量为 2200 个单位，距离灾区较近，能在 72h 内将物资送达灾区的仓库总共有 3 个，但是仓库的物资出库速率是恒定的，物资出库速率和各仓库到灾区的配送时间如表 6-9 所示。

表 6-9　各仓库的基本数据

仓　库	1	2	3
d_i/（件/次）	100	300	500
l_i/h	5	20	30

根据算法 6-5 步骤 1，可以设置仓库的配送时间 5h 为基本配送时间，仓库 2 具有第二级配送优先权，仓库 3 具有第三级配送优先权。

根据步骤 2，可以设置配送时间范围内的时间节点，如图 6-19 所示。

从图 6-19 中可以看到，在 20h 之内，只有仓库 1 的物资能送达灾区，每隔 5h 就有

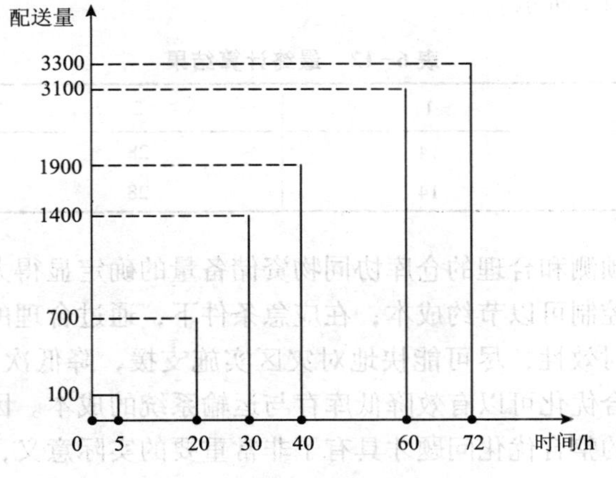

图 6-19　各时间节点配送量

100 单位物资送达灾区；20h 的时候，仓库 2 的物资也送达了灾区，总配送量达到了 4 × 100 + 300 = 700 个单位；到了 30h，仓库 3 的物资也送达了灾区，配送量为 6 × 100 + 300 + 500 = 1400 个单位，依此类推。

因为总的需求量为 2200 个单位，而 60h 的时候配送量可以达到 3100 个单位，因此配送的结束时刻应该在 40 ~ 60h 之间。由基本配送时间乘以基本配送量可以计算出，仓库 1 继续配送 3 次就可以满足需求。

通过以上分析，最后得出结果如表 6-10 所示。

表 6-10　最终计算结果

仓　库	1	2	3
配送次数 x_i	11	2	1
储备量 S_i	1100	600	500
配送时间	55	20	30

2）重建期库存策略

这里假设重建期总共有 3 个仓库为灾区实施物资保障，各仓库的相关数据如表 6-11 所示。

表 6-11　各仓库相关数据

仓　库	1	2	3
物资出库速率 d_i	100	200	200
物资入库时间 t_{ri}	1	2	3
物资配送时间 t_{pi}	2	3	5

通过式（6-98）和式（6-100）计算发现：$d_i \leqslant \sqrt{2 \cdot d_i \cdot t_{ri}}$，因此：

$$Q_i = \sqrt{2 \cdot d_i \cdot t_{ri}}$$

另外，$Q_i \leqslant d_i \cdot t_{ri}$，因此：

$$r_i = Q_i$$

可得结果如表 6-12 所示。

表 6-12 最终计算结果

仓 库	1	2	3
订货量 Q_i	14	28	35
订货点 r_i	14	28	35

综上可见，科学预测和合理的仓库协同物资储备量的确定显得尤为重要。在平时条件下，通过对库存量的控制可以节约成本；在应急条件下，通过合理的应急协同储备可以提高救援期物资保障的时效性，尽可能快地对灾区实施支援，降低次发灾害的发生。另外，库存与运输管理的集合优化可以有效降低库存与运输系统的成本。因为库存与运输的利益背反关系，研究它们的整合优化问题才具有了非常重要的实际意义，相信随着各种先进的企业管理模式越来越广泛地被采用，对库存和运输管理的整合优化也将越来越多地被重视。

参 考 文 献

[1] 马丁·克里斯托弗．何明珂等译．物流与供应链管理［M］．北京：电子工业出版社，2012.

[2] 黄小原．供应链模型与优化［M］．北京：科学出版社，2010.

[3] 马士华，陈习勇．供应链环境下的物流能力构成及其特性研究［J］．管理学报，2004，1（1）：107－111.

[4] 黄河，但斌，刘飞．供应链的研究现状及发展趋势［J］．工业工程，2001，（1）：17.

[5] 倪梅，鞠颂东．供应链条件下的采购管理［J］，供应链管理，2002，（1）：33.

[6] 李欣．采购物流中的库存决策问题研究［D］．沈阳：东北大学，2004.

[7] 岳建秋．供应链管理环境下包钢采购物流优化问题的研究与应用［D］．沈阳：东北大学，2007.

[8] 姚娟．一体化的供应链［J］．企业研究，2002，（9）．

[9] 徐以超．供应链管理下基于第三方物流的采购模型［J］．经营管理者，2012（18）：4－6.

[10] 李德．军事物流基地仓库协同保障理论与应用研究［D］．后勤工程学院，2013.

[11] 李勇．供应链中分销配送优化模型及算法研究［D］．重庆大学，2005.

[12] 张立．基于本体与 Multi-agent 的军队应急物流协同决策理论及应用研究［D］．后勤工程学院，2015.

[13] Bertsimas D J，David S. A New Generation of Vehicle Routing Research：Robust Algorithms，Addressing Uncertainty［J］．Operations Research，1996，44（2）：286－304.

[14] Golden B L，Raghavan S，Wasil E A. The Vehicle Routing Problem：Latest Advances and New Challenges［M］．Springer Science & Business Media，2008.

[15] Francis P M，Smilowitz K R，Tzur M. The Period Vehicle Routing Problem and its Extensions［M］．Springer US，2008：73－102.

[16] Pishvaee M S，Torabi S A. A Possibilistic Programming Approach for Closed-loop Supply Chain Network Design Under Uncertainty［J］．Fuzzy Sets and Systems，2010，161（20）：2668－2683.

[17] 陈则辉，刘诚．不确定环境下应急物资配送问题研究［J］．铁道科学与工程学报，2014，11（5）：82－89.

[18] Dorigo M，Gambardella L M. Ant Colony System：a Cooperative Learning Approach to the Traveling Sales-

man Problem [J] . Evolutionary Computation, IEEE Transactions on, 1997, 1 (1): 53 - 66.

[19] Dorigo M, Maniezzo V, Colorni A. Ant System: Optimization by a Colony of Cooperating Agents [J] . Systems, Man, and Cybernetics, Part B: Cybernetics, IEEE Transactions on, 1996, 26 (1): 29 - 41.

[20] The VRP web [EB/OL] . http: //www. bernabe. dorronsoro. es/vrp/, 2014. 06. 16/ 2015 - 02 - 04.

[21] 安健期，张绍文. 供应链库存管理中最优化模型研究综述 [J] . 物流工程与管理，2010，32 (9): 98 - 99.

[22] 贾小龙，王雷，刘凯峥. 突发事件下的应急物资库存管理研究 [J] . 物流技术，2009. (7): 136 - 200.

第三专题

供应链建模前沿成果分析

第 7 章　快速反应供应链模型

7.1　快速反应供应链研究背景

快速反应（Quick Response，QR）是 20 世纪 80 年代末期美国纺织服装行业提高竞争力所采取的一种战略，后逐渐应用到制造、银行以及服务等行业。它的基本原理是：为快速响应客户的需求，供应商、制造商和分销商应该紧密合作，通过信息共享来共同预测未来的需求，并且密切监视需求的变化以获得新的机会。快速反应源于以时间为基础的竞争，Stalk[1] 对其进行了分析，命名为时基竞争（Time-Based Competition，TBC），其特点是利用速度获取竞争优势，可以从两个方面说明：①企业以快速设计和制造不同产品满足不同的客户需求；②在企业的实际运作中，以供应链为思考轴线，追求企业运作所有任务的提前期减少，并改进质量、降低库存、减少产品成本、实现低运作成本，即快速反应。

快速反应就是以时基竞争为核心，把时间作为提高制造企业竞争力的重要战略资源，通过追求企业运作所有方面提前期的减少，快速满足瞬息万变的市场需求。快速反应供应链能带来间接收益和直接收益。

7.1.1　直接收益

对于零售商而言，实施快速反应供应链，一般需要投入销售额的 1.5% ~2% 左右，而获得的收益是巨大的，可以节约销售费用的 5% 左右，这些节省不仅包括商品价格的降低，还包括管理、分销以及库存等费用的大量减少。Kurt Salinon 协会的 David Cole 在 1997 年指出，美国实施第一阶段快速反应供应链的公司每年节约 15 亿美元的费用，实施第二阶段快速反应供应链的公司每年节约 27 亿美元的费用，如果企业能够过渡到第三阶段（联合计划、预测和补库），每年可望节约 60 亿美元。根据 Blackbum 的研究，零售商应用快速反应供应链后，销售额大幅度增加，商品周转率大幅度提高，需求预测误差大幅度下降。

7.1.2　间接收益

快速反应供应链的间接收益主要表现在时间对客户满意和供应链运作效率的影响方面。

（1）时间对客户满意的影响

客户满意是制造企业实现最终目标——赢利的先决条件。满意的客户带给企业更多的收益，不满意的客户则带给企业更高的成本和更差的企业形象。客户满意的影响因素主要有质量、可靠性、价格等，这些因素都受到同一个因素——提前期的影响。

提前期越短，应付客户变动需求所需的库存成本就越低，客户成本（即价格）下降，客户满意程度上升；提前期缩短可认为是更好的交货绩效，良好的质量可以减少退货和返工的比率，缩短提前期，提高客户满意度；缩短提前期还可从更高的准时交货比率和更好的成本预测能力两个方面改善交货过程的可靠性，进而提高客户满意度。准时交货比率是指按照规定准时交货的情况，成本预测能力是指交货前准确估计总成本的能力。可靠性的增加带给客户更高的满意度。

（2）时间对供应链运作效率的影响

除对客户满意产生积极的影响外，缩短提前期还能有效提高供应链的运作效率，进而提高供应链的整体运作绩效。客户通常愿意以更高的价格购买更好的产品和服务，如更快和更准时的交货、更好的服务、更高的质量等。企业通过不断改进影响供应链快速反应能力的因素，提高客户满意度，获取更高的产品和服务价格，从而增加供应链收益。缩短提前期可以降低供应链运作成本和库存成本。按照价值链理论，存储、检查、物料移动、装卸、收发等不产生价值增值的活动均属于多余活动。缩短提前期也就意味着必须压缩这些多余活动，提前期的缩短自然可以减少库存量，进而降低供应链库存成本和运作成本，使得收益增加，供应链运作效率提高。缩短提前期还可以减少库存量和降低维持库存所需的固定资产投入，从而降低关联资本投入。提前期缩短，相应减少在制品库存，又可降低对需求预测的依赖性，提高订货的准确性，进而减少由需求不确定性而带来的损失（存储成本和缺货成本）。库存降低时，对仓库空间和仓库设备需求也会相应降低。

7.2 基于不确定需求的快速反应供应链设计

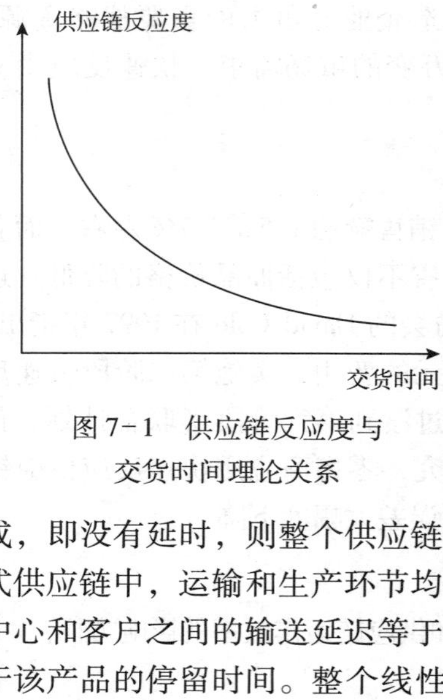

图 7-1 供应链反应度与交货时间理论关系

表征供应链反应水平的主要指标为反应度，即为供应链对需求变化快速反应的水平，其与供应链网络响应客户需求的时间即交货时间成反比，如图 7-1 所示。供应链网络中提前期越长，意味着其反应度越低，反之则代表反应度越高。为此，也可用交货时间作为度量供应链反应水平的指标。

不同结构的供应链，其交货时间是不同的。首先考虑简单线性供应链，如图 7-2 所示，其由一个供应商、若干制造工厂、一个分发中心和一个客户组成。物资流从供应商开始通过制造工厂和分发中心并终止于客户端，信息流则以相反的方向流动。假设信息传输瞬间完成，即没有延时，则整个供应链中的延迟时间来源于物资的转移时间。在这个线性“拉”式供应链中，运输和生产环节均会导致物资流在转移过程中的延时。供应商、工厂、配送中心和客户之间的输送延迟等于它们之间相应的运输时间。每个产品在工厂的生产延迟等于该产品的停留时间。整个线性供应链的延迟时间分为两部分：配送时间和生产准备时间。配送时间等于从配送中心到客户的运输时间，生产准备时间等于物流从供应商到配送中心所经历的时间总和。

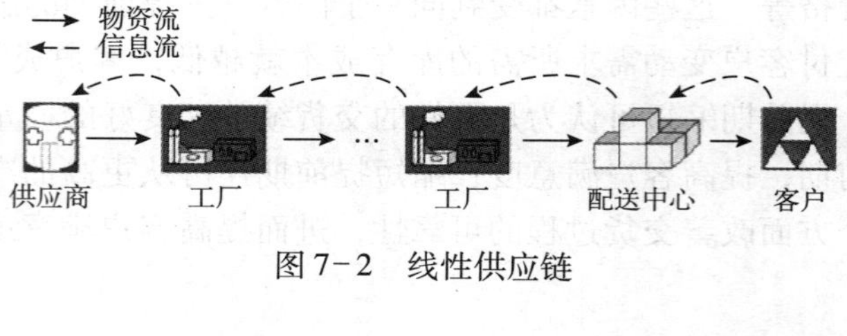

图 7-2 线性供应链

如果配送中心有足够的库存满足需求变化，交货时间就等于产品从配送中心到客户的转移时间，也就是产品配送时间。如果配送中心没有足够的库存来处理需求变化，最糟糕的情况就是没有多余的库存原材料或中间产品，此时就会缺货。解决缺货的方案就是回去重新安排来自供应商的原材料，经过一系列的运输和生产，最终将产品配送到需求客户。在这种缺货情况下，整个线性供应链的延迟时间等于生产准备时间与配送时间的和。基于需求的不确定性，用 *Prob* 表示缺货的可能性，即缺货概率；用 L_D 表示配送时间，L_P 表示生产准备时间，则可得线性供应链的预期交货时间 $E(L)$ 如下：

$$E(L)=Prob\cdot(L_P+L_D)+(1-Prob)\cdot L_D \tag{7-1}$$

上式还可以转化为：

$$E(L)=Prob\cdot L_P+L_D \tag{7-2}$$

这意味着，预期交货时间等于物资配送时间加上预期的产品生产时间（缺货概率乘以产品生产时间）。现实供应链系统肯定比上述简单线性供应链系统复杂，其呈复杂网络结构，如图 7-3 所示，可以将其分解成若干从供应商开始途经一些工厂、配送中心并最终到达客户手中的不同简单线性路径。因此，可定义所有可能路径中最大预期交货时间作为整个供应链的总预期交货时间。

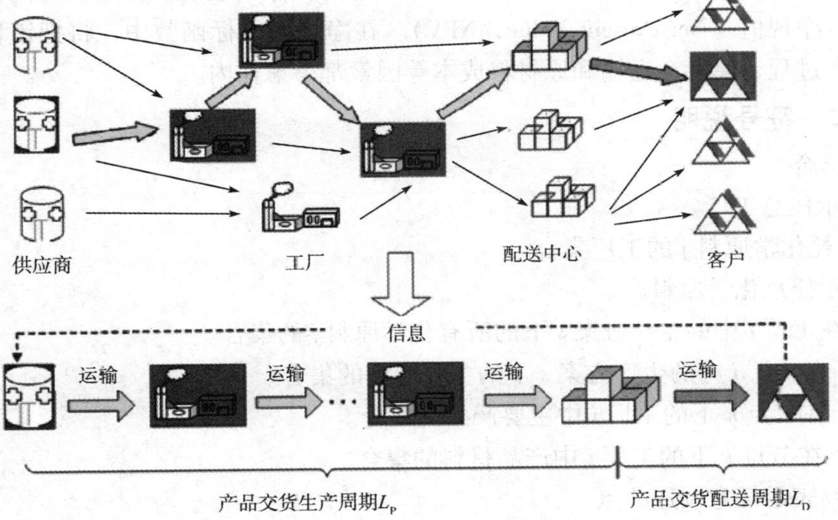

图 7-3　较复杂的供应链网络

7.2.1　问题描述

本节设计了一种综合全面的方法，能够同时考虑供应链网络设计、生产计划和调度、需求不确定性和库存管理，从而以最佳方式解决经济性和快速响应之间的平衡。所设计的基于不确定需求下供应链快速响应问题描述如下。

（1）问题假设

现给定一个供应链网络，可能包括若干供应商、若干制造厂、若干分销中心和若干客户，如图 7-3 所示。同时给出了一组过程和由多个时间段组成的时间范围，这些过程可以是专项过程也可以是柔性过程，柔性过程即是在使用不同原材料或不同生产方案下生产不同产品的多产品过程，此外，产品之间是可以发生转换的。对于所有生产计划，质量平衡以主要产品的生产过程进行线性表示，建立工厂和配送中心的投资成本由具有固定费用的成本函数进行表示。对于连接若干供应商、若干工厂、若干配送中心和若干客户的每个路径，可以有不同的运输模式，包括连续的运输方式（例如管道）或离散的运输方式（例如驳船、轨道车、船）等。为了简单起见，假设在这个问题中的材料（产品）的配送、传递是连续的，基于前述假设，固定费用成本函数可以对运输成本进行较完全的描述。假设每个产品的每个路线的运输时间和停留时间是已知的。本节所设计的供应链网络涉及一组化学品的生产过程，包括原材料、中间产品和最终产品。假定原材料和最终产品的价格在整个生产时间范围内是已知的。同时，原材料可用数量限制在一定范围内，产品需求在每个时间周期是不确定的，可由连续概率分布函数来描述。大多数产品库存和产品的安全库存都存储在配送中心，同时工厂节点也保持一定数量的库存。假设原材料、中间产品和最终产品的单位存货成本已知。

（2）求解目标

为了设计一个快速响应的供应链，从时间角度来看，目标之一就是尽量减少整个供应链网络的预期交货时间。从经济角度来看，另一个的目标函数是在指定的时间范围内争取最大限度的净现值（Net Present Value，NPV）。在净现值目标函数中，将把销售收入连同投资、生产过程、库存、运输和原材料成本等因素都考虑在内。

7.2.2　符号说明

（1）集合

i：表示任意工厂。

I_j：消耗化学原料 j 的工厂集合。

j：表示任意化学原料。

$J_{i,s}$：在工厂 i 中的生产方案 s 下的所有化学原料 j 的集合。

$JP_{i,s}$：在工厂 i 中的生产方案 s 下的主要产品的集合。

$JP_{k,i}$：在节点 k 下的工厂 i 中主要产品的集合。

$JM_{k,i}$：在节点 k 下的工厂 i 中产品材料的集合。

k，k'：表示任意制造节点。

K_i：可以建立工厂 i 的所有网络节点的集合。

ld：表示所有客户集合。

ls：表示所有供应商集合。

LD_j：需要化学原料 j 的所有客户的集合。

LS_j：能够提供化学原料 j 的所有供应商的集合。

m：表示任意配送中心。

O_j：能够生产化学原料 j 的所有工厂的集合。

$\mathrm{PATH}_{ls,k,m,ld}$：制造化学原料的任何可能路径，这个路径从原材料供应商开始，经工厂，到配送中心，最后终止于客户。

s，s'：表示任意生产方案。

S_i：对于工厂 i 的所有生产方案的集合。

SL_i：对于工厂 i 的所有生产计划中时间空挡的集合。

t：表示所有时间周期的集合。

（2）参数

$CTR_{i,s,s'}$：在工厂 i，从生产环节 s 到 s' 所产生的搬运费用。

$d^L_{j,ld,t}$：对于化学原料 j，在周期 t 中，客户 ld 需求的下限。

$d^M_{j,ld,t}$：对于化学原料 j，在周期 t 中，客户 ld 最有可能的需求。

$d^U_{j,ld,t}$：对于化学原料 j，在周期 t 中，客户 ld 需求的上限。

$F^U_{k,j,m,t}$：对于中间产品 j，在时间周期 t 中，从生产节点 k 到配送中心 m 装载的上限。

$H_{k,i,t}$：在时间周期 t 中，在生产节点 k 中的工厂 i，总可用的生产时间。

$Lenp_t$：每一个时间周期的长度。

$p^U_{k,j,ls,t}$：在时间周期 t 中，生产节点 k，从供应商 ls 处购买化学原料 j 花费的上限。

$Q^U_{k,i}$：生产节点 k 中工厂 i 的生产能力上限。

$S^U_{j,m,ld,t}$：对于化学原料 j，在时间周期 t 中，从配送中心 m 卖到客户 ld 的数量上限。

$TR^U_{k,k',j,t}$：在时间周期 t 中，从生产节点 k 到生产节点 k'，针对化学原料 j 的装载上限。

$W^U_{k,i,j,s,t}$：在时间周期 t 中，在生产节点 k，工厂 i、化学原料 j 的生产上限。

$\alpha_{k,j,t}$：在时间周期 t 中，在生产节点 k，化学原料 j 的吞吐工作量系数。

$\beta_{m,j,t}$：在时间周期 t 中，在配送中心 m，化学原料 j 的吞吐工作量系数。

$\delta^U_{k,i,s,sl,t}$：在时间周期 t 中，在生产节点 k 工厂 i，生产方案 s 的处理时间上限。

$\varepsilon_{j,m,t}$：在时间周期 t 中，配送中心 m 对于化学原料 j 的库存费用。

$\varepsilon_{k,j,t}$：在时间周期 t 中，生产节点 k 对于化学原料 j 的库存费用。

$\gamma^l_{k,ls}$：从供应商 ls 到生产节点 k 固定配送费用。

$\gamma^N_{k,k'}$：从生产节点 k 到生产节点 k' 的固定运输费用。

$\gamma^O_{k,m}$：从生产节点 k 到配送中心 m 的固定配送费用。

$\gamma^P_{k,i}$：在生产节点 k 建立工厂 i 的固定费用。

$\gamma^S_{m,ld}$：从配送中心 m 到客户 ld 的固定配送费用。

$\varphi_{j,ld,t}$：在时间周期 t 中，客户 ld 顾客购买化学原料 j 的售价。

$\varphi_{j,ls,t}$：在时间周期 t 中，在市场 ls 中化学原料 j 的售价。

$\lambda^l_{k,ls}$：从供应商 ls 到生产节点 k 的运输时间。

$\lambda^N_{k,k'}$：从生产节点 k 到生产节点 k' 的运输时间。

$\lambda^O_{k,m}$：从生产节点 k 到配送中心 m 的运输时间。

$\lambda^S_{m,ld}$：从配送中心 m 到客户 ld 的运输时间。

$\theta^R_{i,s}$：工厂 i 生产方案 s 中主要产品的停留时间。

$\rho^1_{i,s}$：工厂 i 生产方案 s 的主要产品的相对生产量。

$\rho^2_{i,s}$：工厂 i 生产方案 s 的主要产品的相对最大生产率。

$\mu_{i,j,s}$：工厂 i 生产方案 s 化学原料 j 的流平衡系数。

$\sigma_{i,s,t}$：在时间周期 t 中，工厂 i 生产方案 s 的单位操作费用。

$\tau_{i,s,s'}$：工厂 i 从生产方案 s 到生产方案 s' 的运输时间。

$\omega^{J}_{k,j,ls,t}$：在时间周期 t 中，从供应商 ls 到工厂 i 对于化学原料 j 的单位装载费用。

$\omega^{N}_{k,k',j,t}$：在时间周期 t 中，从生产节点 k 到生产节点 k' 对于化学原料 j 的单位装载费用。

$\omega^{O}_{k,j,m,t}$：在时间周期 t 中，从生产节点 k 到配送中心 m 对于化学原料 j 的单位装载费用。

$\omega^{P}_{k,i}$：在生产节点 k 建立工厂 i 的可变费用。

$\omega^{S}_{j,m,ld,t}$：在时间周期 t 中，从配送中心 m 到客户 ld 对化学原料 j 的单位装载费用。

（3）连续变量

$COST^{S}_{k,j,t}$：在时间周期 t 中，在生产节点 k 工厂 i 的库存运输总费用。

$F_{k,j,m,t}$：在时间周期 t 中，从生产节点 k 到配送中心 m 对化学原料 j 的装载量。

$I_{j,m,ld,t}$：在时间周期 t 中，在配送中心 m 化学原料 j 相对于客户 ld 的安全库存。

$K_{j,ld,t}$：在时间周期 t 中，客户 ld 需求的标准正态变量。

$N_{k,i,t}$：在时间周期 t 中，生产节点 k 工厂 i 的生产循环。

NPV：供应链网络的净现值。

$P_{k,j,ls,t}$：在时间周期 t 中，生产节点 k 从供应商 ls 购买化学原料 j 的量。

$\mathrm{Prob}_{j,ld,t}$：在时间周期 t 中，客户 ld 对化学原料 j 需求概率。

$Q_{k,i}$：在生产节点 k 工厂 i 的容量。

$QS_{j,ld,t}$：在时间周期 t 中，客户 ld 对于化学原料 j 的可获得量。

$r_{k,i,s}$：生产节点 k 工厂 i 生产方案 s 的生产率。

$S_{j,m,ld,t}$：在时间周期 t 中，配送中心 m 卖给客户 ld 化学原料 j 的量。

$TC_{k,i,t}$：在时间周期 t 中，生产节点 k 工厂 i 的周期时间。

TP：整个供应链的预期提前时间。

$TR_{k,k',j,t}$：在时间周期 t 中，化学原料 j 从生产节点 k 到生产节点 k' 的装载量。

$W_{k,i,j,s,t}$：在时间周期 t 中，生产节点 k 工厂 i 化学原料 j 生产方案 s 下的生产量。

$W^{DC}_{m,j,t}$：在时间周期 t 中，配送中心 m 化学原料 j 的工作库存。

$W^{S}_{k,i,s,t}$：在时间周期 t 中，生产节点 k 工厂 i 生产方案 s 主要产品的产量。

$WI^{PS}_{k,j,t}$：在时间周期 t 中，生产节点 k 化学原料 j 的工作库存。

$\delta_{k,i,s,sl,t}$：在时间周期 t 中，生产节点 k 工厂 i 生产方案 s 在时间空隙 ls 的处理时间。

$\delta_{k,i,sl,t}$：在时间周期 t 中，生产节点 k 工厂 i 对于时间间隙的处理时间。

$\theta_{k,i}$：生产节点 k 工厂 i 的生产延时。

（4）二进制变量

$SY_{k,i,s,sl,t}$：生产节点 k 工厂 i 如果时间空隙 ls 被安排生产方案 s 则为 1，否则为 0。

$Y^{I}_{k,ls}$：如果供应商 ls 和生产节点 k 有运输连接则为 1，否则为 0。

Y^{m}：如果一个配送中心 m 被建立则为 1，否则为 0。

$Y^N_{k',k}$：如果生产节点 k 和生产节点 k' 产生内部连接则为1，否则为0。

$Y^O_{k,m}$：如果生产节点 k 和配送中心 m 产生运输连则为1，否则为0。

$Y^P_{k,i}$：如果在生产节点 k 建立工厂 i 则为1，否则为0。

$Y^P_{m,ld}$：如果配送中心 m 和客户 ld 产生运输连接则为1，否则为0。

$Z_{k,i,s,s',sl,t}$：在时间周期 t 中，对于生产节点 k 工厂 i 时间空隙 ls，如果生产方案 s 先于生产方案 s' 则为1，否则为0。

7.2.3 模型建立

该模型是一个多周期求解目标最小的线性规划问题（MINLP），这个模型的结果可以制定详细的设计决策方案。以下是该模型的约束说明。

（1）供应商和工厂节点之间的关系

供应商和工厂节点之间关系如图7-4所示。对于原料 j，只有当节点 k 存在一个工厂消耗原料 j 时，供应商 ls 到节点 k 处的工厂才存在运输连接 $Y^I_{k,ls}$，此关系为如下逻辑表达：

$$Y^I_{k,ls} \Rightarrow \vee_{i \in I_j} Y^P_{k,i}, \forall k \in K, ls \in LS_j, j \in J \quad (7-3)$$

上述表达式可进一步转化为不等式：

$$Y^I_{k,ls} \leqslant \sum_{i \in I_j} Y^P_{k,i}, \forall k \in K, ls \in LS_j, j \in J \quad (7-4)$$

同样，对于工厂，如果节点 k 一个工厂消耗原材料 j，从供应商 ls 到节点 k 至少有一个运输连接必须选择 $Y^I_{k,ls}$，其逻辑表达如下：

$$Y^P_{k,i} \Rightarrow \vee_{ls \in LS_j} Y^I_{k,ls}, \forall k \in K_i, i \in I_j, j \in J \quad (7-5)$$

该表达式可进一步转化为不等式：

$$Y^P_{k,i} \leqslant \sum_{ls \in LS_j} Y^I_{k,ls}, \forall k \in K_i, i \in I_j, j \in J \quad (7-6)$$

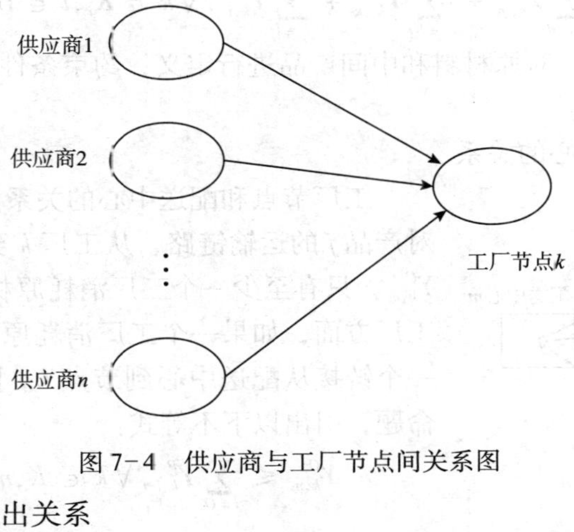

图7-4 供应商与工厂节点间关系图

（2）工厂的输入输出关系

工厂输入输出关系如图7-5所示。这种类型关系在一定程度上比前一个更复杂，因为站点间运输，必须加以考虑。如果一个从 k' 到 k 的站点间运输连接被用于运输原料 j，这意味着至少有一个工厂 i' 在节点 k' 产生原料 j，至少有一个工厂 i 在节点 k 消耗原料 j。

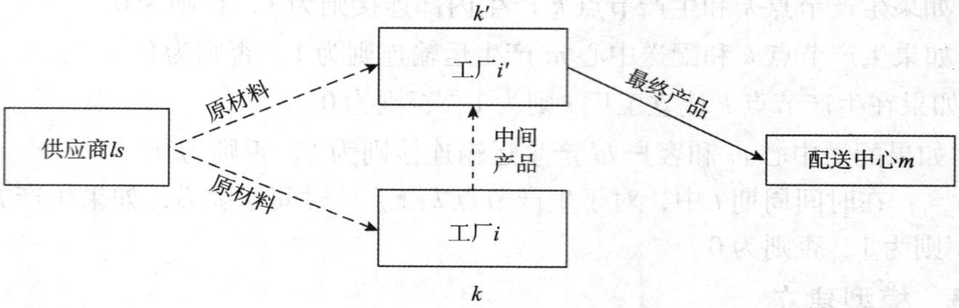

图 7-5　工厂输入输出关系

$$Y^N_{k',k} \leqslant \sum_{i' \in O_j} Y^P_{k',k}, \forall k,k' \in K_i, j \in (JP_{k',i'}, i \cap JM_{k,i}) \quad (7-7)$$

$$Y^N_{k',k} \leqslant \sum_{i \in I_j} Y^P_{k,i}, \forall k,k' \in K_i, j \in (JP_{k',i'}, i \cap JM_{k,i}) \quad (7-8)$$

如果工厂 i 在节点 k 被记做 $Y^P_{k,i}$，然后节点 k 被连接到提供化学原料 j 的供应商之一被表示为 $Y^I_{k,ls}$，或者连接到生产化学原料 j 的另一个节点 k，$Y^P_{k,i'}$ 的逻辑命题可以写成如下形式：

$$Y^P_{k,i} \Rightarrow \vee_{ls \in LS_j} Y^I_{k,ls} \vee k' \in K_i, \vee_{i' \in O_j} Y^P_{k,i'}, \forall k \in K_i, i \in I_j, j \in JM_{k,i} \quad (7-9)$$

转化为线性不等式：

$$Y^P_{k,i} \leqslant \sum_{ls \in LS_j} Y^I_{k,ls} + \sum_{k' \in K_i'} Y^N_{k',k} + \sum_{i' \in O_j} Y^P_{k,i'}, \forall k \in K_i, i \in I_j, j \in JM_{k,j} \quad (7-10)$$

简单来说，如果工厂 i 在节点 k 生产化学原料 j，那么就会有另一个工厂 i' 在相同的节点消耗化学原料 j，$Y^P_{k,i'}$ 或有至少一个输送链接到一个配送中心，$Y^O_{k,m}$ 或连接到其他节点，这些被连接的节点都是消耗原料 j。

$$Y^P_{k,i} \leqslant \sum_{m \in M} Y^O_{k,m} + \sum_{k' \in K_i'} Y^N_{k',k} + \sum_{i' \in I_j} Y^P_{k,i'}, \forall k \in K_i, i \in O_j, j \in J \quad (7-11)$$

约束条件式（7-7）对原材料和中间产品进行定义，约束条件式（7-8）定义中间产品和最终产品。

（3）工厂和配送中心的关系

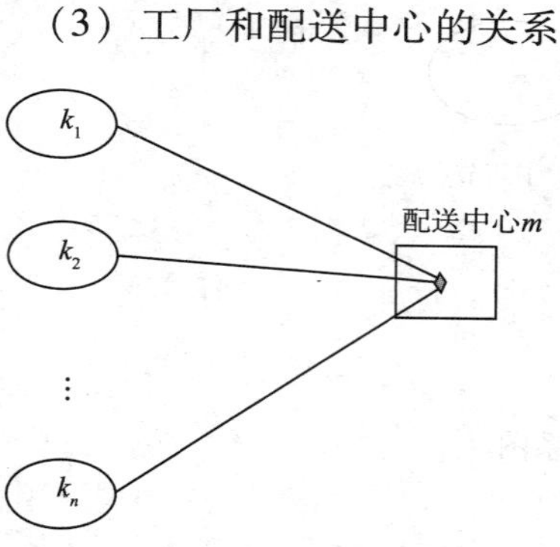

图 7-6　工厂节点和配送中心的关系

工厂节点和配送中心的关系如图 7-6 所示。一个针对产品 j 的运输链路，从工厂 k 到配送中心 m 可表示为 $Y^O_{k,m}$。只有至少一个工厂消耗原材料 j 存在于节点 k。在工厂方面，如果一个工厂消耗原材料成立，应该有至少一个链接从配送中心到节点 k。同样，转化相应的逻辑命题，引出以下不等式：

$$Y^O_{k,m} \leqslant \sum_{i \in O_j} Y^P_{k,i}, \forall k \in K, m \in M, j \in JR_{k,i} \quad (7-12)$$

$$Y^P_{k,i} \leqslant \sum_{m \in M} Y^O_{k,m}, \forall k \in K, i \in O_j, j \in JP_{k,i} \quad (7-13)$$

（4）配送中心的输入和输出关系

配送中心的输入和输出关系如图 7-7 所示。只有当配送中心 m 存在，一个从工厂 k 到配送中心 m 的运输链存在 Y^m。只有当配送中心 m 存在，从配送中心 m 到客户 ld 的运输链存在 $Y^S_{m,ld}$。以上关系可以表示为：

$$Y^O_{k,m} \leqslant Y^m, \forall k \in K, m \in M \tag{7-14}$$

$$Y^S_{m,ld} \leqslant Y^m, \forall m \in M, ld \in LD \tag{7-15}$$

另一方面，如果建立一个配送中心 m，至少一个运输连接从工厂 k 到配送中心 m 和至少有一个运输连接从配送中心到客户 ld 存在，可表达如下：

$$Y^m \leqslant \sum_{k \in K} Y^O_{k,m}, \forall m \in M \tag{7-16}$$

$$Y^m \leqslant \sum_{ld \in LD} Y^S_{m,ld}, \forall m \in M \tag{7-17}$$

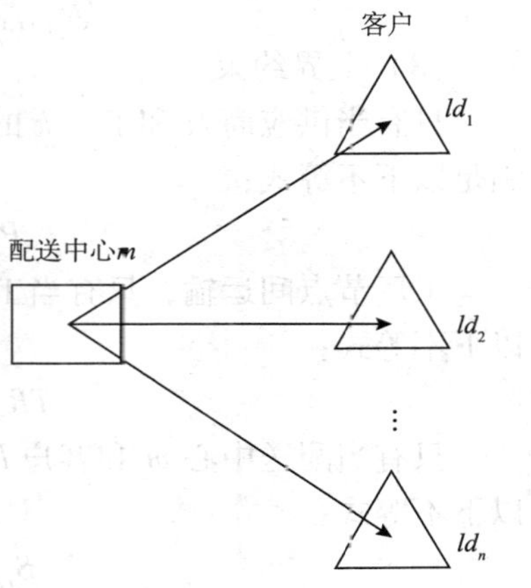

图 7-7　配送中心的输入和输出关系

（5）产品约束

原料 j 以生产计划 s 在工厂 i 在节点 k 记做 $W_{k,i,j,s,t}$，其中流平衡系数为 $\mu_{i,j,s}$，以下给出的等式是关于输入即给料流 $W_{k,i,j,s,t}$ 和主要产品 $W_{k,i,j',s,t}$ 之间的关系：

$$W_{k,i,j,s,t} = \mu_{i,j,s} W_{k,i,j',s,t} \; \forall k \in K_i, j \in I_j, j' \in JP_{i,s}, s \in S_i, t \in T \tag{7-18}$$

产品生产量不应该超过设计能力 $Q_{k,i}$，和主产品 j 的关系表达式如下所示：

$$W_{k,i,j,s,t} \leqslant \rho^l_{i,s} Q_{k,i} Lenp_t, \forall k \in K, i \in O_j, j \in JP_{k,i}, s \in S_i, t \in T \tag{7-19}$$

其中，$Lenp_t$ 是周期 t 的长度；$\rho^l_{i,s}$ 是在工厂 i 以生产计划 s 主要产品 j 的相对生产量。

（6）流平衡约束

原料 j 在工厂节点 k，在时间周期 t 内的流平衡如下式所示：

$$\sum_{s \in LS_j} P_{k,j,ls,t} + \sum_{k' \in K} TR_{k,k',j,t} + \sum_{i \in O_j} \sum_{s \in S} W_{k,i,j,s,t}$$
$$= \sum_{m \in M} F_{k,j,m,t} + \sum_{k' \in K} TR_{k',k,j,t} + \sum_{i' \in I_j} \sum_{s \in S} W_{k,i',j,s,t}, \forall k \in K, j \in J, t \in T \tag{7-20}$$

其中，$P_{k,j,ls,t}$ 是购买金额；$TR_{k,k',j,t}$ 是站点间运输量；$W_{k,i,j,s,t}$ 是产品产量。

原料 j 在配送中心 m，在时间周期 t 内的流平衡如下式所示：

$$\sum_{k \in K} F_{k,j,m,t} = \sum_{ld \in LD} S_{j,m,ld,t}, \forall j \in J, m \in M, t \in T \tag{7-21}$$

式中，$F_{k,j,m,t}$ 是从工厂节点到配送中心的运输量，$S_{j,m,ld,t}$ 代表卖出量。

（7）库存约束

对于客户 ld 可获得的原料 j 总量为 $QS_{i,ld,t}$：

$$QS_{j,ld,t} = \sum_{m \in M} l_{j,m,ld,t} + \sum_{m \in M} S_{j,m,ld,t}, \forall j \in J, ld \in LD, t \in T \tag{7-22}$$

对于每一个客户 ld 来说，在时间周期 t 内，原料 j 的销售量应该等于相关目标的需求量 $d^m_{j,ld,t}$（一般情况下，目标值应等于不确定需求量的平均值）：

$$\sum_{m \in M} S_{j,m,ld,t} = d^m_{j,ld,t}, \forall j \in J, ld \in LD, t \in T \tag{7-23}$$

原料 j 的可用总额不超过需求上限：

$$QS_{j,ld,t} \leqslant d^{U}_{j,ld,t}, \forall j \in J, ld \in LD, t \in T \tag{7-24}$$

（8）上界约束

只有当供应商 ls 和工厂 k 的运输连接建立时，工厂 k 才从供应商 ls 处购买原料 $P_{k,j,ls,t}$ 满足以下不等式：

$$P_{k,j,ls,t} \leqslant P^{U}_{k,j,ls,t} Y^{l}_{k,ls}, \forall k, j, ls, t \tag{7-25}$$

工厂节点间运输，只有当工厂节点 k 和 k' 间的运输连接建立时，则节点间运输量满足以下不等式：

$$TR_{k',k,j,t} \leqslant TR^{U}_{k',k,j,t} Y^{N}_{k,k'}, \forall k, k', j, t \tag{7-26}$$

只有当配送中心 m 和客户 ld 之间存在运输连接时，从配送中心销售到客户的量满足以下不等式：

$$S_{j,m,ld,t} \leqslant S^{U}_{j,m,ld,t} Y^{S}_{k,i}, \forall k, i, j, s, t \tag{7-27}$$

只有当节点 k 建立工厂 i 时，产品流满足以下不等式：

$$W_{k,i,j,s,t} \leqslant W^{U}_{k,i,j,s,t} Y^{P}_{k,i}, \forall k, i, j, s, t \tag{7-28}$$

$$Q_{k,i} \leqslant Q^{U}_{k,i} Y^{P}_{k,i}, \forall k, i \tag{7-29}$$

只有当工厂节点 k 和配送中心 m 存在运输连接时，从工厂节点 k 到配送中心 m 的运输量 $F_{k,j,m,t}$ 满足以下不等式：

$$F_{k,j,m,t} \leqslant F^{U}_{k,j,m,t} Y^{O}_{k,m}, \forall k, j, m, t \tag{7-30}$$

（9）循环调度的约束

为了解决多产品调度操作，我们考虑使用循环调度策略，在此策略下，生产的每个产品的序列与循环时间一起被确定，然后在每个周期的相同的时间表重复操作。如图 7-8 所示。库存和转换之间的权衡是通过优化的周期时间确定。

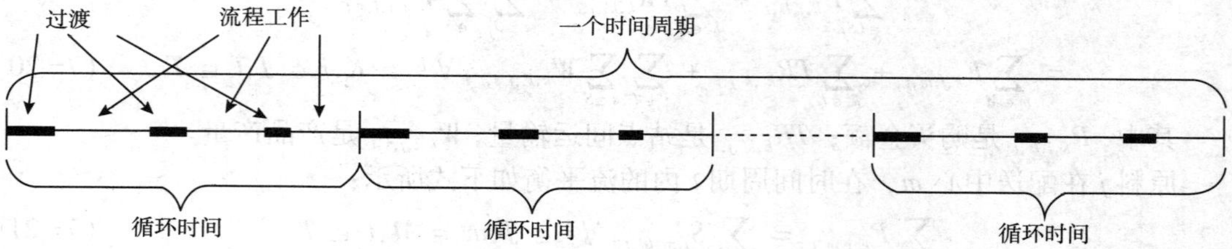

图 7-8　每个周期的循环工作表

（10）分配约束

分配的约束表明，恰好一个时间窗内必须分配给一个生产方案，反之亦然。时间窗的总数将是恰好等于生产方案的总数。

$$\sum_{sl \in SL_i} SY_{k,j,s,sl,t} = 1, \forall k \in K_i, i \in I_j, s \in S_i, t \in T \tag{7-31}$$

$$\sum_{s \in S_i} SY_{k,j,s,sl,t} = 1, \forall k \in K_i, i \in I_j, s \in SL_i, t \in T \tag{7-32}$$

（11）顺序约束

顺序约束表明，当且仅当生产计划 s 是在之前的时间窗被处理过，那么就仅有一个新

的生产计划 s 在任何可能的时间窗发生。另一方面，当且仅当计划 s 是在某一个时间窗被处理时，则新的生产计划 s 就发生在那个时间窗。

$$\sum_{s \in S_i} Z_{k,i,s,s',sl,t} = SY_{k,i,s',sl-1,t}, \forall k \in K_i, i \in I_j, s' \in S_i, sl \in SL_i, t \in T \tag{7-33}$$

$$\sum_{s' \in S'_i} Z_{k,i,s,s',sl,t} = SY_{k,i,s,sl,t}, \forall k \in K_i, i \in I_j, s \in S_i, sl \in SL_i, t \in T \tag{7-34}$$

$$0 \leqslant Z_{k,i,s,s',sl,t} \leqslant 1, \forall k, i, s, s', sl, t \tag{7-35}$$

（12）产品约束

生产计划 s 在生产周期 $W^S_{k,i,s\ t}$ 的产量等于生产率 $r_{k,i,s}$ 乘以生产时间 $\delta_{k,i,s,sl,t}$。

$$W^S_{k,i,s,t} = \sum_{sl \in SL_i} r_{k,is} \delta_{k,i,s,sl,t}, \forall k \in K_i, i \in I_j, s \in S_i, t \in T \tag{7-36}$$

在每一个时间周期 t 内，每个产品的产量应小于在这个生产周期的产量预测。

$$W^S_{k,i,s,t} N_{k,i,t} \geqslant W_{k,i,j,s,t}, \forall k \in K_i, i \in O_j, j \in JP_{k,i}, s \in S_i, t \in T \tag{7-37}$$

（13）时间约束

在一个特定时间窗内的产品的生产时间 $\delta_{k,i,sl,t}$，应等于在这个时间窗内处理所有种类产品时间的总和。

$$\delta_{k,i,sl,t} = \sum_{s \in S_i} \delta_{k,i,s\ sl,t}, \forall k \in K_i, i \in I_j, sl \in SL_i, t \in T \tag{7-38}$$

循环时间 $TC_{k,i,t}$，应等于所有时间窗内生产时间的总和加上在这个周期内物资流动转换时间的总和。

$$TC_{k,i,t} = \sum_{sl \in SL_i} \delta_{k,i,sl,t} + \sum_{s \in S_i} \sum_{s' \in S_i} \sum_{sl \in SL_i} Z_{k,i,s,s',sl,t} \tau_{i,s,s'}, \forall k \in K_i, i \in I_j, t \in T \tag{7-39}$$

最终总生产时间应不超过每个周期的时间长度 $H_{k,i,t}$。

$$TC_{k,i,t} N_{k,i,t} \leqslant H_{k,i,t}, \forall k \in K_i, i \in I_j, t \in T \tag{7-40}$$

当且仅当该时间窗被分配给生产计划 s 时，在时间窗 sl 中计划 s 下的产品生产发生。

$$\delta_{k,i,s,sl,t} \leqslant \delta^U_{k,i,s,sl,t} SY_{k,i,s,sl,t}, \forall k \in K_i, i \in I_j, s \in S_i, s1 \in SL_i, t \in T \tag{7-41}$$

（14）成本约束

为了整合全局规划的循环调度，在周期调度中，库存和过渡成本被认为是经营成本的一部分。约束条件式（7-42）表示一个工厂在一个周期内多产品生产的总成本，在方程的右侧的第一项表示在一个时间周期的总过渡成本，第二项是对所有参与生产产品的库存成本。

$$COST^S_{k,i,t} = \sum_{s \in S_i} \sum_{s' \in S_i} \sum_{sl \in SL_i} CTR_{i,s,s'} Z_{k,i,s,s',sl,t} N_{k,i,t}$$
$$+ \sum_{s \in S_i} \sum_{j \in J_i} \sum_{sl \in SL_i} (\mu_{i,j,s} \varepsilon_{k,j,t})(r_{k,i,s} H_{k,i,t} - W^S_{k,i,s,t} N_{k,i,t}) \delta_{k,i,sl,t}/2, \forall k \in K_i, i \in I_j, t \in T \tag{7-42}$$

库存水平在一个时间周期的变化如图 7-9 所示。

如果特定产品的需求 $d_{j,ld,t}$，比其总可用量 $QS_{j,ld,t}$ 高，这种情况就属于缺货情况。如果特定产品的需求 $d_{j,ld,t}$，比其总可用量 $QS_{j,ld,t}$ 小，这种情况下就属于货物积压情况。由于货物积压概率（见图 7-10）加服务水平应该总是等于 1，这样货物积压概率可以被描述为：

$$Prob_{j,ld,t} = Pr(QS_{j,ld,t} \leqslant d_{j,ld,t}) = 1 - Pr(QS_{j,ld,t} \geqslant d_{j,ld,t}), \forall j \in J, ld \in LD, t \in T \tag{7-43}$$

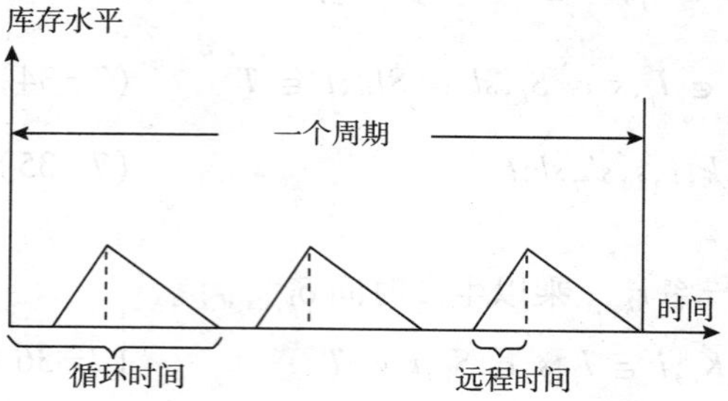

图 7-9 库存水平的在一个周期的变化示意图

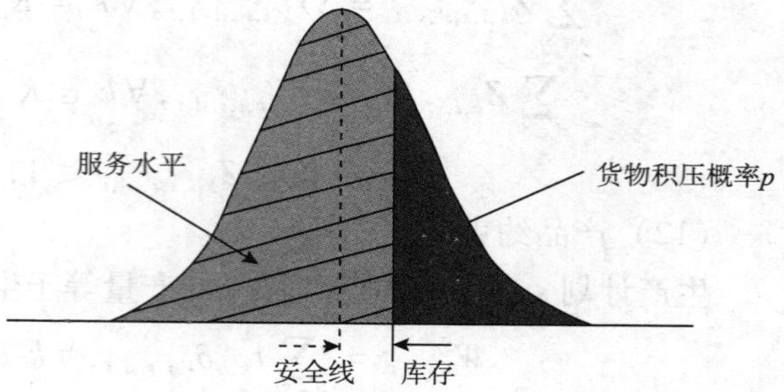

图 7-10 货物积压概率示意图

（15）交货时间约束

每条路径的预期交货时间等于配送交货时间再加上产品生产时间乘以断货概率。配送交货时间和产品生产时间是反过来等于对应的路径发生的所有产品生产延误和交通延误的总和。整个供应链网络的预期交货时间是在所有路径的最大预期交货时间。作为供应链设计，我们需要考虑的是，如果某一个工厂或者某一个运输连接没有被选中的情况下，相应的延迟为0。二进制变量用于建立交货时间 TP 的模型，如下不等式所示：

$$TP \geqslant Prob_{j,ld} Y^{l}_{k,ls} \lambda^{l}_{k,ls} + \sum_{x=1}^{n} Prob_{j,ld} Y^{P}_{k_x,l_x} \theta_{k_x,l_x}$$

$$+ \sum_{x=1}^{n-1} Prob_{j,ld} Y^{N}_{k_x,l_{x+1}} \lambda^{N}_{k_x,l_{x+1}} + Prob_{j,ld} Y^{O}_{k_n,m} \lambda^{O}_{k_n,m} + Y^{S}_{m,ld} \lambda^{S}_{m,ld}$$

$$\forall (ls, k_1, k_2 \cdots k_n, m, ld) \in Path_{ls,k,m,ld} \tag{7-44}$$

其中，Prob 是货物积压概率；所有的 Y 是二进制决策变量；λ 代表运输延时；θ 代表生产延时；上标（$*$）^{l} 代表从供应商到工厂节点的运输连接；（$*$）^{P} 代表工厂节点；（$*$）^{N} 代表节点间运输连接；（$*$）^{O} 代表工厂到配送中心的运输连接；（$*$）^{S} 代表从配送中心到客户的运输连接；集合 $Path_{ls,k,m,ld}$ 代表在一段供应链网络中所有可能的路径。

（16）非负约束

所有的连续变量必须是非负和二元变量应该为整数。

$$Q_{k,i}, W_{k,i,j,t}, P_{k,j,ls,t}, TR_{k,k',j,t}, F_{k,j,m,t}, S_{j,m,ld,t}, I_{j,m,ld,t}, QS_{j,ld,t}, TP, \theta \geqslant 0 \tag{7-45}$$

$$Z_{k,i,s,s',sl,t}, W^{S}_{k,i,s,t}, r_{k,i,s}, \delta_{k,i,sl,t}, TC_{k,i,t}, Te_{k,i,sl,t}, Ts_{k,i,sl,t}, N_{k,i,t}, \theta_{k,i}, COST^{S}_{k,i,t} \geqslant 0 \tag{7-46}$$

$$Y^{l}_{k,ls}, Y^{P}_{k,i}, Y^{O}_{k,m}, Y^{m}, Y^{S}_{m,ld}, SY_{k,i,s,sl,t} \in \{0,1\} \tag{7-47}$$

（17）净现值

供应链网络净现值（NPV）的计算公式如下所示：

$$\text{NPV} = \text{Income} - C_{purch} - C_{oper} - C_{tranp} - C_{invest} - C_{inventory} \tag{7-48}$$

$$\text{Income} = \sum_{j} \sum_{ld} \sum_{t} \varphi_{j,ld,t} Sa_{j,ld,t}$$

$$C_{\text{purch}} = \sum_{k} \sum_{j} \sum_{ls} \sum_{t} \varphi_{j,ld,t} P_{k,j,ls,t}$$

$$C_{\text{oper}} = \sum_{k} \sum_{i} \sum_{ls} \sum_{s} \sum_{j \in JP_{i,s}} \sigma_{i,s,t} W_{k,i,j,s,t} + \sum_{k} \sum_{i} \sum_{t} \text{COST}^{S}_{k,i,t}$$

$$C_{\text{tranp}} = \sum_{k} \sum_{j} \sum_{ls} \sum_{t} \omega^{I}_{k,j,ls,t} P_{k,j,ls,t} + \sum_{k} \sum_{k'} \sum_{j} \sum_{t} \omega^{N}_{k,k',j,t} TR_{k,k',j,t}$$

$$+ \sum_{k} \sum_{j} \sum_{m} \sum_{t} \omega^{O}_{k,j,m,t} F_{k,j,m,t} + \sum_{k} \sum_{j} \sum_{ld} \sum_{t} \omega^{S}_{j,m,ld,t} S_{j,m,ld,t}$$

$$C_{\text{invest}} = \sum_{k} \sum_{i} \omega^{P}_{k,i} Q_{k,i} + \sum_{k} \sum_{i} \gamma^{P}_{k,i} Y^{P}_{k,i} + \sum_{k} \sum_{ls} \gamma^{I}_{k,ls} Y^{I}_{k,ls}$$

$$+ \sum_{k} \sum_{m} \gamma^{O}_{k,m} Y^{O}_{k,m} + \sum_{k} \sum_{k'} \gamma^{N}_{k,k'} Y^{N}_{k,k'} + \sum_{m} \gamma^{m} Y^{m} + \sum_{m} \sum_{ld} \gamma^{S}_{k,ld} Y^{S}_{k,ld}$$

$$C_{\text{inventory}} = \sum_{j} \sum_{m} \sum_{ld} \sum_{t} \varepsilon_{j,m,t} I_{j,m,ld,t} + \sum_{k} \sum_{j} \sum_{t} \varepsilon_{k,j,t} (WI^{PS}_{k,j,t} + WI^{DC}_{m,j,t})$$

7.2.4　实例分析

为了说明该模型和相应的解决策略的应用，我们考虑聚苯乙烯供应链的设计例子。这个例子是中等规模问题，解决在需求的不确定下不同产品的延迟问题（不确定性用三角形分布，正态分布描述）。

这个例子是一个生产网络具有三种类型的候选工厂（见图 7-11），工厂Ⅰ被用于从乙烯和苯中生产苯乙烯单体，工厂Ⅱ是用于生产三种不同类型的固体聚苯乙烯的多产品厂（SPS）。工厂Ⅲ是也用于生产两种不同类型的可发性聚苯乙烯树脂的多产品厂（EPS）。整个供应链网络包括三个候选供应商、三个候选生产节点、两个候选配送中心、三个顾客以及它们之间的相关的候选交通联系。该实例候选供应链的流通过程如图 7-12 所示。

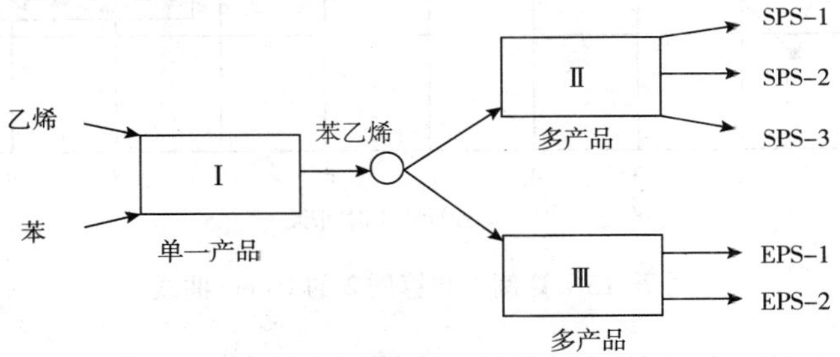

图 7-11　有三种类型候选工厂的产品生产网络

对该实例设计两个数值算例，其中不确定需求服从三角分布。算例 1 认为需求有大的变化，因此，生产的延迟和周期时间无关。算例 2 认为需求的变化是小的，而且生产的延迟与周期时间是密切相关的。两个算例共包括 126 个二进制变量、2970 个连续变量和 3438 个限制，它们是直接用 GAMS/SBB、以 0% 最优公差解决。在由 6 个点构成 Pareto 最优曲线中对实例 1 需要 14063s，对实例 2 需要 16893s。

Pareto 曲线如图 7-13 所示。可以看到，对于算例 1，Pareto 曲线表明预期交货时间在 1.5 ~4.8 天范围内，净现值从 532 万 ~667 万美元。对于算例 2，Pareto 曲线表明预期交

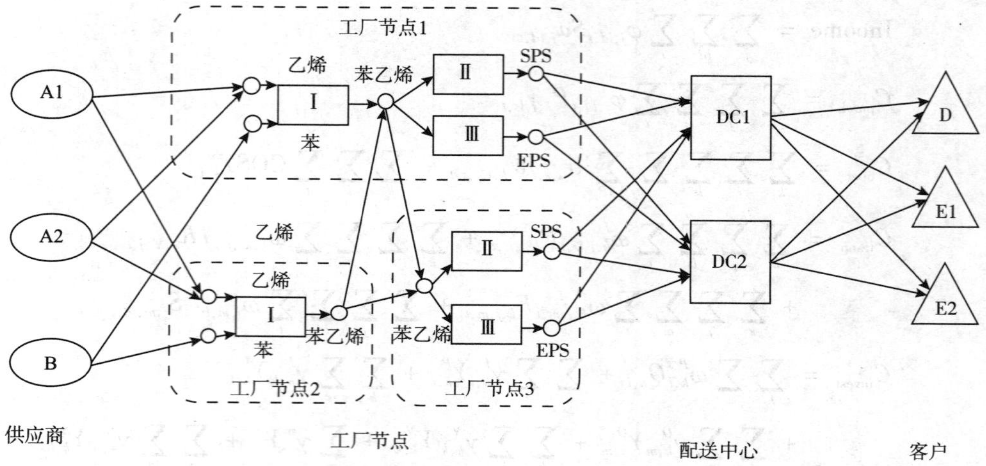

图 7-12　供应链网络的流通过程

货时间在 1.5 ~9.32 天内，净现值从 491 万 ~667 万美元的范围。

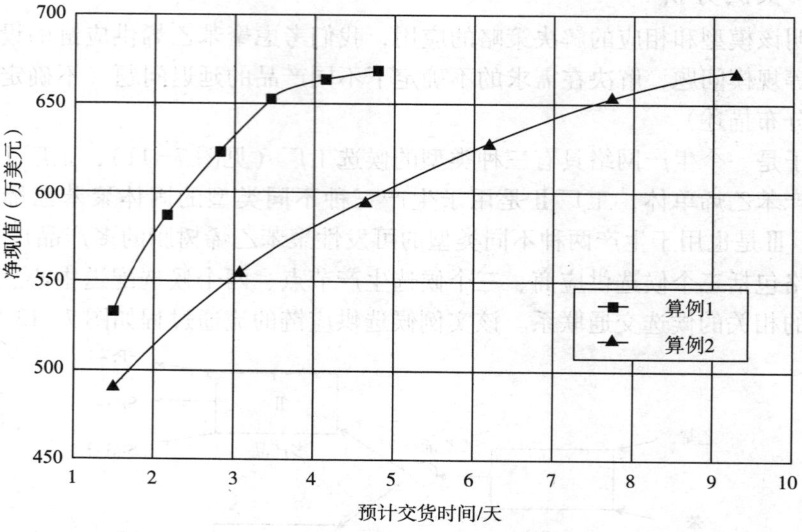

图 7-13　算例 1 和算例 2 的 Pareto 曲线

7.3　快速反应供应链物资配送模型及算法研究

供应链的快速反应是一项复杂的系统工程，不但需要实时感知快速反应行动过程中物资需求、运输资源拥有量以及保障能力等各种信息，而且还需要以科学的理论和方法为指导，在有限的时间、空间和资源的约束下及时高效地配送物资。因此，研究物资快速调运问题具有非常重要的理论意义与实践价值。

多供应点、单需求点物资调运问题是快速反应供应链中经常遇到的问题，尽管目前关于该类问题有较多的研究成果，但还存在两点不足：①现有模型过于理想化，大多未考虑运输能力（运输工具的种类、数量和载重量等）的约束，即使文献［2，3］考虑了运输能力约束，但仅假定供应点只有一种运输工具，并直接把运输能力约束简单地定义为最大可运输量，没有考虑物资具有的质量和体积属性；②相比于单种物资调运，多种物资调运方面的研究成果较少，将运输能力约束和多种物资需求相结合进行研究的成果更少。鉴于此，本书在现有成果基础上，兼顾单种和多种物资需求，综合考虑运输工具种类、数量及其具有的最大载重和最大容量约束的实际情况，构建以配送完成时间最短、运输工具平均空载率最低为目标的多供应点、单需求点物资调运约束多目标非线性模型，并研究相应求解算法。

7.3.1 问题描述

多供应点、单需求点物资快速调运问题如图 7-14 所示，具体可描述为：在二级供需网络中，存在一个需求点、I 个供应点，每个供应点储备有多种（最多 M 种）物资且拥有多种（最多 K 种）运输工具。某时刻，需求点提出物资需求（单种或多种），决策者可及时获知：各供应点的物资储备量；不同运输工具条件下各供应点到需求点的估计运输时间；各供应点的运输工具种类和数量；每种运输工具的最大载重量和最大容量；每种物资的单位重量、单位体积以及单位装载时间。现需要根据供应点的物资储备种类、总量及其所具备的运输能力，考虑物资的装载和运输时间，给出一个满足物资需求的快速调运方案，该方案要考虑物资需求的紧迫性以及运输资源的有限性，将配送完成时间最短、运输工具的平均空载率最低作为调运决策目标。

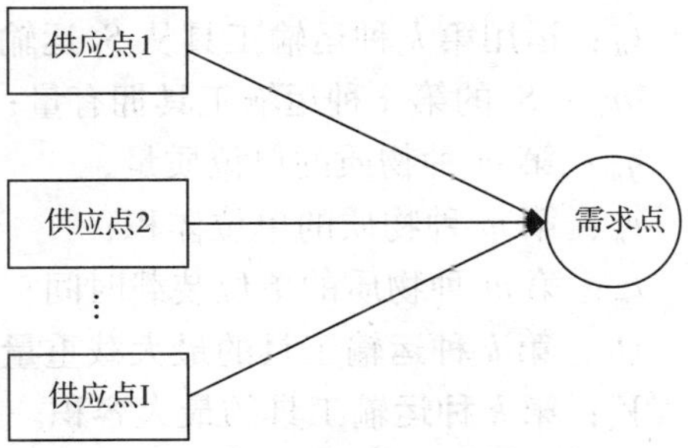

图 7-14 快速反应多供应点、单需求点物资调运网络示意图

为明确研究边界，现作如下假设：

①问题中，物资储备量、需求量和运输能力等信息已知且可以及时获取，物资储备量满足需求量；

②供应点的物资装载能力充足，需求点具备多种运输工具的通达能力；

③每种运输工具的规格、型号相同，且各供应点至少拥有 1 种运输工具；

④只考虑物资的装载时间和运输时间，不考虑物资运抵需求点后的卸载时间；

⑤各供应点的运输工具按照排队等候、顺序保障的方式进行装载；

⑥只考虑供应点与需求点之间的单次直达运输，不考虑多次往返运输，且供应点之间不存在转运；

⑦相同规格、型号的运输工具视为一种运输工具；

⑧物资的量以非负整数及其对应的单位进行计量（物资标准化），如 120 顶帐篷、32 箱药品、30 床棉被等。

7.3.2 模型建立

(1) 符号说明

①集合

$SP=\{i \mid i=1, 2, \cdots, I\}$：供应点序号集，$i$ 为供应点序号，共 I 个供应点；

$SA=\{m \mid m=1, 2, \cdots, M\}$：物资种类序号集，$m$ 为物资种类序号，共 M 种物资；

$SV=\{k \mid k=1, 2, \cdots, K\}$：运输工具种类序号集，$k$ 为运输工具种类序号，共 K 种运输工具。

②参数

S_i：第 i 个供应点；

O：需求点；

b_m：O 对第 m 种物资的需求量；

sup_{im}：S_i 的第 m 种物资储备量；

t_{ik}：运用第 k 种运输工具从 S_i 运输物资到 O 的运输时间；

av_{ik}：S_i 的第 k 种运输工具拥有量；

q_m：第 m 种物质的单位质量；

v_m：第 m 种物质的单位体积；

t_m：第 m 种物质的单位装载时间；

Q_k：第 k 种运输工具的最大载重量；

V_k：第 k 种运输工具的最大容积。

③变量

x_{imk}：决策变量，表示运用第 k 种运输工具从 S_i 运输第 m 种物资到 O 的实际运输量，该变量的单位是件或者个；

δ_{ik}：x_{imk}的合成变量，表示若 S_i 通过第 k 种运输工具向 O 供应物资则为1，否则为0；

η_{ik}：x_{imk}的合成变量，表示 S_i 的第 i 种运输工具实际使用量。

（2）模型表达

根据上述对问题的描述和定义，快速反应多供应点、单需求点物资调运模型表述如下：

$$\min f_1 = \max_{\substack{\forall i \in SP \\ \forall k \in SV}} \left(\sum_{m \in SA} t_m x_{imk} + \delta_{ik} t_{ik} \right) \tag{7-49}$$

$$\max f_2 = 1 - \frac{\displaystyle\sum_{i \in SP} \sum_{k \in SV} \max\left(\frac{\sum_{m \in SA} x_{imk} q_m}{\eta_{ik} Q_k}, \frac{\sum_{m \in SA} x_{imk} v_m}{\eta_{ik} V_k} \right)}{\displaystyle\sum_{i \in SP} \sum_{k \in SV} \delta_{ik}} \tag{7-50}$$

合成变量为：

$$\eta_{ik} = \max\left\{ \left[\frac{\sum_{m \in SA} x_{imk} q_m}{Q_k} \right], \left[\frac{\sum_{m \in SA} x_{imk} v_m}{V_k} \right] \right\} \forall i \in SP, k \in SV \tag{7-51}$$

约束条件为：

$$\sum_{i \in SP} \sum_{k \in SV} x_{imk} = b_m \quad \forall m \in SA \tag{7-52}$$

$$\sum_{k \in SV} x_{imk} \leqslant sup_{im} \quad \forall i \in SP, m \in SA \tag{7-53}$$

$$\eta_{ik} \leqslant av_{ik} \quad \forall i \in SP, k \in SV \tag{7-54}$$

$$x_{imk} \geqslant 0 \text{ 且为整数} \quad \forall i \in SP, m \in SA, k \in SV \tag{7-55}$$

$$\delta_{ik} = \begin{cases} 0 & \sum_{m \in SA} x_{imk} = 0 \\ 1 & \sum_{m \in SA} x_{imk} \neq 0 \end{cases} \quad \forall i \in SP, k \in SV \tag{7-56}$$

式（7-49）和式（7-50）为目标函数，式（7-49）表示所有供应点到需求点中配送完成时间加上装载时间最短的路径，式（7-50）表示在所有方案中，求出装载体积或质量最大的方案，即求出运输工具平均空载率最低；式（7-51）为合成变量，表示 S_i 运输物资到 O 点所使用的第 k 种运输工具数量，取载重量和容积的上限，⌈ ⌉表示向上取整；式（7-52）表示所有供应点通过不同运输工具运至 O 点的第 m 种物资总量必须等于 O 点对第 m 种物资的需求量，为等式约束；式（7-53）表示 S_i 通过不同运输工具运出的第 m 种物资总量不能超过 S_i 的第 m 种物资储备量；式（7-54）表示 S_i 对第 k 种运输工具的实际使用量不超过 S_i 所拥有的第 k 种运输工具总量；式（7-55）表示非负整数约束；式（7-56）为合成变量，当 S_i 不使用第 k 种运输工具向 O 点运输任何一种物资时，取 0，否则取 1。

值得注意的是，上述模型是在综合考虑运输工具最大载重量及最大容量约束基础上提出的，符合物资调运的现实需要，具有较强的实用性。不仅如此，根据物资种类 m 和运输工具种类 k 的取值不同，上述模型既可解决单种物资需求或单一运输工具条件下的物资调运问题，还可解决多种物资需求或多种运输工具条件下的物资调运问题，具有较强的普适性。因此，上述模型兼具较强的实用性和普适性。

7.3.3　模型求解

上述模型是一个含等式约束、不等式约束以及非负整数解空间约束的多目标非线性整数规划模型，属于典型的约束多目标优化问题（Constrained Multi-Objective Optimization Problem，CMOP）。针对约束多目标优化模型求解的问题，国内外学者按照进化算法与约束处理技术相结合的求解思路开展了相关研究[4,5]，提出了一些约束多目标进化算法，形成了多种约束处理技术[6]（如约束支配准则、约束条件转换为目标函数、目标函数修正等）。尽管所建模型属于约束多目标优化问题的范畴，但现有算法无法用于求解上述模型。具体来讲，可将其中的原因归纳为两点：①现有算法是在决策变量有界且连续的基础上提出的，主要针对的是决策变量为连续实数情况下的约束多目标优化问题求解，而上述模型的决策变量为非负整数，现有算法的迭代过程与非负整数解空间约束不匹配；②现有算法对等式约束处理的研究不足，主要表现在两个方面：一是理论分析不足，直接将等式约束转化为在指定松弛度范围内的不等式约束，这无疑放大了可行解空间，致使寻优结果不能严格满足等式约束；二是缺乏实验验证，在现有文献中，用于验证约束多目标进化算法性能的测试函数均为不含等式约束的约束多目标函数[7]。

针对目前还没有现成算法可以求解所建立模型的现实情况，下文针对所建模型中的多项约束限制，以粒子群优化（PSO）算法为基础，融合多种约束处理技术，提出适用于求解上述模型的 CMOPSO-MCHT 算法。

PSO 算法的数学描述为：在一个由 N 个粒子构成的粒子群 $X=(X_1, X_2, \cdots, X_N)$ 中，记第 q 个粒子的位置为 $X_q=(X_{q1}, X_{q2}, \cdots, X_{qD})$，其个体最优位置表示为 $XP_q=$

$(XP_{q1}, XP_{q2}, \cdots, XP_{qD})$，全局最优位置表示为 $XG = (XG_1, XG_2, \cdots, XG_D)$，$d=1, 2, \cdots, D$，$D$ 为决策变量的总维数，$q=1, 2, \cdots, N$，N 为群体规模。X_q 的第 s 次迭代的速度表示为 $V_q^s = (V_{q1}^s, V_{q2}^s, \cdots, V_{qD}^s)$，粒子的速度和位置分别按照式（7-57）和式（7-58）进行迭代，即速度－位移模型。

$$V_{qd}^{s+1} = w^s \cdot V_{qd}^s + c_1^s r_1 (XP_{qd}^s - X_{qd}^s) + c_2^s r_2 (XG_d^s - X_{qd}^s) \tag{7-57}$$

$$X_{qd}^{s+1} = X_{qd}^s + V_{qd}^{s+1} \tag{7-58}$$

式中，s 为迭代次数；c_1^s，c_2^s 为第 s 代的学习因子；w^s 为第 s 代的惯性权重；T 为总迭代次数，$s=1, 2, \cdots, T$；r_1，r_2 为两个独立的、介于［0，1］之间的随机实数；XP_q^s 表示第 s 代种群中第 q 个粒子的个体最优位置；XG^s 表示第 s 代种群的全局最优位置。

由式（7-57）可知，粒子速度由三部分组成：第一部分 $w^s \cdot V_{qd}^s$ 反映粒子当前速度对更新速度的影响，联系粒子当前的状态，起到平衡全局和局部搜索的能力；第二部分 $c_1^s r_1 (XP_{qd}^s - X_{qd}^s)$ 反映认知部分的影响，即粒子本身记忆的影响，使粒子具有全局搜索能力，避免陷入局部最小；第三部分 $c_2^s r_2 (XG_d^s - X_{dq}^s)$ 反映社会部分的影响，即群体信息的影响，体现粒子间的信息共享。在这三部分的共同作用下，粒子根据历史经验并利用信息共享机制，不断调整自己的位置，以期找到问题的最优解。

（1）CMOPSO-MCHT 算法的基本思想

采用具有进化机制简单且收敛速度快等优点的 PSO 算法作为模型求解算法的基本进化框架。充分利用 PSO 算法中粒子速度迭代推进其位置迭代的基本原理，通过对粒子速度迭代公式进行改进并对其进行非负整数解空间限制和超平面约束实现粒子的速度控制，从而保证每次迭代生成的粒子位置同时满足非负整数解空间约束和等式约束。此外，针对上述模型中存在的不等式约束，充分发挥优秀不可行解对提高算法全局优化能力并保持 Pareto 最优解多样性的作用，提出动态阈值约束支配准则来更新个体最优位置，采用目标函数修正法来选择目标函数值和约束偏离值均较小的粒子作为全局最优位置。

（2）粒子编码

由式（7-55）可知，模型中的唯一决策变量 x_{ijk} 为非负整数。为实现粒子位置与所有供应点各种运输工具实际供应量的解空间映射，算法以供应点为序依次对其进行串行非负整数编码。第 q 个粒子的位置 $X_q = (X_{q1}, X_{q2}, \cdots, X_{qd})$ 按式（7-59）进行编码，第 q 个粒子的速度 V_q 编码方式与 X_q 的编码类似。粒子维数 d 与 i、m、k 之间的关系由式（7-60）给出。

$$\underbrace{\overbrace{x_{i11}, x_{i21}, \cdots, x_{iM1}}^{\text{第 1 种运输工具}}, \overbrace{x_{i12}, x_{i22}, \cdots, x_{iM2}}^{\text{第 2 种运输工具}}, \cdots, \overbrace{x_{i1K}, x_{i2K}, \cdots, x_{iMK}}^{\text{第 } K \text{ 种运输工具}}}_{\text{第 } i \text{ 个供应点}} \tag{7-59}$$

$$d = (i-1) \cdot M \cdot K + (k-1) \cdot M + m, \quad i \in SP, \quad m \in SA, \quad k \in SV \tag{7-60}$$

其中，$SP = \{i \mid i=1, 2, \cdots, I\}$：供应点序号集，$i$ 为供应点序号，共 I 个供应点；$SA = \{m \mid m=1, 2, \cdots, M\}$：物资种类序号集，$m$ 为物资种类序号，共 M 种物资；$SV = \{k \mid k=1, 2, \cdots, K\}$：运输工具种类序号集，$k$ 为运输工具种类序号，共 K 种运输。

（3）速度更新策略

由式（7-57）可知，粒子速度的更新涉及到 c_1^s、c_2^s 和 w^s 三个参数。按照进化前期侧重全局搜索，进化后期侧重局部搜索的思路，所提算法中 c_1^s、c_2^s 的取值改变以往取固定常数的做法，按照式（7-61）进行动态取值，$c_{\max}$ 和 $c_{\min}$ 分别为学习因子初始最大、最小值，而 w^s 按照式（7-62）进行动态更新。

$$c_1^s = c_2^s = c_{\max} - \frac{c_{\max} - c_{\min}}{T} \cdot s \tag{7-61}$$

$$w^s = 0.5 + \frac{1}{2[\ln(s) + 1]} \tag{7-62}$$

其中，T 为迭代周期；s 为运行时间。

（4）整数迭代

由式（7-57）可知，r_1 和 r_2 两个参数的存在使得粒子的更新速度 V_{qd}^{s+1} 理论上取某区间的随机实数。按照粒子速度更新的基本原理，改进的整数速度也应该是给定区间内的随机整数，此处不妨将该区间设为 $[V_{lower}, V_{upper}]$，即应为区间 $[V_{lower}, V_{upper}]$ 内的随机整数。其中，V_{lower} 和 V_{upper} 分别表示更新速度的下界和上界，分别由式（7-63）和式（7-64）给出，*round* 表示四舍五入取整。

$$\begin{aligned} V_{lower} &= round(w^s \cdot V_{qd}^s) \\ &+ \min(0, round(c_1^s(XP_{qd}^s - X_{qd}^s))) \\ &+ \min(0, round(c_2^s(XG_d^s - X_{qd}^s))) \end{aligned} \tag{7-63}$$

$$\begin{aligned} V_{upper} &= round(w^s \cdot V_{qd}^s) \\ &+ \max(0, round(c_1^s(XP_{qd}^s - X_{qd}^s))) \\ &+ \max(0, round(c_2^s(XG_d^s - X_{qd}^s))) \end{aligned} \tag{7-64}$$

（5）非负解空间限制

由式（7-58）可知，为避免更新后的粒子位置脱离非负解空间，需对速度更新区间的上、下界进行调整。具体调整策略如表7-1所示，C 表示进行调整的条件，S 表示具体的调整策略，&& 为关系运算符，表示“且”。

表7-1　速度更新区间上下界调整策略

C	$(V_{upper} + X_{qd}^s) \leq 0$	$(V_{lower} + X_{qd}^s) < 0$ && $(V_{upper} + X_{qd}^s) > 0$
S	$V_{lower} = V_{upper} = -X_{qd}^s$	$V_{lower} = -X_{qd}^s$

按照这样的调整策略才能保证粒子的位置始终位于非负整数解空间。

（6）超平面约束

等式约束式（7-52）可用粒子位置表示为式（7-65）。

$$\sum_{d \in H} X_{qd}^s = b_m \tag{7-65}$$

$$H = \{d \mid d = (i-1) \cdot M \cdot K + (k-1) \cdot M + m, i \in SP, m \in SA, k \in SV\} \tag{7-66}$$

为保证更新后的粒子位置 X_{qd}^{s+1} 满足等式约束，根据式（7－58）、式（7－65）和式（7－67）可知，V_{qd}^{s+1} 必须满足式（7－68）给出的超平面约束。

$$\sum_{d \in H} X_{qd}^{s+1} = \sum_{d \in H} X_{qd}^{s} + \sum_{d \in H} V_{qd}^{s+1} \tag{7-67}$$

$$\sum_{d \in H} V_{qd}^{s+1} = 0 \tag{7-68}$$

按照上述给出的整数迭代、非负解空间限制和超平面约束更新粒子速度，能使决策变量（粒子位置）始终为非负整数且满足式（7－52）的等式约束。

（7）全局最优位置更新策略

用 GF 表示全局最优位置外部储备集，粒子在进行速度更新时从 GF 中随机选择一个位置作为其全局最优位置。为提高算法全局优化能力，算法按照以下三步实现对 GF 的更新：

①将更新后的粒子群 X^{s+1} 与 GF 合并为种群 Pop，并令 $GF = \phi$；

②采用文献［8］提出的约束处理技术，对 Pop 中的每个粒子进行目标函数修正；

③根据修正后目标函数的 Pareto 支配关系，选择不被 Pop 中其他粒子支配的个体进入 GF。

文献［9］提出的目标函数修正法实质是根据种群中可行解的比例对粒子的目标函数值进行自适应惩罚。将其用于对 Pop 进行目标函数修正前，需对粒子的各维目标函数进行归一化处理。设 Pop 的种群规模为 NP，则 Pop 中第 q（$q=1, 2, \cdots, NP$）个粒子 X_q 的归一化过程如下：

$$\tilde{f}_r(X_q) = \frac{f_r(X_q) - f_r^{\min}}{f_r^{\max} - f_r^{\min}} \tag{7-69}$$

其中，$\tilde{f}_r(X_q)$ 为粒子 X_q 的第 r 维目标函数 $f_r(X_q)$ 的归一化值；$f_r^{\min}$、$f_r^{\max}$ 为种群 Pop 中第 r 个目标函数值的最小值、最大值；r 为目标函数维数。由于模型只有两个目标函数，所以 r 取 1 或 2。

进行归一化处理后，对 Pop 中各粒子可按照以下三种情况进行修正：

①当 Pop 中的粒子全为可行解时，所有粒子的目标函数值不需要修正；

②当 Pop 中的粒子全为不可行解时，粒子 X_q 的各维目标函数值取为其约束偏离值 $Q(X_q)$；

③当 Pop 中同时存在可行解和不可行解时，粒子 X_q 的各维目标函数值按式（7－70）进行取值。

$$f_r'(X_q) = \sqrt{\tilde{f}(X_q)^2 + Q(X_q)^2} + (1-\alpha) \cdot Q(X_q) + \alpha \cdot \tilde{f}_r(X_q) \tag{7-70}$$

其中，$f_r'(X_q)$ 为粒子 X_q 修正后的第 r 个目标函数值；$Q(X_q)$ 为粒子 X_q 的约束偏离值；α 为种群中可行解个数与种群规模的比值。

根据多目标修正法更新后的 GF 不仅能保留 Pareto 最优解，同时还能保留约束偏离值较小且目标函数值较优的非可行解。因约束偏离值较小且目标函数值较优的粒子已经位于可行解空间的边缘，保留这类粒子有利于算法对更多可行解空间的搜索，尤其适用于解空间较小且存在多点分散布局的情况。

（8）实现步骤

步骤 1：设置参数 N、T、c_{max}、c_{min} 和 β_0。令 $s=1$，设计的粒子编码方案在可行域空间内随机生成粒子位置 X_q^s，令 $V_q^s=0$，$XP_q^s=X_q^s$，$q=1, 2, \cdots, N$，并计算所有粒子的目标函数值及其约束偏离值。按照支配关系，生成 Pareto 最优解外部储备集 F，并令全局最优位置外部储备集 $GF=F$。

步骤 2：更新 w^s，c_1^s，c_2^s。按照 $q=1, 2, \cdots, N$ 的顺序，对第 q 个粒子依次执行以下操作：

①从 GF 中随机选择一个粒子作为其全局最优位置 XG_q^s；

②按照 7.3.4 节更新粒子速度 V_q^{s+1} 和位置 X_q^{s+1}，并计算其目标函数值和约束偏离值。

步骤 3：合并 F 与 X^{s+1} 中的可行解，按照支配关系更新 F；按照 7.3.6 节更新 GF。

步骤 4：按照 $q=1, 2, \cdots, N$ 的顺序，对第 q 个粒子按照 7.3.5 节得到更新后的个体最优位置 XP_q^{s+1}。

步骤 5：若 $s<T$，令 $s=s+1$，返回步骤 2；否则，算法终止，输出 F。

7.3.4　数值算例

（1）算例设置

在某次应急快速反应行动中，第 1 责任区内的需求点 O 提出帐篷、棉被、衣物和食品四种物资需求，其对应的需求量如表 7-2 所示。需求点 O 提出的需求计划上报至第 1 责任区保障中心（记为 S_1）后，受 S_1 储备量的限制，该责任区保障中心不能对需求点 O 进行足量保障。为此，该责任区保障中心将这一需求信息报送至应急指挥部。应急指挥部根据需求点的地理位置等信息，获知离需求点 O 较近的第 2 责任区保障中心（记为 S_2）、某仓库（记为 S_3）和某中转配送中心（记为 S_4）储备有所需物资，并可实施调运保障。$S_1 \sim S_4$ 对四种物资的储备量如表 7-3 所示。设 $S_1 \sim S_4$ 配备的运输工具主要是 X 型汽车和 X 型直升机，已知各供应点配备各种运输工具数量如表 7-4 所示，各供应点各种运输工具到需求点 O 的估计运输时间如表 7-5 所示。四种物资的相关参数如表 7-6 所示。两种运输工具的最大装载重量和容量如表 7-7 所示。

表 7-2　各类物资需求量

帐篷/顶	棉被/床	衣物/（十件）	食品/箱
549	430	566	658

表 7-3　各供应点各类物资储备量

sup_{im}	帐篷/顶	棉被/床	衣物/（十件）	食品/箱
S_1	274	349	268	170
S_2	254	200	300	210
S_3	136	237	198	432
S_4	197	202	430	169

表 7-4　各供应点各种运输工具拥有量

av_{ik}	汽车/台	直升机/架
S_1	8	0
S_2	9	2
S_3	5	0
S_4	2	3

表 7-5　各供应点各种运输工具到需求点的估计运输时间

t_{ik}/h	汽车	直升机
S_1	1.6	—
S_2	1.8	0.9
S_3	2.0	—
S_4	2.0	1.4

表 7-6　各类物资单位质量、单位体积和单位装载时间

物　资	质量/kg	体积/m^3	装载时间/min
每顶帐篷	30	1.1	0.2
每床棉被	6	0.15	0.2
每 10 件衣物	5	0.3	0.1
每箱食品	10	0.5	0.1

表 7-7　各种运输工具最大载重量和最大容量

项目	最大载重量/kg	最大容量/m^3
汽车	5000	40
直升机	8000	600

如前所述，现有的约束多目标进化算法无法用于求解模型，因而没有现成的对比算法。但为了验证 CMOPSO-MCHT 算法的性能，考虑到 CMOPSO-MCHT 的进化框架为 PSO 算法，本节选用目前在约束多目标优化问题中同样采用 PSO 作为进化框架且较优秀的算法作为基础参照对象，三种算法的公共参数设置为：$N=200$，$T=1000$，$c_{\max}=1.5$，$c_{\min}=0.5$。CMOPSO-MCHT 私有参数设置为：$\beta_0=0.5$；M-CMOPSO 无私有参数；BB-MOPSO 私有参数设置：可行储备集 $N_1=100$，非可行储备集 $N_2=100$。

（2）评价指标

选用两集覆盖[10]（Two Sets Coverage，TSC）和空间度量[11]（The Spacing，SP）两个指标来评价算法的性能。

①两集覆盖。TSC 指标主要用于比较两种算法的收敛性，其定义为：

$$TSC(A,B)=\frac{|\{\mu\in B|\ \exists\upsilon\in A:\upsilon\succ\mu\}|}{|B|} \tag{7-71}$$

其中，A 和 B 分别表示两种算法所得的 Pareto 最优集；$|B|$ 表示 Pareto 最优集 B 中 Pareto 最优解的个数；TSC 是定义在［0，1］上，用于定量描述 B 中的解能被 A 中至少一个解 Pareto 支配的个数占 B 中所有解的个数的比例。

$TSC(A,B)=1$ 表示 B 中任意一个解都能在 A 中找到支配它的解；反之，TSC（A，

B) =0。值得注意的是，由于解之间存在非支配关系（即两个解同为 Pareto 最优解），$TSC(A, B)$ 与 $TSC(B, A)$ 的和不一定为 1，因此需要同时计算 $TSC(A, B)$ 与 $TSC(B, A)$。

②空间度量。SP 指标主要用于度量算法求得 PF 前沿分布的均匀性，其值越小表示 PF 分布越均匀，其定义为：

$$SP = \sqrt{\frac{1}{h-1}\sum_{g=1}^{h}(\bar{c} - c_g)^2} \quad \bar{c} = \frac{1}{h}\sum_{g=1}^{h} c_g$$

$$c_g = \min\left\{\sum_{r=1}^{z} \mid f_r^g(x) - f_r^e(x) \mid \right\} \quad e = 1,2,\cdots h, e \neq g \tag{7-72}$$

其中，h 为 Pareto 最优集中解的个数；z 为目标函数个数；c_g 为第 g 个 Pareto 最优解对应目标向量与其最近的目标向量之间的距离。

7.3.5 结果分析

根据上述算例设置，在 MATLAB R2010a 中进行计算，三种算法求得的典型 PF 如图 7-15所示。由图 7-15 可知，三种算法都能在给定的总迭代次数内求解得到多个 Pareto 最优解，然而三种算法的性能存在较大的差异。

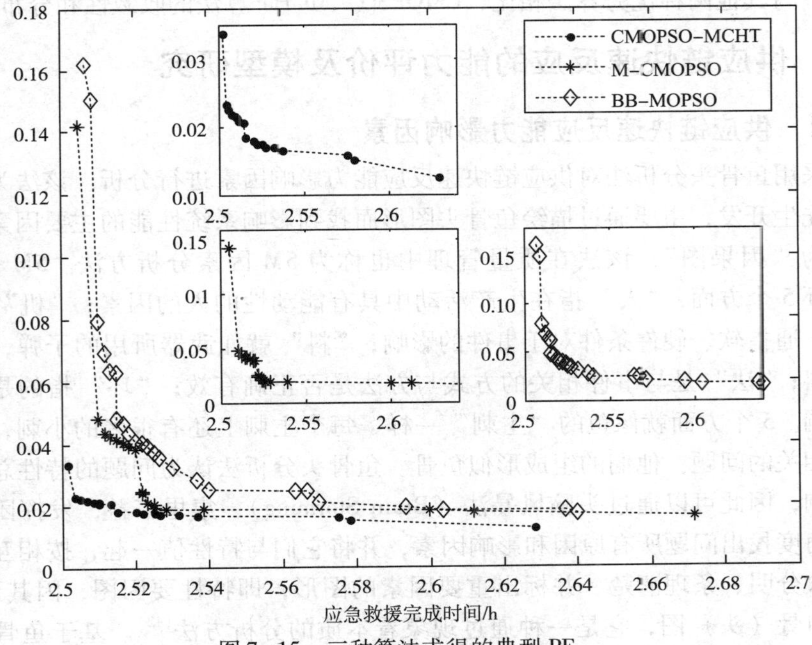

图 7-15　三种算法求得的典型 PF

表 7-8　三种算法各独立运行 50 次后的评价指标统计结果

算法	TSC			SP
	CMOPSO-MCHT	M-CMOPSO	BB-MOPSO	
CMOPSO-MCHT	—	0. 72 ±0. 29	0. 87 ±0. 18	0. 013 ±0. 009
M-CMOPSO	0. 13 ±0. 23	—	0. 59 ±0. 30	0. 022 ±0. 014
BB – MOPSO	0. 055 ±0. 14	0. 28 ±0. 28	—	0. 017 ±0. 013

①对比图 7-15 中的三条 PF 曲线可知，CMOPSO – MCHT 求得的 PF 最靠近坐标原点。

由于模型的两个目标函数均要求越小越好，按照前述对 Pareto 支配概念的定义可知，CMOPSO－MCHT 求得的 Pareto 最优解能够支配其它两种算法求得的最优解。换言之，CMOPSO－MCHT 较其它两种算法求得的 Pareto 最优解更优，具有更好的收敛性。

②由图 7－15 中的 3 个子图可以看出，与 M－CMOPSO 相比，CMOPSO－MCHT 和 BB－MOPSO 求得的 PF 分布更均匀。

为进一步对比算法性能，根据实验设置分别用三种算法各进行 50 次独立运算，得到评价指标的均值和标准差统计结果如表 7－8 所示（正负号后为标准差）。由表 7－8 可知：对于 TSC 指标，CMOPSO－MCHT 对 M－CMOPSO 和 BB－MOPSO 的 TSC 均值分别为 0.72 和 0.87，即 M－CMOPSO 每次求得的 Pareto 最优集中平均有 72% 的解被 CMOPSO－MCHT 求得的解所支配，而 BB－MOPSO 的这一数据更是高达 87%。相反，M－CMOPSO 和 BB－MOPSO 对 CMOPSO－MCHT 的 TSC 均值却很小，说明 CMOPSO－MCHT 具有更好的收敛效果；对于 SP 指标，CMOPSO－MCHT 的 SP 均值和标准差均最小，说明 CMOPSO－MCHT 求得的 Pareto 最优解分布最均匀且最稳定。表 7－8 中的统计结果与图 7－15 三种算法求得的典型 PF 给出的计算结果一致。

综上，与其他两种优秀算法相比，CMOPSO－MCHT 算法的收敛性和分布性更优。

7.4 供应链快速反应的能力评价及模型研究

7.4.1 供应链快速反应能力影响因素

本书采用鱼骨头分析法对供应链快速反应能力影响因素进行分析。该法为日本管理大师石川馨先生开发，主要通过描绘鱼骨头图形而找到影响系统性能的主要因素，故名石川图，又称为“因果图”，该法在质量管理中也称为 5M 因素分析方法。5M 是指人、机、料、法、环 5 个方面，“人”指在生产活动中具有能动性的人的因素；“机”指生产活动中的工具，通指软、硬件条件对于事件的影响；“料”就如武器所用的子弹，指基础的准备以及物料；“法”是与事件相关的方式与方法是否正确有效；“环”指的是内外部环境因素的影响。5 个方面就像鱼的“主刺”一样，每个主刺上还有很多的小刺，这些小刺就是与主刺相关的问题，他们的组成形似鱼骨。鱼骨头分析法认为问题的特性总是受到一些因素的影响，因此可以通过头脑风暴法（Brain Storming），集思广益，发挥团体智慧，从各种不同角度找出问题所有原因和影响因素，并将它们与特性值一起，按相互关联性整理而成的层次分明、条理清楚、并标出重要因素的图形，即特性要因图，因其形状如鱼骨，所以又叫鱼骨（头）图，它是一种通过现象看本质的分析方法[12]。基于鱼骨头分析法的供应链快速反应能力影响因素体系如图 7－16 所示。

从图 7－16 中可以看出，从两个视角得出的影响供应链快速反应的外部因素基本一致，把他们合并为环境因素、体制与制度、外来竞争者。影响供应链快速反应的内部因素可以总结归纳为响应速度、信息系统、成本控制、顾客反馈、人员因素 5 项。

7.4.2 供应链快速反应能力三级评价指标的确立

由前述分析可以得知，影响供应链快速反应能力的因素主要是内部因素，即人员因素、顾客反馈、成本控制、响应速度、信息系统，因此，供应链快速反应能力评价的二级

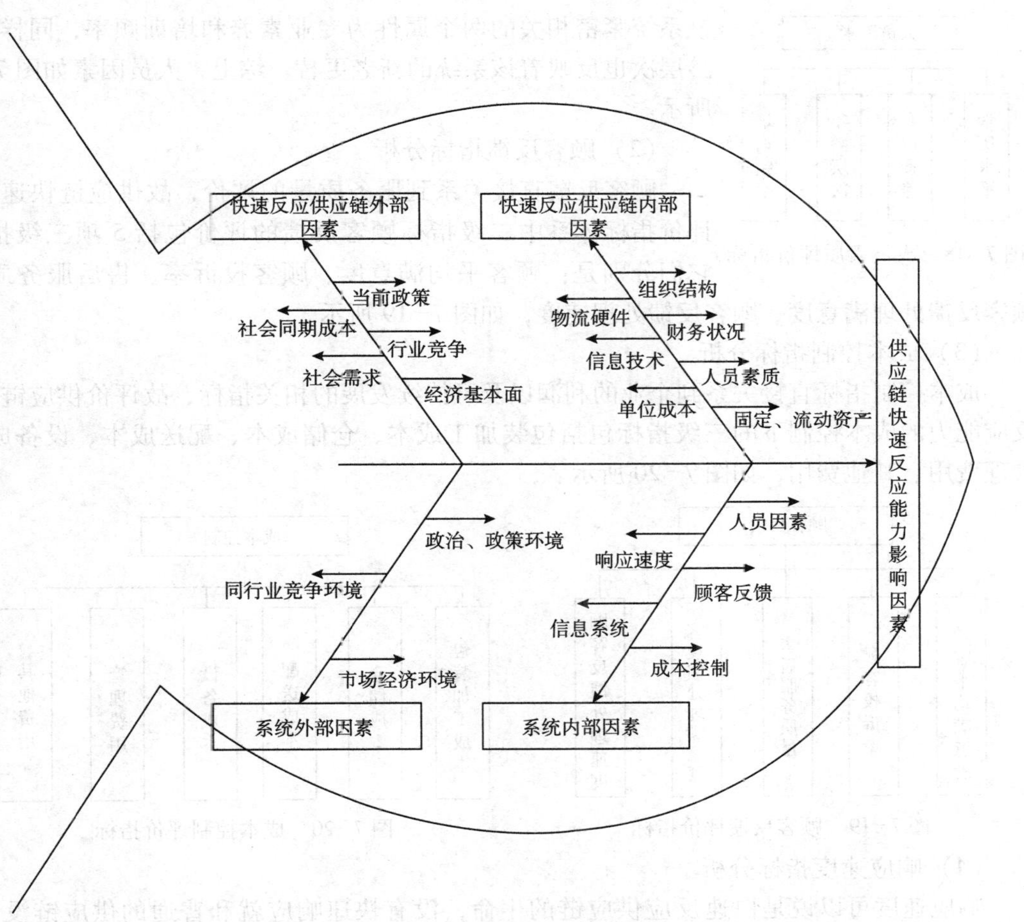

图7-16 流快速反应能力影响因素体系

指标应该由这5项因素（指标）组成，如图7-17所示。

在前述5项二级指标的基础上，经过市场调研、征询相关专家意见及参考国内外文献，拟定出5个二级指标下的23项三级指标。在整个拟定的供应链快速反应能力评价指标体系中，共包括7个二级指标，即人员因素、顾客反馈、成本控制、响应速度、信息系统。其中，人员因素有4个三级指标，顾客反馈有5个三级指标，成本控制包括6个三级指标，响应速度有5个三级指标，信息系统包括5个三级指标。

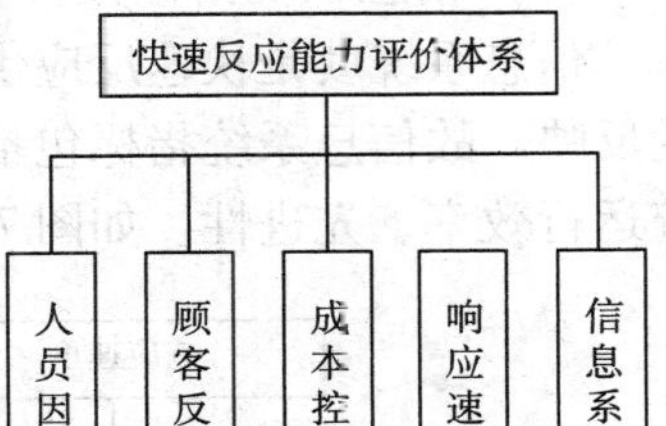

图7-17 流快逗反应能力二级评价指标体系结构

（1）人员因素指标分析

人无论是在任何系统中都起着决定性的内在因素，同样，人在整个快速反应供应链中的所有节点都有着相应的参与者。成为整个供应链的内在动力。在该系统中人与系统交互的相应属性即成为人员因素的三级指标。首先是学历水平，学历水平的高低直接决定着整个供应链系统的运行效率、容错程度以及创新程度。与

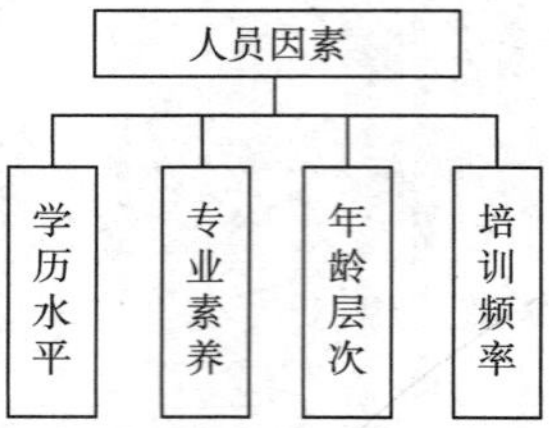

图 7－18　人员素质评价指标

该系统紧密相关的两个属性为专业素养和培训频率，同样，年龄层次也反映着该系统的新老更替。综上，人员因素如图 7－18 所示。

（2）顾客反馈指标分析

顾客反馈直接关系到服务质量的评价，故供应链快速反应评价指标体系中二级指标顾客反馈的评价包括 5 项三级指标，它们分别是：顾客平均满意度、顾客投诉率、售后服务质量、顾客反馈处理满意度、顾客反馈处理速度，如图 7－19 所示。

（3）成本控制指标分析

成本控制指标直接关系到企业的利润以及可持续发展的相关指标，故评价供应链快速反应能力的成本控制下的三级指标包括包装加工成本、仓储成本、配送成本、设备成本、管理费用、其他费用，如图 7－20 所示。

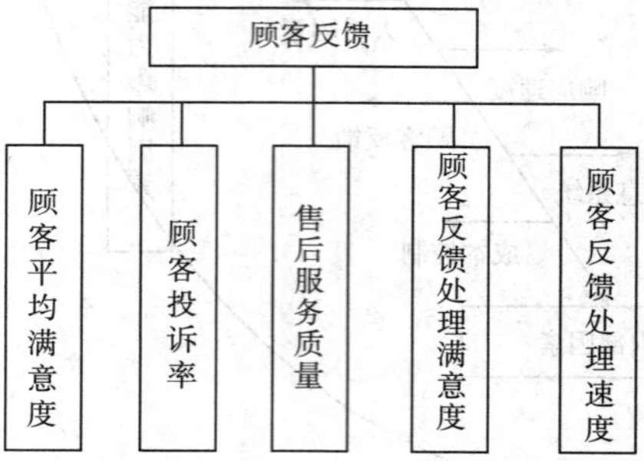

图 7－19　顾客反馈评价指标

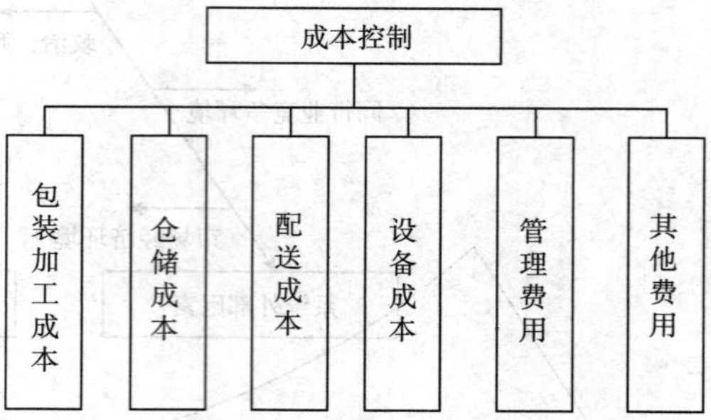

图 7－20　成本控制评价指标

（4）响应速度指标分析

响应速度可以说是快速反应供应链的生命，没有快速响应就和普通的供应链没有区别，故快速响应指标包括以下五个方面：生产线响应速度、库存响应速度、配送响应速度、资金流响应速度、内部协调速度。如图 7－21 所示。

（5）信息系统指标分析

信息系统就是快速反应供应链的高速神经传导系统，其结构即是供应链内部组织结构的反映，故信息系统指标包括以下几个方面的三级指标：开放性、可重构行、抗毁性、系统运行效率、先进性。如图 7－22 所示。

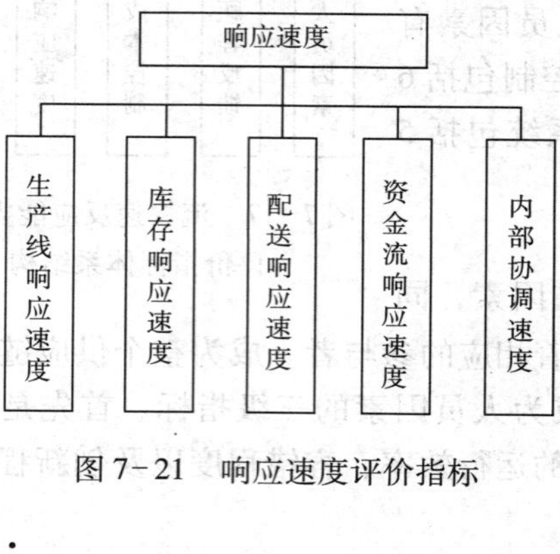

图 7－21　响应速度评价指标

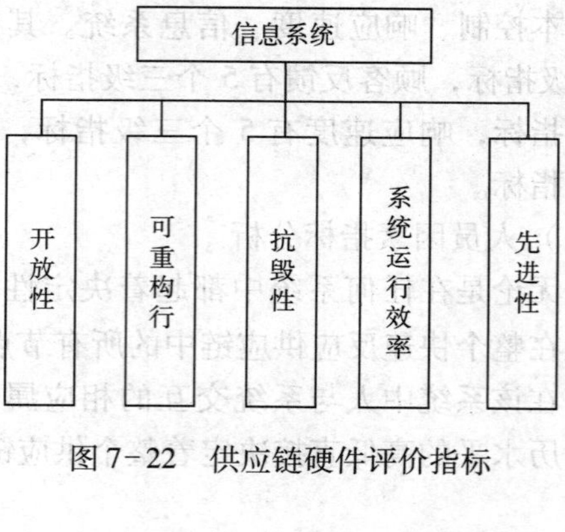

图 7－22　供应链硬件评价指标

7.4.3　模型建立

层次分析法（AHP）是美国运筹学家匹茨堡大学教授萨蒂于 20 世纪 70 年代初，在为美国国防部研究“根据各个工业部门对国家福利的贡献大小而进行电力分配”课题时，应用网络系统理论和多目标综合评价方法，提出的一种层次权重决策分析方法。主要应用在不确定情况下及具有多个评估准则的决策问题。层次分析法将人们的思维过程层次化、结构化，逐层比较其间的相关因素，并逐层检验比较结果的合理性，为分析决策提供较具说服力的定量依据。AHP 法理论简单，具有实用性，因此自提出以来得到了广泛应用，特别是应用在规划、预测、判断、资源分配及投资组合等方面都有不错的效果。AHP 首先进行问题描述，而后找出影响要素并建立层级关系，采用成对比较的方式找出各层级的决策属性的相对重要性，建立成对比较矩阵，计算出矩阵的特征值与特征向量，求取各属性的权重，具体步骤如下。

（1）建立层次结构模型

一般根据研究问题的复杂度，可分为目标层、准则层和方案层。如图 7-23 所示。

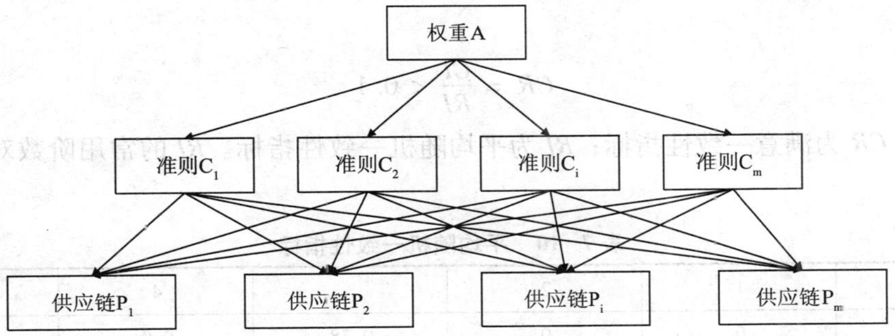

图 7-23　层次分析结构

在给出层次分析结构图后，需要建立判断矩阵，即针对影响因素把上一层作为目标，对本层因素的重要性通过标度值表进行两两比较，最后得出判断矩阵，这个过程也是评判思维从定性到定量的初步过程，也是后期进行重要程度排序的基本信息。

（2）构建判断矩阵

每次取两个因子 U_j、U_i，以 a_{ij}表示 U_i 和 U_j 对因素的影响大小之比，全部比较结果用矩阵 A：$(a_{ij})_{m*n}$。表示，简称判断矩阵。对 a_{ij}的值，用 1 ~9 及其倒数作为标度。邀请相关专家，对各元素关于上层的相对重要性进行两两比较。表 7-9 是两两比较所用的数字标度，它定义并解释了递阶层次中每层元素针对上层准则而进行成对比较时用数值 1 ~9 代表判断的程度。

表 7-9　标度值表

序号	重要性等级	判断矩阵赋值
1	i，j 元素同等重要	1
2	i 元素比 j 元素稍重要	2
3	i 元素比 j 元素明显重要	3
4	i 元素比 j 元素强烈重要	4

续表

序号	重要性等级	判断矩阵赋值
5	i 元素比 j 元素稍不重要	1/2
6	i 元素比 j 元素明显不重要	1/3
7	i 元素比 j 元素强烈不重要	1/4

（3）一致性检验

与此同时，需要对判断矩阵进行一致性检验，即所做出的判断结果是否存在矛盾。在层次分析法中引入判断矩阵最大特征根以外的其余特征根的负平均值作为度量判断矩阵的偏离一致性的指标，如式（7-73）所示：

$$CI = \frac{\lambda_{\max} - n}{n - 1} \tag{7-73}$$

在一致性检验中，CI 值越大，表明判断矩阵的一致性越差，即判断思维中存在的矛盾越多。CI 值越小，判断矩阵的一致性就越好。当 $CI=0$ 时，判断矩阵具有完全一致性。当判断矩阵满足一致性时到底一致性的程度有多高，故引入“满意一致性检验”，如式（7-74）所示：

$$CR = \frac{CI}{RI} < 0.1 \tag{7-74}$$

式中，CR 为满意一致性指标；RI 为平均随机一致性指标。RI 的常用阶数对应值如表7-10所示。

表 7-10　平均随机一致性指标

RI	1	2	3	4	5
经验值	0	0	0.58	0.9	1.12

当判断矩阵满足一致性检验时，即可计算其层次单排序。层次单排序利用求和法计算。求和法的计算步骤分为两步：首先对判断矩阵进行归一化处理，即判断矩阵的每个元素除以本列元素之和得到 a'_{ij}；然后，计算每行元素之和，得到 V_i，如式（7-75）所示。

$$V_i = \sum_{j=1}^{n} a'_{ij} \quad (i = 1,2,\cdots,n) \tag{7-75}$$

将 V_i 归一化（V_i 中的每个元素除以 V_i 所有元素之和），得到该层次在单一准则下的排序。

7.4.4　模型求解

传统的单因素评判模型需要众多专业人士对单个因素依据评语集逐个进行评判。评价结果带有一定的主观色彩。区间吸引模型是根据因素集中的某一影响因素对应的实测值本身在评语集中相对位置得出其隶属度，具有完全的客观性。首先根据评语集中元素的个数划分区间。

$$\delta = size(V) - 1 \tag{7-76}$$

式中，δ 为区间个数；$size(V)$ 为评语集维数。

其次，针对某一评判因素的实测值，取其最大值 $\max(u_i)$ 和最小值 $\min(u_i)$，作为整个区间的两端点。然后根据式（7-76）得出的区间个数，按照等差数列的形式划分整个区间段。

$$d = \frac{\max(u_i) - \min(u_i)}{\delta}(u_i, i = 1,2,\cdots,n \mid u_i \in U) \qquad (7-77)$$

$$x_1 = \min\ (u_i)\ (u_i,\ i=1,\ 2,\ \cdots,\ n \mid u_i \in U)$$
$$x_2 = x_1 + d$$
$$x_3 = x_1 + 2d$$
$$\vdots$$
$$x_{n-1} = x_1 + (n-2)\ d$$
$$x_n = \max\ (u_i)\ (u_i,\ i=1,\ 2,\ \cdots,\ n \mid u_i \in U)$$

式中，d 为等差比；x_n 为区间端点值。

划分区间如图 7-24 所示。

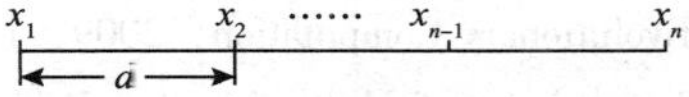

图 7-24　区间划分图

假设评语集为 $V=$｛严重，一般，轻度｝，取实测值的最大值、最小值和两者的平均值作为区间的端点值。如图 7-25 所示。

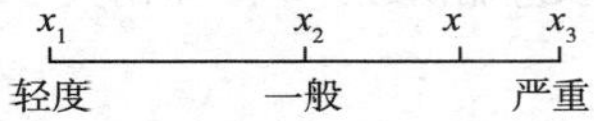

图 7-25　隶属度区间吸引

当该区间中的某个值落入哪个区间，则除去该区间两端点外的所有端点对应的隶属度为 0，最终仅计算该值在所在区间隶属度。x 在 x_2 和 x_3 之间，即在一般和严重之间，那么轻度所对应的隶属度为 0。对于一般和严重隶属度的计算即是 x 所占两者距离比重的反比，如式（7-78）所示：

$$\begin{cases} x_1 < x < x_2 \quad \lambda_1 = \dfrac{d_2}{d_{12}} \quad \lambda_1 = \dfrac{d_1}{d_{12}} \quad \lambda_3 = 0 \\ x_2 < x < x_3 \quad \lambda_2 = \dfrac{d_3}{d_{23}} \quad \lambda_3 = \dfrac{d_2}{d_{23}} \quad \lambda_1 = 0 \end{cases} \qquad (7-78)$$

式中　d_i——x 到 x_i 的距离（$i=1$，2，3）；

d_{ij}——端点间的距离（i，$j=1$，2，3）；

λ_i——x 对相应端点的隶属度（$i=1$，2，3）。

参　考　文　献

[1] Stalk G. Jr. Time-the Next Source of Competitive Advantage [J]. Harvard Bttsiness Review, 1988, 66 (4): 41-51.

[2] 王威，胡涛，杨建军. 单个需求点军械紧急调运的多层规划模型 [J]. 系统工程与电子技术，2006，28（2）：257-262.

［3］刘牧，钱新明，郭臣，等．运力约束下油气长输管道应急资源调运模型及算法［J］．北京理工大学学报，2011，31（8）：996－1000.
［4］郭俊，桂卫华，陈晓方．基于粗糙集理论与差分进化的混合多目标优化算法［J］．控制与决策，2013，28（5）：736－740.
［5］Singh H K，Ray T，Smith W．C-PSA：Constrained Pareto Simulated Annealing for Constrained Multi-objective Optimization［J］．Information Sciences，2010，180（13）：2499－2513.
［6］Mezura-Montes E，Coello C A C．Constraint-handling in Nature-inspired Numerical Optimization：Past，Present and Future［J］．Swarm and Evolutionary Computation，2011，1（4）：173－194.
［7］Takahama T，Sakai S．Constrained Optimization by Applying the Alpha Constrained Method to the Nonlinear Simplex Method with Mutations［J］．IEEE Transactions on Evolutionary Computation，2005，9（5）：437－451.
［8］Leong W F．Multi-objective Particle Swarm Optimization：Integration of Dynamic Population and Multiple-swarm Concepts and Constraint Handling［D］．Stillwater：Oklahoma State University，2008.
［9］Woldesenbet Y G，Yen G G．，Tessema B G．．Constraint handling in Multi-objective Evolutionary Optimization［J］．IEEE Transactions on Evolutionary Computation，2009，13（3）：514－525.
［10］Zitzler E，Deb K，Thiele L．Comparision of Multi-objective Evolutionary Algorithms：Empirical Results［J］．IEEE Transactions on Evolutionary Computation，2000，8（2）：173－195.
［11］Zhou A M，Qu B Y，Li H，et al．Multi-objective Evolutionary Algorithms：a Survey of the State of the Art［J］．Swarm and Evolutionary Computation，2011，1（1）：32－49.
［12］杨长辉．制造企业快速反应理论及应用研究［D］．中南大学，2004.

第8章　供应链风险控制模型

8.1　供应链风险控制建模研究背景

供应链风险是指供应链企业在生产经营过程中，由于事先种种不确定因素带来的影响，使供应链企业实际情况与预期情况（即实际值与预期值）出现背离，导致出现经济受损的风险和可能性。供应链拓扑结构复杂、业务功能多样、运作过程动态，虽然其整体是由各关联企业形成的共同体，但是供应链上各个企业却是独立运营的主体，它们拥有自己的公司战略、公司文化、市场定价、产品研发和价格策略，使得企业与企业间的协同管理存在困难，这些种种因素都增加了供应链管理的复杂性、动态性和不确定性[1]。对于供应链企业来说，如何识别、评估和规避风险，获得鲁棒性高的供应链风险管理策略成为迫切需要解决的问题。本章将提出一种供应链风险控制建模手段，以风险管理理论和供应链管理理论为基础，实现对供应链风险的控制和应对。

8.1.1　供应链风险的概念

（1）风险的概念

不同的学科领域和科学角度对风险的定义不同。风险一般是指产生的某种损失，这种损失常常发生于某一事件实际情况与预期情况（即实际值与预期值）出现背离时。但是，无论用什么理论研究风险，都可以从两方面对风险内涵进行分析：其一，从概率统计的角度出发，风险指的是风险事件发生的概率或者可能性，由于人们往往难以直接定义风险，因此用概率来描述风险显得对风险的把握更加具体；其二，从风险的影响结果角度出发，风险指的是风险事件的发生所带来的一系列影响和损失。

风险包括以下特征：客观性、突发性、复杂性、不确定性和危害性。客观性是指风险不随人的主观意志变化而发生变化，与环境中的多种因素有关，如自然灾害、恐怖事件和病毒疫情等事件的发生都与人的主观意识无关。突发性是指风险的发生是不可预测的、超出预期的、无规律可寻的，一般很难提前预知发生风险的具体地点和时间，当风险因素已经酝酿成风险事故从而造成经济价值的损失时，人们才意识到风险的存在。复杂性是指风险发生的原因、过程、作用力和影响范围是复杂的、不可预测的和受多因素影响的。不可确定性是指风险的表现形式具有具体性和差异性，风险不管在其范围、程度、频率或是时间、区间、强度方面都可以表现出各种不同形态，并以各自独特的方式表现自身的存在。危害性是指风险会给人们造成不利的作用和影响，如果风险事故发生，将会造成行为主体不同程度的损失。

（2）供应链风险的含义

供应链具有多参与主体、跨地域和多环节的特征，伴随自然、政治、经济和市场等全方位瞬息万变的不确定性外在复杂环境，使供应链容易受到来自外部环境和链上各实体内部不利因素的影响，形成供应链风险[2]。供应链风险是一种潜在威胁，它会利用供应链系统的脆弱性，对供应链系统造成破坏，也会利用供应链的复杂化、节点企业布局分散化和文化差异化等特点，造成供应链风险传递过程复杂化。

目前，关于供应链风险还没有一致的定义，许多学者和管理者基于总结和调查，做出了以下具有代表性的定义。Zsidisin[3]的定义强调供应风险，采购商应用风险评估技术评估供应商中断风险的概率和结果，以解决供应商产品质量问题，改善供应过程，减少供应中断的可能性，认为供应链风险是与供应商中断或供应市场发生变化的概率，造成供应商不能满足顾客需求，甚至导致其生命和安全受到威胁。Wagner and Bode[4]探讨了供应链风险与供应链脆弱性的关系，通过对760名德国企业高管进行调查，把供应链风险定义为对供应商过于依赖、单一供应源或全球采购所导致的负面影响，强调供应链风险的结果。Bogataj[5]揭示了供应链风险诞生于经济全球化，其表象是不能将适当的产品在适当的地方和适当的时间交到适当的客户手中，更加注重分析影响价值增值的潜在不确定性。Ellis, Henry, and Shockley[6]基于组织行为理论，研究了在消费领域消费环境、风险类型和消费决策之间的关系，强调供应链风险为供应风险发生的概率。Heckmanneta1[7]认为，供应链风险产生于现代供应链组织关系的复杂性，并以事故发生为导向定义供应链风险为自然事故和人为事故的概率。王勇、姜意扬[8]认为，供应链风险不仅产生于供应链内部，而且产生于供应链外部，强调这种内生的不确定性因素和外生的不确定性因素共同构成了供应链风险。刘纯霞、舒彤[9]定义了供应链风险即公共突发事件对供应链整体和各企业节点的影响，并从复杂网络角度将风险传导路径划分为链式传导、网状辐射传导、网状集中传导、网状交互传导四种。

8.1.2 供应链风险管理的研究意义

对供应链风险管理进行研究具有重要的意义，主要体现为：

①供应链风险管理既是供应链管理的重要内容，又是企业风险管理体系的重要组成部分。随着供应链全球化进程的不断推进，全球各地都发生了一系列重大的供应链风险事件，例如，2001年9·11事件的发生，使得美国和加拿大边境因为安全问题而被被迫关闭数日，致使加拿大的汽车零部件供应商不能及时为在美国本土的福特汽车供应产品，进而导致福特汽车公司被迫关闭五家工厂；2003年SARS（严重急性呼吸道症候群）或禽流感在我国爆发时，对我国企业乃至全球企业都造成了巨大的影响，致使一些缺乏风险控制和柔性的供应链受到不小的冲击；2005年“卡特里娜”飓风席卷墨西哥湾时，对墨西哥湾周边的炼油厂造成了巨大的冲击，结果石油供应减少造成全球石油价格上涨；2008年中国南方地区遭受雨雪冰冻灾害，摧毁了很多电网设施，导致多个地区铁路运营中断，使得许多企业原材料供应和产成品的运输中断，进而影响整个供应链网络；2010年本田汽车公司位于广东省中山市的车锁系统供应商罢工，致使位于广东省广州市的本田公司汽车生产工厂停工，进而对整个本田汽车供应链造成不利影响。这些风险事件的发生使供应链风险管理问题引起了国际学术界的高度关注。

②供应链风险管理的研究有利于更全面和更深入地分析供应链风险，为供应链风险规

避和控制方法提供理论依据。本章通过对供应链网络节点风险控制问题进行研究，构造出供应链网络节点风险控制模型，能够对供应链网络各节点进行有效风险评估，并通过评估结果得出削减供应链风险的策略，并可验证策略的有效性。

③供应链风险管理的研究有助于提高供应链鲁棒性、安全性和运作效率，降低供应链成本。供应链风险威胁供应链各节点企业的生存与发展，做好对供应链的风险管理，能够有效提升整个供应链的鲁棒性，进而使供应链安全性得到提升。供应链各节点企业的稳定性和安全性得到提升过后，企业运作效率能够得到有效提升，进而降低供应链成本。

④供应链风险管理的研究丰富了风险管理体系。由于各学科之间存在交叉性，对供应链风险管理进行深入分析能够使风险管理问题得到丰富和完善，而将风险管理应用到供应链风险分析当中也具有创新性和实践性。因此，供应链风险问题的研究对其他学科、领域都有积极影响。

8.2　供应链网络风险控制问题描述

供应链网络风险控制问题描述为：针对包含一级供应商、二级供应商、核心制造商、分销商和零售商所构成的制造业供应链网络系统，在供应链网络系统中一个节点往往和多个节点相连接，并且相连节点间存在相互影响关系。在一定时间内，供应链网络中的节点可能遭遇不可预测的外部风险（如自然灾害）或自身内部风险。要求评估出供应链网络每个节点的不可运作性风险，并据此确定出整个供应链网络的经济损失，最终判断哪些节点在供应链网络风险管理中应该被优先考虑和控制。

上述问题有以下假设：

①整个供应链网络风险分析是在一定时间范围内的。时间起始于自然灾害冲击网络节点时，终止于被冲击的节点有能力采取行动应对该影响时。

②在此时间范围内，供应链网络拓扑结构保持稳定。供应链网络在一定时间内保持组织结构，节点个数和节点关系的相对稳定，除了采取应对风险措施导致拓扑结构发生改变的情况。

③节点的不可运作性和经济损失之间呈线性关系。节点经济损失等于节点的不可运作性与节点的经济收益的乘积。

④上游节点的供应量能够满足下游节点需求量，不存在供不应求。

⑤相互关系包含相互依赖关系和相互竞争关系，且仅考虑了影响相互依赖关系和竞争关系主要的因素。

⑥节点间相互连接的方式不考虑跨接和逆向连接。

⑦节点 i 表示供应链网络系统中的任何节点，与 i 节点直接相连的节点可能有无限多个，模型适用于与节点 i 相连节点个数为任意的情况，但为了方便模型表达，设与节点 i 直接相连的节点为（g，h，j，k，p）。

8.3　供应链网络风险控制模型构建

8.3.1　符号说明

q_j：$j=1$，2，…，n，节点 j 的总不可运行性，它表示在正常情况下系统执行其计划功能时的非实现率；

p_{ij}：i，$j=1$，$2\cdots$，n，由于节点间供需、竞争等关系，由 j 节点的不可运作性风险引起 i 节点的不可运作性的大小；

b_{ij}：i，$j=1$，$2\cdots$，n，由于节点间供需、竞争等关系，j 节点造成 i 节点不可运作性的概率；

a_{ij}：表示相互依赖系数或竞争关系系数；

c_i：$i=1$，2，…，n，节点 i 的直接不可运作性风险或节点 i 内部固有的风险；

$q=[q_1, q_2, \cdots, q_n]^T$：由各节点的不可运作性组成的列向量；

$c=[c_1, c_2, \cdots, c_n]^T$：由各节点的直接风险组成的列向量；

$W=(w_1, w_2, \cdots, w_n)^T$：由供应链专家确定的权重向量，其中 $\sum_{j=1}^{n} w_j=1, w_j \in [0, 1], j=1,2\cdots,n$；

$x_i=(x_g, x_h, x_j, x_k, x_p)$：与节点 i 直接相连的节点构成的向量，x_g，x_h，x_j，x_k，x_p 分别表示与 i 直接相连的各个节点；

u_1，u_2，u_3，u_4：影响节点间相互关系的几个最主要因素，u_1、u_2、u_3、u_4 分别代表交易量、可替代性、同种产品供应商或分销商的数量和缓冲库存；

m 表示与 i 节点直接相连的节点个数；

$Y_i=(y_{lk})_{m\times 4}$：i 节点的评价矩阵；

$R=(r_{lk})_{5\times 4}$：经过标准化后的矩阵。

$l=g$，h，j，k，p：其中，g、h、j、k、p 分别表示与 i 节点直接相连的节点；

r_{lk}：评价矩阵标准化后的元素；

b_k：r_l 中第 k 大的值；

$V=(V_{lk})_{m\times 4}$：由标准化后的矩阵 R 每行按从大到小顺序重新排列后的矩阵；

v_l：对于每一个 r_l 而言，按从大到小顺序重新排列后的向量；

a_{il}：i 节点与 g，h，j，k，p 节点的相互依赖系数；

g：表示 g 节点，为节点 i 和 j 同时提供的同种产品；

I_i：设在给定时间内，节点 i 和 j 同时需要节点 g 提供的同种产品，没有节点 j 的竞争下，节点 i 对节点 g 的最大需求能力；

s_i：设在给定时间内，节点 i 和 j 同时需要节点 g 提供的同种产品，节点 i 对节点 g 的计划需求量；

$A=(a_{ij})_{n\times n}$：所有相互依赖系数和竞争关系系数构成的相互关系矩阵；

Q_i^*：i 节点在一定时间内的计划经济收益；

ΔQ_i：i 节点在一定时间内由于突发事件的经济损失；

S：供应链网络总经济损失。

8.3.2 供应链网络的 IIM 框架

不可运作性输入输出模型（Inoperability Input-output Model，IIM）是控制供应链网络节点不可运作性风险的有效工具，它是列昂悌夫输入输出模型的推广运用。IIM 模型由

Santos、Crowther 和 Haimes 共同提出，并应用于经济系统进行风险分析。

Santos[10] 提出的 IIM 公式如下：

$$q = A^{*}q + c^{*} \tag{8-1}$$

式中，q 是不可运作性向量，该向量中的元素表示非实现率，即系统未能实现的功能与计划实现的功能的比值；A^{*} 是相互关系系数矩阵，该矩阵中的元素表示行元素与列元素之间的相互关系，从而引起的行元素的不可运作性风险的增加；c^{*} 是需求或供给扰动向量。

本章研究的供应链 IIM 模型是上述 IIM 模型的改进，其中，供应链网络 IIM 模型中的子系统是企业单元，而 Santos 提出的 IIM 子系统为行业。从系统工程角度出发，把供应链网络看成一个由若干子系统构成的系统，把突如其来的灾害、恐怖活动等外在风险看成系统的输入，把各个子系统的不可运作性风险看成系统的输出。如图 8-1 所示，在供应链网络 IIM 模型示意图中，灾害或者突发事件直接对网络中各节点造成冲击，并通过节点之间的相互关系（本节只考虑依赖关系和竞争关系）将冲击沿着供应链网络传递到其他节点，从而形成对各个节点的影响输出。

构建了供应链 IIM 模型框架后，关于如何获取式（8-1）中相互关系系数矩阵 A^{*} 成了求解方程（8-1）的关键问题。通过有序加权平均算子（Ordered Weighted Averaging Operator，OWA Operator）[11] 计算供应链的相互关系系数矩阵，设函数 F：$I^{n} \to I$（I 是实数集），$(a_1, a_2 \cdots, a_n)$. 是给定的向量，权重向量 $W = (w_1, w_2, \cdots, w_n)^{T}$ 与函数 F 相关，且任意权重 $w_i \in (0, 1)$、权重求和 $\sum_i w_i = 1$，b_i 表示 $(a_1, a_2 \cdots, a_n)$ 中第 i 大的元素，如果 $F(a_1, a_2 \cdots, a_n) = \sum_{j=1}^{n} w_j b_j$，称函数 F 为有序加权平均算子。其中值得一提的是权重 w_i 与特定的排序位置有关，且与特定的元素无关，因此也称 W 为位置向量。

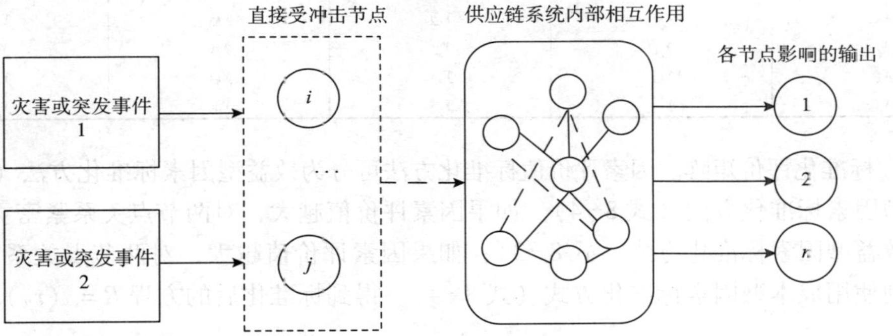

图 8-1　供应链网络的 IIM 模型示意图

图 8-1 描述的是供应链网络风险传递的整体框架，关于网络中各节点如何通过相互关系进行风险传递，首先要界定不可运作性和不可运作性风险。不可运作性是系统不可实现的功能与计划（或正常状态）实现的功能的比值，不可运作性风险被定义为所有可能故障程度的期望值。因此，为简便起见，不可运作性风险可等价于不可运作性[12]。图 8-2 所示为供应链网络节点风险的传递，图中，q_i 表示节点 i 的总不可运行性，c_i 表示由破坏性事件导致的 i 节点的直接不可运作性风险，p_{ij} 表示 j 节点造成的 i 节点的不可运行性大小，

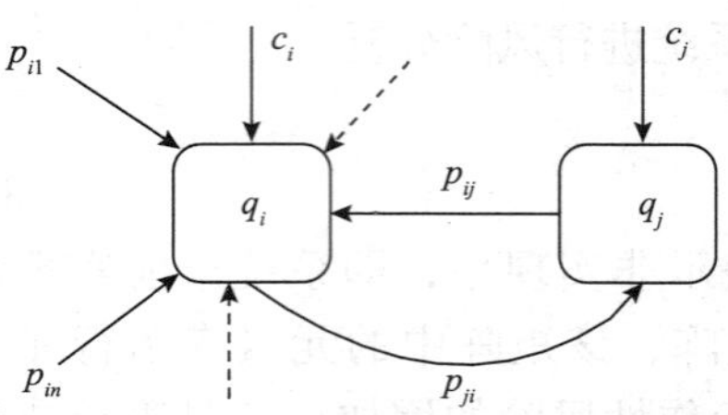

图 8-2　风险在供应链网络节点间的传递

b_{ij}是j节点造成i节点不可运行风险的概率，虚线表示除 1、n、j节点的其他节点对i节点造成的不可运行性大小。因此可以得到：由j节点造成的i节点不可运作性风险p_{ij}等于b_{ij}与q_j的乘积。又由于节点总的不可运作性是节点的直接风险和供应链网络中其他节点对它造成的间接不可运作性的总和，因此，节点i的不可运作性为：

$$q_i = \sum_{j=1}^{n} p_{ij} + c_i, i,j = 1,2,\cdots,n \tag{8-2}$$

8.3.3　数学模型

根据对上述问题的描述和供应链网络 IIM 框架的介绍，供应链网络节点风险的 IIM&OWA 控制模型表述如下：

（1）由供应链专家确定权重向量 $W=(w_1, w_2, \cdots, w_n)^T$ 中元素的权重值。

（2）分别确定每个节点的评价矩阵。以节点i为例，与节点i直接相连节点的个数可能是任意个（m 取正整数），为便于模型描述，这里设与节点i直接相连的节点为（g，h，j，k，p），则 $m=5$，从而构建节点 i 与节点 g，h，j，k，p 相互关系大小的关于 u_1，u_2，u_3，u_4 因素的评价矩阵 Y_i（见表 8-1）。其中，如果 u 值是定性因素，那么评价等级划分为｛1，2，3，4，5｝五个等级，如果 u 值是定量因素，那么相互关系大小直接给出真实值。

表 8-1　评价矩阵 Y_i

i	u_1	u_2	u_3	u_4
x_g	y_{g1}	y_{g2}	y_{g3}	y_{g4}
x_h	y_{h1}	y_{h2}	y_{h3}	y_{h4}
x_j	y_{j1}	y_{j2}	y_{j3}	y_{j4}
x_k	y_{k1}	y_{k2}	y_{k3}	y_{k4}
x_p	y_{p1}	y_{p2}	y_{p3}	y_{p4}

（3）标准化评价矩阵。因素评价值标准化方法可分为效益型因素标准化方法（式 8-3）和成本型因素标准化方法（式 8-4）。如果因素评价值越大，对两节点关系紧密贡献越大，则使用效益型因素标准化方式（式 8-3）；如果因素评价值越大，对两节点关系紧密贡献越小，则使用成本型因素标准化方式（式 8-4）。得到标准化后的方程 $R=(r_{lk})_{5\times4}$。

$$r_{lk} = \frac{y_{lk}}{\sum_{l} y_{lk}}, l \in \mathrm{N} \tag{8-3}$$

$$r_{lk} = \frac{\frac{1}{y_{lk}}}{\sum_{l} \frac{1}{y_{lk}}}, l \in \mathrm{N} \tag{8-4}$$

（4）综合评价。根据 OWA 算子，对于 $R=(r_{lk})_{5\times4}$ 将矩阵中每一个 r_l 按由大到小的顺序排列后将得到新的矩阵 $V=(v_{lk})_{5\times4}$。此时相互依赖系数：

$$a_{il} = v_l w \tag{8-5}$$

（5）求相互竞争关系系数。相互竞争关系系数的求得需要参考相关企业历史资料，设节点 i 和 j 同时需要节点 g 提供的同种产品，此时竞争关系系数 a_{ij} 为：

$$a_{ij} = \frac{I_i - s_i}{s_i} \tag{8-6}$$

（6）构建相互关系矩阵。供应链网络中的其余所有节点重复以上（2）~（4）可得到相互依赖矩阵，由假定（5）可知，相互关系还要考虑节点间的相互竞争关系，将相互依赖矩阵和相互竞争关系系数结合可得相互关系矩阵 A。

（7）求得每个节点的不可运作性风险。根据各节点的直接风险组成的列向量 c 和相互关系矩阵 A 可求 q 如下：

$$q = Aq + c \tag{8-7}$$

（8）算得供应链网络总的经济损失。根据各节点的经济损失之和求供应链总经济损失 S 如下：

$$S = \sum_{i=1}^{n} \Delta Q_i = \sum_{i=1}^{n} q_i \cdot Q_i^* \tag{8-8}$$

8.4　算例分析

8.4.1　算例描述

该算例是建材供应链网络节点风险分析。建材供应链网络拓扑结构如图 8-3 所示，供应链核心企业是制造商节点 7，以节点 7 构建的建材供应链网络包括 3 个二级供应商、3 个一级供应商、2 个分销中心和 4 个零售商。节点 1、节点 2 和节点 3 为节点 4 提供原材料，且节点 1 和节点 2 存在竞争关系；节点 2 和节点 3 为节点 5 提供原材料；节点 4 和节点 5 为节点 7 提供原材料，且节点 4 和节点 5 存在竞争关系；节点 6 为节点 7 提供建材包装服务；节点 8 和节点 9 是节点 7 的建材分销中心，且相互存在竞争关系；节点 10 和节点 11 是节点 8 的建材零售商，且相互存在竞争关系；节点 12 和节点 13 是节点 9 的建材零售商，且相互存在竞争关系。

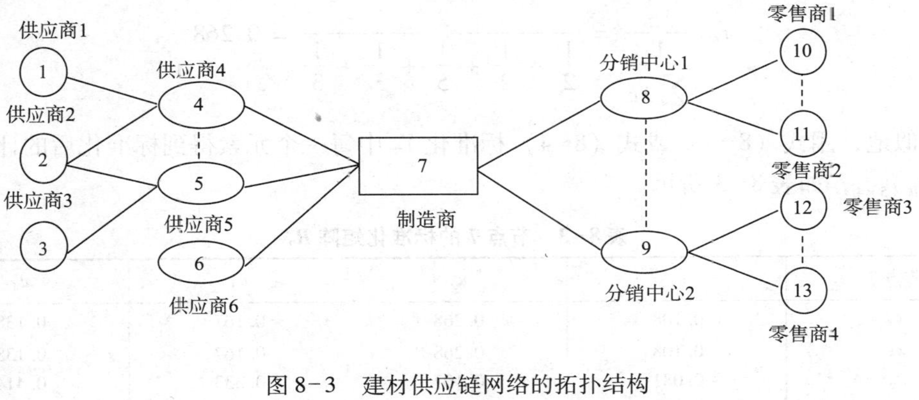

图 8-3　建材供应链网络的拓扑结构

2010 年 4 月 14 日，青海省玉树藏族自治州玉树县发生 6 次地震最高震级 7.1 级，导致节点 6 部分仓库被毁，使得节点 6 对节点 7 供应量减少大约 40%。用 IIM&OWA 控制模型对该供应链网络节点进行风险控制分析，研究节点 6 对节点 7 的直接供应量减少造成的对整个供应链网络的影响和损失。

8.4.2 不可运作性风险和经济损失评估

（1）设定权重向量

根据本供应链网络的所有特点以及影响节点间相互关系的四个最主要因素，由供应链专家设立的权重向量 $W=(0.4, 0.3, 0.2, 0.1)^T$，其中向量元素与特定的排序位置有关，且与特定的元素无关。

（2）分别确定每个节点的评价矩阵

以节点 7 为例，令 x_l（$l=4, 5, 6, 8, 9$）表示与节点 7 有直接供需关系的 5 个节点，根据假设可知 u_1，u_2，u_3，u_4：影响节点间相互关系的几个最主要因素，u_1、u_2、u_3、u_4 分别代表交易量、可替代性、同种产品供应商或分销商的数量和缓冲库存，相关专家给出的评价矩阵 Y_7，如表 8-2 所示。

表 8-2　节点 7 的评价矩阵 Y_7

节点 7	u_1	u_2	u_3	u_4
x_4	8.000	2.000	2.000	3.000
x_5	8.000	2.000	2.000	3.000
x_6	6.000	5.000	1.000	1.000
x_8	20.000	3.000	2.000	4.000
x_9	32.000	3.000	2.000	2.000

（3）标准化评价矩阵

以 y_{51} 和 y_{52} 为例，分别按照式（8-3）和式（8-4）有：

$$r_{51}=\frac{y_{l1}}{\sum_l y_{l1}}=\frac{8}{8+8+6+20+32}=0.108$$

$$r_{52}\frac{\frac{1}{y_{l2}}}{\sum_l \frac{1}{y_{l2}}}=\frac{\frac{1}{2}}{\frac{1}{2}+\frac{1}{2}+\frac{1}{5}+\frac{1}{3}+\frac{1}{3}}=0.268$$

类似地，用式（8-3）或式（8-4）标准化 Y_7 中每一个元素得到标准化后的评价矩阵 $R=(r_{lk})_{5\times4}$，如表 8-3 所示。

表 8-3　节点 7 的标准化矩阵 R_7

节点 7	u_1	u_2	u_3	u_4
x_4	0.108	0.268	0.167	0.138
x_5	0.108	0.268	0.167	0.138
x_6	0.081	0.107	0.333	0.414
x_8	0.270	0.179	0.167	0.103
x_9	0.432	0.179	0.167	0.207

（4）综合评价

按照由大到小的顺序排列 R_7 的每一行，得到 V_7 矩阵，结果如表 8-4 所示。

表 8-4　排序矩阵 V_7

节点 7	u_1	u_2	u_3	u_4
x_4	0.268	0.167	0.138	0.108
x_5	0.268	0.167	0.138	0.108
x_6	0.414	0.333	0.107	0.081
x_8	0.270	0.179	0.167	0.103
x_9	0.432	0.207	0.179	0.167

由式（8-5）可得：

$$(a_{74}, a_{75}, a_{76}, a_{78}, a_{79})^T = V_7W = (0.196, 0.196, 0.295, 0.205, 0.287)^T$$

类似地，供应链网络中的其余节点间的相互依赖关系都可以通过此方法求得。

（5）求相互竞争关系系数

由式（8-6）可求节点间的竞争关系系数，供应链网络中节点 1、2，节点 4、5，节点 8、9，节点 10、11，节点 12、13 存在竞争关系。以 a_{89} 为例，在一定时间内，节点 8 需要节点 7 产品量为 2000 万元，按照节点 8 和节点 9 的历史资料表明，在没有节点 9 的竞争下，节点 8 对节点 7 的产品需求量为 2400 万元。

$$a_{89} = \frac{I_8 - s_8}{s_8} = \frac{24.00 - 20.00}{20.00} = 0.2$$

类似地，可以求得其余各竞争节点间的竞争关系系数。

（6）构建相互关系矩阵

关于供应链网络其他节点间的相互依赖系数可通过重复（2）～（4）得到，将相互依赖系数和相互竞争系数相互组合可得相互关系矩阵，本案例的相互关系矩阵 A 如表 8-5 所示。

表 8-5　相互关系矩阵 A

A	1	2	3	4	5	6	7	8	9	10	11	12	13
1	0.000	-0.120	0.000	0.100	0.000	0.000	0.000	0.000	0.000	0.000	0.000	0.000	0.000
2	-0.100	0.000	0.000	0.150	0.120	0.000	0.000	0.000	0.000	0.000	0.000	0.000	0.000
3	0.000	0.000	0.000	0.200	0.155	0.000	0.000	0.000	0.000	0.000	0.000	0.000	0.000
4	0.350	0.200	0.300	0.000	-0.250	0.000	0.200	0.000	0.000	0.000	0.000	0.000	0.000
5	0.000	0.400	0.500	-0.300	0.000	0.000	0.250	0.000	0.000	0.000	0.000	0.000	0.000
6	0.000	0.000	0.000	0.000	0.000	0.000	0.250	0.000	0.000	0.000	0.000	0.000	0.000
7	0.000	0.000	0.000	0.196	0.196	0.295	0.000	0.205	0.287	0.000	0.000	0.000	0.000
8	0.000	0.000	0.000	0.000	0.000	0.000	0.200	0.000	-0.270	0.470	0.560	0.000	0.000
9	0.000	0.000	0.000	0.000	0.000	0.000	0.300	-0.310	0.000	0.000	0.000	0.390	0.610
10	0.000	0.000	0.000	0.000	0.000	0.000	0.000	0.030	0.000	0.000	-0.170	0.000	0.000
11	0.000	0.000	0.000	0.000	0.000	0.000	0.000	0.100	0.000	-0.210	0.000	0.000	0.000
12	0.000	0.000	0.000	0.000	0.000	0.000	0.000	0.000	0.050	0.000	0.000	0.000	-0.150
13	0.000	0.000	0.000	0.000	0.000	0.000	0.000	0.000	0.100	0.000	0.000	-0.200	0.000

（7）求得每个节点的不可运作性风险

其中 c =（0.000，0.000，0.000，0.000，0.000，0.400，0.000，0.000，0.000，

0.000，0.000，0.000，0.000)^T

由式（8-7）可得 $q = Aq + c$，解方程得到每一个节点的不可运作性为：

$(q_1, q_2, q_3, q_4, q_5, q_6, q_7, q_8, q_9, q_{10}, q_{11}, q_{12}, q_{13})^T$ ＝（0.002，0.009，0.012，0.028，0.041，0.440，0.161，0.021，0.045，0.000，0.002，0.002，0.004)^T

（8）算得供应链网络总的经济损失

设各节点经济收益为（万元）：

$(Q_1^*, Q_2^*, Q_3^*, Q_4^*, Q_5^*, Q_6^*, Q_7^*, Q_8^*, Q_9^*, Q_{10}^*, Q_{11}^*, Q_{12}^*, Q_{13}^*)^T$ ＝（60.000，110.000，65.000，75.000，78.000，35.000，250.000，80.000，65.000，105.000，100.000，118.000，55.000)^T

因而每个节点损失（万元）为：

（0.101，0.986，0.777，2.082，3.229，15.406，40.150，1.709，2.907，0.029，0.208，0.189，0.229)^T

整个供应链的总经济损失（万元）为：

$$S = \sum_{i=1}^{n} \Delta Q_i = \sum_{i=1}^{n} q_i \cdot Q_i^* = 68.001$$

8.4.3 供应链网络风险的多指标评价

上述算例针对供应链网络中每个节点的不可运作性和经济损失进行了分析，在实际运用控制模型的过程中，往往还应对各项指标进行综合分析。这里运用多指标评价方法对不可运作性指标和经济损失指标进行综合考虑，来确定供应链网络中节点的重要性。

不可运作性是指系统不可实现的功能与计划（或正常状态）实现的功能的比值，即系统的非实现率。该指标的取值范围是 0 ~100%，当取值为 0 时，表示系统按计划正常运行；当取值为 100% 时，表示系统完全不能按照计划进行或者系统处于完全崩溃状态。系统的不可运作性风险随着非实现率的增加而增大，节点的不可运作性越大，则表明企业更容易受到突发事件的影响，那么在供应链管理中应该对该节点进行重点管理。如图 8-4 所示，节点 6 和节点 7 的不可运作性较高，其次是节点 9 和节点 5，可得出节点 5、6、7、9 的鲁棒性较低，在供应链管理中应该被充分重视。

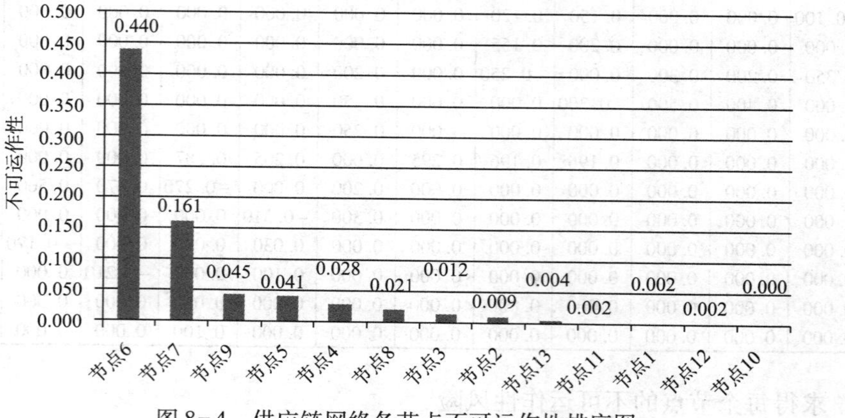

图 8-4　供应链网络各节点不可运作性排序图

经济损失指标是从供应链绩效的角度来分析供应链整体经济损失。假设不可运作性和经济损失间呈线性关系，利用各节点不可运作性和经济收益可分别求得各节点的经济损失。不可运作性指标反映了各节点的非实现率，而经济损失指标既考虑节点的不可运作性，又考虑了节点的实际收益情况，反映的是节点实际经济损失情况。如图 8-5 所示，对各节点的经济损失进行排序，可得哪些节点的经济损失较大，图中反映的是节点 7 和节点 6 的经济损失最大，其次是节点 5 和节点 9，可得出节点 5、6、7、9 在供应链管理中应该被充分重视。该图也为供应链风险管理提供了重要信息。

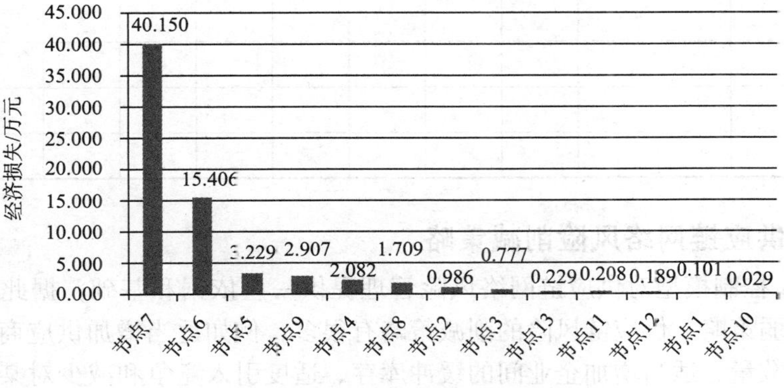

图 8-5　供应链网络各节点经济损失排序图

不可运作性排序图和经济损失排序图分别从两个方面反映出了节点的重要性程度，但是从图 8-4 和图 8-5 中可以看出，在两个不同指标下节点重要性排序是不一样的。如果在进行供应链风险管理过程中仅仅考虑某一指标，就不能得到供应链风险管理的最优方案，因此我们引入多指标评价方法来识别节点的重要性。

从算例的不可运作性排序图和经济损失排序图来看，节点 6 和节点 7 是受到冲击最大的两个节点，其次是节点 5 和节点 9 受到的冲击较大。将节点的不可运作性和经济损失进行综合排序，得到不可运作性和经济损失综合排序图（见表 8-6），根据综合排序图依然可以清晰地看出，节点 6 和节点 7 受到影响最大，其次是节点 5 和节点 9。因此，针对节点 6 发生自然灾害的情况下，在进行供应链风险管理的时候应该首要考虑节点 6 和节点 7，而后是节点 5 和节点 9，最后才是其他节点。这说明核心制造商和包装供应商在整个供应链中承受的风险最大，在包装供应商受到不可抗冲击的情况下，供应商 5 和分销中心 2 也受到了较大的影响。

表 8-6　供应链网络节点不可运作性和经济损失排序

		不可运作性												
	节点	6	7	9	5	4	8	3	2	13	11	1	12	10
经济损失	7		*											
	6	*												
	5				*									
	9			*										

续表

		不可运作性												
经济损失	4					*								
	8						*							
	2								*					
	3							*						
	13									*				
	11										*			
	12												*	
	1											*		
	10													*

8.4.4 供应链网络风险削减策略

IIM&OWA 控制模型对供应链网络风险管理提供一些依据和基础，据此可提出供应链网络风险的削弱策略。供应链风险的削减策略有很多，例如适当增加供应商的数量、适当增加分销商的数量、适当增加企业间的缓冲库存、适度引入竞争和减少对某一企业的依赖程度等。通过不可运作性排序图和经济损失排序图所进行的多指标评价可知，节点 6 和节点 7 受到的冲击最大，因此在供应链风险削弱策略中应该首先考虑加强对节点 6 和节点 7 的管理。

通过对供应链网络进行风险分析可以发现，整个供应链风险较高的原因是单一的供应商 6，因此可考虑用增加一级供应商数量的方法来削减供应链网络风险。设另一个一级供应商（以节点 14 标记）为节点 7 提供包装服务，节点 14 将分担节点 6 一半的供应量，且与节点 6 形成竞争关系，如图 8-6 所示。

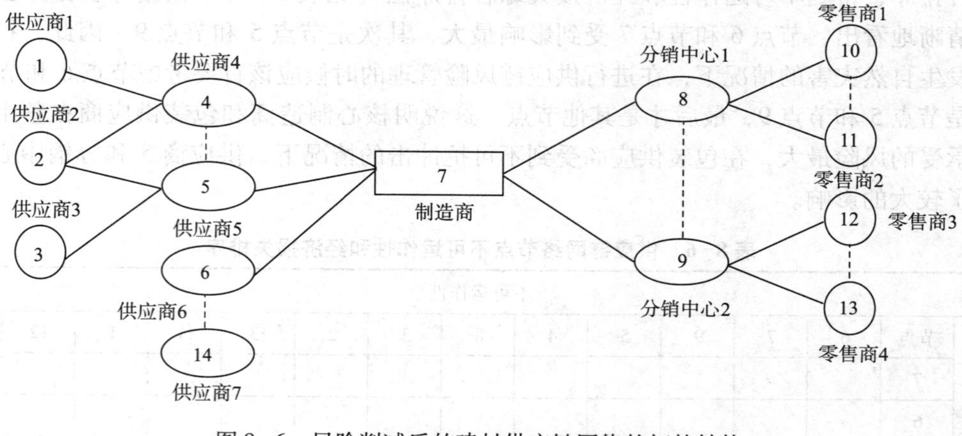

图 8-6　风险削减后的建材供应链网络的拓扑结构

节点 6 遭遇不可抗灾害，导致节点 6 对节点 7 的供应数量减少 40%，当供应链网络在采取风险措施后供应链网络整体风险会明显下降。下面将利用 IIM&OWA 控制模型对风险削弱后的建材供应链网络风险进行评估，验证风险削弱策略的有效性。

增加了节点 14 后的供应链网络中，新得到的节点 7 评价矩阵 Y'_7 如表 8-7 所示。

表 8-7　节点 7 的评价矩阵 Y'_7

节点 7	u_1	u_2	u_3	u_4
x_4	8.000	2.000	2.000	3.000
x_5	8.000	2.000	2.000	3.000
x_6	3.000	5.000	2.000	1.000
x_8	20.000	3.000	2.000	4.000
x_9	32.000	3.000	2.000	2.000
x_{14}	3.000	5.000	2.000	1.000

由模型可知，如果因素评价值越大，对两节点关系紧密贡献越大，则使用效益型因素标准化方法［式（8-3）］，如果因素评价值越大，对两节点关系紧密贡献越小，则使用成本型因素标准化方法［式（8-4）］。用式（8-3）或式（8-4）标准化 Y'_7 中每一个元素得到标准化后的评价矩阵 R'_7，如表 8-8 所示。将 R'_7 中每一行元素按从大到小的顺序排列后进而得到排序矩阵 V'_7，如表 8-9 所示。

表 8-8　节点 7 的标准化矩阵 R'_7

节点 7	u_1	u_2	u_3	u_4
x_4	0.108	0.242	0.167	0.098
x_5	0.108	0.242	0.167	0.098
x_6	0.041	0.097	0.167	0.293
x_8	0.270	0.161	0.167	0.073
x_9	0.432	0.161	0.167	0.146
x_{14}	0.041	0.097	0.167	0.293

表 8-9　排序矩阵 V'_7

节点 7	u_1	u_2	u_3	u_4
x_4	0.242	0.167	0.108	0.098
x_5	0.242	0.167	0.108	0.098
x_6	0.293	0.167	0.097	0.041
x_8	0.270	0.167	0.161	0.073
x_9	0.432	0.167	0.161	0.146
x_{14}	0.293	0.167	0.097	0.041

根据式（8-5）可得：

$$(a_{74},\ a_{75},\ a_{76},\ a_{78},\ a_{79},\ a_{714})^T = V'_7 W$$
$$= (0.178,\ 0.178,\ 0.191,\ 0.198,\ 0.270,\ 0.191)^T$$

运用同样的方法，可以算出每个节点与其直接相连结点的相互依赖系数，再利用式（8-6）的方法，可以求得相互竞争节点的相互竞争系数。综合各节点的相互依赖系数和相互竞争系数，可得相互关系矩阵 A'，如表 8-10 所示。

表 8-10　相互关系矩阵 A'

A	1	2	3	4	5	6	7	8	9	10	11	12	13	14
1	0.000	-0.120	0.000	0.100	0.000	0.000	0.000	0.000	0.000	0.000	0.000	0.000	0.000	0.000
2	-0.100	0.000	0.000	0.150	0.120	0.000	0.000	0.000	0.000	0.000	0.000	0.000	0.000	0.000
3	0.000	0.000	0.000	0.200	0.155	0.000	0.000	0.000	0.000	0.000	0.000	0.000	0.000	0.000
4	0.350	0.200	0.300	0.000	-0.250	0.000	0.200	0.000	0.000	0.000	0.000	0.000	0.000	0.000
5	0.000	0.400	0.500	-0.300	0.000	0.000	0.250	0.000	0.000	0.000	0.000	0.000	0.000	0.000
6	0.000	0.000	0.000	0.000	0.000	0.000	0.145	0.000	0.000	0.000	0.000	0.000	0.000	-0.200
7	0.000	0.000	0.000	0.178	0.178	0.191	0.000	0.198	0.270	0.000	0.000	0.000	0.000	0.191
8	0.000	0.000	0.000	0.000	0.000	0.000	0.200	0.000	-0.270	0.470	0.560	0.000	0.000	0.000
9	0.000	0.000	0.000	0.000	0.000	0.000	0.300	-0.310	0.000	0.000	0.000	0.390	0.610	0.000
10	0.000	0.000	0.000	0.000	0.000	0.000	0.000	0.030	0.000	0.000	-0.170	0.000	0.000	0.000
11	0.000	0.000	0.000	0.000	0.000	0.000	0.000	0.100	0.000	-0.210	0.000	0.000	0.000	0.000
12	0.000	0.000	0.000	0.000	0.000	0.000	0.000	0.000	0.050	0.000	0.000	0.000	-0.150	0.000
13	0.000	0.000	0.000	0.000	0.000	0.000	0.000	0.000	0.100	0.000	0.000	-0.200	0.000	0.000
14	0.000	0.000	0.000	0.000	0.000	-0.25	0.220	0.000	0.000	0.000	0.000	0.000	0.000	0.000

求得每个节点的不可运作性风险。其中 $c = (0.000, 0.000, 0.000, 0.000, 0.000, 0.400, 0.000, 0.000, 0.000, 0.000, 0.000, 0.000, 0.000)^T$，

由式（8-7）可得：$q' = A'q' + c$，解方程得到每一个节点的不可运作性为 $(q'_1, q'_2, q'_3, q'_4, q'_5, q'_6, q'_7, q'_8, q'_9, q'_{10}, q'_{11}, q'_{12}, q'_{13}, q'_{14})^T = (0.001, 0.004, 0.006, 0.014, 0.430, 0.079, 0.010, 0.022, 0.000, 0.001, 0.001, 0.002, -0.090)^T$
设各节点经济收益（万元）为：

$(Q_1^*, Q_2^*, Q_3^*, Q_4^*, Q_5^*, Q_6^*, Q_7^*, Q_8^*, Q_9^*, Q_{10}^*, Q_{11}^*, Q_{12}^*, Q_{13}^*, Q_{14}^*)^T = (60.000, 110.000, 65.000, 75.000, 78.000, 35.000, 250.000, 80.000, 65.000, 105.000, 100.000, 118.000, 55.000, 35.000)^T$

因而每个节点损失（万元）为：

$(0.048, 0.048, 0.390, 1.020, 1.591, 15.036, 19.700, 0.832, 1.430, 0.000, 0.120, 0.094, 0.110, -3.150)^T$

可以得到采用风险削减策略后供应链网络的总经济损失（万元）为：

$$S' = \sum_{i=1}^{14} q'_i \cdot Q_i^* = 37.706$$

经过分析图 8-7 和图 8-8 可以发现，采取风险削减策略后，供应链网络节点不可运作性和经济损失都大大减小，供应链网络的鲁棒性得到了明显增强，尤其是核心制造商的鲁棒性得到了较大增强。通过增加总节点后的经济损失也可以发现，在采取风险削减策略后，供应链网络总的经济损失也得到了明显减少。运用 IIM&OWA 控制模型能够有效评估供应链网络节点的不可运作性，从而得到供应链网络整体经济损失，再通过分析评估结果，可以提出供应链风险削减策略。同时，IIM&OWA 控制模型也是检验风险削减策略有效性的重要方法。

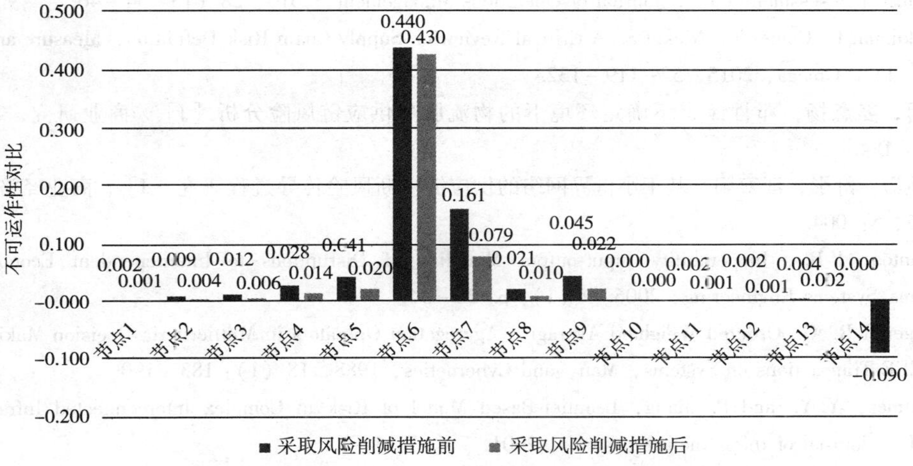

图 8-7　采取风险削减措施前后的供应链各节点不可运作性对比图

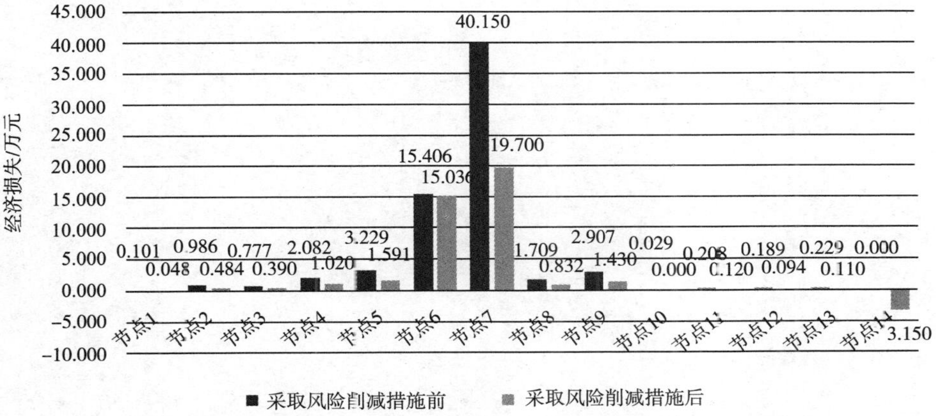

图 8-8　采取风险削减措施前后的供应链各节点经济损失对比图

参 考 文 献

[1] Stalk G. Jr. , Time-the Next Source of Competitive Advantage [J]. Harvard Bttsiness Review, 1988, 66 (4): 41 - 51.

[2] 刘纯霞等，基于小世界网络的供应链中断风险传导路径研究 [J]. 系统工程理论与实践，2015 (3): 608 - 615.

[3] Zsidisin G A, Ellram L M, Carter J R, et al. An Analysis of Supply Risk Assessment Techniques [J]. International Journal of Physical Distribution & Logistics Management, 2004, 34 (5): 397 - 413.

[4] Wagner S M, Bode C. An Empirical Investigation Into Supply Chain Vulnerability [J]. Journal of purchasing and supply management, 2006, 12 (6): 301 - 312.

[5] Bogataj D, Bogataj M. Measuring the Supply Chain Risk and Vulnerability in Frequency Space [J]. International Journal of Production Economics, 2007, 108 (1): 291 - 301.

[6] Ellis S C, Henry R M, Shockley J. Buyer Perceptions of Supply Disruption risk: a Behavioral View and

Empirical Assessment [J]. Journal of Operations Management, 2010, 28 (1): 34 – 46.

[7] Heckmann I, Comes T, Nickel S. A Critical Review on Supply Chain Risk-Definition, Measure and Modeling [J]. Omega, 2015, 52: 119 – 132.

[8] 王勇，姜意扬，邓哲锋．不确定环境下的物流服务供应链风险分析 [J]．商业研究，2011，7：179 – 184.

[9] 刘纯霞，舒彤，汪寿阳．基于小世界网络的供应链中断风险传导过程研究 [J]．商业经济与管理，2015，5：004.

[10] Santos, J. R., Inoperability Input-output Modeling of Disruptions to Interdependent Economic Systems. Systems Engineering, 2006. 9 (1): p. 20 – 34.

[11] Yager R R. On Ordered Weighted Averaging Aggregation Operators in Multicriteria Decision Making [J]. IEEE Transactions on Systems, Man, and Cybernetics, 1988, 18 (1): 183 – 190.

[12] Haimes, Y. Y. and P. Jiang, Leontief-Based Model of Risk in Complex Interconnected Infrastructures [J]. Journal of Infrastructure Systems, 2001. 7 (1): 1 – 12.

第四专题

供应链建模软件及应用

第 9 章　GAMS 软件简介与建模应用

9.1　GAMS 软件简介

9.1.1　GAMS 软件简介[1]

GAMS（General Algebraic Modeling System）即通用代数模型系统，是世界银行与软件企业联合开发的面向应用的高级数学规划软件。它是专门为建立线性规划、非线性规划、混合整数规划、混合整数非线性规划等模型而产生的，可用于解决大型的、复杂的数学规划问题。

20 世纪 50~70 年代的数学运算和建模语言中仅有小部分模型能形成完整求解程序，且项目主管等分析人员对执行数据操作程序掌握较为困难。线性和非线性规划求解问题耗费了当时计算机领域大量精力，操作员通常要投入大量时间求解规划问题，不能把主要精力投入到建立模型上面。因此，GAMS 软件针对求解困难的问题，提出了可以表达大型数据模型的语言，使得模型转化简单可靠、迭代关系精确表达。GAMS 软件的开发，大大改进了原有数学工具表述复杂、数学关系模糊、不可独立求解等问题，它将关系数据库技术与数学规划理论结合在一起，使密不可分的数据和数据库变得相互独立，从而为用户在模型、算法和数据之间提供了一个便捷的接口。

相较于传统数学工具，GAMS 软件具有较强的构建模型能力，且语言灵活通用，使编程者便于理解，进而提高了软件使用者的工作效率，扩展了数学规划软件在各个领域的应用。它利用相对简单、易理解的方法来建模，并且能够处理一些复杂、大运算量、需要反复修改的精确模型。软件操作者还能够更快捷、方便地变换模型和运算公式，使得求解器之间的相互转换更加方便，甚至能够实现从线性规划求解转到非线性规划求解。与传统规划工具不同，GAMS 系统灵活且功能强大，在 GAMS 环境下，计算机之间能够实现规划模型的相互转移。GAMS 容易进行敏感度分析，且模型能够同时被开发和文档化。

GAMS 软件是建立和求解供应链模型的优秀软件包，供应链模型理论具有复杂性，算法设计困难，需要一个较好的数学规划软件包作为支持，GAMS 模型库正是解决供应链问题的理想工具之一。模型库还具有应用范围广、灵活可读、通用性好的特点，它收集了大量成功应用的模型，涉及到工程、经济、管理、能源、交通等十多个领域的近 200 个项目。GAMS 输入文件形式与模型描述的自然语言相一致，可读性好，便于决策者理解。同时，软件模型能够运行在个人计算机、工作站、大型机和超级计算机上，具有较强通用性。

9.1.2　GAMS 软件的特点

GAMS 软件具有以下特点：

（1）具有一般性原则

GAMS 结合了关系数据库理论和数学规划的方法，并通过这些思想的融合建立数学模型。关系数据库理论和数学规划方法分别提供了开发一般数据组织和转换能力的结构性框架，以及问题的表述和求解方式。GAMS 系统的设计原则如下：

①现行算法的运用无须改变模型的表示法。如果要引用新方法，不用修改现有模型，须尽量适应各种数学规划问题。

②最优化问题的表述与所使用的数据相互独立。逻辑结构与使用数据的分离使问题的规模增加，却不引起复杂性的增加。

③关系数据模型分配自动化。使用户面对大型、复杂数据模型时不必担心计算机容量问题。

（2）采用通俗性的文件结构

GAMS 程序是模型文件，其表示方法容易被人和计算机理解，与常规的数学方式十分接近，其特征如下：

①GAMS 模型利用数学表示法精确、简单地表达问题。

②数据转换简明且数学化。数据的输入和结论报告的输出都按照常规方式进行。

③描述性语言可以制作成相应定义的一部分，在显示相关值时可以复制。

（3）具有可移动性

GAMS 系统可在不同类型的计算机环境下工作。在个人计算机上开发的模型可以在工作站、大型和超级计算机上求解。我们可以开发已由他人使用过的模型，虽然模型远离最初的开发者，但和以往的方法比较，用户只需要移动包含了求解模型需要的所有数据和逻辑定义的 GAMS 语句。

（4）采用开放式界面

可移动性关系包括了界面的含义。GAMS 系统运行的本身就基于文本文件，不带专用的程序编辑器或者图形输入和输出程序。使用者不用学习另外的文字处理程序，GAMS 提供了开放的体系结构，我们可以用自己熟悉的文字处理程序和程序编辑器。开放式的界面保障了 GAMS 对各种现有的和未来的使用环境的兼容性。

（5）拥有强大的模型库

发展新系统的重要一环就是总结经验和教训，分析工作的重要一环是把以往有效的技术和思路重新整合与创新。GAMS 系统的设计理念使得对以往模型的修改与创新直观方便，能够让用户快捷获得前人的经验。

GAMS 具有如下特点：大型、复杂模型能够用相对简练的计算机语言表示；系统运行简便、安全；模型设定精确、易懂；代数关系能被清晰表达；运算算法与模型的语言描述独立。

9.1.3 GAMS 软件的操作界面

GAMS 软件的操作界面如图 9-1 所示，主要包括三个模块：菜单栏、模型工作区和快捷工具栏。

菜单栏由文件管理（File）、文件编辑（Edit）、检索（Search）、窗口管理（Win-

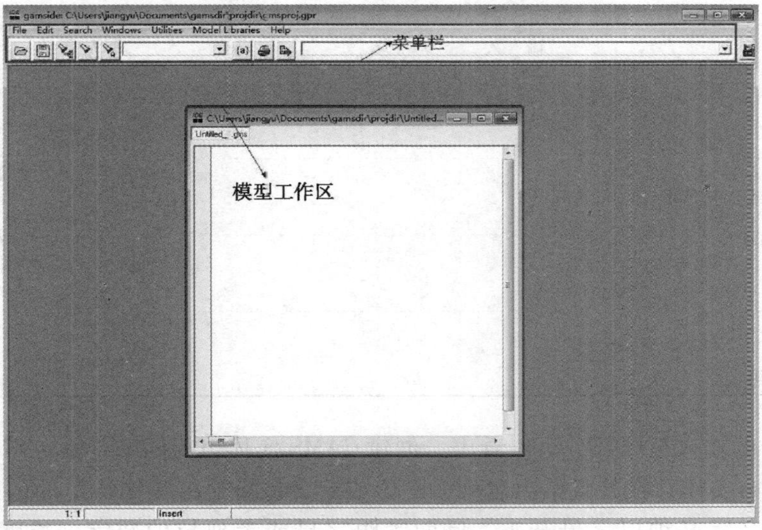

图 9－1　GAMS 软件操作界面图

dows)、用户选项（Utilities)、模型库（Model Libraries）和求助（Help）组成，菜单栏是GAMS 软件的核心，该软件的几乎所有功能都可由菜单栏的工具或命令完成。其中 File 标签主要提供对数据文件的建立、读取、存储、显示和打印等操作；Edit 标签完成对数据文件的重新编辑、选择、拷贝、剪贴、自动换行等操作；Search 标签提供对数据文件查找、替换、再次查找、匹配插入语等操作；Windows 标签是关于窗口的层叠、横向平铺、垂直平铺、编者选项的操作；Utilities 标签包含 GDXDIFF 程序、删除目录、脚本等操作；Model Libraries 标签是软件的重要组成部分，主要包括 GAMS 模型库、GAMS 测试库、GAMS 数据效用模型，模型库涉及工程、经济、管理、环境等 200 多个项目，操作者可根据自身需要搜索选取相应模型进行应用。Help 标签包含使用者求助、指南和文献等操作，其功能十分强大，详细介绍了有关 GAMS 软件的操作、建模、编程过程。

9.2　GAMS 模型建立简介

9.2.1　GAMS 软件模型的基本结构

模型的基本组件如表 9－1 所示。

表 9－1　GAMS 模型的基本组成

输　入	输　出
集合（sets） 声明 集合成员赋值 数据（parameters，tables，scalars） 声明 赋值	返回输出 引用映射 方程列表 状态报告 结果

续表

输　入	输　出
变量（variables） 　声明 　类型赋值 上下边界和（或）初值赋值（可选） 方程（equations） 　声明 　定义 model 和 solve display 语句（可选）	返回输出 引用映射 方程列表 状态报告 结果

从表9-1的输入组成部分可以看出，创建GAMS实体包括两个步骤：声明和赋值或定义。声明是宣布实体存在并且给出名称，赋值或定义是指给出实体特定的值或者形式。给定的模型实体名字必须以字母开头，后面紧跟字母或者阿拉伯数字，长度不超过30个字符。

下面从一个简单的GAMS模型出发，说明该软件基本组件的构成及使用方法。

9.2.2　利用GAMS软件求解简单运输问题的实例

下面，以美国数学家George Bernard Dantzig（丹茨格）提出的运输问题为例，用GAMS建立模型进行求解。下面是问题的标准代数描述，即货物从2个工厂运输到3个市场的费用最小化问题：

参数：

a_i：表示工厂 i 的日常供应量，箱；

b_j：表示市场 j 的日常需求量，箱；

d_{ij}：表示工厂 i 和市场 j 之间的距离，千英里；

c_{ij}：表示在工厂 i 和市场 j 之间每单位的运输费用，美元/（箱/千英里）。

决策变量：

x_{ij}：表示从工厂 i 运输到市场 j 的总量，箱。

约束条件：

$$0 \leqslant \sum_j x_{ij} \leqslant a_i \tag{9-1}$$

$$\sum_i x_{ij} \geqslant b_j \tag{9-2}$$

$$x_{ij} \geqslant 0 \text{ 且为整数} \tag{9-3}$$

其中，式（9-1）表示任意工厂的实际运出量之和应不大于其总生产量；式（9-2）表示任意市场的需求量都会得到满足。

目标函数：

$$\min Z = \sum_i \sum_j c_{ij} \cdot x_{ij} \tag{9-4}$$

表9-2是所求运输问题中工厂－市场之间的供需关系和运输距离，并假设单位运费为

90 美元/（箱/1000km）。

表 9-2　工厂-市场之间的供需关系（箱）和运输距离（1000km）

市场（j） 工厂（i）	纽约 （New York）	芝加哥 （Chicago）	托皮卡 （Topeka）	供应量（a_i）
Seattle	2.5	1.7	1.8	350
San Diego	2.5	1.8	1.4	600
需求量（b_j）	325	300	275	

编写的 GAMS 程序如下：

```
Sets
i canning plants / seattle, san-diego /
j markets / new-york, chicago, topeka / ;
Parameters
a (i) capacity of plant i in cases
    / seattle 350
    san-diego 600 /
b (j) demand at market j in cases
   / new-york 325
     chicago 300
      topeka 275 / ;
Table d (i, j) distance in thousands of miles
              new-york chicago topeka
seattle      2.5      1.7     1.8
san-diego    2.5      1.8     1.4 ;

Scalar f freight in dollars per case per thousand miles /90/;
Parameter c (i, j) transport cost in thousands of dollars per case ;
c (i, j) = f * d (i, j) / 1000 ;
Variables
x (i, j) shipment quantities in cases
z total transportation costs in thousands of dollars ;
Positive Variable x ;
Equations
cost define objective function
supply (i) observe supply limit at plant i
demand (j) satisfy demand at market j ;
cost .. z =e= sum ( (i, j), c (i, j) *x (i, j)) ;
supply (i) .. sum (j, x (i, j)) =l= a (i) ;
demand (j) .. sum (i, x (i, j)) =g= b (j) ;
Model transport /all/ ;
Solve transport using lp minimizing z ;
Display x.l, x.m ;
```

其结果如下所示：

```
                    LOWER      LEVEL      UPPER      MARGINAL
---- EQU cost          .          .          .         1.000
  cost  define objective function
---- EQU supply   observe supply limit at plant i

              LOWER      LEVEL      UPPER      MARGINAL
seattle        -INF     350.000    350.000     EPS
san-diego      -INF     550.000    600.000      .
---- EQU demand   satisfy demand at market j

              LOWER      LEVEL      UPPER      MARGINAL
new-york     325.000    325.000     +INF       0.225
chicago      300.000    300.000     +INF       0.153
topeka       275.000    275.000     +INF       0.126
---- VAR x   shipment quantities in cases

                           LOWER      LEVEL      UPPER      MARGINAL
seattle   .new-york          .        50.000     +INF          .
seattle   .chicago           .       300.000     +INF          .
seattle   .topeka            .          .        +INF        0.036
san-diego.new-york           .       275.000     +INF          .
san-diego.chicago            .          .        +INF        0.009
san-diego.topeka             .       275.000     +INF          .

                           LOWER      LEVEL      UPPER      MARGINAL
---- VAR z                 -INF      153.675     +INF          .
  z  total transportation costs in thousands of dollars
**** REPORT SUMMARY :        0     NONOPT
                             0     INFEASIBLE
                             0     UNBOUNDED
```

下面以模型基本结构为出发点，详细叙述模型编程组成：

（1）集合

集合（Sets）是 GAMS 模型的重要模块，起到索引的作用。上面的运输例子包含一个集合语句：

```
Sets
    i   canning   plants      /seattle, san-diego/
    j   markets               /new-york, chicago, topeka/;
```

该语句声明两个集合并且给集合成员赋值。在集合语言描述中，GAMS 格式和通用数学格式之间存在不同。它使用“/”表示排列集合，却不能使用“{}”。同时，多词名称如“san diego”是不被允许的，多词之间须插入连字符号。上述集合语句中的小写字称为文本（text），GAMS 编译器不识别文本，只对文本进行保存。

集合 i、j 可在一个语句中表示，即用 Sets 表示几个声明，也可用多个单个声明 Set 分别表示，在多个语句中描写：

```
Set   i   canning   plants      /seattle, san-diego/;
Set   j   markets               /new-ycrk, chicago, topeka/;
```

给集合成员赋集合值通常使用星号（*），当集合元素为有序排列时，使用星号十分方便。例如，下面是 GAMS 有效的 set 语句：

```
Set   p   products    /p1*p15/;
```

上述 set 语句的赋值结果是 p = {p1，p2，p3，……，p15}，p 中的元素是表示字符串。

同时，还须介绍的是 alias 语句，该语句表示集合的多重命名。如 alias（i，f）和 alias（f，i），其中 f 是用来代替原始集合 i 的新集合，新引用集合元素与原始集合元素相同。

上述集合语句 i、j、p 是静态集合的例子，GAMS 也可创建动态集合，且动态集合成员赋值不是唯一不变的。

（2）数据

运输问题模型较好展示了向 GAMS 输入数据的三种不同格式，这三种格式分别是列表赋值输入、表格数据输入和直接赋值数据输入。面对案例的数据描述，操作者应针对实际情况采用恰当的数据输入格式。

1）列表数据输入

前面运输案例中第一个参数语句显示的是列表数据输入，重复如下；

```
Parameters
      a (i)     capacity of plant i in cases
       /      seattle        350
              san-diego     600/
      b (j)     demand at market j in cases
        /      new-york      325
               chicago       300
               topeka        275/;
```

数据输入首先要数据进行声明，其次是赋值。该语句声明了两个参数 a 和 b，其参数域分别为 i、j，语句同时也声明了参数含义以及域元素。数据输入的第二步就是对域的每个元素赋 a（i）和 b（j）的值。

在使用列表数据输入时有以下几点注意事项：

①域元素和它们各自的参数值没有固定的排列方式，只需要将每对元素—参数值用逗号隔开或者使用不同行。

②GAMS 编译器可以检测出域元素是否属于该集合。比如，如果在声明集合 j 中的语句拼写了“chicago”，但在后面的数据输入列表中拼写为“chikago”，那么 GAMS 编译器会提示错误。

③标量（scalar）是没有域的参数，该语句中参数与参数值相互对应。

④列表数据输入同样适用于两维甚至更多维参数域。

2）表格数据输入

使用 GAMS 软件的过程可以发现，大型模型的数据输入都会转化成较小的表格数据输入，所以，数据输入时运用表格格式十分好用。以运输模型的二维表格为例：

```
Table d (i, j) distance in thousands of miles
                    new-york      chicago      topeka
seattle               2.5           1.7          1.8
san-diego             2.5           1.8          1.4;
```

参数 d 的值由它包含的两个维度 i、j 共同确定。需要注意的是表格中有空白输入的话，默认参数值为零。

3）直接赋值数据输入

直接赋值数据输入的声明参数和参数赋值语句不同于列表法和表格法，运输模型的直接赋值数据输入示例如下：

```
Parameter    c (i, j) transport cost in thousands of dollars per case;
                 c (i, j) =f*d (i, j) /1000;
```

在使用直接赋值数据输入时有以下几点注意事项：

①语句第一行末尾需有分号。分号是为了让 GAMS 编译器区别两个语句，如果分号遗漏，那么 GAMS 则不能解释该语句。

②直接赋值数据输入中的语句参数需要在前面的语句中声明且赋值。比如 f 和 d（i, j）都在前面的语句中进行了声明和赋值。

③相同参数可多次赋值。多次赋值后的语句立即生效且覆盖前面语句中的任何数据。

④赋值语句的右边包含很多数学表达式和内部函数。

（3）变量

GAMS 模型的决策变量须用 Variables 语句声明表示。一个决策变量对应一个名称、一个域和文本。运输模型的变量语句如下：

```
Variables
     x (i, j)        shipment quantities in cases
     z               total transportation costs in thousands of dollars;
```

运输变量 x（i, j）是内生变量，其中（i, j）由变量语句声明。变量 z 是一个标量，因此没有声明域。但每个 GAMS 最优化模型必须包有一个标量，它成为模型求解最大值或最小值的数值。

变量声明后需要对每个变量类型赋值如"Positive Variable x"，表示 x 的变量值为非负数。GAMS 允许的变量类型见表 9-3。

表 9-3 变量类型和默认边界

关键词	默认下限	默认上限	描述
free（任意数）（默认）	负无穷	正无穷	无边界限制变量，默认的上下限可改变
positive（正数）	0	正无穷	变量值为非负数，默认的上限值可改变
negative（负数）	负无穷	0	变量为非正数，默认的下限值可改变
binary（二进制）	0	1	二进制变量只能取 0 或 1
integer（整数）	0	100	离散变量只能取边界内的整数值，默认边界值可改变

运输模型变量语句中的变量 z 是一个标量，其变量类型是 free（任意数）。只要是最优

化的变量必须是一个标量，并且变量类型是 free 类型。

（4）方程

方程是构成 GAMS 模型的约束条件。它决定了变量的分布范围，使已定义集合的全部元素映射到所有的单个约束。

1）方程声明

方程的声明跟集合或参数的声明相似。首先，关键字 Equations 后面跟第一个方程的声明，声明以方程名开始，之后跟着文本如“define objective function”。运输模型的方程声明如下：

```
Equations
cost             define objective function
supply (i)       observe supply limit at plant i
demand (j)       satisfy demand at market j;
```

其中，cost 方程名没有域，它表示一个单一方程，而 demand 表示在域 j 上定义的不等式集合。

2）方程定义

方程定义是用 GAMS 语言对方程的数学关系进行详细描述的过程。运输模型的方程定义如下：

```
cost..           z =e= sum ((i, j), c (i, j) *x (i, j));
supply (i) ..      sum (j, x (i, j)) =l= a (i);
demand (j) ..      sum (i, x (i, j)) =g= b (j);
```

其中，cost 是方程名，方程名和数学表达式之间需要加符号“..”。“sum”是 GAMS 的求和符号，此模型中 sum (j, x (i, j)) 相当于表达式 $\sum_j x_{ij}$，sum ((i, j), c (i, j) *x (i, j)) 相当于 $\sum_i \sum_j c_{ij}x_{ij}$ 表达式。关系操作符 =e=、=l=、=g= 分别表示等于、小于等于、大于等于。

3）方程的函数符号

GAMS 的函数符号有很多，常用的函数符号除了 sum 外，还有 sqrt、sqr、max、exp、log 和 round 等。sqrt 和 sqr 分别表示求求平方根和平方，以 sqrt (sqr (x (i) −x (j)) + sqr (y (i) −y (j))) 表达式为例。该表达式是求对 sqr (x (i) −x (j)) + sqr (y (i) −y (j)) 式子开方。

（5）目标函数

在 GAMS 模型中没有目标函数的具体表达式。等同于目标函数的方程定义过程中，首先要建立一个能取任意值的标量，其次是用 GAMS 语句构建方程定义。

（6）模型和求解语句

模型（model）指的是方程的集合。模型声明的格式包含 model 关键字、模型名称和方程名称列表三部分如运输模型中的“model transport/all/;”。

求解语句是用来调用求解器的 GAMS 语言。运输模型中的求解语句如下：

```
solve transport using lp minimizing z;
```

该求解语句表示用线性规划求解标量 z 的最小值。由此语句可以看出，求解语句的格式包括关键字 solve、求解模型的名称、关键字 using、求解程序名、关键字“minimizing”或“maximizing”和优化的标量。

求解引擎（方法）包括：lp（线性规划），qcp（二次约束规划），nlp（非线性规划），dnlp（不连续导数非线性规划），mip（混合整数规划），rmip（松弛混合整数规划），miqcq（混合整数二次约束规划），minlp（混合整数非线性规划），rmiqcq（松弛混合整数二次约束规划），rminlp（松弛混合整数非线性规划），mcp（混合互补问题），mpec（均衡约束数学规划），cns（约束性非线性系统）。

（7）显示语句

执行 solve 语句时会进行一系列事件：模型实例的产生，合理数据结构的建立，求解结果的输出。GAMS 求解结果的输出是全面、综合的，我们可以从中获取变量的下限、初值、上限以及对偶值。如果使用者想要特定的输出结果，可以要求 GAMS 显示这些成果。如：

display x. l，x. m；

这个语句要求 GAMS 输出运输变量 x（i，j）的最终初值（水平值）x. l，对偶费用（边际值）x. m。GAMS 会自动将结果输出到有合适标题的二维表格中。

9.3 车辆路径问题建模与求解

9.3.1 车辆路径问题描述

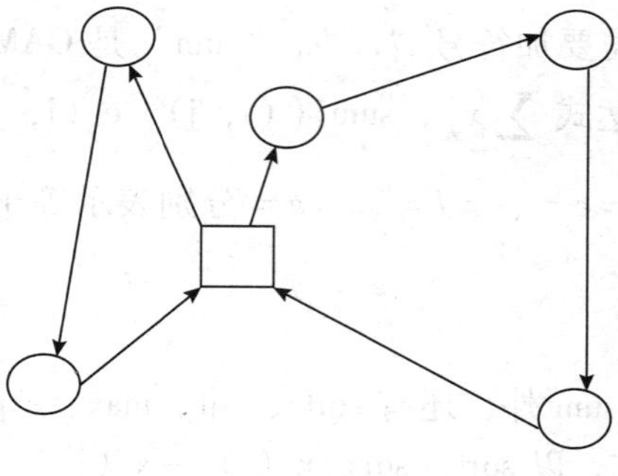

图 9-2 VRP 示意图
□设施；○客户；↗运输路线

车辆路径问题（Vehicle Routing Problem，VRP）可以定义为：运输车辆从一个或多个设施到多个地理上分散的客户点，优化设计一套货物流动的运输路线，同时要满足一系列约束条件。该问题的前提条件是设施位置、客户点位置、和道路情况已知，由此确定一套车辆运输路线，以满足目标函数（通常，VRP 的目标函数是总费用最小）。如图 9-2 所示。

车辆路径问题（VRP）是在旅行商问题的基础上，考虑了车辆运输装载容量及需求等多个约束条件，因而更符合管理的实际。车辆路径问题的求解较之旅行商问题更为复杂。理论上的复杂性、算法设计上的困难性，使得该问题成为管理学界、运筹学界、计算机学界都十分关心的难题，是当前相关学科研究的热点之一。

实际上，VRP 是按如下假设定义的最小费用问题：

①所有车辆路线均起始并终止于同一个点（如工厂、配送中心等）；

②每个客户只接受一个点的货物；

③满足其他一些约束条件，如装载量限制、时间限制、车辆配送顺序限制等。

以下是一个 VRP 实例。

某物流公司配送中心收到来自 13 个不同客户的订单，配送中心位置、客户的坐标以及每个客户所订货物规模见表 9-4。中心一共有 4 辆卡车，载重量均为 200 单位，要求将不同的客户送货分配到每辆车上，并为每辆卡车设计行驶线路，以达到减少总运距的目的。

表 9-4　配送中心收到 13 个不同客户的情况表

客户	*X* 坐标	*Y* 坐标	订单规模
配送中心	0	0	
客户 1	0	12	48
客户 2	6	5	36
客户 3	7	15	43
客户 4	9	12	92
客户 5	15	3	57
客户 6	20	0	16
客户 7	17	-2	56
客户 8	7	-4	30
客户 9	1	-6	57
客户 10	15	-6	47
客户 11	20	-7	91
客户 12	7	-9	55
客户 13	2	-15	38

9.3.2　模型建立

（1）定义参数及变量

参数：

$d\ (i)$：表示各个客户的需求量（订单规模）；

$q\ (k)$：表示车辆 k 的总载重量；

$x\ (i)$：表示客户 i 所在位置的横坐标（以配送中心为原点）；

$y\ (i)$：表示客户 i 所在位置的纵坐标（以配送中心为原点）；

f：表示货物每千英里的单位运输费用；

$ds\ (i,\ j)$：表示配送中心 i 和客户 j 各点之间的距离。

决策变量：

$t\ (k,\ i)$：表示表示客户 i 的任务由车辆 k 来完成，为 0、1 变量，客户 i 的任务由车辆 k 来完成则为 1，否则为 0；

$m\ (i,\ j,\ k)$：表示车辆 k 从客户 i 行驶到客户 j，为 0、1 变量，车辆 k 从客户 i 行驶到客户 j 则为 1，否则为 0。

下标：

i：表示配送中心（0）和所有客户的序号；

k：表示车辆编号；

j：表示 i 的别名，alias 语句能够用来为原始集合定义多个新名词。

（2）模型表达

目标函数：

$$\min Z = \sum_i \sum_j \sum_k ds(i,j) \cdot m(i,j,k) \tag{9-5}$$

约束条件：

$$\sum_i d(i) \cdot t(k,i) \leqslant q(k) \tag{9-6}$$

$$\sum_k t(k,i) \geqslant 1 \tag{9-7}$$

$$\sum_j m(i,j,k) = t(k,i) \tag{9-8}$$

$$\sum_i m(i,j,k) = t(k,j) \tag{9-9}$$

$$m(i,j,k) + m(j,i,k) \leqslant 1 \tag{9-10}$$

$$t(k',0') = 1 \tag{9-11}$$

式（9-5）是使得所用成本最小化，并满足下面的约束条件：每辆卡车的实际运输量之和均不超过最大载重量［式（9-6）］；每个客户都保证有至少一辆卡车为其运输货物［式（9-7）］；任意一台运输车辆只能从一个客户（或配送中心）开往下一个客户（或配送中心），且运输路径信息 t（k，i）与车辆调用信息应保持一致 m（i，j，k）［式（9-8、式（9-9）］；因式（9-11）中，m（i，j，k）和 m（j，i，k）至多有一个值为1，保证了车辆运输路线不存在往复的情况；式（9-11）以约束了第0个配送中心为车辆的出发点。

9.3.3 GAMS 程序编程

为求解该车辆路径问题，编写求解程序如下：

```
set i /0 * 13/, k /1 * 4/;
Alias (i, j)
parameter d (i) demands/0 0, 1 48, 2 36, 3 43, 4 92, 5 57, 6 16, 7 56, 8 30, 9 57, 10 47, 11 91,
12 55, 13 38/;
parameter q (k) taffics in units /1 200, 2 200, 3 200, 4 200/;
parameter x (i) /0   0, 1   0, 2   6, 3   7, 4   9, 5   15, 6   20, 7   17, 8   7, 9   1, 10
15, 11   20, 12   7, 13   2/;
parameter y (i) /0   0, 1   12, 2   5, 3   15, 4   12, 5   3, 6   0, 7   -2, 8   -4, 9   -
6, 10   -6, 11   -7, 12   -9, 13   -15/ ;
Scalar f      freight in dollars per case per thousand miles/90/;
parameter ds (i, j) distance;
ds (i, j) =sqrt (sqr (x (i) -x (j)) +sqr (y (i) -y (j)));
ds (i, i) =400000;
display ds;
binary variables
      t (k, i) decides if task of customers i is completed by vehicle k
      m (i, j, k) decides if vehicle k moves from position i to position j;
variable z total tansportaion costs;
equations
      cost         define objective function
      demand (k) demand i must be satisfied by vehicle k
      supply (i) task of position i is only completed by one vehicle k
      ro (j, k)        only one i to j by vehicle k
      roee (i, k)      i to only one j by vehicle k
```

```
    ncycle (i, j, k)       i to j in k can not be cycled
    routeo (k)           every route has to start from 0;
cost..            z=e=sum ((i, j, k), ds (i, j) *m (i, j, k));
demand (k)..       sum (i, d (i) *t (k, i)) =l=q (k);
supply (i)..      sum (k, t (k, i)) =g=1;
ro (j, k)..        sum (i, m (i, j, k)) =e=t (k, j);
roee (i, k)..      sum (j, m (i, j, k)) =e=t (k, i);
ncycle (i, j, k).. m (i, j, k) +m (j, i, k) =l=1;
routeo (k)..          t (k, 0) =e=1;
Model route /all/;
Solve route using mip minimizing z;
display t.l;
display m.l;
```

9.3.4　求解结果及分析

运算结果如图 9-3 所示，确定决策变量，得到最优化的路径，如表 9-5 所示。

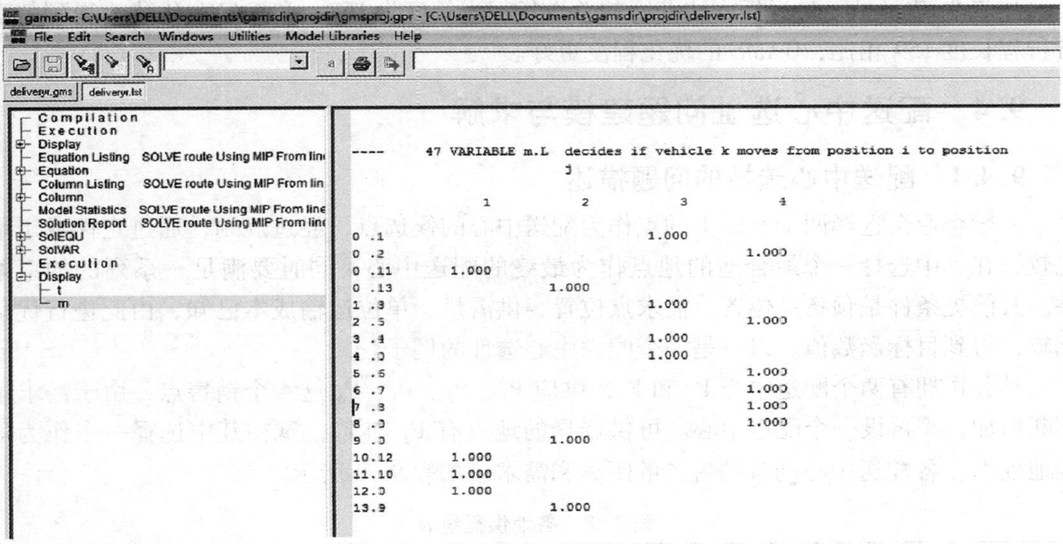

图 9-3　车辆路径求解结果

表 9-5　送货行程安排

卡车	行程	每辆卡车实际装载量
1	DC→1→3→4→DC	183
2	DC→2→5→6→7→8→DC	195
3	DC→11→10→12→DC	193
4	DC→13→9→DC	95

行程长度如表 9-6 所示。

表 9-6　送货行程长度

行程	两点间距离						行程长度
DC→1→3→4→DC	12	7.616	3.606	15			38.222
DC→2→5→6→7→8→DC	7.81	9.22	5.831	3.606	10.198	8.062	44.727
DC→11→10→12→DC	21.19	5.099	8.544	11.402			55.784
DC→13→9→DC	15.133	9.055	6.083				30.271

该问题若采用启发式算法最远插入法来计算，得到送货行程安排如表 9-7 所示。

表 9-7　送货行程安排表

行程	两点间距离					行程长度
DC→1→3→4→DC	12	7.616	3.606	15		38.222
DC→2→9→DC	7.81	12.083	6.083			25.976
DC→5→10→12→13→DC	15.297	9	8.544	7.81	15.133	55.784
DC→8→11→6→7→DC	8.062	13.342	7	3.606	17.117	49.127

从表 9-7 可见，最远插入法获得的总送货行程长度为 167，和 GAMS 优化后得到的送货行程长度 159 相比，GAMS 的优化程度更好。

9.4　配送中心选址问题建模与求解

9.4.1　配送中心选择的问题描述

一般企业会选择两个及以上的点作为配送中心的候选点，经过规划，通过定性或定量比较，在其中选择一个最合适的地点作为最终的配送中心，同时要满足一系列的约束条件。其前提条件是预备点位置、需求点位置、供需量、单位运输成本已知，由此进行优化比较，得到目标函数值。以下是一个配送中心选址的例子。

某公司拥有两个配送中心 F_1 和 F_2，供应 P_1、P_2、P_3、P_4 这 4 个销售点，由于需求量不断增加，需再设一个配送中心。可供选择的地点有 F_3 和 F_4，试在其中选择一个作为最佳地址[2]。各配送中心到各销售点的距离和需求量如表 9-8 所示。

表 9-8　各地供需量表

配送中心＼销售点	P_1	P_2	P_3	P_4	供应量/台
F_1	8.00	7.80	7.70	7.80	7000
F_2	7.65	7.50	7.35	7.15	5500
F_3	7.15	7.05	7.18	7.65	12500
F_4	7.08	7.20	7.50	7.45	12500
需求量/台	4000	8000	7000	6000	2500

9.4.2　模型建立

这是一个以最终配送费用作为目标函数的配送中心选址问题，可建立数学模型如下：

（1）定义参数和变量

参数：

a_i：表示各配送中心的供应量；

b_j：表示各销售点的需求量；

d_{ij}：表示各配送中心与销售点之间的距离；

c_{ij}：表示配送中心 i 与销售点 j 之间每台货物的单位运输费用；

f：表示每台货物每千米的运输费用。

决策变量：

x_{ij}：配送中心 i 与销售点 j 的供需量，为大于 0 的变量类型。

集合：

i：表示第 i 个配送中心；

j：表示第 j 个销售点。

（2）模型表达

目标函数：

$$\min Z = \sum_i \sum_j x_{ij} \cdot c_{ij}, i \in \{1,2,3\} \text{ 或 } i \in \{1,2,4\} \tag{9-12}$$

约束条件：

$$\sum_i x_{ij} \geqslant b_j, i \in \{1,2,3\} \text{ 或 } i \in \{1,2,4\} \tag{9-13}$$

$$\sum_j x_{ij} \leqslant a_i, i \in \{1,2,3\} \text{ 或 } i \in \{1,2,4\} \tag{9-14}$$

$$c_{ij} = d_{ij} \cdot f, i \in \{1,2,3\} \text{ 或 } i \in \{1,2,4\} \tag{9-15}$$

需要说明的是，为简化编程逻辑，本模型并没有引入 0～1 变量作为配送中心 F3 或 F4 的选择变量，而是采取了两次独立求解后对比目标函数值的方法。其中，式（9-12）为目标函数值；式（9-13）和式（9-14）分别代表实际运输量不小于销售地的实际需求值和不大于配送中心的供应能力值；式（9-15）为单位距离每台货位的运费计算式。

9.4.3　GAMS 编程

从上文的数学模型及其表述可知，本模型为混合整数规划模型，可采用 GAMS 自带的 MIP 混合整数求解器进行求解，选择配送中心 F3 或配送中心 F4 的 GAMS 程序如下所示：

＊配送中心 F3 的 GAMS 程序：

```
Sets
    i canning plants /f1 * f3/
    j markets        /p1 * p4/;
Parameters
    a (i) capacity of plant i in cases
      /     f1    7000
            f2    5500
            f3    12500  /
    b (j) demand at market j in cases
      /     p1     4000
```

```
        p2      8000
        p3      7000
        p4      6000  /;
Table d (i, j) distance in thousand of kilometer
                 p1        p2        p3        p4
f1               8.00      7.80      7.70      7.80
f2               7.65      7.50      7.35      7.15
f3               7.15      7.05      7.18      7.65;
```

*上述表格数据输入表示供应点 i 与需求点 j 之间距离，单位是千公里%

```
Scalar f      freight in dollars per case per thousand kilometer/1000/;
Parameter      c (i, j) transport cost in thousands of dollars per case;
               c (i, j) =f*d (i, j) /1000;
```

*直接赋值数据输入表示供应点 i 与需求点 j 之间每单位运输费用%

```
Variables
    x (i, j)     shipment quantities in cases
    z            total transportation costs in thousands of dollars;
Positive Variable x;
Equations
    cost           define objective function
    supply (i)     observe supply limit at plant i
    demand (j)     satisfy demand at market j;
cost..                z=e=sum ((i, j), c (i, j) *x (i, j));
supply (i)..          sum (j, x (i, j)) =l=a (i);
demand (j)..          sum (i, x (i, j)) =g=b (j);
```

*方程 z 表示费用方程，supply (i)、demand (j) 分别表示供应约束和需求约束%

```
Model transport /all/;
Solve transport using lp minimizing z;
Display x.l, x.m;
```

*配送中心 F4 的 GAMS 程序：

```
Sets
    i canning plants /f1, f2, f4/
    j markets         /p1*p4/;
Parameters
    a (i) capacity of plant i in cases
      /     f1   7000
            f2   5500
            f4   12500  /
    b (j) demand at market j in cases
      /     p1     4000
            p2     8000
            p3     7000
            p4     6000  /;
Table d (i, j) distance in thousand of kilometer
```

```
            p1          p2          p3          p4
f1          8.00        7.80        7.70        7.80
f2          7.65        7.50        7.35        7.15
f4          7.08        7.20        7.50        7.45;
Scalar f        freight in dollars per case per thousand kilometer/1000/;
Parameter      c (i, j) transport cost in thousands of dollars per case;
            c (i, j)  =f*d (i, j) /1000;
Variables
     x (i, j)     shipment quantities in cases
     z            total transportation costs in thousands of dollars;
Positive Variable x;
Equations
     cost            define objective function
     supply (i)      observe supply limit at plant i
     demand (j)      satisfy demand at market j;
cost..             z=e=sum ( (i, j), c (i, j) *x (i, j));
supply (i) ..        sum (j, x (i, j))  =l=a (i);
demand (j) ..        sum (i, x (i, j))  =g=b (j);
Model transport /all/;
Solve transport using lp minimizing z;
*模型求解语句为线性规划求解
```

注：符号“ * ”引导的代码段为注释。

9.4.4　求解结果及分析

运行以上两个程序，得到的目标函数的结果分别为：配送中心 F3 处的目标值（全部费用）为 181865.0000，运算时间为 0.015s，迭代次数为 7 次；配送中心 F4 处的目标值（全部费用）为 182870.0000，运算时间为 0.013s，迭代次数为 7 次。如表 9-9 和表 9-10 所示。

表 9-9　配送中心在 F_3 供需分配表

供应地 \ 需求地	P1	P2	P3	P4	供应量/台
F1	0	0	6500	500	7000
F2	0	0	0	5500	5500
F3	4000	8000	500	0	12500
需求量/台	4000	8000	7000	6000	25000

表 9-10　配送中心在 F_4 供需分配表

供应地 \ 需求地	P_1	P_2	P_3	P_4	供应量/台
F_1	0	0	7000	0	7000
F_2	0	0	0	5500	5500
F_4	4000	8000		500	12500
需求量/台	4000	8000	7000	6000	25000

两个方案相比较，备选配送中心 F3 的全部费用 < 备选配送中心 F4 的全部费用，故选择在 F3 处设立配送中心。

我们从边际值来分析，如表 9-11 和表 9-12 所示。

表 9-11　配送中心 F_3 的变量 X 的下限、目标值、上限、边际值

项目	下限	目标值	上限值	边际值
f1. p1			正无穷	0. 330
f1. p2			正无穷	0. 230
f1. p3		6500. 000	正无穷	
f1. p4		500. 000	正无穷	
f2. p1			正无穷	0. 630
f2. p2			正无穷	0. 580
f2. p3			正无穷	0. 300
f2. p4		5500. 000	正无穷	
f3. p1		4000. 000	正无穷	
f3. p2		8000. 000	正无穷	
f3. p3		500. 000	正无穷	
f3. p4			正无穷	0. 370

表 9-12　配送中心 F_4 的变量 X 的下限、目标值、上限、边际值

项目	下限	目标值	上限值	边际值
f1. p1			正无穷	0. 720
f1. p2			正无穷	0. 400
f1. p3		7000. 000	正无穷	
f1. p4			正无穷	0. 150
f2. p1			正无穷	0. 870
f2. p2			正无穷	0. 600
f2. p3			正无穷	0. 150
f2. p4		5500. 000	正无穷	
F4. p1		4000. 000	正无穷	
F4. p2		8000. 000	正无穷	
F4. p3			正无穷	
F4. p4		500. 000	正无穷	

从表 9-11、表 9-12 不难看出，它们的下限都是 0，以及它们各自的供需量上限都是 $+\infty$，而它们的边际成本的比较，明显 F3 的边际成本（18. 565）< F4 的边际成本（22. 308），故仍然选择 F3 作为配送中心。

参 考 文 献

[1] 魏传江．GAMS 用户指南［M］．北京：中国水利水电出版社，2009.

[2] ROSENTHALRE. GAMS-A User's Guide，［EB/OL］．（2017 - 12 - 30）［2017/5/12］. Https：// www. game. com/latest/docs/userguides/GAMSUsers Guide. pdf.

第 10 章　Supply Chain Guru 软件供应链建模指南

10.1　Supply Chain Guru 软件及建模方法简介[1]

10.1.1　软件简介及基本概念

Supply Chain Guru 是美国 LLamasoft 公司推出的面向对象的供应链设计与优化软件。该软件拥有直观友好的用户操作界面，使用标准的数据库文件，并集成了众多优化与分析算法于其中。该软件主要有以下功能和特点：

情景：允许用户输入一定范围的如服务水平、运输成本、生产能力等参数的值。软件将自动进行优化或仿真用户所设定情景下的相关模型。此功能允许用户快逗测试多个输入参数，避免了单独测试多个不同参数的繁琐。最后由 Supply Chain Guru 输出不同情境下标准化的图形或数值报告以作对比和分析之用。

群组：群组用于集合 Supply Chain Guru 中的用户、产品、网点、模式和时间等个体参数，可大大简化和加速模型的构建过程。

设计引擎：软件的设计引擎包含多个集成求解算法，这些运筹学算法可用来执行网络、产品流、服务成本、库存以及需求分析等相关优化操作。企业级仿真甚至允许添加更多的贴近现实环境的约束。

交通网络建模：LLamasoft 的车辆路径优化（VRO）集成了如成本、时间、能力和传递参数等交通方式和关键变量，使设计者得以模拟整个供应链网络。

地理信息系统（GIS）：该系统为用户在地图上直观查看、编辑和分析关键输入输出节点位置提供了方便。用户可以选择使用多个图层查看运输策略、重要产品等关键信息，此过程中还允许添加用户自定义图层。

总的来说，Supply Chain Guru 具有网络优化、多级库存优化、多目标优化、产品运输路径优化、Greenfield 分析、生产过程建模和车辆路径规划等多项功能。

（1）软件基本界面

Supply Chain Guru 的基本操作界面如图 10-1 所示。

该软件主要包括四个模块，菜单栏、工程导航栏、模型工作区和快捷工具栏。菜单栏由主页（Home）、工具（Tools）、模型数据（Model Data）、优化二具（Optimization）和仿真（Simulation）标签组成，是 Guru 软件的核心，该软件的几乎所有功能都可由菜单栏的工具或命令完成。其中 Home 标签整合的是菜单栏使用最频繁的工具，如模型打开、新建、添加、保存，文档服务，视图切换，数据库管理等按钮；Tool 标签提供了常用的工具，如数据导入/导出、地图可视、计算相关、数据生成、需求工具等；Model Data 能够管理模型主要的参数数据，如主数据库、策略类型、约束条件、制造过程模型等；Optimi-

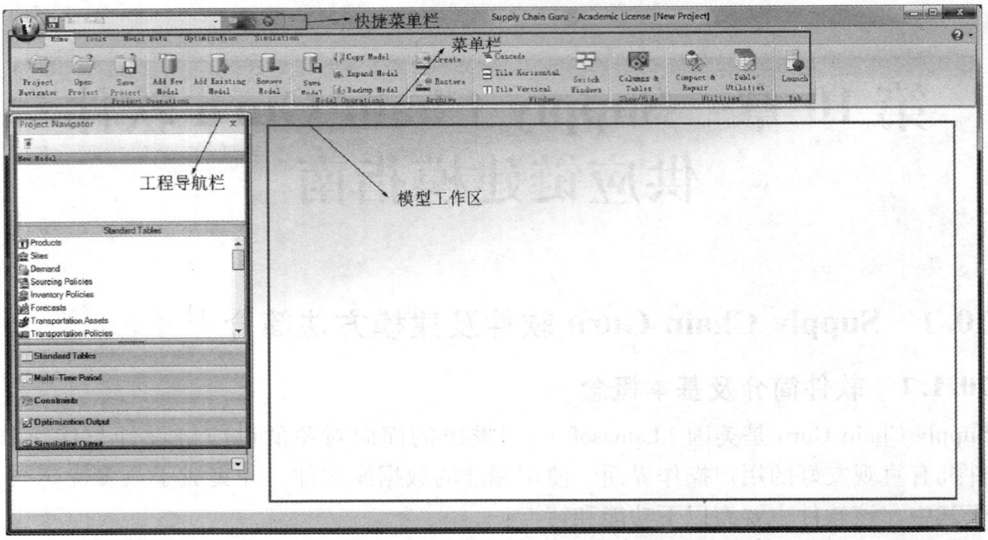

图 10-1 Supply Chain Guru 软件操作界面图

zation 标签是模型优化相关的操作方式，如模型运行、不可行分析、网络优化、图表生成、需求分析等；Simulation 与 Optimization 的功能较为类似，只是前者用来仿真供应链网络的运行结果，后者用来优化参数，提高供应链运作水平。工程导航栏显示了所有可用的工程列表，更重要的是工程导航栏是所有模型参数、模型结构和优化/仿真结果输出的数据中心。模型工作区是完成模型创建和模型编辑的主要区域。

（2）基本概念

1）关于网络优化

网络优化是 Supply Chain Guru 的基础，只有当网络结构合理建立并完成优化，才能进行后续的库存优化和仿真。Supply Chain Guru 软件中，网络优化是指由软件对网络结构、网络流和涉及到的节点地址、产品输出、需求供应、运输策略、库存策略等参数进行优化调整的过程。

①“流”（Flow）的概念。“流”即代表流动、流量，在 Supply Chain Guru 系统中，“流”这个词被用来描述运输，如两个节点间的流被定义成一段时间内该节点间的运输总量，而个体的运输量则不计入其优化过程，所有的需求、运输和订单计入总流量。

②周期（Periods）的概念。通常情况下，一个模型只由一个单周期模型组成，而周期的长度决定着分析的时间跨度。但在实际情况下，需要建立若干个模型来模拟不同的过程。模型中也需要定义不同的时间长度来作为周期的度量单位，如天、月、年或者其他任何给定的时间单位。

2）库存优化的相关概念

库存优化是在网络优化的基础上进行的，只有完成了网络的整体优化，对库存优化才有意义。库存优化涉及到安全库存、经常库存、预置库存等优化。

安全库存（Safety Stock）也称安全存储量，是指为了防止不确定性因素（如大量突发性订货、交货期突然提前、临时用量增加、交货误期等特殊原因）而预计的保险储备量

（缓冲库存）。安全库存用于满足提前期需求。

经常库存（Cycle Stock）指因生产或订货以每次一批的方式进行时形成的周期性库存。经常库存理解为正常时段内的销售备货量，而安全库存通常指为防止其他状况（如：产品为消费者接受后，购买次数与数量的增加）。

预置库存（Pre-build Stock）是指为对可能超过最大库存容量的需求进行提前储备的库存量。

图 10-2 是由安全库存、经常库存和预置库存构成的库存总量。

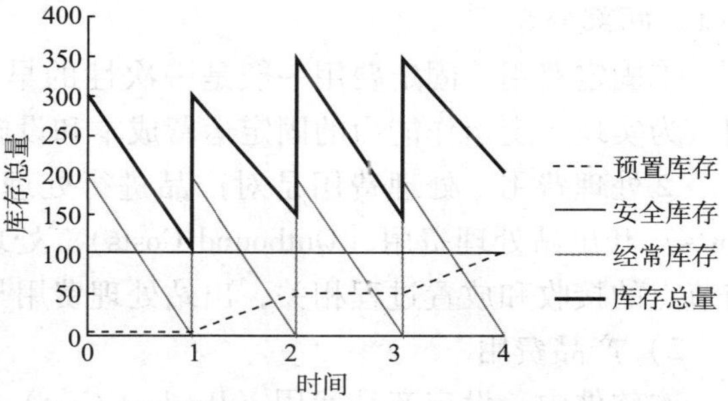

图 10-2　库存总量构成示意图

需要注意的是，Supply Chain Guru 软件的库存优化对象只是安全库存量。而网络优化或产品流优化的对象是经常库存和预置库存。

①安全库存优化。该软件以较为成熟的 Graves & Willems 多级库存优化算法为主体，结合其他算法和软件组件，能对多级库存的需求变量和前置时间变量进行精确优化。该软件的安全库存优化有多供应商选择、基于概率的采购和基于物料清单的采购等功能。

（a）需求变量组件。该软件能将所有的产品信息、周期信息和需求信息整合到包括用户日需求表、用户需求概要表、设施日需求表和设施需求概要表在内的 4 个表格中。

（b）前置时间变量组件。前置时间的计算主要包括网络中所有节点间的前置采购时间和生产前置时间。

（c）服务水平与安全库存。Supply Chain Guru 软件能根据设定的服务类型 Ⅰ 或服务类型 Ⅱ 来确定不同的安全库存水平以应对不同的需求。

②经常库存优化。该软件可对给定时间段内的稳定需求下的经常库存进行优化，值得注意的是优化对象并不包括预置库存和安全库存。经常库存的计算在网络优化和产品流优化的时间段内完成。经常库存与补货时间（Days Between Replenishment，DBR）和某段时间的产品流高度相关。

③在途库存（In-transit Inventory）。在途库存是指离开某一节点，但还未到达某节点的订单产品数量。我们熟知的在制品库存（Work In Progress Inventory，WIP Inventory）便是它的一个子类。在途库存如图 10-3 所示。

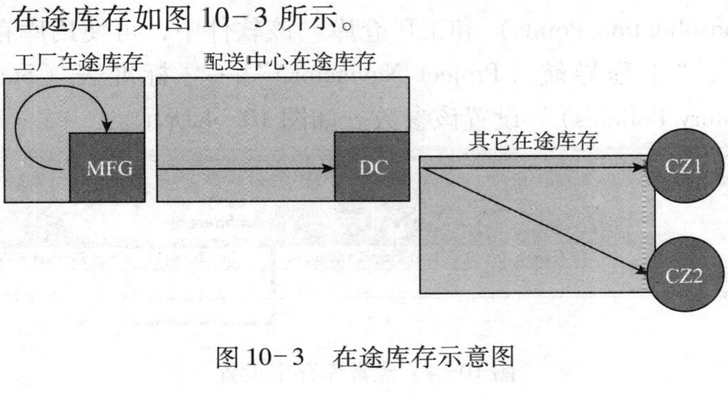

图 10-3　在途库存示意图

10.1.2 Supply Chain Guru 模型建立及主要工具简介

（1）关于费用

1）节点费用

总的来说，节点费用（Site Cost）包括固定费用（Fixed Cost）和处理费用（Handling Cost）两部分。

①固定费用。固定费用一般是一次性的早期投入的费用，包括增加新设施的建设费用、为实现一定运作能力的固定运营成本和设施关闭成本。

②处理费用。处理费用是对产品进行处理的单位费用，包括入站处理费用（Inbound Costs）和出站处理费用（Outbound Costs）。处理费用受到库存策略的影响，入站处理费用与节点的接收和放置过程相关，出站处理费用与产品的分发与包装等过程相关。

2）产品费用

本软件中，设定产品费用（Product Cost）的组成包括单位产品费用（Unit Cost）、费用函数（Cost Function）和子过程费用（Sub-model）。

①单位费用。单位费用就是单个产品生产的直接费用。

②费用函数。部分费用的产生并不与产品的数量成简单比例关系，因此，Supply Chain Guru 软件设立了费用函数来解决这一问题，用户可通过函数式的书写来表达这一费用。

③子过程费用。子过程费用是与系统结构和处理过程相关的相对复杂的费用模型。比如说，一辆汽车在制造过程中，要在不同的工作站经过无数个加工流程才能完成制造装配，准予出厂。为描述这一生产过程的费用，可对每一个过程建立相应的费用模型，如工作站开启/关闭的费用、工作资源费用、处理过程中衔接流程的费用、按时计算的人工费用等。各过程相互关联，过程复杂，需要用自费用模型进行描述。

3）库存费用

库存费用（Inventory Costs）与供应链各节点的产品存储量有直接关系。包括直接费用（如占用费用 Occupancy Costs）和间接费用（如资金成本 Cost of Capital）。

①资金成本。资金成本是指产品储存于仓库所产生的资金机会成本。产品积压于仓库和在途运输所产生的成本是资金成本的设定因素。资金成本 = 平均库存量 × 产品价值 × 储存时间 × 投资可能性。

②节点库存。供应链网络中存有产品的固定节点包括配送中心（DC，Distribution Center）、集货点（Consolidation Points）和工厂仓库。该软件中，可使用库存周转率来计算平均节点库存（进入“工程导航（Project Navigator）”—“标准表（Standard Table）”—“库存策略（Inventory Policies）”设置该参数。如图 10-4 所示。

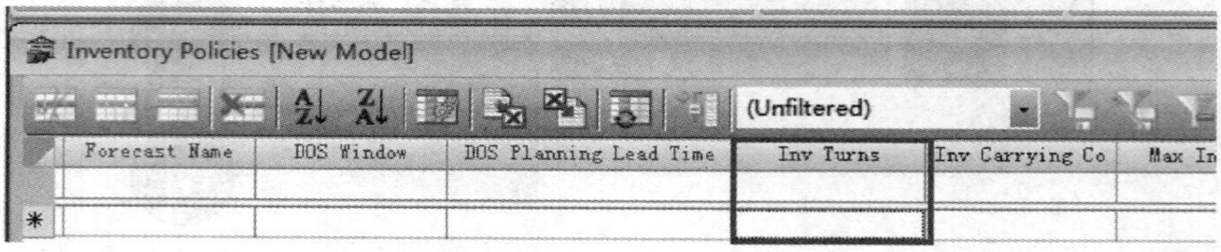

图 10-4　经常库存率设置

4）运输费用

因为运输费用（Transportation Cost）在整个供应链管理的总费用中占有很大比重，因此，无论在哪个设定的环境中，运输费用都是一个重要的设置参数。Supply Chain Guru 中运输费用函数由平均运输费用（Average Cost）、费用基数（Cost Basis）、运输总重量（Shipment Weight）和运输距离（Distance）四个关键变量组成，除此之外还有距离费用基数（Distance Cost Basis）和固定费用基数（Fixed Cost Basis）两个可设置变量。其中，费用基数有数量、体积、重量、数量 - 距离、重量 - 距离和质量 - 距离六种类型。

5）采购费用

如图 10-5 所示的一个由工厂、配送中心和用户组成的基本供应链中，采购费用（Sourcing Cost）在各网络节点产生了三次（如箭头所示），分别为：用户向配送中心提交订单、配送中心向工厂提交订单和工厂生成产品。当然这只是一个简单的采购模型，若涉及到更多的网络节点，选择机会更多的时候，采购费用的计算更为复杂。

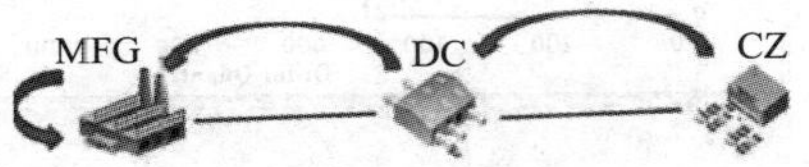

图 10-5 采购费用发生过程示意图

Supply Chain Guru 软件中，在仿真模式和优化模式中都可对采购费用进行定义，本节以仿真模式下的采购费用设置为例，介绍该功能。

打开工程导航中“Standard Table” - “Sourcing Policies” - “Sourcing Cost” 表格中的按钮（见图 10-6），进入“Field Guru-Sourcing Cost”（见图 10-7）。

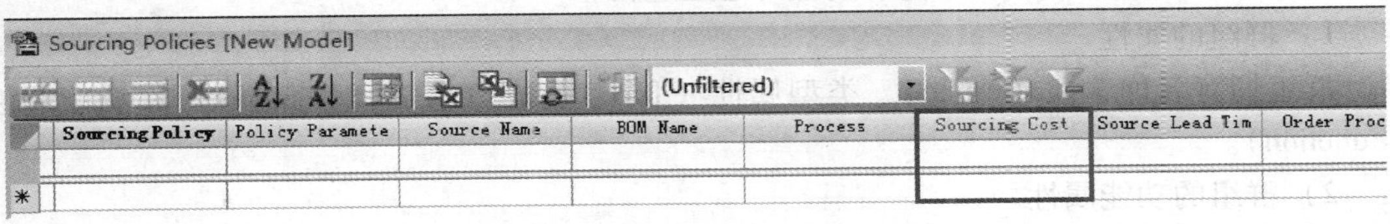

图 10-6 含有采购费用的采购策略表

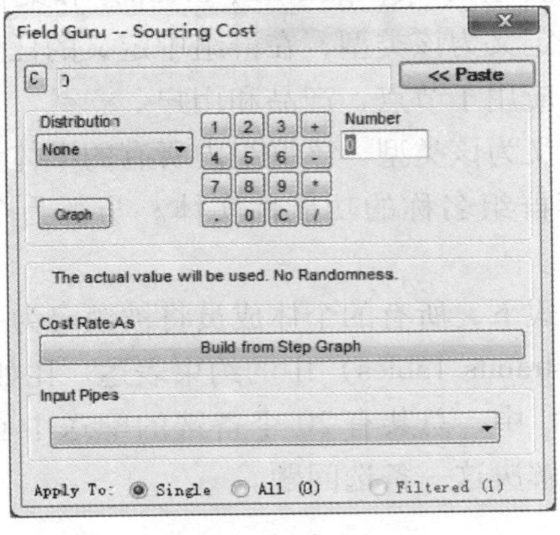

图 10-7 采购费用设置过程示意图

可在“Distribution”中选择不同的费用概率分布函数，可选择指数分布、正态分布等，若采用常数，则选择“None”。费用率（Cost Rate）还可通过阶梯图（Step Graph）设置成阶梯函数，如图 10-8 所示。

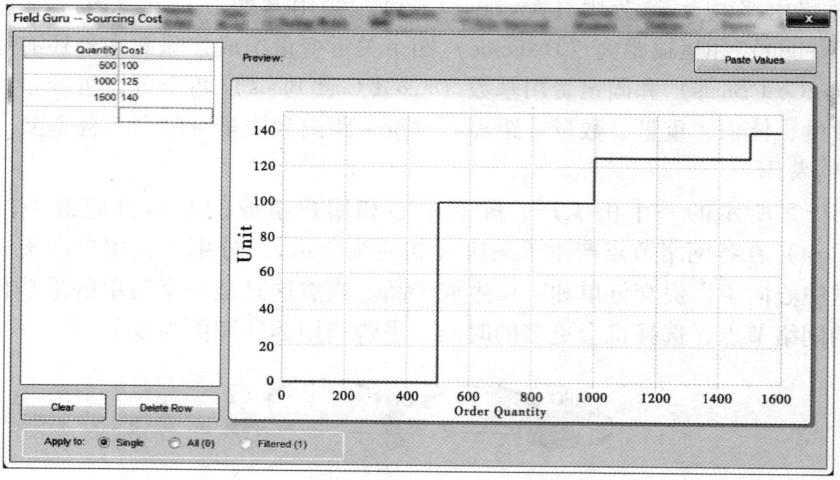

图 10-8　通过阶梯图的方式设置费用率

（2）关于群组

群组（Groups）是 Supply Chain Guru 软件的重要概念，它可用来描述带有共同性质且需批量处理的节点或者产品集合，为网络逻辑的描述提供了巨大方便。在供应链网络较为复杂或庞大的时候，这大大简化了模型的建立过程。

1）群组的属性

群组拥有名称属性（Name）、类型属性（Type）、成员组成（Members）和功能属性（Function）。

2）群组的功能属性

该软件中，群组可被赋予三种功能属性的任意一种，分别是视为个体群的群组（Treat as Individuals）、聚合成群的群组（Aggregate into Group）和集合型群组（Set）。

视为个体群的群组：若定义为该类型，在群组中定义的任何策略都将扩展至每一个群组成员中。该类型的定义可应用于节点、产品和用户。

聚合成群的群组：若定义为该类型，该群组内所有的个体会被合成为一个实体。该实体会被视为所有个体都共享群组名称的功能性实体。与视为个体群的群组类似，可对节点、产品和用户定义该类型。

集合型群组：该类型模式下，所有的个体成员将被锁定为一个网络节点。该类型用于集合约束表（Aggregate Constraints Tables）中的约束表达。比如，在集合节点约束表（Aggregate Sites Constraint Table）中，总共有 20 个备选的配送中心，但只能选择其中 10 个，那么该定义类型则可描述并解决这一备选问题。

3）群组的建立

Supply Chain Guru 软件可通过表格编辑和运行向导的方式建立群组。

①通过表格编辑建立群组。在 Supply Chain Guru 软件中，建立节点群组和产品群组至关重要。当节点或产品的属性表格已完善的时候，便可进行群组建立了。图 10-9 中，共有 1 个用户节点，一个工厂节点和 6 个原料供应商节点。显而易见，有必要建立包含 6 个原料供应商节点的群组。

图 10-9　节点列表

首先，在“Name”栏中输入 SUP，筛选出只含有原料供应商的节点列表（见图 10-10）。

图 10-10　网络节点的筛选

全选原料供应商节点列表，对其点击鼠标右键，在出现的菜单中点击“Create New Group”，最后再按要求输入群组名便已完成创建。可以在工程导航栏中看到一个新创建的包含 6 个原料供应商节点的群组（见图 10-11）。

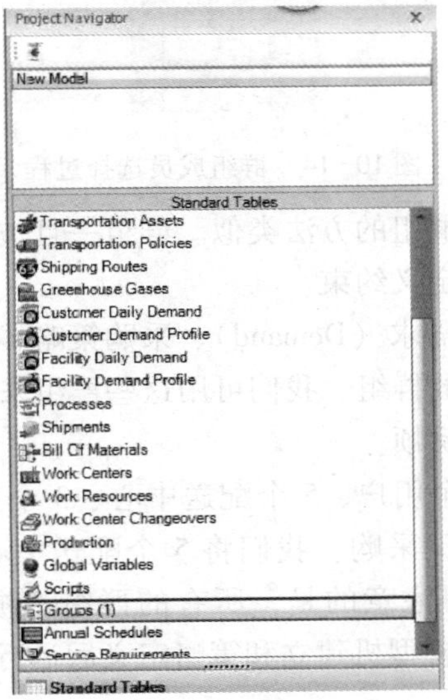

图 10-11　工程导航栏中的群组列表

在工程导航的群组列表中查看和修改相关群组的属性，如图 10-12 所示，可看到该群组的名称、类型和群组成员。还可通过下拉菜单设置群组的功能属性（Function 栏）。

图 10-12　群组属性列表

②通过向导建立群组。与通过列表建立群组类似，在完成节点列表参数输入的基础上，可通过双击工程导航中的群组列表来创建（见图 10-13）。

图 10-13　通过向导方式建立群组的群组属性列表

之后手动输入群组名称，选择群组类型，在群组成员中选择所有原料供应商节点（见图 10-14）。

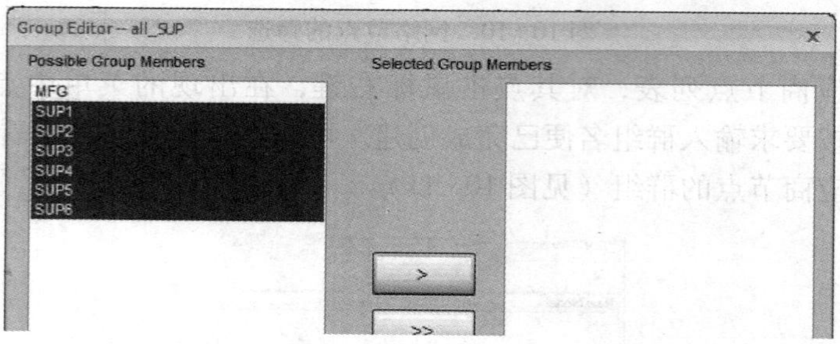

图 10-14　群组成员选择过程

其他步骤与通过表格建立群组的方法类似。群组一旦被建立，我们便可在创建模型组件的过程中调用并创建策略或定义约束。

数据表单（data table）如需求（Demand）、采购策略、库存策略和运输策略中的下拉菜单的选项中均记录了所创建的群组。我们可用这些群组来直接建立模型，从而避免了对每个个体进行繁杂重复操作的麻烦。

例如，一个模型中含有 1 个用户、5 个配送中心、3 个工厂和 1 种产品，所有的配送中心都有可能从所有备选的工厂采购。我们将 5 个配送中心和 3 个工厂分别组成两个群组，如图 10-15 所示。（值得注意的是，所有的群组都被定义为了视为个体群的群组（Treat As Individuals），当完成模型机建立和策略定义后运行该模型，会对各自群组中的所有个体赋予相同的策略。）

打开工程导航中的采购策略表（Sourcing Policies），为工厂群组（all_ MFG）和配送

图 10-15　配送中心和工厂的群组列表

中心群组分别定义一个新的采购策略。完成参数设定的采购策略表如图 10-16 所示。

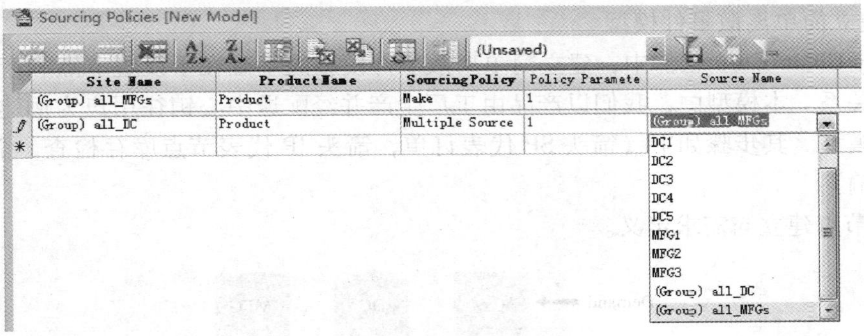

图 10-16　完成参数设置的采购策略表

与采购策略表的设置类似，运输策略表、库存策略表和约束方程（Aggregate Constraints）等均可采用此方法设置群组参数。

（3）模型建立基本过程

1）简单事件模型

在仿真模型中，简单事件模型是对整个复杂事件系统描述的基础，它们的准确描述关系到整个仿真过程的顺利甚至正确与否。

Supply Chain Guru 软件中，简单事件包括产品（Products）、节点（Sites）、需求（Demands）、采购策略（Sourcing Policies）、库存策略（Inventory Policies）和运输策略（Transportation Policies）六个基本部件。

产品：产品是供应链模型中的基础单元，是库存、运输、采购的对象，含有名称（Name）、价值（Value）、价格（Price）、重量（Weight）和体积（Volume）的属性。

节点：节点是产品流流经所涉及到的物流节点设施的地址，包括工厂（MFGs）、配送中心（DCs）、和供应商（SUP）等的物理地址。节点具有节点类型（Site Type）和状态（Status）两个属性，其中节点类型包括缺省节点、潜在节点和用户节点；状态包括包含（Include）、排除（Exclude）和待定（Consider）三个属性。

需求：需求是客户对产品需求的记录，客户的需求必须得到满足。需求主要包括 4 个主要属性，包括需求用户（Customer）、需求产品、需求数量和需求时间。

采购策略：节点的采购策略是指该节点获得产品的渠道和方式。例如一个节点可以从多个供应处那进行采购，也可从单一供应商处进行采购，当然该节点也可选择自己生产。采购策略包括以下内容：需求点、采购产品、采购源（自己生产、单一采购源采购或多采购源采购)、潜在采购对象（Source）和采购提前期（Lead Time)。

库存策略：库存策略是决定某节点如何存储产品的相关参数的集合，主要包括何时并以何种方式进行库存补充。库存策略包括节点名称、产品名称、初始库存（Initial Inventory)、订货点（Reorder Point)、订货量（Reorder amount/Order up to quantity）和订货方式（Reorder Policy）等内容。

运输策略：运输策略是指产品在节点间的流动方式。运输策略包括产品原地址（Source Site)、运输目的地（Destination Site)、产品、模式（Mode）和选定模式下运输时间五个参数。

2）建立简单离散事件模型

Supply Chain Guru 软件中，建立简单离散事件模型的基础在于设置节点和产品的参数及其相互关系。本模型中，我们以产品由工厂生产并经配送中心销往用户为例建立一个简单的事件模型。其步骤如下（箭头 SP 代表订单，箭头 IP 代表节点库存检查，箭头 TP 代表产品运输)：

（a）节点建立与需求定义。

上图建立了用户、配送中心和工厂三个节点，节点一旦建立，必须定义所有节点对产品的需求时间和需求量，此处的需求关系为用户→配送中心→工厂。

（b）用户的采购策略选择。

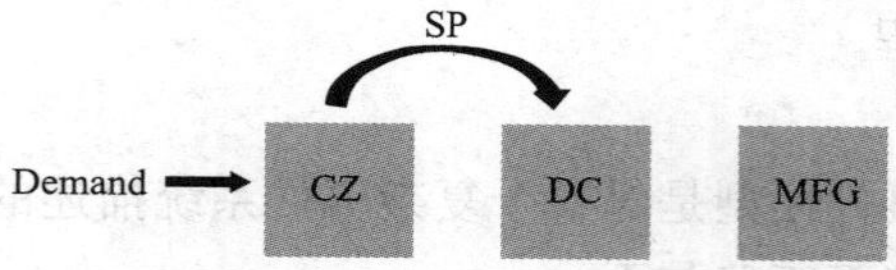

一旦用户节点选择一个配送中心作为其采购点，那么该采购策略便已创建并在配送中心中建立了一个需求产品的内容和数量订单。

（c）配送中心库存检查。

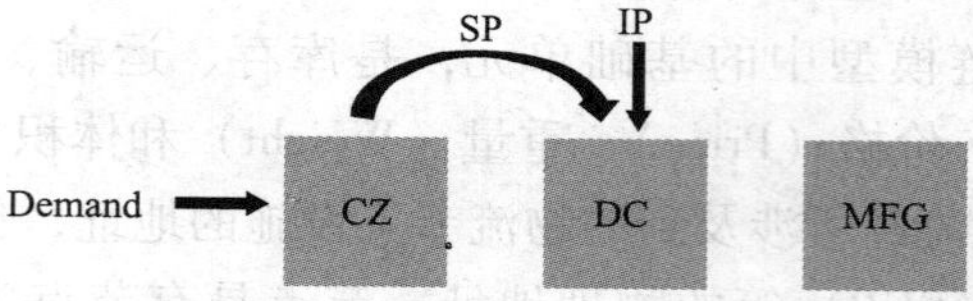

该过程中，配送中心考虑如何满足用户的订单需求。检查库存状态，若没有足够库存量，那必须启动补货措施。若库存充足，则按照订单将产品运送至用户手中。

（d）商品由配送中心运送至用户。

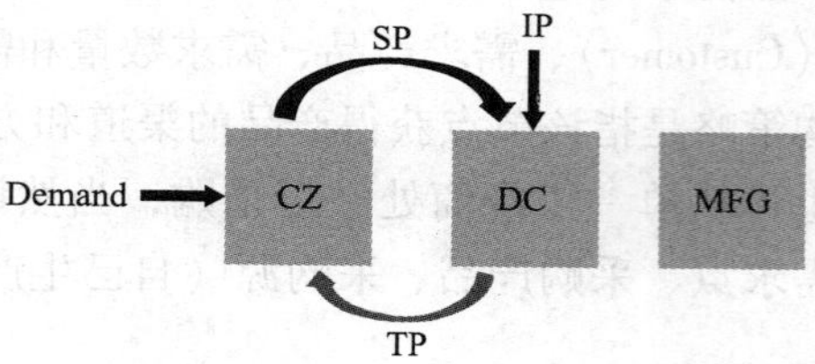

根据运输策略将配送中心中的制定产品按品种和数量要求运输至用户，但若配送中心库存不足，运输任务还不能立即执行。

（e）配送中心的采购策略选择。

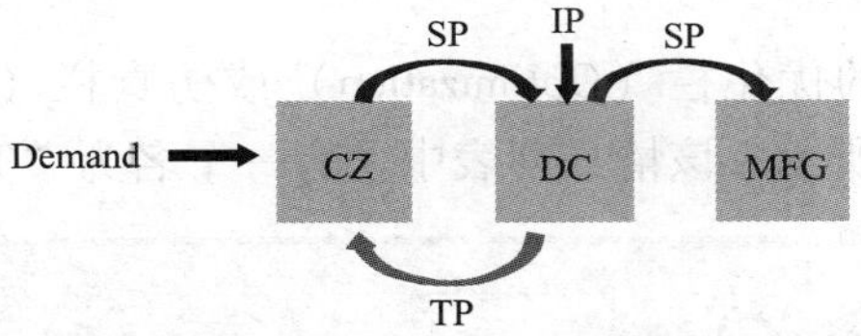

配送中心为满足用户需求，在库存不足的情况下不得不选择向工厂进货。在这一过程中，配送中心以采购者身份选择产品供应商（厂家）。被选上的二厂中自动生成新的货物订单。

（f）工厂库存检查。

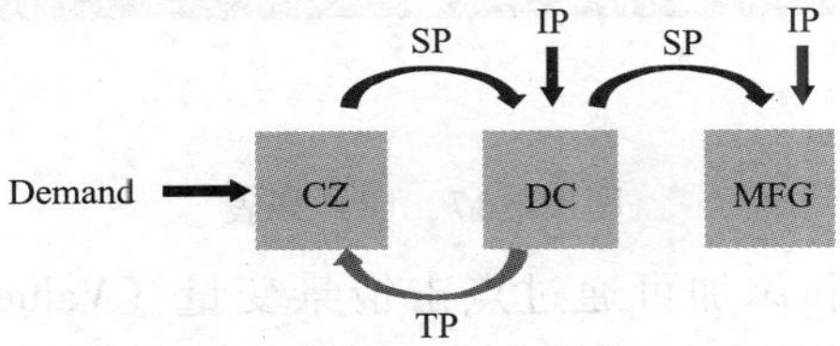

与配送中心的库存检查过程类似，若库存不足以完成订单，则立即补货；若库存充足，则立即完成订单。

（g）工厂经配送中心将产品运至用户。

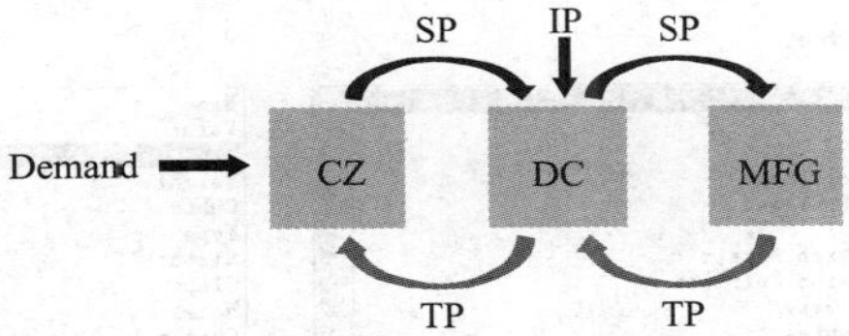

因此时产品存储于工厂中，若工厂的库存不足，则不能完成该订单运输，模型需要下一步的继续决策。

（h）工厂生产。

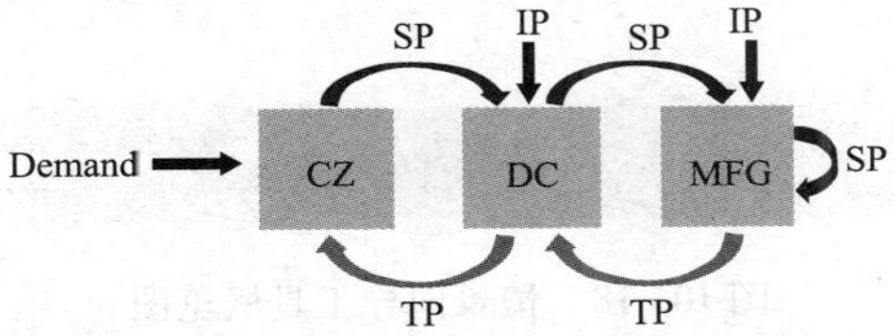

根据订单需要，若工厂对产品有“补货”的需要，与上述其他“补货”过程不同的是，工厂需要通过生产来完成“自我补货”。

至此，用户的产品需求最终得到满足。该过程中信息流（订单方向）为用户→配送中心→工厂，订单完成的产品物流为工厂→配送中心→用户，其中还有库存检查、库存补货、生产活动等过程参与其中。

（4）关于情景

情景（Scenarios）是 Supply Chain Guru 中对相关变量和环境进行敏感性分析的重要工具，它可通过对一个模型的不同参数进行自动设置并连续运行来近似分析模型中相关变量对系统性能的影响程度。

情景的设置可在菜单的优化栏（Optimization）或仿真栏（Simulation）中的 Scenarios 打开并编辑。如图 10-17 所示，该情景列表中含有一个名为“Test”的情景。

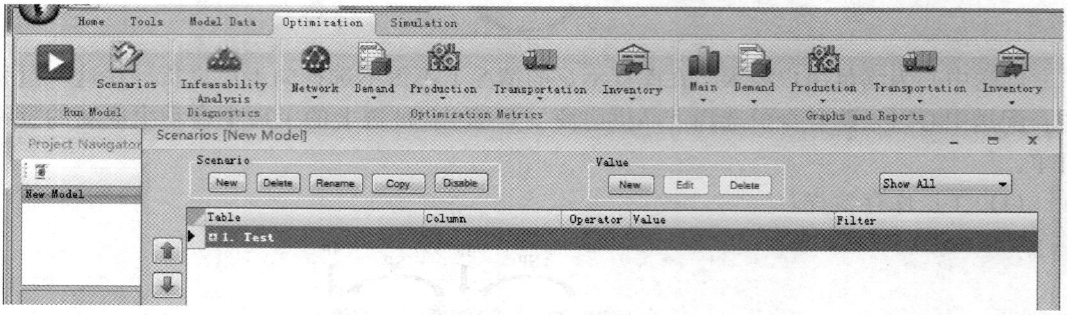

图 10-17　情景列表

情景中各变量的修改和添加可通过点击情景变量（Value），打开情景项向导工具（Scenario Item Wizard）来实现（见图 10-18）。

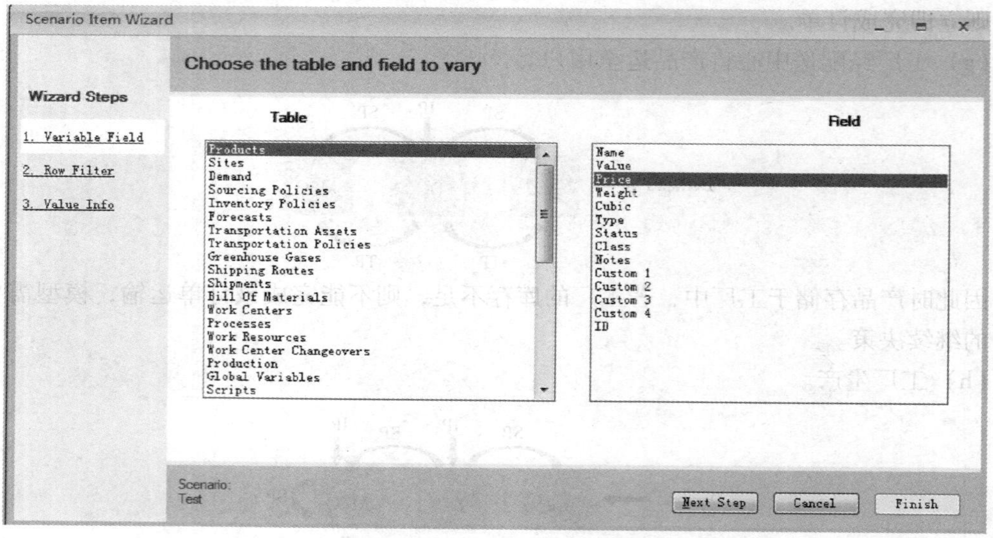

图 10-18　情景向导工具概览图

情景项向导工具主要完成三个步骤：

（a）变量选择（Variable Field）：选择变量列表以及其属性作为情景变量。

（b）行过滤（Row Filter）：定义要该情景向量所在的行。

（c）参数信息（Value Info）：设定将要应用的参数值和等式或算术表达式（加法、减法、乘法或除法）。

（5）关于模型可视窗

模型可视窗（Visual Modeler）是 Supply Chain Guru 的重要部件，是可视化建模的重要方法，可大大提高模型构建、节点属性编辑与全模型结构视图查看的便捷性和直观性。实际操作中，可点击“Home”菜单中的“Visual Modeler”或通过快捷键 F4 直接打开模型可视窗。模型可视窗界面如图 10-19 所示。

图 10-19　Supply ChainGuru 模型可视窗

相对于手动向数据列表（Data Table）输入参数数据，我们可运用模型可视窗通过构建模型结构和制定相关策略来快速、简单地构建供应链模型。模型结构包括节点、产品和需求，而策略则包括采购策略、库存策略和运输策略。所有的结构和策略都可通过窗口左侧的“Create Sites & Products”和“Create New Policies”来创建。

通过可视窗来建立供应链模型的步骤和内容如下：

（a）添加用户。点击“Customer”按钮，在可视窗的任何位置点击鼠标放置用户图标，为其命名（如“CZ1”），一个绿色圆形图标出现，代表用户已成功添加到可视窗。点击可视窗，可继续添加用户，若要退出，点击“Customer”按钮或按下 Esc 键。

（b）添加设施。点击“Facility”按钮，其他跟添加用户的方式一样，将其命名为“DC1”和“DC2”。一个绿色矩形图标出现，代表两个配送中心已成功添加到可视窗。继续添加设施，将名为“MFG1”的工厂添加到可视窗。

（c）添加产品。在左侧“Create New Products”中输入产品名称，点击下方“Add”，完成产品添加。

（d）添加策略。点击“Create New Policies”，出现如下对话框图标：

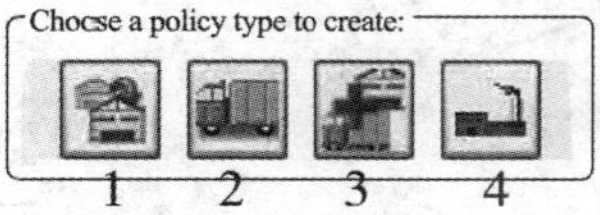

图中标号 1 ~4 分别代表采购策略、运输策略、采购运输策略和制造策略。此处，我们点击第三个选择框添加采购运输策略。选择左侧产品选择菜单，选择“Product1”。之后在模型可视窗中依次连接所有 CZ→DC 和 DC→MFG 的连线。最后点击对话框中的第四个选择框（制造策略），单击 MFG1，至此完成用户、配送中心和工厂各节点的采购策略建立。如图 10-20 所示。

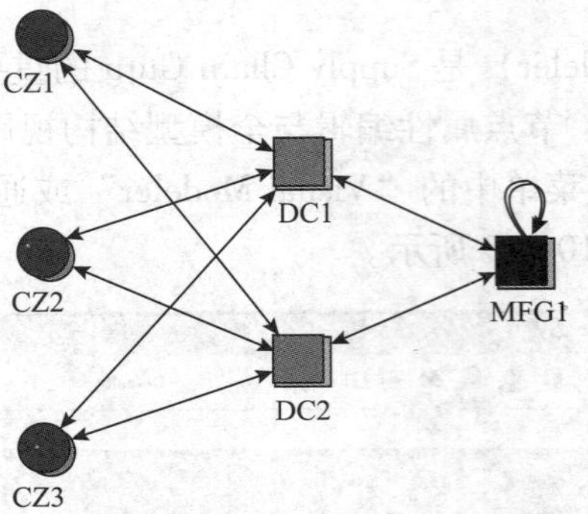

图 10-20　完成采购策略建立的模型可视窗视图

图 10-20 中节点间的连线代表两节点间存在采购和运输关系，左向箭头默认表示产品运输方向，右向箭头默认为采购订单的发送方向。

（e）添加需求。需求的添加只能在模型可视窗之外的“Project Navigator—Standard Tables—Demand”中完成，如图 10-21 所示：

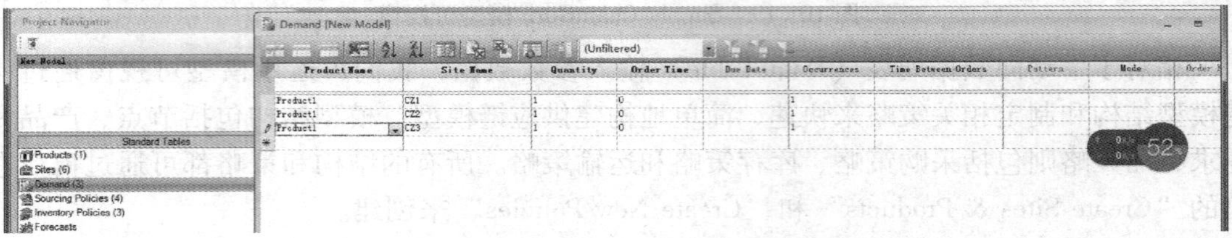

图 10-21　需求列表的编辑

通过以上步骤，完成了利用模型可视窗建立一个具有基本功能的供应链模型。但模型的完善还需要设置其他更多的参数和策略，Guru 软件为可视窗建模提供了属性编辑功能（见图 10-22），可通过选择连线或节点后在模型可视窗右侧编辑和修改各参数值。

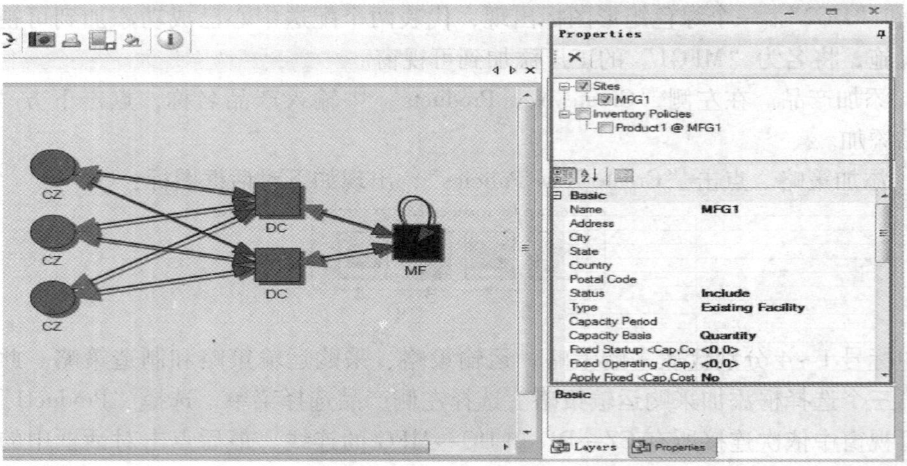

图 10-22　模型可视窗的属性编辑菜单

（6）关于 Geo Map

在网络节点设置了地理坐标信息的前提下，Supply Chain Guru 的 Geo Map 功能可为操作者提供直观的基于地理位置的供应链关系视图（见图 10－23）。

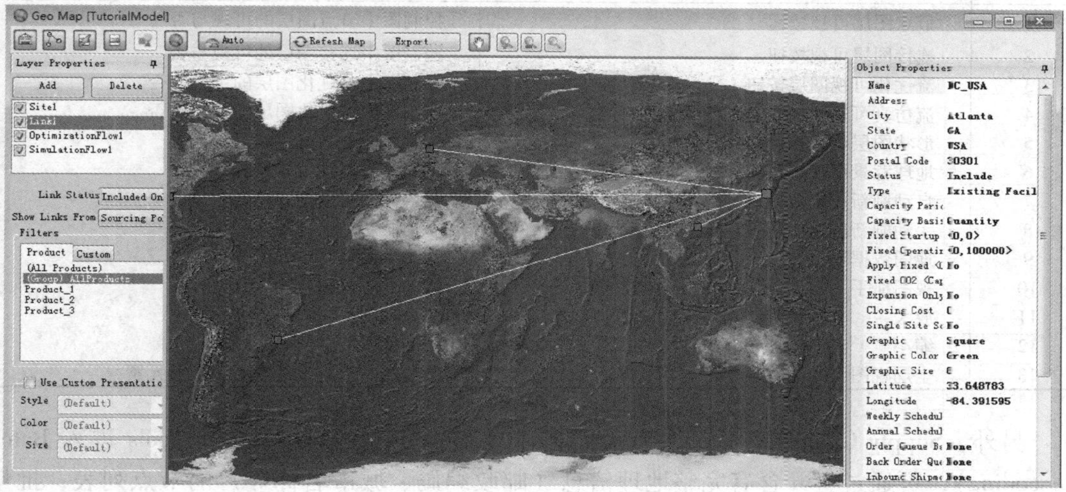

图 10－23　Geo Map 概览图

为了更详细地介绍 Geo Map 的功能和使用方法，我们应首先掌握其图层的概念和使用方法。跟其他视图软件一样，Geo Map 为操作者提供了多图层的视图功能。Geo Map 的图层分为 5 种类型，分别为显示图中各节点的节点图层（Site Layer）、各节点间相互关系的连接图层（Link Layer）、网络优化完成后得到的流优化图层（Optimization Flow Layer）、网络仿真完成后得到的流仿真图层（Simulation Flow Layer）和含有地标、边界或其他边界信息的形状图层（Shaped Layer）。而图层的删除、添加、显示或叠放次序等操作可利用图层属性窗（Lay Properties）进行，如图 10－24 所示。

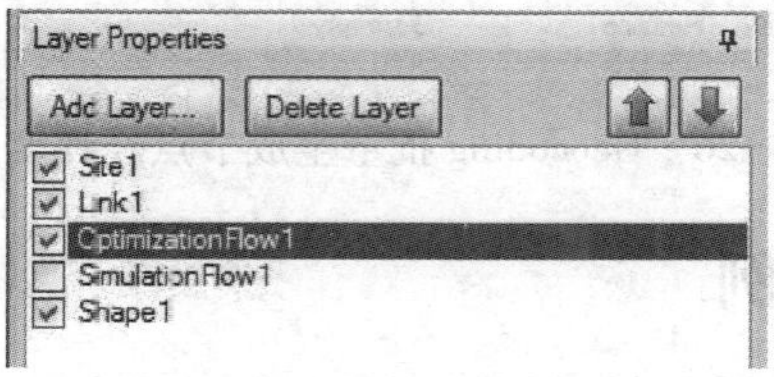

图 10－24　图层属性窗口

除了图形属性窗之外，还可以采用 Geo Map 的快捷工具栏对视图进行调节和编辑。其快捷工具栏如图 10－25 所示。

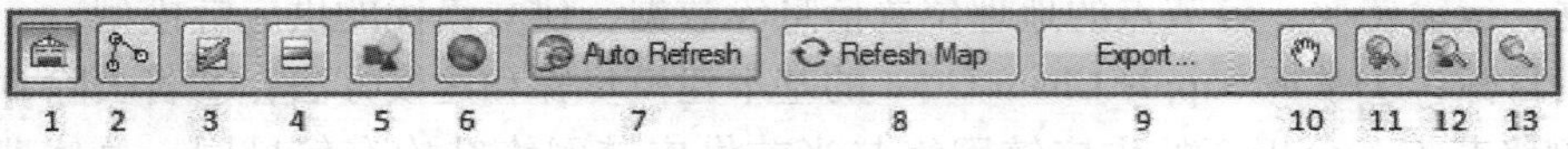

图 10－25　Geo Map 快捷工具栏

如图 10－25 所示，Geo Map 快捷工具栏有 13 个控制按钮（为叙述方便，我们已从左至右将其编号），各按钮功能见表 10-1。

表 10-1 Geo Map 视图控制按钮

编号	名称	功能
1	节点图层可视按钮	控制图中节点图层的可视与否
2	连接图层可视按钮	控制图中连接图层的可视与否
3	流优化可视图层按钮	控制图中流优化图层的可视与否
4	流仿真可视图层按钮	控制图中流优化图层的可视与否
5	形状图层可视按钮	控制图中形状图层的可视与否
6	地球背景可视按钮	是否显示地理背景
7	自动刷新控制按钮	是否开启自动刷新功能
8	手动刷新按钮	手动刷新当前视图
9	地图数据输出	输出当前视图中的所有数据
10	视图抓手	移动当前视图范围
11	放大	放大视图
12	缩小	缩小视图
13	全局视图	调节视图大小，展现所有图形元素

另外，Supply Chain Guru 软件为我们提供了 Geocoding 组件（打开 Tools 进入 Batch Geocoding），可通过打开含有完整地理信息（邮政编码、城市名称等）的节点列表，批量获取所有节点的经纬度坐标，如图 10-26 所示。

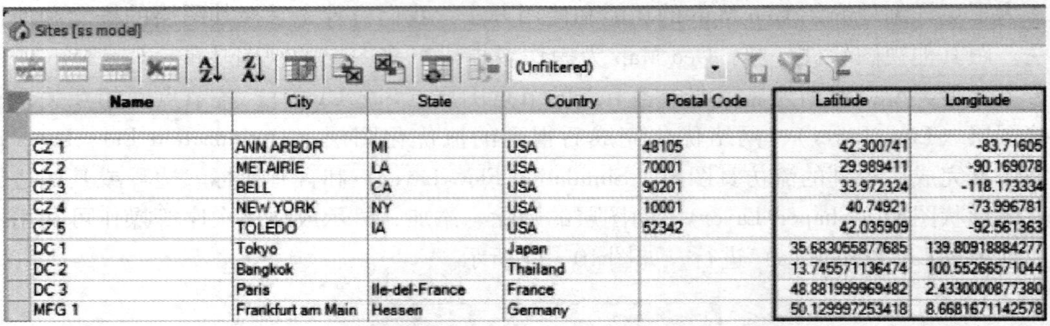
Sites [ss model]

(Unfiltered)

Name	City	State	Country	Postal Code	Latitude	Longitude
CZ 1	ANN ARBOR	MI	USA	48105	42.300741	-83.71605
CZ 2	METAIRIE	LA	USA	70001	29.989411	-90.169078
CZ 3	BELL	CA	USA	90201	33.972324	-118.173334
CZ 4	NEW YORK	NY	USA	10001	40.74921	-73.996781
CZ 5	TOLEDO	IA	USA	52342	42.035909	-92.561363
DC 1	Tokyo		Japan		35.683055877685	139.80918884277
DC 2	Bangkok		Thailand		13.745571136474	100.55266571044
DC 3	Paris	Ile-del-France	France		48.881999969482	2.4330000877380
MFG 1	Frankfurt am Main	Hessen	Germany		50.129997253418	8.6681671142578

图 10-26 Geocoding 批量生成节点经纬度坐标

10.2 模型建立实例

在本部分中，将详细地说明如何通过 Supply Chain Guru 建立一个简单的优化模型，逐步掌握该软件的基本原理和操作方法，为后续的深入学习打下基础。

问题描述：采用不同的方法，由制定的某个工厂生产名为“Products 1”、“Products 2”和“Products 3”的3种产品，经4个配送中心销往指定的50个地域。根据已有的历史需求数据、运输费率、各节点的地理位置信息等数据，建立最优的供应链模型。

建模目标：①掌握 Supply Chain Guru 的基本建模步骤和建模方法；②若去除 DC_ Brazil 这一网络节点，分析新的供应链网络与当前供应链网络结构有何异同，总体费用有何变化。

10.2.1　模型建立与节点可视

（1）模型的新建与保存

首先，启动 Supply Chain Guru 软件，在主菜单中点击"Adding New Model"，此时在工程导航（Project Navigator）中可看见出现了一个名为"New Model"的模型。

模型（Model）是工程（Project）的组成部分，模型需保存在工程之下。点击菜单中的"Save Model"，为该模型命名为"TutorialModel. sgm"，并选择保存目录，完成模型保存。然后点击菜单中的"Save Project"，在出现的保存框中，选中"TutorialModel"，将该工程附带保存 TutorialModel 模型，并命名为"TutorialProject. sgpx"，如图 10-27 所示。

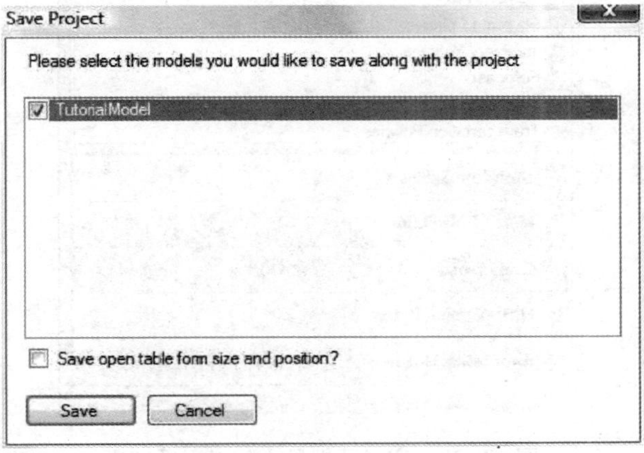

图 10-27　工程的保存过程

（2）模型建立

在 Supply Chain Guru 的安装目录下找到"MasterData. xls"文件，打开并在不同标签页中查看其中的各项参数。可以发现，在"Products"标签页中，列出了 3 种产品的产品名称和产品费用等 6 项产品信息。在"Sites"标签页中，列出了 55 个节点（包括 1 个工厂、4 个配送中心和 50 个用户）的节点名称和所在城市名称在内的 9 个节点参数。在"Demands"标签页中，列出了 18437 条节点产品需求（包括需求产品类型和节点名称等 5 个属性）。我们可通过 Supply Chain Guru 的数据导入功能快速读取以上列表信息，打开 Tool-Excel Import，按照提示信息，将数据导入到标准表格列表（Standard Tables）（见图 10-28）。

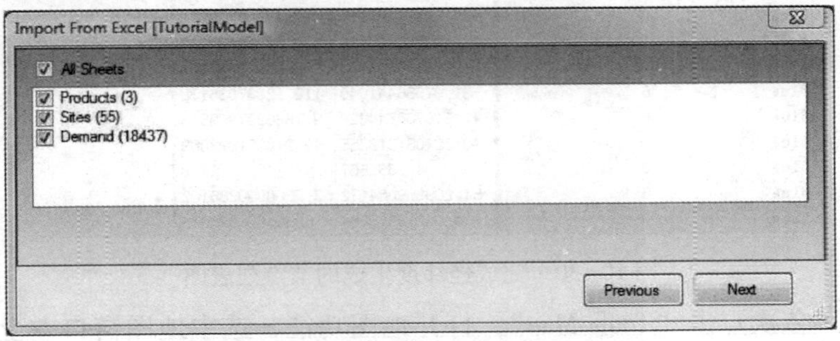

图 10-28　Excel 表格数据导入过程

完成数据导入的工程导航栏如图 10-29 所示。

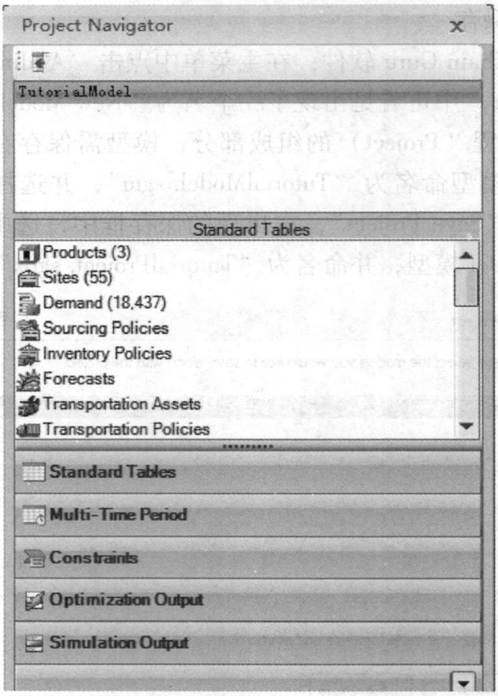

图 10-29　完成数据导入的工程导航栏

（3）利用地图功能查看网络节点位置和分布

为直观查看网络节点位置，可通过 Geo Map 将这些节点显示在地图上。点击菜单栏的“Tools-Batch GeoCode”，打开 GeoCode 工具，自动完成 55 个节点的经纬度生成，如图 10-30 所示。

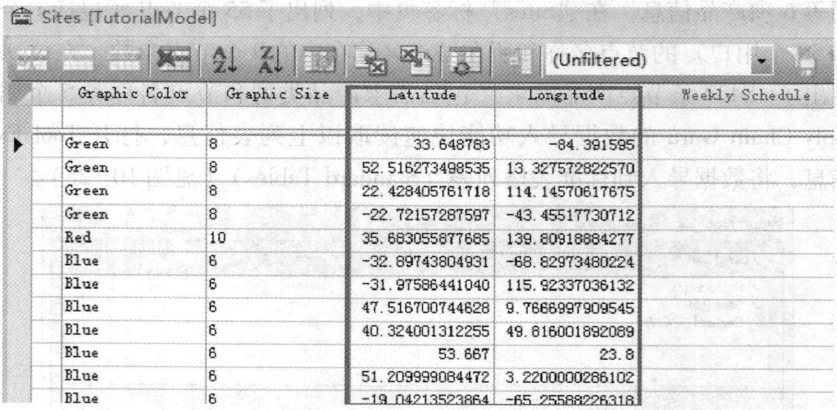

Graphic Color	Graphic Size	Latitude	Longitude	Weekly Schedule
Green	8	33.648783	-84.391595	
Green	8	52.516273498535	13.327572822570	
Green	8	22.428405761718	114.14570617675	
Green	8	-22.72157287597	-43.45517730712	
Red	10	35.683055877685	139.80918884277	
Blue	6	-32.89743804931	-68.82973480224	
Blue	6	-31.97586441040	115.92337036132	
Blue	6	47.516700744628	9.7666997909545	
Blue	6	40.324001312255	49.816001892089	
Blue	6	53.667	23.8	
Blue	6	51.209999084472	3.2200000286102	
Blue	6	-19.04213523864	-65.25588226318	

图 10-30　完成经纬度生成的节点列表图

继续操作，依次点击“Tools-Map”，打开地图功能，选中地图窗口左上角的“Toggle Site Layer Visibility”按钮，地图中显示了前文导入的 55 个网络节点，如图 10-31 所示。

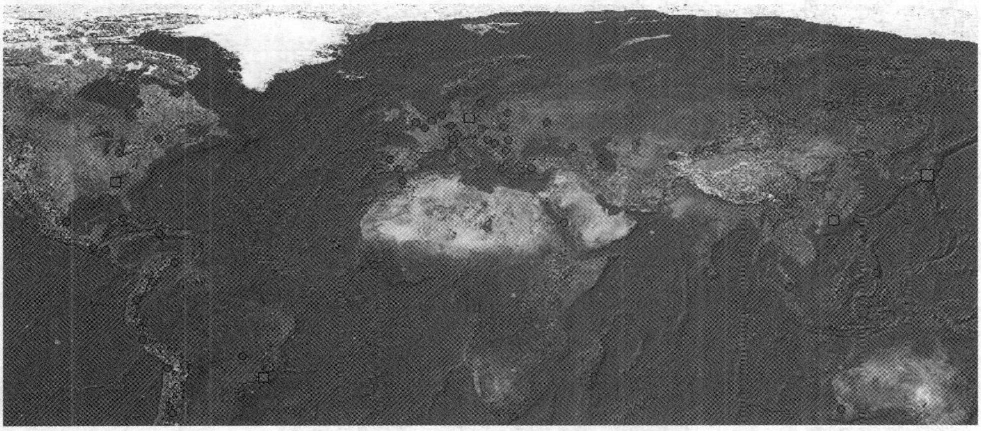

图 10-31　网络节点的地图视图（局部）

此外，还可编辑图层，添加更多的视图效果。在“Layer Properties”处点击“Add-Add Shaped Layer”，选中“Predefined Layer Type”点击单选框中的“Countries”，则实现自定义功能 - 显示国界，如图 10-32 所示。

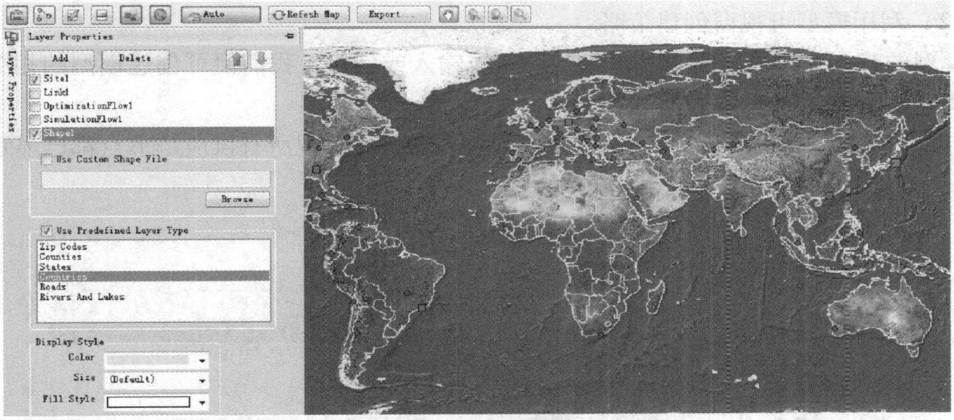

图 10-32　添加有国界的地图视图

10.2.2　群组创建与可视窗建模

（1）群组创建

打开标准表格列表的中的节点列表（Standard Tables-Sites），可看到 55 个节点的相关属性。不难发现，在表头与列表内容中，有一空行，这是该软件为了方便筛选数据所设计的。

要通过节点名称来筛选和创建群组，首先，在表头“Name”下面的空格中输入“DC”，则所有含有“DC”字符的节点名称被筛选出（即所有配送中心节点被筛选出），如图 10-33 所示。

再次，按下“Ctrl + A”全选所有节点，点击鼠标右键—“Create New Group”，命名新群组名为“DCs”，完成群组创建。同样，在“Name”栏中通过分别输入“MFG”和“CZ”筛选出所有的工厂和用户，创建名为“MFGs”和“CZs”的群组。最后，在

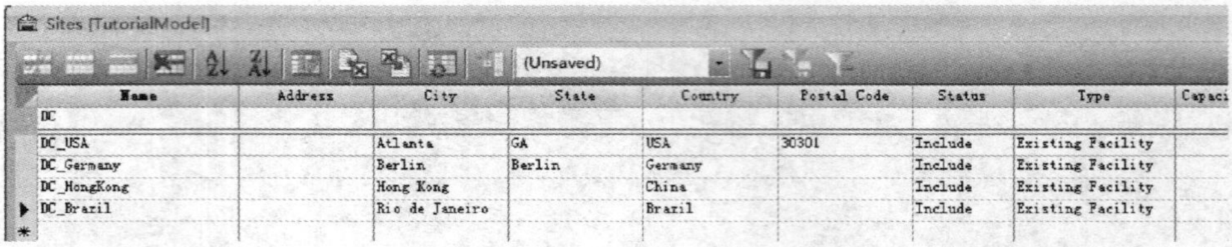

图 10-33　通过筛选得到的所有配送中心节点

“Products” 中创建名为 “AllProducts” 的群组。

双击工程导航栏下的 “Groups”，打开群组列表，查看已创建的群组，如图 10-34 所示。

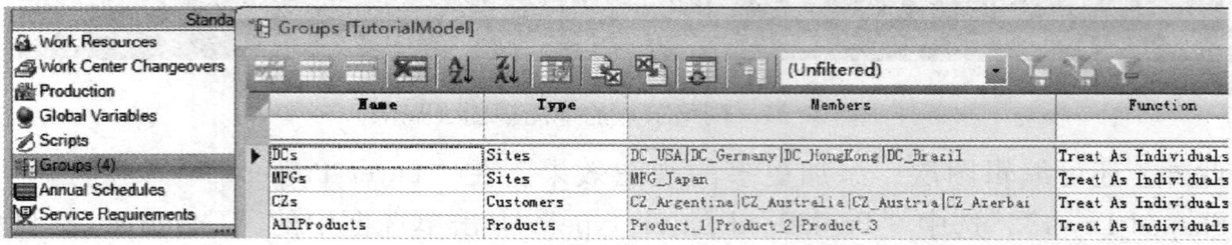

图 10-34　群组列表

（2）利用模型可视窗创建策略

模型的节点、产品、需求和群组均已完成输入或创建，我们便可创建模型的相关策略用以描述供应链如何运作了。

点击 “Tools-Visual Modeler”，打开模型可视窗，可发现所有供应链节点都已显示在模型可视窗中，如图 10-35 所示。

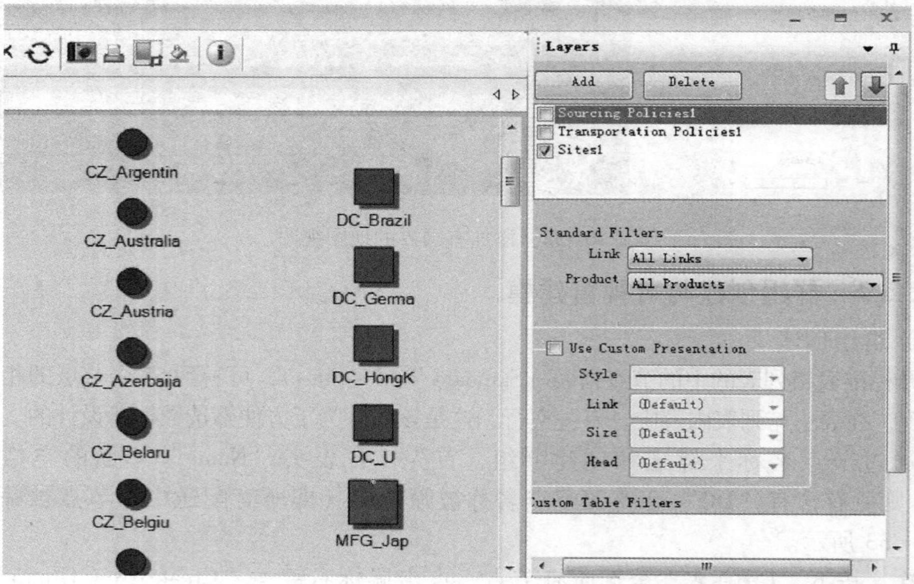

图 10-35　供应链节点的模型可视窗视图（部分）

打开模型可视窗右侧的图层属性框（Layers），点击“Add Layer-Site Group layer”，完成节点群组的添加。取消图层属性框中“Sites1”的选择，此时，模型可视框如图 10-36 所示。

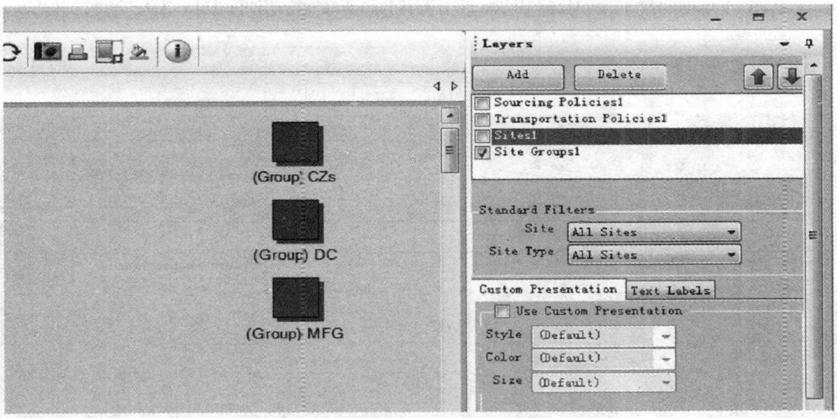

图 10-36　供应链节点群组的模式可视窗视图

使用鼠标移动图中各群组图标到合适的位置，打开模式可视窗左侧的“Create New Policies”，选择“AllProducts”，选中第三种策略“Create a New Sourcing and a New Transportation Policy”。分别顺序连接 CZs→DCs，DCs→MFGs。最后选择第四种策略“Create a make Sourcing Policy”，再点击 MFGs。最后完成策略添加的模型可视窗视图如图 10-37 所示。

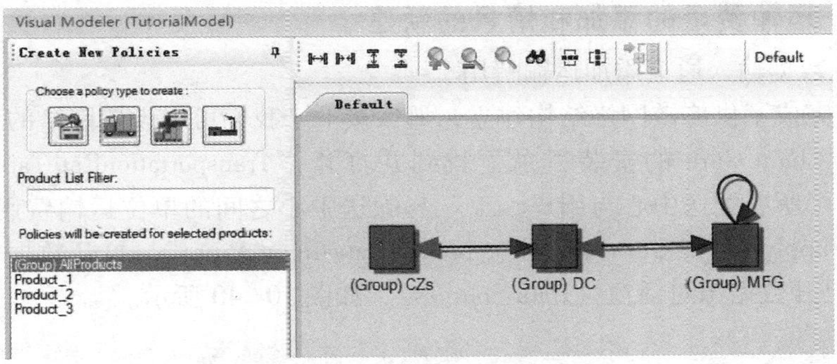

图 10-37　完成策略添加的模型可视窗视图

打开工程导航栏中的“Sourcing Policies”列表，可看到出现了如图 10-38 所示三个新的采购策略列表。

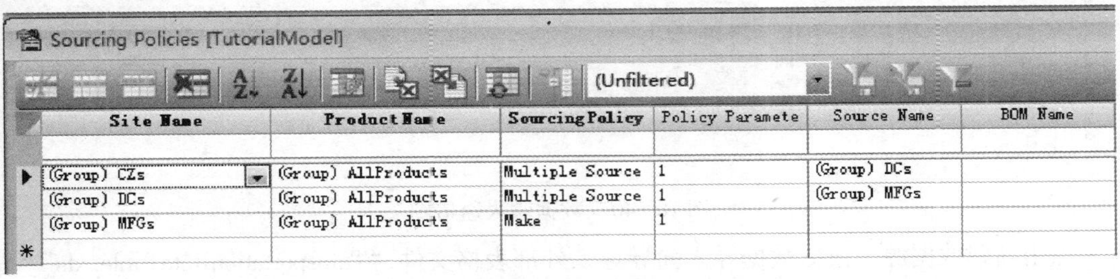

图 10-38　添加采购策略后的采购策略列表视图

（3）供应链关系利用 Geo Map 功能实现可视化

打开“Tools-Map”，打开节点可视（Toggle Site Layer Visibility）和连接可视功能（Toggle Link Layer Visibility），可看见新建的供应链关系如图 10-39 所示。

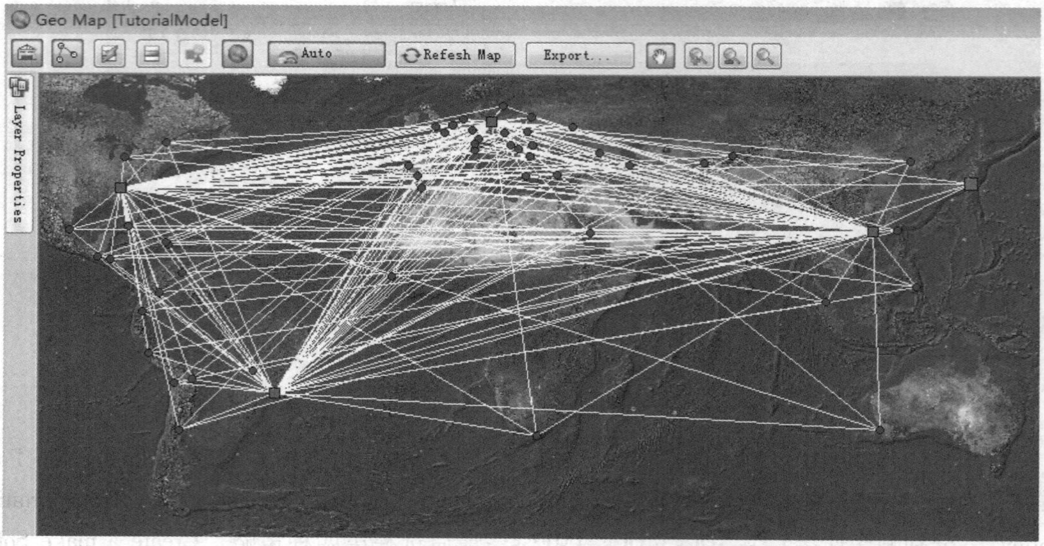

图 10-39　供应链关系的 Geo Map 可视化视图

10.2.3　运输费用的添加和情景的新建

（1）通过数据输入通道添加运输费用

前面步骤完成了供应链网络结构建立，那么接下来我们可以设置网络的费用参数了。

在 Supply Chain Guru 的安装目录下找到并打开“TransportationRateTable. xls”文件。该文件中列出了所有配送中心与用户，工厂与配送中心之间的单位运输费用。关闭该 Excel 表格，在 Supply Chain Guru 中点击“Model Data-Input Pipes”，打开数据输入通道，点击“Data”，打开数据源对话窗（Data Sources），如图 10-40 所示。

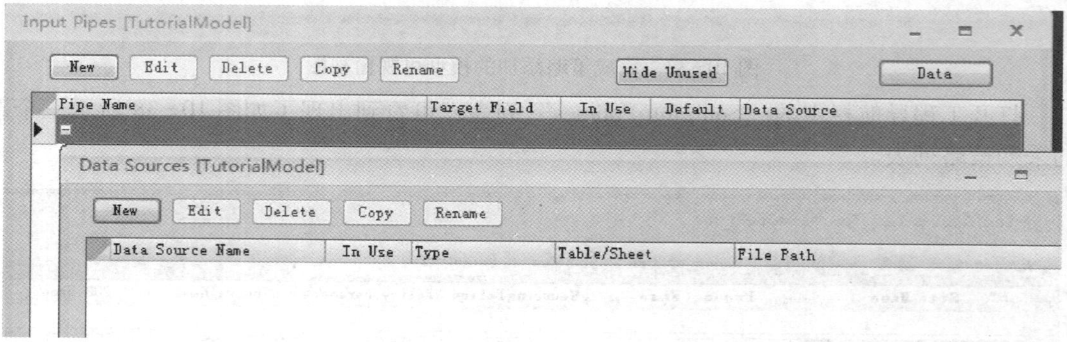

图 10-40　数据输入通道图

点击新建数据源，根据数据导入向导导入外部表格文件“TransportationRateTable. xls”。返回数据输入通道，点击“New-Standard Lookup”，进入数据输入通道向导，如图 10-41 所示。

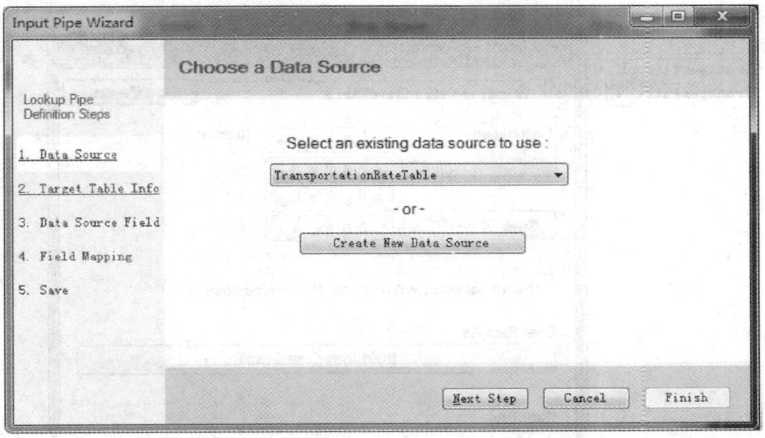

图 10-41　数据输入向导

从当前数据源中选中刚才我们导入的 TransportationRateTable 文件，再进入下一步，选中 “Transportation Policies” 表格和 “Average Cost” 栏。再将数据设置为目标表格的费用（“cost”，并将缺省值设置为 0）。再按照如图 10-42 所示，赋予源数据在网络中的类型属性值（Target Tield）。

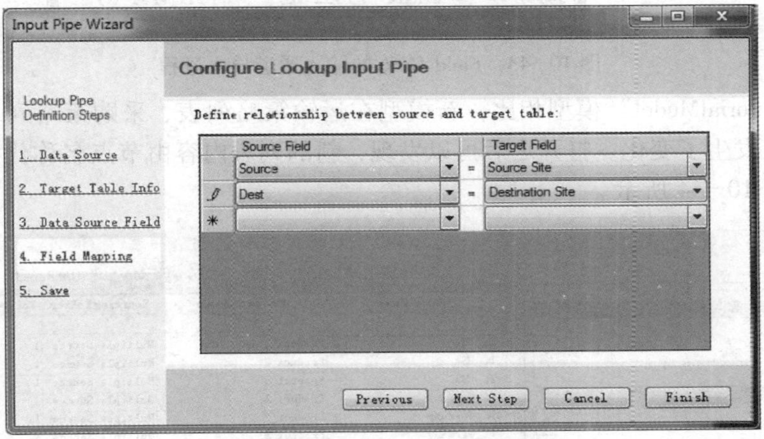

图 10-42　源数据与目标列表之间的对应关系

打开导航栏中的 “Transportation Policies” 表格，发现多了两条运输策略，在其对应的 “Average Cost” 栏中，点击右下角的选择按钮，进入 “Field Guru”，将下方的输入通道（“Input Pipes”）设置为刚才导入的 “TransportationRateTable”，点击 “Paste”，完成设置。Field Guru 的设置如图 10-43 所示。

（2）模型扩展（Expand Model）

模型的扩展是对群组的释放，即将所有应用到群组的策略应用于每一个群组元素中（当然，群组的属性必须为 “Treat As Individuals”）。为实现这一功能，可点击 “Home-Model Operations-Expand Model”，实现模型扩展。

完成模型扩展后，工程导航栏出现了一个名为 “TutorialModel（Expanded）” 的新模

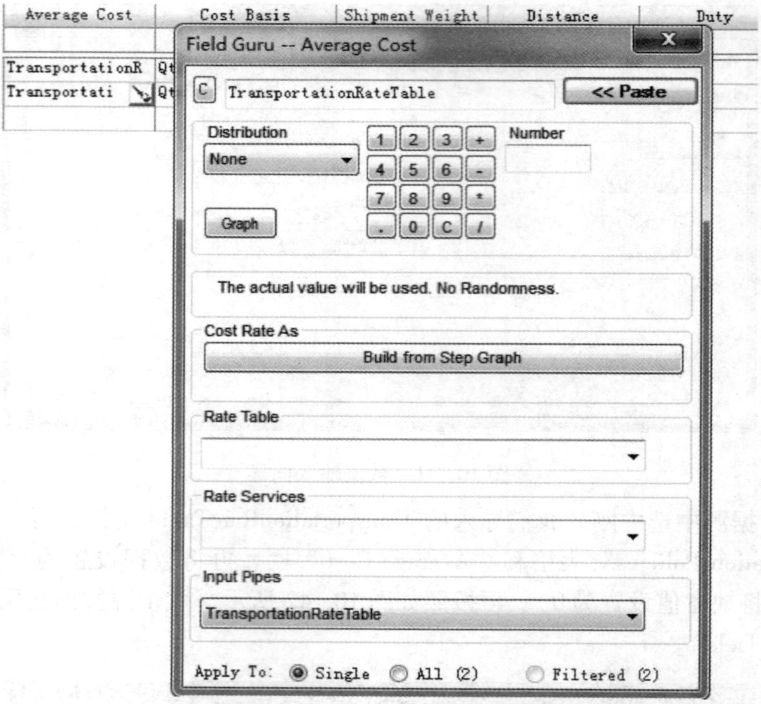

图 10-43　Field Guru 的输入通道导入过程

型，且跟“TutorialModel”模型相比，新模型在运输策略列表、采购策略列表和库存策略列表的数量上发生了变化。打开之后可以发现，新的列表内容由节点名称代替了原来的群组名称，如图 10-44 所示。

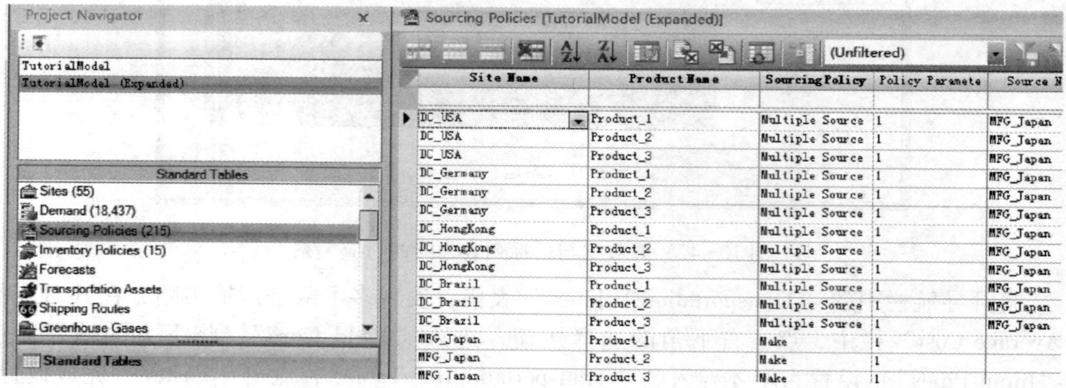

图 10-44　完成模型扩展后的列表视图

（3）情景添加

若去掉“DC_ Brazil”这一配送中心，前文建立的供应链会发生什么变化呢？为解决这一问题，可以新建新的情景来运行该模型。点击“Optimization-Scenarios”打开情景管理菜单，新建名为“No Brazil”的情景，新建情景参数“Value-New”，选择“Sites-Status”。

然后在利用筛选功能，选中“DC_ Brizil”这一列之后最小化该筛选窗口，点击“Load Current”按钮（选中筛选列之后，该按钮由不用变为可用），如图 10-45 所示。

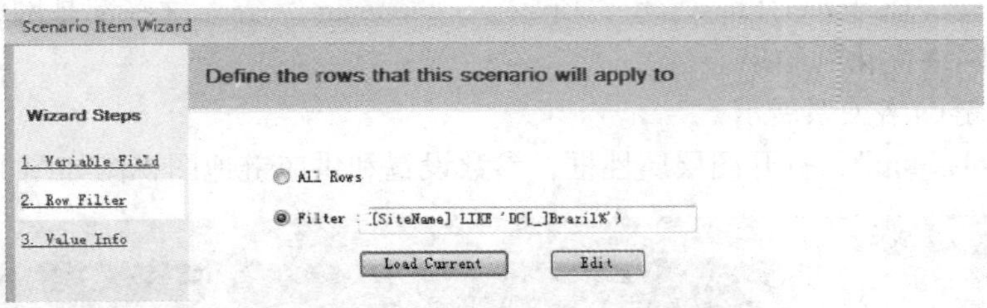

图 10-45　利用筛选器完成设置选中节点示意图

再将该状态设置为“ = Exclude”，则建立了将“DC_ Brazil”这一配送中心排出在外的情景，如图 10-46 所示。

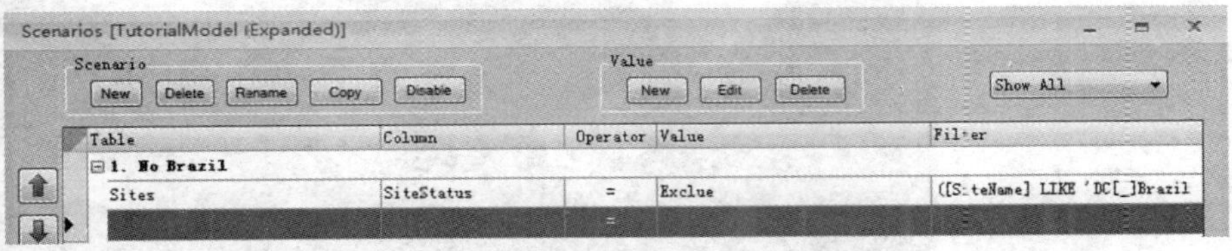

图 10-46　完成添加新情景的情景管理器

10. 2. 4　模型优化与结果分析

（1）模型优化

完成了模型的扩展和情景的设置，我们可以对模型进行优化了。点击“Optimization-Run Model-Network Optimization”，并选中“Baseline”和“No Brazil”的情景模式复选框（其中“Baseline”为默认情景，是包含“DC_ Brazil”这一配送中心节点的情景），如图 10-47 所示。

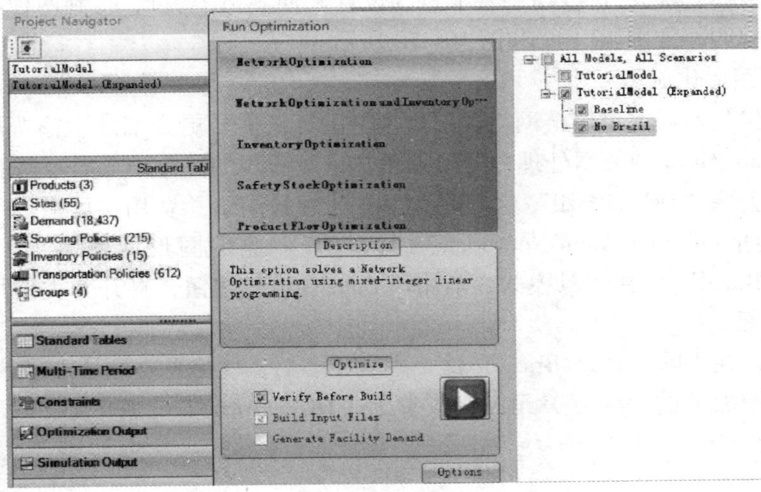

图 10-47　网络优化参数设置过程

点击优化运行按钮，模型开始运行（因为设置了两个情景，模型会连续运行两次）。经过优化，发现在优化输出列表（Optimization Output）中产生了新的数据列表，如“Network Summary”、“Customer Flow”和“Customer Summary”等。这些都是网络优化的数据输出，也就是网络优化的结果。

（2）供应链网络关系展示

打开“Tools-Map”，打开图层属性框，参数设置和供应链地图视图如图 10-48 所示。

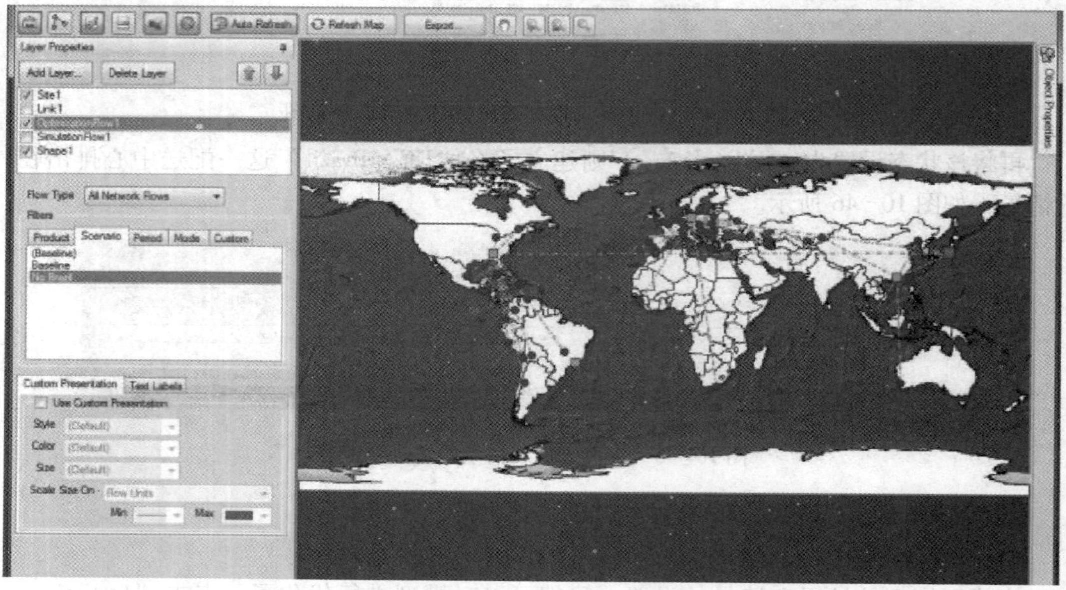

图 10-48 供应链地图视图及其参数设置

关闭 Geo Map，打开模型可视窗，在右侧图层属性框中，添加“Optimization Flow”层并选中，其他图层中，只选择“Sites1”图层，Scenarios 选项中，分别设置为“Baseline”和“No Brazil”，调整模型可视窗中各节点的位置（使其更美观），得到两种不同情境下的供应链可视窗视图，如图 10-49 和图 10-50 所示。

（3）数据图形化展示

仅仅展示优化前后的供应链网络关系是不够的，还需要更详细的运输费用的分析和比较。Supply Chain Guru 的数据处理和图形展示提供了直观的优化结果展示功能。

为分析在去除“DC_ Brazil”这一配送中心前后的网络总费用，可借助网络费用分析工具。打开“Optimization-Main-Network-cost”，打开左侧的图形属性菜单，选中“Baseline”和“No Brazil”两种情景模式，点击“Data Grid”按钮，打开分类费用图，其结果如图 10-51 所示。

不难发现，在去除“DC_ Brazil”这一配送中心后，网络总费用增加了约 190 万美元，其中运输费用增加了约 280 万美元，但节省了“DC_ Brazil”配送中心 90 万美元的固定费用。

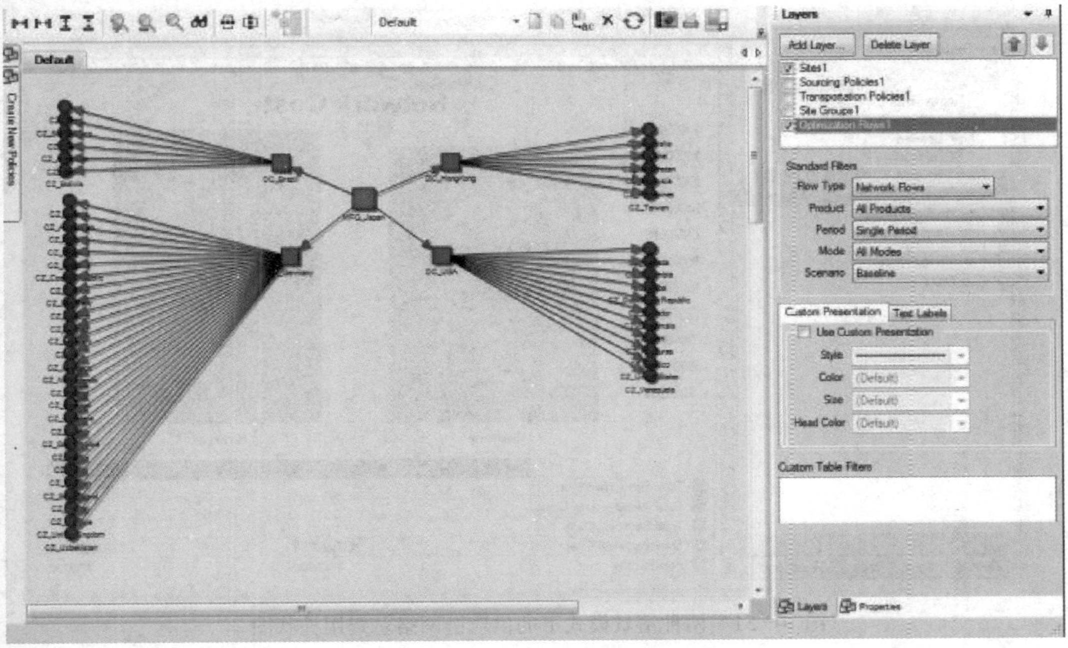

图 10-49　“Baseline”情景下的供应链可视窗视图

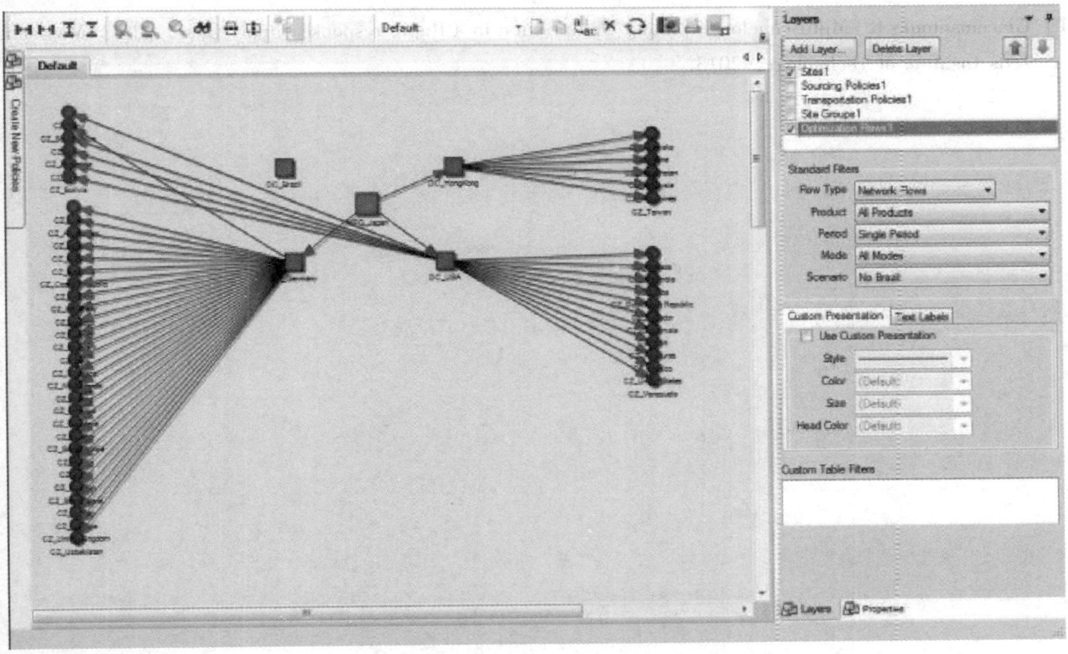

图 10-50　“No Brazil”情景下的供应链可视窗视图

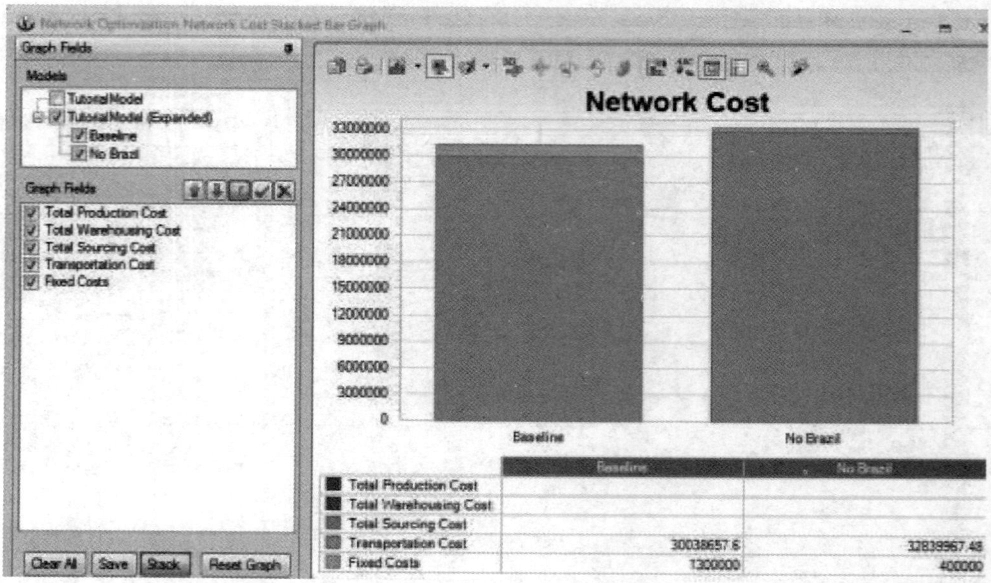

图 10－51　两种情景模式下的供应链网络总费用柱状图

参 考 文 献

[1] Giacomantonio R. Multi-echelon Inventory Optimization in a Rapid-response Supply Chain [J]. Massachusetts Institute of Technology, 2013.